中国现代文学馆青年批评家丛书

丛书主编 吴义勤

金理 著

青春梦与文学记忆

北京大学出版社
PEKING UNIVERSITY PRESS

图书在版编目（CIP）数据

青春梦与文学记忆 / 金理著 . —北京：北京大学出版社，2014.6

（中国现代文学馆青年批评家丛书）

ISBN 978-7-301-24384-8

I. ①青… II. ①金… III. ①中国文学—当代文学—文学研究 IV. ① I206.7

中国版本图书馆 CIP 数据核字（2014）第 129999 号

书　　　名：青春梦与文学记忆

著作责任者：金　理　著

责 任 编 辑：黄维政

标 准 书 号：ISBN 978-7-301-24384-8/I·2789

出 版 发 行：北京大学出版社

地　　　址：北京市海淀区成府路 205 号　　100871

网　　　址：http://www.pup.cn　新浪官方微博：@ 北京大学出版社 @ 培文图书

电 子 信 箱：pw@pup.pku.edu.cn

电　　　话：邮购部 62752015　发行部 62750672　编辑部 62750112

出版部 62754962

印　刷　者：三河市腾飞印务有限公司

经　销　者：新华书店

650 毫米 ×980 毫米　16 开本　22.5 印张　302 千字

2014 年 6 月第 1 版　2014 年 6 月第 1 次印刷

定　　　价：48.00 元

目　录

第三辑　写在文学史边上：方法与重构

第四辑　批评与想象

丛书总序

中国现代文学馆是在巴金先生倡议和一大批著名作家的响应下，于1985年正式成立的国家级文学馆，也是目前世界上规模最大的文学博物馆。中国现代文学馆的主要任务是收集、保管、整理、研究中国现当代文学书籍、期刊以及中国现当代作家的著作、手稿、译本、书信、日记、录音、录像、照片、文物等文学档案资料，为文化的薪传和文学史的建构与研究提供服务。建馆二十多年以来，经过一代代文学馆人的共同努力，中国现代文学馆的事业不断发展壮大，现已成为集文学展览馆、文学图书馆、文学档案馆以及文学理论研究、文学交流功能于一身的综合性文学博物馆，并正朝着建成具有国际影响的中国现当代文学资料中心、展览中心、交流中心和研究中心的目标迈进。

为了加快中国现代文学馆学术中心建设的步伐，中国作家协会党组决定从2011年起在中国现代文学馆设立客座研究员制度，并希望把客座研究员制度与对青年批评家的培养结合起来。因为，青年批评家的成长问题不仅是批评界内部的问题，而且是一个对于整个青年作家队伍乃至整个文学的未来都具有方向性的问题。青年评论家成长滞后，特别是代际层面上"70后""80后"批评家成长的滞后，曾经引起了文学界乃至全社会的普遍担忧甚至焦虑。因此，客座研究员的招聘主要面向"70后""80后"批评家，我们希望通过中国现代文学馆这个学术平台为青年评论家的成长创造条件。经过自主申报、专家推荐和中国现代文学馆学术委员会的严格评审，中国现代文学馆已经招聘了两期共 19 名青年评论家作为客座研究员。第三批客座研究员的招聘工作也即将完成。

两年多来的实践表明，客座研究员制度行之有效，令人满意。正如中国作协党组书记李冰同志在中国现代文学馆第二批客座研究员聘任仪式上的讲话中所指出的那样，青年评论家在学术上、思想上的成长和进步非常迅速。借助客座研究员这个平台，通过参加高水平的学术例会和学术会议，他们以鲜明的学术风格和学术姿态快速进入中国当代文学批评现场，关注最新的文学现象、重视同代际作家的创作，对于网络文学、类型小说、青春文学等最有活力的文学创作进行即时研究，有力地介入和参与着中国当代文学的创作实践，在对青年作家的研究及引领方面发挥了不可替代的作用。作为“70 后”“80 后”批评家的代表，他们的“集体亮相”，改变了中国当代文学批评的格局和结构，带动了一批同代际优秀青年批评家的成长，标志着“70 后”“80 后”青年批评家群体的崛起。鉴于客座研究员工作的良好成效和巨大社会反响，李冰书记在第一批客座研究员到期离馆时曾专门作出了“这是一件功德无量的事情，要进一步扩大规模”的批示。

为了充分展示客座研究员这一青年批评家群体的成就与风采，中国作家协会和中国现代文学馆决定推出“中国现代文学馆青年评论家丛书”，为每一个客座研究员推出一本代表其风格与水平的评论集，我们希望这套书既能成为中国当代文学批评的重要收获，又能够成为青年批评家们个人成长道路的见证。丛书第一辑 8 本在 2013 年 6 月由北京大学出版社推出后引起了巨大反响，现在第二辑 12 本也即将付梓出版，我们对之同样充满期待。

是为序。

吴义勤

2014 年春于文学馆

第一辑

青春梦与文学记忆

在“角色化生成”与“主体性成长”之间，在决定论和能动性之间，在福柯和存在主义之间，在政治经济学和精神分析之间，在外在询唤和内在期待之间，文学中的青年形象应该得到更加精致入微的辩证。

20 世纪以来中国文学史中的青年形象

20 世纪中国文学史上充满了青年人的形象与声音：晚清小说中的革命少年、鸳蝴派笔下多愁善感的少男少女、五四新文学的“青春崇拜”、社会主义成长小说中的“新人”形象、知青的“青春祭”、“一无所有”的摇滚青年、“像卫慧那样疯狂”的上海宝贝、韩寒、郭敬明、张悦然等笔下的“80 后”……“在一定意义上可以说，现代文学的形象世界，主要是青年的世界”。[①] 文学形象是多种因素造成的“综合创造物”，故而对此形象的解析，也应尽可能还原出构成因素的多样性：在作家塑造青年形象的过程中，首先参与其间的是作家的气质、心理和审美意识；而这些联系着具体的历史语境中人们的情感态度、认知方式和思想观念；上述因素在渗入创作的过程中显然又和历史条件、社会现实、意识形态等形成互动。讨论青年形象的创造史，既能丰富我们对文学特质的认识（思考青年形象在文学中的建构，即青年人如何通过文学来想象自我），也能在与历史经验的关联中丰富我们对文学史的认识。

---

① 赵园：《艰难的选择》，上海文艺出版社，1986 年，第 220 页。

一

在晚清中国社会中，“事实上并不存在一个作为独立的年龄群体的青年阶层”。日本学者横山宏章曾从官僚、科举制度的角度来考察这个问题：“中国尽管有数千年的历史，那其中却见不到热血沸腾的年轻人，这说起来有点不可思议吧。……那么，中国的年轻人是在什么样的世界中顽强地生存着呢？不管怎样，不可能没有年轻人。在这个世界上最完备的所谓中国式的官僚制度严格控制下，在成为无可动摇的‘天下太平’的安稳世界中，年轻人其实是被窒息在体制之中，奄奄一息……在知识分子的世界中，通过科举考试入仕途登龙门是男人们的人生愿望，年轻人像个年轻人似的生龙活虎地到处胡闹，是不被允许的。为了中举必须奉献出青春，青年人只是成年人的预备军。只有天真纯洁的孩子和出色的大人，愚蠢莽撞的青年人的存在被抽掉了。……说没有年轻人、青年人存在，这是因为年轻人被定位在从孩子到大人的修养过程中，也就是说，它不过是一种过渡形态。”[①] 近代中国“青年”形成的契机是民族危机与教育改革。梁启超振臂一呼的《少年中国说》，对于当时正在形成的以学生为中心的年轻人群体之社会地位、义务职责等作出了最具代表性的论述。中国的“青年”正是从由梁启

① 横山宏章：《清末中国青年群像》，转引自陈映芳：《“青年”与中国的社会变迁》，社会科学文献出版社，2007年，第2—3页。在近代以前的社会中缺失“青年期”，并不是中国社会独有的现象。著有《儿童的世纪：从中世纪到现代的儿童与童年》的历史学家菲利普·阿利埃斯曾如此记述：“在中世纪以及近代开始以后，低层阶级的儿童，一旦能脱离母亲或奶妈而独立行动（即约7岁时），便与成人们混在一起了。他们马上便闯进成人们的生活圈子里，与成人们共享工作与娱乐，老少不分。”（参见理查德·弗拉克斯：《青年与社会变迁》，李青、何非鲁译，北京日报出版社，1989年，第8页。）在工业化开始以前的欧洲社会，年轻人与年长、年老的人们一起生活在家庭和传统的共同体中，既不存在各个年龄阶层间明确、严格的阶段区分，年轻人也并没被赋予特殊的社会地位与社会角色。

超所呼吁的“少年”经由《新青年》杂志所代表的“新青年”而逐步形成的。[①]

自晚清、新文化运动以来，统治团体、政治社会化的担当者以及知识分子、普罗大众都在不断树立各种各样理想的、模范的青年形象，“少年中国”的国民召唤、“新青年”式的范导想象、“社会主义新人”的打造……青年形象史的生成、延续，伴随着各种政治力量、社会势力对于“青年”所寄予的角色期待和青年自身具备的角色意识（呼应社会期待而扮演相应的角色）。“角色”是社会学的核心概念，其定义是“在社会结构中占有特定地位的人士应有行为的模式或规范”[②]，这种“应该成为什么样的人”的期望经常出自同时代的人或社会群体。“新青年”“五四青年”之所以能够在现代中国获得特殊地位，并成为占据主流的青年角色模型，并不仅仅出于青年自身的反抗精神和行动成就，也并不仅仅出于其集中表达了年轻人对权利、自由（恋爱、婚姻的自由，经济独立，自己筹划生活等）的强烈诉求（这一切诉求只有被纳入到“青年”的意义结构之中，才可能在中国社会获得正当性的源泉，而提供这一正当性的文化和思想资源，“主要不是来自于年轻人内部，而是来自于中国传统文化和西方近代思潮中既有的对知识人和青年的角色规定”[③]），而恰恰是因为青年们呼应或者说迎合了社会对年轻人的角色期待。我们在此涉及了两个维度内的“青年”：作为现实社会中的年龄群体；被历史地、社会地建构起来的形象。而文学显然是参与这一建构的最重要的文化式样，在青年文学中，寄托着成年人和社会力量的期待和意义规定、关于“青年是什么”“青年应该成为什

① 详见陈映芳：《“青年”与中国的社会变迁》“第一编：‘青年’的诞生”。

② 彼得·伯克：《历史学与社会理论》，姚朋等译、刘北成修订，上海人民出版社，2010 年，第 49 页。

③ 参见陈映芳：《在角色与非角色之间：中国的青年文化》，江苏人民出版社，2002 年，第 56—60 页。

么”的观念意识，点点滴滴内化到了青年主体内部中去。不妨说，是青年的“角色化”提供了年轻人新的身份，因为这样的理由和身份，“青年”才在现代中国获得存在的正当性，而青年文学、青春主题也在20世纪以来的文学史上占据特殊地位。

这也就是为什么在中国现代小说的青年形象展演中，我们更多看到的是“角色化的生成”，而很少“主体性的成长”。台湾学者黄金麟在身体史学的视野中提出“身体生成”这一概念：“这个概念指称的并不是一种身体的生物性诞生或创造，而是指称一种在肉体既存的情况下所进行的政治、经济、军事、社会或文化模造。这种社会加诸自然条件上，从而产生的身体改变，是身体生成这个概念想要凸示的景况”，这样一种存在于特定历史背景下，“因随着国族命运的更动而被积淀、型塑出来的”生成形式，逐渐变成“一个普遍、共通的身体开发形式”。[①] 而文学可以作为上述普遍、共通的形式在一特殊领域内的显现，小说中青年形象的塑造也受到政治、经济、思想教育等外力规约，诚如研究者在讨论现代中国的成长小说时所发现的：“成长主人公摆脱传统伦理与封建秩序的专断统治后获得身体的管理权和属己性，他们离开礼教之家后，身体在社会空间里的漫游、位移过程中，亡国灭种的巨大民族危机、国家危机使他们不得不接受身体工具化和国家化的改造式生成。”[②] 在小说中的表现则是（这往往也成为我们分析这类成长小说的固定视角）：个人时间依附于巨型、线性的历史时间而存在，身体欲望处于社会理性的调适和监控之下，“象征之父”的权威性介入，个体成长作为民族国家的寓言……青年是建设国家、推动社会进步的主力军，青春意象与情怀也是20世纪中国文学史一再书写的主题，但这

① 黄金麟：《历史、身体、国家——近代中国的身体形成（1895—1937）》，新星出版社，2006年，第2—3页。

② 顾广梅：《中国现代成长小说研究》，人民出版社，2011年，第337—338页。

一表面上风光无限、热力四射的群体和文学形象更多是被外力召唤出来的，这种召唤又着眼于“青年”社会角色的功利性，而对年轻人的特性、欲求、内在权利、精神自由以及生命原初意义关注不够。冯至的诗句“你让人人都恢复了青春”[①]，恰恰表现出青年构形的悖论：青春固然美丽，但却不是本己的属性，而是被种种“大他者”（“你是党，你是毛主席”）所给予、派定的。

在文学创作中，以“角色化生成”为主导来模塑青年形象，显然会出现很多问题。茅盾曾感慨于“伟大的‘五四’不能产生表现时代的文学作品”，郁达夫、许钦文、王统照、周全平、张资平等人的小说尽管“都用现代青年生活作为描写的主题”，但是“不能从这些作品里看出‘五四’以后的青年心灵的震幅”，而原因正在于“缺乏浓郁的社会性”。在茅盾的心意中，需要展现现代新人在不断进步的历史进程中所参与和承担的宏大历史实践和社会职责，以及其间荡气回肠的心灵震荡。在这样的背景下，茅盾表彰《倪焕之》“第一部”的意义：“把一篇小说的时代安放在近十年的历史过程中的，不能不说这是第一部；而有意地要表示一个人——一个富有革命性的小资产阶级知识分子，怎样地受十年来时代的壮潮所激荡，怎样地从乡村到城市，从埋头教育到群众运动，从自由主义到集团主义，这《倪焕之》也不能不说是第一部。在这两点上，《倪焕之》是值得赞美的。”[②] 在叶圣陶的这部长篇中，主人公的个体成长被纳入到整个社会进化的结构中去，成为一种由社会理性掌控的成长，这也许是茅盾所谓“社会性”和“青年心灵的震幅”相参证的意义所在。青年人经历的“成长仪式”的每一环节——受难、动摇、转机——无不具有浓厚的社会意识形态性。倪焕之向往

① 冯至：《我的感谢》，原载《光明日报》1952 年 7 月，收入《冯至全集》第 2 卷，河北教育出版社，1999 年。

② 茅盾：《读〈倪焕之〉》，《文学周报》第 8 卷第 20 期，1929 年 5 月。

通过参与创造历史的活动确立他作为一个青年的主体意义，但这一“意义”往往指向被某种社会理性、外在秩序所承认的信念。这样一个疏于内在主体建设的青年，其个人欲求与私密情感在不断“纯化”“净化”的过程中被掏空了“人”的具体所指，且陷入到理想与现实之间持续的冲突中。而一旦当历史丧失了发展的意义，即外部且是唯一的动力源停止运作之时，其精神和肉体都遭到了灭亡。正如研究者所发现——

> 伴随着每次对意义的新寻找，倪焕之不断改变表演场景，从学校，婚姻家庭，到集体主义的革命。在这一幻灭的过程，他的个体自我、个体自由在不断地耗散，国家、民族、阶级解放的宏大叙述越来越覆盖着他，最终他似乎又不能承载这些不断加大的意义而心力憔悴而死。因此，叙述者本身是矛盾的，他将倪焕之投掷于时代的飞泻而下的洪流，却表现出当这些时代的意义资源相继耗尽时主人公心力的枯窘——他没有时代以外的属于自身主体的内在意义。①

当新一轮“时代的意义资源”——比如“革命文学”——生成之际，身处“动摇中的小资产阶级的知识分子”被认为“可以跨过前去，而不必关心他们，因为这是值不得在他们身上卖力的”② 环境中，茅盾曾表彰的倪焕之，以及他本人笔下的方罗兰、章秋柳们都成了时潮的“Outcast”（弃儿——英文为茅盾原文）。

---

① 郑坚：《吊诡的新人——新文学中的小资产阶级形象研究》，百花洲文艺出版社，2005 年，第 106—107 页。

② 丁玲：《创作不振之原因及其出路》，《北斗》第 2 卷第 1 期，1932 年 1 月。

二

考察青年形象的人物长廊，我们会发现这样一个现象：越是青年角色扮演意识膨胀的时期，年轻人表达自身欲求的空间越是萎缩。比如以“火红的青春”为主题的 1950 年代，后人提及青春崇拜之类的话题时每每将其作为怀恋对象，这确实是青年文化历史上一个特殊时期，“它既是一个年轻人从家庭获得解放的时期，同时也是青年开始被国家高度整合的时期”，“程式化教育一方面要求学生活跃主动、富有创造力，一方面又要求他们自制克己、遵守各种纪律，服从集体的意志，这是十分自相矛盾的。…… 青年人几乎没有得以显示个性或发挥创造力的渠道。大多数学生都感到自己已被不断要求他们与集体保持步调一致的号召束缚得失去了活力”。[①] 一方面是“火红的青春”，另一方面，“在 50 年代的青年文化中，年轻人的主体性逐渐被抽去，‘新青年’、‘五四青年’们所追求和部分获得的‘权利’、‘自由’，在 50 年代的青年文化中逐渐消失”。[②] 王蒙创作于 1953 年的《青春万岁》[③] 素来被视作“火红青春的写照”，在这部长篇中我们正可发现上述矛盾的症候。小说描写建国初期北京女七中高二班一群学生的故事。这天，杨蔷云来到同学苏宁家中，苏的父亲是资本家，“五反”时候被抓：

> 蔷云握住苏宁的手，坐在苏宁的床头。…… 看看屋子，东北角上放着一个荒芜的书架。许多书报零乱地堆在上面，书架旁有个小藤桌，桌上有竹笔筒和瓷花瓶，但是既没有笔，也没有花。书架的对面是漱洗用具。…… 墙上挂着郑板桥画

① 参见阿妮达·陈：《毛主席的孩子们：红卫兵一代的成长经历》，史继平等译，渤海湾出版公司，1988 年，第 155、156 页。

② 陈映芳：《在角色与非角色之间：中国的青年文化》，第 68、72 页。

③《青春万岁》初稿于 1953 年，出版于 1979 年。详见《王蒙文集》第 1 卷“说明”，华艺出版社，1993 年。

> 的竹子和一张比月份牌高明不了多少的粗俗的画——画一个女人荡秋千。还有一张彩色照片，照的是西湖的三潭印月。苏宁床边摆着一张小桌，搁些药瓶子，暖壶和水碗。蔷云以她特有的灵敏嗅出一种奇怪的、不协调的气味。有药味，有香皂味，也有旧纸旧画和苏宁的被褥的味。蔷云嗅了嗅，说："开开上边的窗子吧，空气不好。"……当蔷云登上窗台，去开上面的小窗户时，看见窗台上的一本书，是徐訏写的《鬼恋》。蔷云下来，拿起这本书，怀疑地翻着看，苏宁像作了错事似地低下头。"老天，你这是看什么书呀？""我，病了，看别的书太累。"苏宁理亏地解释着。蔷云气愤地说："'鬼恋'，瞧这个名儿就是一本浑书。又鬼又恋，你瞧别的书累得慌，瞧这本书难道不气得慌么？"苏宁没有话回答，用手揉着被角，样儿很可怜。

于是第二天，蔷云动员了几位同学再一起来到苏宁家：

> 挽起袖子干起来。清扫了所有角落的尘垢，摆上了毛主席的石膏胸像。贴上一张《列宁和孩子在一起》的铅笔画和一张卓娅的画像。她们送给苏宁几本书：《把一切献给党》《刘胡兰小传》《青年团基本知识讲话》，苏宁把它们放在书架上最显著的地方。

我把上面这一段落理解为"空间的改造"。首先，"空间"在物理意义上指苏宁家中的生活环境。我们在此发现了青年文学（如《青春之歌》等）中极具代表性的"角色化生成"策略：一个以青年人面貌出现的价值客体，有待去获得自我的本质属性，在此过程中，代表不同世界观、价值观与思想路线的两种力量介入其中，争夺对价值客体的领导权。苏宁病态初现，是一度沦落的价值客体，需要来自正义、主流社会的蔷云加以挽救，而反方是苏宁的哥哥苏君，蔷云以其“特有的灵敏”发现了苏家“气味不好”，于是打开窗户，清扫尘垢，并告诫苏宁：“你哥哥肺里有细菌，话里也有，千万可别传染上你！……还有这本《鬼恋》……”其次，如果把“空间”理解为各种意义竞逐的领域，那么“阅读空间”也可视为各方力量相互斗争、改造的产物；而争夺阅读空间比政治、军事的争夺更隐蔽，却对人的日常生活产生深刻影响。蔷云替苏宁清理了《鬼恋》，换上《把一切献给党》《刘胡兰小传》《青年团基本知识讲话》，书籍的“置换”在蔷云看来是治病救人。由此，杨蔷云在《青春万岁》中就被赋予了特殊的象征意味，她以“家访”的形式扮演了老师的角色：“书籍怎样到达读者手里……诸如政治领袖、教育家、牧师、批评家这样的文化宰制者，在何种程度上控制了民众获得书籍的途径——不直接地（如通过表扬与责罚）或直接地（如通过强制赞助）？”[①] 据此，蔷云也可被视为阅读的范导者。清理生活环境、重新布置阅读空间，以上两种“空间的改造”（身体 / 精神）自然是相辅相成的。尤耐人寻味的是，这一由阅读的范导者所施展的书籍置换，针对的是学校之外的课余阅读，也许可以这么说：在特殊时期，国家克服公共时空和私人空间的界限而在公私之间建立起意义连续性，同时社会主义文化也藉此介入、收编个人日常生活，将塑造理想“新人”的政治追求编织进类似课余阅读的生活细节中。

吊诡的是，如果借用“掀开新时期文学第一页”的《班主任》的视野，那么先前《青春万岁》中以“治病救人”面貌出现的杨蔷云，也可能染有“暗疾”。也就是说，《青春万岁》中的杨蔷云与《班主任》中的谢惠敏发生了角色的合一：从人物特征来说，她们都是班干部，具备“特有的灵敏”，学习成绩并不出众，“主要是由于社会工作占去的精力和时间太多”（《青春万岁》借助杨蔷云与李春的冲突，以显示杨在

① 戴维森：《从书籍史走向书籍与读者关系史》，转引自张仲民：《从书籍史到阅读史》，《史林》2007 年第 5 期。

“红”与“专”的人物图谱中代表着“红”)；从今天的眼光来看，当杨蔷云将《鬼恋》看成“又鬼又恋”的“浑书”、当谢惠敏将《牛虻》当作黄书之时，她们已没有太大区别，都是丧失了阅读理解力、亟待挽救的“病人”。

《青春万岁》中“空间的改造”，代表着国家意识形态毫不犹豫地介入日常生活，然而苏宁内心世界的空白，以及迅速地“被治愈”，反倒显出这一介入、收编的粗暴、草率，完全无视生活世界确有其相对独立的维度。资本主义文化“在公与私之间、诗学与政治之间、性欲和潜意识领域与阶级、经济、世俗政治权力的公共世界之间产生了严重的分裂”[①]，故而社会主义文化以克服上述分裂为己任。但是，克服分裂的意义应该在于建立一种健康、有机的关系：政治渗透着人的生活世界，完全摒弃他者的“绝对自足”是一种幻觉，人们需要在多样性和公开性中持续交流、互动；然而与此同时，生活世界以及与此相关的个人的趣味、欲望理应得到尊重，一个富有活力的政治社会应该鼓励人们的自由选择。当然，实践层面的操作远比论说复杂，也许恰因为以上几者的关联没有得到稳妥处置，所以，在青年形象中，丧失阅读能力的“病人”才会一再出场。

三

张闻天的长篇《旅途》(1924年)是中国现代成长小说开端期的代表性作品，“已经开始有意识地将人物成长、人物性格与时代环境作为有机整体展现出来，直接引导着下一阶段的成长小说”。[②] 它描写青

① 詹明信:《处于跨国资本主义时代中的第三世界文学》，收入《晚期资本主义的文化逻辑》，张旭东编、陈清侨等译，生活·读书·新知三联书店，1997年，第523页。

② 顾广梅:《中国现代成长小说研究》，第60页。

年王钧凯在追求“灵肉一致”的旅途中所遭遇的种种困扰，后来投身于革命斗争，从个人爱憎恩怨的烦恼中解脱出来，终于在激烈的战斗中牺牲……小说的结局似乎升华到一个理想境界，但是日本学者坂井洋史却批判道：“钧凯终于灭却自己的肉身而把自己的精神升华为永远的存在，以获得‘解脱’。但是，如此解脱，不外是以应该称为烦闷源泉的自我内心之彻底丧失为代价而求救于自我外部。我认为，如此心态或许可以为外在‘宏大叙事’的绝对化甚至神化服务，但是不会孕育不断要求深刻内心审视和自我对象化的强韧精神。”坂井洋史进一步将此问题归结为“后发型现代化所依据民族主义”中一种“共享”的“想象”或“神话”：以为“现代民族国家的建立能够满足沦落于被压抑状态的个人欲望”，“给外在‘虚构’以至上权威，而以为如此权威能够解决自我内部的问题”。在上述逻辑之下，“内部自然”和“外部自然”达成“共享”，但是坂井先生马上提醒，“说‘共享’，也许给人内外平等的印象，其实不然”，因为“共享”之中暗含一种等级制，“内部自然”外挂在“外部自然”上，自我内部的问题可以由外在权威轻松解决，甚至乞求在后者创世纪式的“根本解决”之后，一切其余具体问题皆可迎刃而解，“这种情况，不如叫做以‘自我丧失’为代价主动要求‘同化’更妥当些”。[①] 对于“外部自然”的趋附往往同迎合期待的“角色扮演”、从工具性的角度来观照青年形象的功利意识相关联，“如果人只是建筑社会的砖瓦，只是经济过程的工具，那么……与其说是会导致‘新人’的产生，不如说是‘人’的消亡过程，也就是非人道的过程。人失掉了测定的深度，就变成二维、平面的、没有精神的生物，在这种情况下人是不存在的，存在的只是社会职能而已。人丧失了内在

① 坂井洋史：《忏悔与越界，或者“丧失”的机制》，收入《忏悔与越界：中国现代文学史研究》，复旦大学出版社，2011 年，第 89—96 页。

的存在”。[①]

内在价值的轻易让渡和萎缩是我们在讨论青年形象时每每会碰到的文学命题，也反映出青年人在文学与社会现实中遭遇的情形：易于归依身外的权威而荒疏营建“自心之天地”；惯于论证“终极究竟的事”而轻忽“心以为然的道理”，而此外骛的论证又甚少与切己的实感发生共鸣[②]；不断追逐弃旧迎新的精神攀附，却没有内在主体性的支撑，在过度开发后意义耗散、心力匮乏……所以在文学史上经常可以见到如下青年形象：一是小二黑这般“英雄气概的自我”，借墨子刻的话说，他们个人具有炽烈而无私的、为实现生活理想而英勇奋斗的决心；“有了决心，个人就会和‘人民’或者说人民的‘真实’愿望站到一起”；在其奋斗过程中，为人们所能感知的历史发展趋势形成“气势磅礴”的“潮流”，“通过把内在洞察力‘转化’为外部世界，从而使自我的英雄精神融进强大的历史潮流之中”。[③]在小二黑身上，“内在洞察力”与“外部世界”“内部自然”和“外部自然”息息相通，然而，倘若不具备此“内面自觉”而又将个体人的价值简单归化为外在整体性结构，那么，当整体结构在线性历史时间加速驱动下，不断向着一个个“美丽

---

① 金雁：《倒转“红轮”：俄国知识分子的心路回溯》，北京大学出版社，2012年，第170页。

② 物以稀为贵者，比如周氏兄弟的声音：“思虑动作，咸离外物，独往来于自心之天地，确信在是，满足亦在是”；“凡有所说所写，只是就平日见闻的事理里面，取了一点心以为然的道理；至于终极究竟的事，却不能知”；“我早有点知道：我是大概以自己为主的。所谈的道理是‘我以为’的道理，所记的情状是我所见的情状”；“大约人的觉醒，总须从心里自己发生。倘若本身并无痛切的实感，便也没有什么话可说”。以上各条分见鲁迅：《文化偏至论》，收入《鲁迅全集》第1卷，人民文学出版社，2005年，第55页；鲁迅：《我们现在怎样做父亲》，收入《鲁迅全集》第1卷，第135页；鲁迅：《新的蔷薇》，收入《鲁迅全集》第3卷，第308页；周作人：《〈贞操论〉译记》，《新青年》第4卷第5号，1918年5月15日。《贞操论》译文亦收入《周作人文类编》，可参见《周作人文类编》第5册，湖南文艺出版社，1998年，第422页。

③ 墨子刻（Thomas Metzger）语，转引自李欧梵：《二十世纪中国历史与文学的现代性及其问题》，收入《李欧梵论中国现代文学》，上海三联书店，2009年，第17、18页。

新世界”跃进，青春的转瞬即逝就会让青年哀叹“我是一个年轻的老人”（戴望舒《过时》）。“现代中国是一个‘扰攘之世’……在向外寻找新秩序的时候，个人内心的是非好恶往往被看得很轻，而绝对真理、历史必然性之类外在的标准则被看得很重；人们并且进一步用后者来规范前者，要求前者，解释前者，直至取消前者。”[①]“绝对真理、历史必然性之类”（几乎在每个历史时期它们都会获得不同的“填充物”）每每向青年人发出强力召唤，望风披靡的过程中青年人甘愿将“内部自然”外挂，甚至将自身的伦理与情操直接同一时一地的“意识形态正确”相绑定；于是当时代转换之际，前一时期论证“绝对真理、历史必然性”的“填充物”被新起的标准判为失效，先前迷信的意识形态逻辑翻转为不信，青年人就会因为欠缺建基于本心的立场而扶东倒西、无所立足，连带抛弃先前的伦理与情操，于是要么摇身为“通变”之士粉墨再登场，要么就哑然失语甚或被甩出历史轨道之外。而当生命意义长期“外挂”、内在价值持续被掏空的个体在被甩出之后，随即与虚无相遇。于是，在林道静、小二黑之外，我们在 20 世纪的中国文学中一再发现“遭遇虚无”的青年形象：从历史轨道中脱轨的“零余者”（郁达夫的小说）；因外在意义资源的枯竭而旋起旋灭的、“青春和衰老的结合体”（戴望舒《我的素描》）；信仰破灭后睁眼看清世相而宣告“我不相信”（礼平《晚霞消失的时候》）；以满腔热血却写下一幕滑稽闹剧，因而在挫败与被欺骗感中无法自拔（蒋子龙《赤橙黄绿青蓝紫》）、反感于前一个时代中先验的最高价值，而试图在“置身事外”中实现自我（刘索拉《你别无选择》）……

① 郜元宝：《“为天地立心”》，收入《鲁迅六讲》，上海三联书店，2000 年，第 34 页。

四

赵园曾有一个敏感的发现：在现代文学史上，“不但明确地意识到对象的作为青年，注目其为青年所固有的特征，而且以‘青年’作为一种社会力量来观察与描绘”，主要出现于“现代文学史的首尾两端——‘五四’时期，与抗日战争时期以及战后”，因为这“两端”是“突进或转折”的历史时期，易于“首先在青年的文学形象中反映出来”。[①] 青年形象往往成为社会生活的探测器，启发我们思索如下议题：在历史行进和转折的过程中，青年人面临哪些困境，在外向的人生道路选择与内面的心灵世界都遭遇了何种困扰和挫折，小说如何反映又如何介入青年的主体建设，文学提供了何种抚慰、整合了哪些资源、又暴露了什么样的问题。其实社会学研究早已指出：越是遇上社会转型的年代，角色文化承载者、角色扮演者（尤其是被动的角色扮演者）就越有可能遭遇到价值剥夺的危险，“在那些被动的角色扮演者那儿，角色行为的‘意义’源泉首先不是来自于个人内部的需要（个体的生活目标或价值追求），而是来自于外在的、强制的意义灌输，以及制度的规定性。这样，社会（制度、支配价值等）的转换就可能导致他们以往的角色行为的意义问题——来自于外在的否定直接引起他们的价值剥夺的意义危机”。[②] 举个例子，如何处置被“文革”所伤害的虚无、颓唐的青年人，显然是“新时期文学”亟待解决的问题。在刘心武小说《醒来吧，弟弟》中，“哥哥”/“我”是虽经劫难但信念不变的知识分子，“弟弟”则是精神颓丧满腹牢骚的前红卫兵，小说讲述的是前者作为启蒙者一方如何对发生信仰危机的虚无者展开“治疗”。“文革是这样一个运动，它既带来了个人政治生活对私人生活的侵犯，又导致了政治创

---

① 赵园：《艰难的选择》，第221页。

② 陈映芳：《在角色与非角色之间：中国的青年文化》，第178页。

造的现实对人们精心保留在内心深处的侵犯；毕竟，这一运动的目标不是人们的物质存在，而是他们的精神世界的表达方式。"“文革”中发生的悲剧，很多来自于官方正统建构的现实和人们感受到的现实之间的差异和冲突，以及人们内心是非善恶判定标准的被放弃。[①]“文革”侵犯了人们的“内心深处”和“精神世界”，且创痛深巨，故而，新时期文学对青年人心灵世界的修复[②]，是急迫而又繁难、艰巨的事情（还要考虑到个人自我缠绕的内心世界往往对革命政治理想构成间离与冒犯，所以当时会出现“暴露黑暗”之类的批评声）。然而刘心武给出的“治疗”方案是极为草率的——“‘醒来’的意思当然是要弟弟摆脱迷惘情绪投身火热的四化建设”。[③]即便在发表的当时，就有批评家提出不满和质疑：刘心武极力用“一些四平八稳的模式套住自己锋利的解剖刀”，由此给出的“解决”，“又能在生活中激起多少青年的共鸣？又有多少青年能仿效？……小说揭示的问题是尖锐的，能吸引很多青年注目。可是回答问题却又如此苍白无力”。[④]在“弟弟”这样一个极具代表性的青年形象中，“外挂”、角色召唤的策略重又被祭出，我们太熟

---

① 参见黄宗智：《中国革命中的农村阶级斗争——从土改到文革时期的表达性现实与客观性现实》，《中国乡村研究》第 2 辑，黄宗智主编，商务印书馆，2003 年。

② 而这正是稍后一些论者提倡“向内转”时的重要议题：“‘向内转’体现了浩劫过后某种强烈的社会心理对于文学艺术的需求。西方现代文学的两次‘向内转’的高潮，分别与两次世界大战给人类带来的灾难有关。‘文化大革命’也是一场灾难，而且与中国人民近代史上蒙受的其他灾难不同，人民受到的伤害更严重的是人性的扭曲和心灵的破裂，这是一种‘内伤’。浩劫过后，痛定思痛，善良的人们在反省、在反思、在忏悔，心理上长期郁积下来的一层层痛苦的情绪和体验需要疏通、需要发散、需要升华、需要化为再图奋进的思想和勇气。这种特定的社会心理状态，为新时期文学的‘写心灵’提供了广阔的空间。”（鲁枢元：《论新时期文学的“向内转”》，《文艺报》1986 年 10 月 18 日）可惜，当年围绕着“向内转”的争论大多纠缠于创作手法或现实主义原则，对于这一层治疗“内伤”的议题却没有深入的对话。

③ 许子东：《当代小说与青年思潮》，收入《当代小说阅读笔记》，华东师范大学出版社，1997 年，第 193 页。

④ 陈思和：《思考·生活·概念化》，《光明日报》1979 年 4 月 3 日。

悉了：新的目的论生成，将“问题个人”与之相挂钩，就像被咒语唤醒一般，“现代的、堕落的、不可救药的问题人物突然彻底地消失了，个人仅仅作为集体的一部分而存在，并且服务于逻辑论证式的说教式的政治目标”[①]，与此同时，内心深处的创伤被轻松略过。根本不是“对症下药”，毋宁说是“悬置”。这般简单敷衍的“治疗”，显然是不稳妥的。随之发生的“潘晓来信”、高加林人物形象大讨论等，其实就可以看作长时间累积的不正视青年自身意义、价值，将之与外在规定性简单挂靠而导致的结果。

松动的迹象在1980年代中后期伴随着刘索拉《你别无选择》等一批作品而出现。李劼曾比较小说中青年人物身上崭新的意识：“他们既不像《大学春秋》和《青春万岁》中的那群学生，仿佛一生下来就被安排好一切似的无忧无虑地跟着阿姨老师朝前走；也不像《公开的情书》或《今夜有暴风雪》中的那群热血青年，时时把历史扛在肩上，充满责任感使命感。他们不低估自己的价值，也不夸大自己的作用。”[②]随着社会变迁，从国家神话、意识形态来看取青年形象的视角逐渐为新的多元视角所取代。在这个演进过程中，因袭着社会角色功能的论者倒是敏感于期待的落空：“任何一部真正称得上伟大的文学作品，无论是批判还是赞成，都必须真正地体现出时代的前进方向。可是，刘索拉的《你别无选择》似乎于此稍有逊色……他们的探索和追求缺乏一种社会大我意识和历史的自觉性。”[③]我们还记得刘索拉小说中这样一个段落：“新的礼堂正在建设，到处都堆着砖瓦、木料，还有一座现代化的教学楼刚刚动工，推土机把旧平房推成一片废墟，机器的轰鸣和敲打

① 刘剑梅：《革命与情爱：二十世纪中国小说史中的女性身体与主题重述》，郭冰茹译，上海三联书店，2009年，第87页。

② 李劼：《刘索拉小说论》，《文学评论》1986年第1期。

③ 魏威：《如何反映当代青年的性格——评中篇新作〈你别无选择〉》，《文汇报》1985年5月13日。

声整天跟音乐捣乱……”这个场景和我们阅读小说时的感悟是合拍的：一方面旧的规矩被推成废墟，另一方面新的意识开始萌动；小说所呈现的生活和心灵画面，尽管嘈杂无序，像一个乱哄哄的工地，但正是在这片“无序”中可以发现一代青年人在社会秩序和主体成长之间挣扎、选择的人性图景。正是从这个时期开始，王朔作品的持续升温，影响力从年轻人阶层向一般社会扩展，也说明了整个社会对青年的角色期待和规范力量的降低、消解。

1990 年代为告别“角色化”的形象生成模式提供了契机。随着整个社会文化空间的日益开放，文化的共名状态[①]逐渐涣散，为那种更偏重个人性的多元化的无名状态所取代，在创作上则体现为个人叙事立场的转型，此时，“‘十七年’、‘文革’成长小说赖以建立文本的理念底蕴——个体成长的意义象征国家的成长、与国家的命运须臾不可分割、个体是民族国家意识形态的人质……这样的文本立意基本上崩解了。个体成长的最重要的关系空间不再是国家，而是具有初步自律功能的社会。这样，个体获得了他所能期求的最低限度的理想成长状态——‘自然状态’”。[②]同时我们也应该注意到，1980 年代末的政治风波使人们看到了青年运动的代价和边界，年轻人由此从社会得到了摆脱“神圣使命”约束的某种默许和认可，放下了角色扮演的包袱。总之，多元文化格局的形成、个人叙事立场的支持，以及青年从“救世主”的幻想中获得解放，这一切，都促使青年文学逐渐告别宏大叙事转而开拓个人心理空间和主体经验。在这方面，以朱文、韩东为代表的一批被称为“新生代”的青年作家和卫慧、棉棉等“70 后”作家作出了贡献。

及至新世纪情形又发生转变。按照王晓明先生的分析，今天的中

---

① 关于共名与无名的理论阐释，及由此角度对 20 世纪中国文学史的考察，参见陈思和：《共名与无名》，收入《陈思和自选集》，广西师范大学出版社，1997 年。

② 樊国宾：《主体的生成：50 年成长小说研究》，中国戏剧出版社，2003 年，第 221 页。

国人“同时受制于三个社会系统”:“第一个是国家机器主导的政治系统,它以‘维稳’为宗旨,竭力加固那种‘除了适应现实,我们别无选择’普遍意识。第二个是中国特色的市场经济系统,它通过各种具体的成文和不成文法,持续训练人接受这样的自我定位,‘现代人,就是如下两面的结合:合乎市场需求的劳动力,和具有不可控制的消费冲动的消费者’。第三个日常生活系统,它安排人以‘居家’为中心,组织自己的大部分人生内容,从儿童时代接受学校教育开始,一直到老。这个系统持续地发展一种具有极宽的包含力的‘居家文化’,对人潜移默化,要将他造得除了‘居家’的舒适——当然,这里的‘家’并不仅限于小家庭和公寓范围——别的什么都不在意”。[①] 在这三个系统组成的支配性文化中,青年人往往具备根深蒂固的实用理性,对自己选择的价值观秉持类乎“历史终结”般的坚信,戒绝任何越轨的冲动……在上述支配性文化和青年心态所合力搭造的“铁幕”下,1990年代文学中自居于主流和世俗社会边缘、苦苦寻求自我精神拯救的青年人(如朱文笔下的小丁们)、以赤裸裸的笔墨挑战“所谓致富阶级(成功人士)温情脉脉的伦理规范”[②] 的叛逃者(如棉棉、卫慧笔下的女孩子)全都消失了。其实这两类形象的消失有迹可循,有论者极富创见地提出了“终止焦虑”这一考察视角:焦虑是通过与现实处境持续的紧张对峙来艰难摸索一种自我确立的主体力量,“焦虑感是作家主体通过文字与世界发生关联时承受的障碍所致,是心灵的想象与现实境况相互磨蚀的结果,在有些情况下正是人不放弃追求主体力量的证明”。差异正在于,朱文“同样表现‘无所作为’的虚无感,但深刻地描绘了写作者的内心焦虑,毫不放松地突出着对主体力量的渴望”;而到了卫慧、棉

---

① 王晓明、王侃:《三足怪物、叛徒、谜底及其他》,《当代作家评论》2012年第1期。

② 参见陈思和:《现代都市社会的“欲望”文本——以卫慧和棉棉的创作为例》,收入《谈虎谈兔》,广西师范大学出版社,2001年。

棉等"70 后"作家笔下,"主体在对现实的反应中自主性明显弱化,认同感逐渐增强,两者的关系处于相互整合之中,而不是主体自觉疏离出来,形成独立的个体存在"。[①] 到了新世纪,明显地反映出这一"整合"过程完成、连摩擦的痕迹都不复存在的是郭敬明的小说,刻意呈现出一种"中性"(去意识形态化、去精英化)化的生活状态,这种姿态很容易俘获大批读者,但很明显恰恰受制于消费主义的意识形态,衣食住行背后是对市场社会主流价值全面认同。郭敬明笔下的主人公,他提供给年轻读者的范本——在"中性"状态中自鸣得意、游刃有余的青年人——是成功人士的后备军,而成功人士恰恰是当年朱文、棉棉们曾试图挑战的对象。焦虑感的消失,也许正意味着一种先锋性质的青年文化的离去。但我必须指出这并不是全部,以曝光率比较高的所谓代表作家为样本(如郭敬明),以一总多地去描述一代人的创作和精神图景,其局限性和片面性是明显的。比如同为"80 后"的郑小驴,他笔下的青年人伴随着"我要的,全没了,我不想要的,全来了"的愤懑呐喊,决然地从铁幕以及主流的全球化板块中分离开来,成为精神旷野上的"孤魂野鬼"。[②] 讨论当下文学中的青年形象,这种东游西荡不驯服的姿态应当是我们倍加珍惜的。

五

在巴赫金所描述的"最为重要的一类"成长小说中,"人的成长与历史的形成不可分割地联系在一起。人的成长是在真实的历史时间中实现的,与历史时间的必然性、圆满性、它的未来,它的深刻的时空体

① 宋明炜:《终止焦虑与长大成人——关于 70 年代出生作家的笔记》,《上海文学》1999 年第 9 期。

② 关于郑小驴创作意义的讨论,参见拙作《郑小驴论——兼及一种"青春文学"的再生》,《当代作家评论》2013 年第 4 期。

性质紧紧结合在一起”。而在其他类型作品中，“人的成长被置于静止的、定型的、基本上十分坚固的世界的背景上”；“世界只是分解成个别的事物、现象和事件，它们不过是毗邻和交替而已。长篇小说中的人物形象，仅仅勾勒出了轮廓，全然是静态的，就像他周围的世界是静止的一样”。[①] 以此来考量郭敬明小说，最显著的特征即是“主人公的静止不变”：“对个体的忧伤、创痛的反复咀嚼不仅成为文本推进的主要线索，更被普遍化为某种本质的、从来如此的青春体验，这一操作的痕迹最为鲜明地体现在郭敬明对‘孩子’这一概念的反复言说之中。在郭敬明笔下，‘孩子’不仅是一个年龄阶段，更是一个可以脱离各种社会关系而存在的绝对纯洁的领域……‘孩子’这一范畴成功抹去了个体的创伤与其社会根源之间的关联，从而建构了一个完全封闭的主体。对于这样一个主体而言，由于无法在具体的社会结构、生活经验，及其背后的权力关系中辨析创伤的来源。因此，他只能将其视为本质的、普遍的青春忧伤而加以领受，甚至将其审美化，并反复观看、咀嚼。同时，正是这种将自身独立于社会的意识形态构型，询唤出了大量自我封闭的、拒绝成长的主体，取消了任何对抗性实践的可能性，从而不断再生产着既存体制下的权力关系。”[②] 郭敬明式的小说是在翻版这个时代的现实吗：无须让生命悸动的痛感来提醒自己，也无须在黑暗的长旅中左冲右突，铺天盖地的广告、传媒，以及不设禁区的互联网早已告诉了那个“孩子”成人世界的秘密与真相。郭敬明笔下这个“只想呆在自己世界里的孩子”，以持守纯真的自恋姿态来暗享“豁免权”[③]；同时又在早已熟稔成人社会铁则的前提下，将成长过程“压缩”，一出

① 巴赫金：《教育小说及其在现实主义历史中的意义》，收入《巴赫金全集》第3卷，白春仁、晓河译，河北教育出版社，2009年，第213、227页。

② 康凌：《林道静在21世纪》，《文学报》2012年2月9日。

③ 当“抄袭”事件闹到法庭并被炒得沸沸扬扬的时候，记者问及郭敬明是否在意，郭的解释是：“我不想参与到成人世界的争斗中，我只想呆在自己的世界里。”

场就“定型”，于是“完全封闭的主体”粉墨登台。

当我们失望于郭敬明小说中反复咀嚼、消费自我的忧伤而无法自拔、静态而不再成长的青年人物时，往往会举证林道静来作比较。《青春之歌》向来被视为“新人”塑造、社会主义成长小说的典范之作。林道静的成长充分体现了“与历史的形成不可分割地联系在一起”，然而，如果以“角色化生成”的视角来考察就会发现，当民族国家历史的必然性、圆满性绽现之时，人的成长与其说是动态的创进，毋宁说是按部就班的天路历程。以上这两类青年形象似乎都不能让人满意。借用上文的话说，也许正是因为“内部自然”和“外部自然”无法达成平衡，所以文学中的青年形象，不乏静止而“完全封闭的主体”，不乏“内心生活”苍白甚至是“失心”之人，也不乏虚无主义者……

这个时候我想起鲁迅，身当一个秩序轰塌的年代，鲁迅以“自心”应世，秉持虚灵流动而非僵化定型的“心里的尺”来应对、验证身外的律令与规范，将生命创造的凭据收归自我。另一方面，即便临近生命的终点，鲁迅仍然深切表达着与这个世界紧密关联的经验：“外面的进行着的夜，无穷的远方，无数的人们。都和我有关。”[①] 所以鲁迅的这颗“心”又贯通着“生命的具体性”，不是将“个人”凝固成一个自外于现实世界、高高在上而又一尘不染的封闭“自我”，而是舍身到“不完善”甚至污浊罪孽的现实中，通过与周遭世界的关联，通过“完成切近的具体事业”——哪怕它们是平庸、烦琐的（往往如此）——来担负起变革现实世界的责任。[②] 这是一颗多么庄严而活泼、“内外兼修”的“心”。在讨论上述“内外失衡”的青年形象时，我们应该珍重鲁迅“心学”的这一份资源——既舍身到风沙扑面的现实中贴身肉搏，又敢于

① 鲁迅：《“这也是生活”……》，收入《鲁迅全集》第 6 卷，第 624 页。

② 关于鲁迅文学所彰显的“生命的具体性”，参见拙作《在伪士与名教的围困中突围》，《当代作家评论》2009 年第 4 期。

自白其心、以心应世，以此来培育一个丰富而沉稳、与现实相摩擦复又充当外界扰攘之过滤器的内心空间。

日本学者藤井省三曾指出，鲁迅在《狂人日记》中表现手法既“脱胎于安德烈夫的文学，却又与其单纯反映个体之孤独的文学倾向有微妙的不同”：

> 安德烈夫描写的疯子之申诉乃是从封闭压抑的自我发出的悲鸣，而鲁迅借狂人之口发出“救救孩子”的呐喊则是找到了与民族共生之线索的开放的自我之疾呼。
>
> 安德烈夫通过谎言、沉默等实体化的感觉描绘出孤独的内面世界。于《域外小说集》中翻译过《谩》和《默》的鲁迅，十年之后对安德烈夫的手法进行了脱胎换骨的改造，借狂人的妄想，通过食人一事进一步把孤独实体化，最终得以形成突破自我封闭而与时代状况共生的崭新自我。

藤井省三之所以强调鲁迅在进行社会批判同时，“如何以安德烈夫为媒介艰难地探索现代文学的核心精神——个人主体之‘内面世界’”，是“意在打破多年来人们对日本和中国两位国民作家所建构起来的神化模式：超越个人主义而达到‘则天去私’境界的夏目漱石和革命圣人的鲁迅。单就鲁迅而言，这个神化不仅指从延安到人民中国毛泽东对鲁迅的圣人化，同时也指竹内好以来的日本鲁迅研究。延安时代的毛泽东由于可以表彰鲁迅在现实政治中贯穿始终的革命者一生，结果遮蔽了其对中国的统治结构本身予以批判的文学本质。而日本竹内好以来的鲁迅研究者，由于一直局限在‘文学与政治’对立这种阐释架构的范围之内，因此忽视了活跃于现代精神史舞台上的鲁迅文学的思想核心——对个人主体性之‘内面世界’的追寻及其所感到的不安和恐怖”。[①]藤井省三的研究呈现出鲁迅文学的丰富性：既不放弃探索“个人主体之‘内面世界’”，也注重“将封闭的内面世界向自己的民族敞开从而获得无限的解放”。当我们探究20世纪中国文学史上的青年形象时，当我们在寻觅角色化与主体性之间的复杂关联时，鲁迅这份“内外兼修”的资源值得我们一再返顾。

并不是说非得求证一个“内部自然”与“外部自然”处于平衡状态的人物来作为青年构形的范本，鲁迅的启示是：首先，在“内部自然”与“外部自然”之间，应该有势所必至、理有固然的接榫与“桥梁”。叶永蓁作《小小十年》，“这是一个青年的作者，以一个现代的活的青年为主角，描写他十年中的行动和思想的书”，鲁迅赞誉该书“描出了背着传统，又为世界思潮所激荡的一部分的青年的心”，同时也犀利指出其中缺陷：“从旧家庭所希望的‘上进’而渡到革命，从交通不大方便的小县而渡到‘革命策源地’的广州，从本身的婚姻不自由而渡到伟大的社会改革——但我没有发见其间的桥梁。……在这里，是屹然站着一个个人主义者，遥望着集团主义的大纛，但在‘重上征途’之前，我没有发见其间的桥梁。”[②]必须从“内部自然”的实感出发，依照着年轻人的生存条件、思想背景与性格逻辑所规定的方式，来摸索“外部自然”；任何外在的角色召唤、整体结构，必须具体地组织进、实现在青年的生命活动与生活进程中。这是“其间的桥梁”意义所在，它在《狂人日记》中体现为“通过对自白主体进行非人格化的处理，从而将内面世界本身再度普遍化”。[③]其次，一方面要求文学关注年轻人的特性、欲求和权利，展现他们的内在空间和主体经验；同时也应该思考

① 赵京华：《后现代社会语境下日本鲁迅像的转变（下）》，收入《周氏兄弟与日本》，人民文学出版社，2011年，第105—107页。以上藤井省三的引文也转自赵文。

② 鲁迅：《叶永蓁作〈小小十年〉小引》，收入《鲁迅全集》第4卷，第150页。

③ 赵京华：《后现代社会语境下日本鲁迅像的转变（下）》，收入《周氏兄弟与日本》，第106页。

现代中国的历史语境中，“自足”的“个人”的故事、“纯粹”的“自身”的故事，到底在多大意义上可以成立？“狂人”形象的启示在于“突破自我封闭而与时代状况共生的崭新自我”。总之，在“角色化生成”与“主体性成长”之间，在决定论和能动性之间，在福柯和存在主义之间，在政治经济学和精神分析之间，在外在询唤和内在期待之间，文学中的青年形象应该得到更加精致入微的辩证。

不过以上讨论也可见出：现代以来，各方力量都在借重、争夺青年人，面对这种借重、争夺，文学既被动地参与其间，也不甘被动地提供了反思的契机。一方面，国家意识形态监督下的历史想象往往对青年形象的生成施加“定型”作用，但是另一方面，青年形象在自我创制的同时也不断产生尝试打破“定型”的解放性活力。即便是在《青春之歌》这样有着预期美满结局的小说中，因为解放性活力终于不能完全被压服，所以在作为国家神话的青年形象之下依然有主体能动的缝隙存在。这些缝隙告诉我们：尽管“革命”成功地示范了对爱情的导引，但后者毕竟不能轻易地被前者所化约；“革命”理应正视“欲望”，压抑性的“革命”并不具备召唤性。这二者的纠缠正是文学需要细腻展示的地方。林道静在崇拜卢嘉川之前，首先被“那高高挺秀的身材，那聪明英俊的大眼睛，那浓密的黑发”所打动。敏感的研究者发现《青春之歌》中不少细节暗示“在民族国家宏大叙事的缝隙中隐约可见性别个体的感性存在”①，比如这样的描述：“失去了卢嘉川的领导，失去了党的爱抚，她觉得自己重又变成死水中的蝌蚪。”这里的“互文”与“双关”实在传神，性的力比多与革命伦理互为释放。其实早在“五四”时期典型的青年文学《沉沦》中，个人主义的话语虽无法脱离于民族国家的建构，但回响着现代意识的、对“我是谁”的探寻，始终无法被

① 王宇：《性别表述与现代认同：索解20世纪后半叶中国的叙事文本》，上海三联书店，2006年，第99页。

民族话语简单征用。更何况还有《财主底儿女们》这般表现欲望身体与社会理性之间深刻挣扎的巨著。这一挣扎也启示我们：讨论青年形象，并不是给出“理想型”的答案，同样不妨暴露症候；并不是追求完成态，而是探索未完成中的丰富。即便在文本中最终闭合了，依然不妨去把握残余的选择可能性。在这个意义上，即便是诞生于“一体化”的文学时代中，例如丰村《美丽》（1957 年）这样的文本依然值得重读。其叙事起点就是：“年青人都多么可爱。但是，他们可又有着自己的忧虑和苦恼。”一方面，小说中的主人公在求证自我完满性时自觉认同与民族、国家、社会的深切关联；另一方面，小说也正视在革命伦理与公共道德之下个人的欲求、隐私。尽管在当时语境中，这一危险的“个人”与“个人问题”在文本中必须被迅速治愈，其自我治愈的心灵过程不乏抽象化、简单化，但这个小说呈露出个体生命的感性欲求与时代理性运行规则之间的某种“紧张”，而这样一种转瞬即逝的紧张感，也应该成为我们讨论问题的出发点。

这尤其需要研究者具备辩证的反思能力与精到的文本解读功夫。有一次我在给本科生开设的小说选读课上讨论丁玲《我在霞村的时候》，和惯常的意见一样，我也把贞贞视为一个受到战争双方——一方把她当成发泄兽性的对象，另一方把她看作获取情报的工具——残酷压榨的女孩子。但是班上一位“90 后”的女生在课堂讨论中提出：贞贞之前受到日军强暴欺辱固是极大的伤害，此后答应组织“回去工作”却有一种“报复的快意”在内，这样的工作并不只是被动配合民族解放的大事业，而是对于贞贞的个体本身同样意义重大。在那种时候，如贞贞一般受到欺辱的女子并不少，但是，能亲手破坏侵略者的行动、以此抚慰自身伤痛进而赢回尊严，这种复仇的快意很少有人能体会到。“贞贞把脸藏在一头纷乱的长发里，却望得见有两颗狰狰的眼睛从里边望着众人”，“她像一个被困的野兽，她像一个复仇的女神”——这个“复仇女神”的形象多么光彩照人，贞贞正是以这样的方式来实现“我还可以重新做一个人”。这是多么精彩的解读！由此也提醒我们应当注重青年形象的多重意蕴，既看到被控制、利用甚至扭曲的一面，也发现不被化约的丰富性。经过这样的观察所得到的青年形象，才能拥有巨大的生命能量和灵魂深度。

2012 年 12 月 27 日初稿，2013 年 11 月 12 日改定

汉园里的青春：读《断章》和《画梦录》

1936年春，上海商务印书馆推出《汉园集》，内收何其芳的《燕泥集》、李广田的《行云集》与卞之琳的《数行集》。作者均为北京大学学生，读书之地在“汉花园”，故以《汉园集》名之，记录着三位青年学子忧郁而寂寥的心曲。

你站在桥上看风景，
看风景人在楼上看你。
明月装饰了你的窗子，
你装饰了别人的梦。[①]

关于这首《断章》的创作情况，作者回忆道：“这首短诗是我生平最属信手拈来的四行，却颇受人称道，好像成了我战前诗的代表作。写作时间是1935年10月，当时我在济南。但是我常把一点诗的苗头久置心深处，好像储存库，到时候往往由不得自己，迸发成诗，所以这决不是写眼前事物，很可能上半年在日本京都将近半年的客居中偶得的一闪念，也不是当时的触景生情。”[②] 这首诗最初收入1935年底出版的《鱼目集》，不久李健吾在评《鱼目集》的一文中，附带提到：“还有比这再悲哀的，我们诗人对于人生的解释？都是装饰：明月装饰了你

① 卞之琳：《断章》，收入《卞之琳文集》上卷，安徽教育出版社，2002年。
② 卞之琳：《冼星海纪念附骥小识》，收入《卞之琳文集》中卷，第208页。

的窗子，你装饰了别人的梦。但是这里的文字那样单纯，情感那样凝练，诗面呈浮的是不在意，暗地却埋着说不尽的悲哀……”[①] 对于这番评论，卞之琳表示了异议。

《断章》两节写了两组意象：当你站在桥上把周遭活动、景象当作风景欣赏的时候，楼上的人把你当作风景的一部分来欣赏；明月装饰了你的窗户，你的形象却进入他人的梦中成为装饰。这每节之内是相对关系；两节之间是对称结构，并列而不相互统摄。李健吾只取“装饰”做文章，以偏概全，所以卞之琳强调“我的意思也是着重在‘相对’上”。[②] 这一表现宇宙间万物息息相关、互为依存的“相对”主题，在卞之琳当时的创作活动中得到了集中展示，比如写于同一年 1 月 9 日的《距离的组织》、2 月 4 日的《旧元夜遐思》、6 月 19 日的《尺八》、7 月 8 日的《元宝盒》、10 月 26 日的《航海》等等。

在“相对”的主题之下,《断章》却另有独出机杼处。诗行简短，却运用类似“顶针”的修辞法，句子首尾相连；同时“对举互文”，表示行为的动词不变，主、宾语却发生置换。可以将诗歌展现的意象、情境简化为：

人（看）你（看）风景，
明月（装饰）你（装饰）人。

“你”站在桥上看风景，“你”是主体，风景是被看的客体，同时在楼上人的注目下，“看风景人”成为主体，“你”成了作为客体的风景之一。第二节亦然，“你”是画中主体，明月作为装饰物是服务于“你”的客体，然而“你”又进入“别人”的梦，做着梦的“别人”是主体，“你”是梦中装饰，变成客体。这里主语 / 宾语、主体 / 客体的互换，既构造

① 李健吾:《鱼目集》，收入《咀华集》，花城出版社，1984 年，第 113 页。
② 卞之琳:《关于〈鱼目集〉》，收入《咀华集》，第 118 页。

出一种不断破除定位视点、自由流动、回旋更替的审美空间；又将即时轻巧的日常偶见与广博丰厚的宇宙人生相对应，抒发万物相对又互为关联，主客之势变易不居的哲理。

《断章》言简意丰，为读者生发想象提供了无数可能性。可以品出言情意味，探究其中有意或者无心的复杂情绪。也能超出男女范畴，达到对更普遍的人生现象的观察：美丑、善恶、哀乐……一切都并非绝对孤立的存在，何妨跳出一时得失以求内在自由。当然也能上升到哲学领域，从“其间提供了不断换位、不断遮破定位的宰制”，引申出“对主观偏执情见、主观利益宰制、圈定、歪曲、减缩现象界，包括了西方以‘我’制‘非我’的目的功用论、单面工具理性科学思维，作了批判”。[①]

以《断章》为代表、最能体现卞之琳创作成就的那几首诗作，往往避免直抒胸臆，而是通过客观形象、意象以及繁复的组织来暗示、传达现代人精微、隐秘的心绪。按照卞之琳自述，“没有真情实感，我始终是不会写诗的”[②]，然而“我写诗，而且一直是写的抒情诗，也总在不能自已的时候，却总倾向于克制，仿佛故意要做‘冷血的动物’。规格本来不大，我偏又喜爱淘洗，喜爱提炼，期待结晶，期待升华，结果当然只能出产一些小玩艺儿”。《断章》中掩藏的复杂心迹，外人只道晦涩，偏偏作者又是一个“总怕出头露面，安于在人群里默默无闻，更怕公开我的私人感情”的年轻人。然而这份心底波澜就真的可以掩饰得不见踪迹？李健吾看出其中深寓着“说不尽的悲哀”，虽经作者本人否定，其实未必不是慧识，因为青春哀愁本就是结结实实的。

更何况，并不就仅仅只有个人的哀愁。“一方面忧思中有时候增强

---

① 参见叶维廉：《卞之琳诗中的距离的组织》，收入《〈断章〉取义》，江弱水编，安徽教育出版社，1999 年。

② 卞之琳：《〈雕虫纪历〉自序》，收入《卞之琳文集》中卷，第 446 页。下文中关于卞之琳的自述，除另外标明外，均引自这一自序，不再一一注出。

了悲观的深度，一方面惆怅中有时候出现了开朗以至喜悦的苗头”。有研究者这样讨论卞之琳1935年诗作中出现的“镜子”意象：“在卞之琳来说，镜子的意象，无论用于有关爱情的诗或是其他的诗，都不是采取纳蕤思‘顾影自怜’，或即使‘自我欣赏’的意义。反之，镜子是用来走出自我，跟别人沟通的。”[①] 卞之琳避免了镜子这一意象容易设置的凝固而封闭的世界、自恋而孤独的感受，恰恰相反，“在‘山雨欲来风满楼’的几阵间歇里”，写这些“表现相对相亲、相通相应的人际关系”[②] 的诗。身处一个令人失望的时代，“关山难越，谁悲失路之人；萍水相逢，尽是他乡之客”，“当一个年轻人在荒街上沉思”，想到风雨如晦的现实吧，想到落寞惆怅的青春吧，可是当这个自称“小处敏感，大处茫然，面对历史事件、时代风云，我总不知要表达或如何表达自己的悲喜反应”的年轻人，渐渐地吟哦出“你站在桥上看风景，看风景人在楼上看你。明月装饰了你的窗子，你装饰了别人的梦”，这个时候，他多少会有豁然开朗的感觉吧。

卞之琳后来在回忆同为“汉园三诗人”之一的何其芳时，有这样一段话：“在‘红楼’前面当时叫汉花园的那段马路南边，常有一个戴着深度近视眼镜，一边走一边抬头看云，旁若无人的白脸矮个儿同学，后来认识，原来这就是何其芳。”[③] “抬头看云，旁若无人”，寥寥几个字形神兼备地勾勒出青年何其芳的气质。

而《画梦录》中的人物，大多就是这样一个“旁若无人”的独语者形象。典型的比如第一篇《墓》中的雪麟：“草虫的鸣声，野蜂的翅声都已无闻，原野被寂寥笼罩着，夕阳如一支残忍的笔在溪边描出雪麟

---

① 参见张曼仪：《“当一个年轻人在荒街上沉思”：试论卞之琳早期新诗（1930—1937）》，收入《卞之琳与诗艺术》，袁可嘉、杜运燮、巫宁坤主编，河北教育出版社，1990年。

② 卞之琳：《冼星海纪念附骥小识》，收入《卞之琳文集》中卷，第208页。

③ 卞之琳：《何其芳与〈汉园集〉》，收入《何其芳研究专集》，易明善等编，四川文艺出版社，1986年，第33页。

的影子，孤独的，瘦长的。他独语着，微笑着。他憔悴了。”[①] 作者醉心于这 独语姿态以排遣寂寞："我的生活一直像一个远离陆地的孤岛，与人隔绝。而且这就是使我偶然写起散文来的因子。"[②]《画梦录》所建造的一个个独语的世界，与何其芳的个人性格、生活环境以及成长危机有着紧密关联。"对于人生我实在是充满了热情，充满了渴望"，但是"我当时的最不可饶恕的过错在于我抑制着我的热情，不积极地肯定地用它去从事工作，去爱人类；在于我只是感到寂寞，感到苦闷，不能很快地想到我那种寂寞和苦闷就是由于我脱离了人群；在于我顽固地保持孤独，不能赶掉长久的寂寞的生活留给我的沉重的阴影"。[③] 这个被寂寞的痛楚反复咬啮的青年人，压抑着体内热情，尽管"不能很快地想到"阴影的根源，却有着向内心深处掘进的自省，他分明"很早很早便感到自己是一个拘谨的颓废者。或者说一个书斋里的悲观论者。因为这种悲观的来源不在于经历了长长的波澜起伏的人生（当你在那里面沉浮并挣扎时是没有闲暇来唱厌倦之歌的），而在于孤独"。《画梦录》就是这种孤独的审美体验的外化，"不过是一个寂寞的孩子为他自己制造的一些玩具"，它不能缓解成长的危机，反而让作者更加沉醉于自己制造的"美丽的、安静的、充满着寂寞"[④] 的小天地中，用寂寞安慰着寂寞。有意思的是，上文中讨论《断章》时提到了卞之琳诗作中"用来走出自我，跟别人沟通的"镜子的意象，而在《画梦录》的开篇序言中，对月夜、微风、睡莲、檐影、流萤的金翅、板桥上的白霜等有着特殊敏感的青年何其芳，却唯独将"镜子"悬置了——"设若少女

---

① 何其芳：《墓》，收入《画梦录》，上海书店据文化生活出版社 1937 年版本影印，1990 年，第 10 页。

② 何其芳：《我和散文——〈还乡杂记〉代序》，收入《何其芳研究专集》，第 234 页。以下所引用的何其芳的自述，除另外注明，均出自这一序言，不再一一注出。

③ 何其芳：《给艾青先生的一封信》，收入《何其芳研究专集》，第 172 页。

④ 何其芳：《一个平常的故事》，收入《何其芳研究专集》，第 140、143 页。

妆台间没有镜子，成天凝望悬在壁上的宫扇，扇上的楼阁如水中倒影，染着剩粉残泪如烟云……”（《扇上的烟云》）卞之琳抒发着万物关联、互为依存的哲理，何其芳却感慨着人心无法相通的“隔”：“黑色的门紧闭着：一个永远期待的灵魂死在门内，一个永远找寻的灵魂死在门外。每一个灵魂是一个世界，没有窗户。”（《独语》）外部世界多少总会来打扰这个羞怯的青年，但是即便他也心知“当我们只想念自己时，世界遂狭小了”（《梦后》），即便心底潜藏了交流的“热情”，然而却被“抑制着”，越不过“孤独的墙壁”。

不过，一个怯于同外部世界沟通的人，内心图景却并不苍白。那些迷离的幻梦中，有不被人理解的苦闷：“去家千年今始归”的丁令威被故乡少年引弓威吓（《丁令威》）；有对命运惘然的悲叹：“甚么是命运呢：在老人或者盲人的手指间颤动着的弦”（《弦》）；有绮丽春梦：“在花香与绿阴织成的春夜里，谁曾在梦里摘取过红熟的葡萄似的第一次蜜吻”（《墓》）；有思妇悲秋：“她的怀念呢，如迷途的鸟漂流在这叹息的夜之海里”（《秋海棠》）；当然也有愁云惨雾：“冥坐室内，想四壁以外都是荒漠……使我老的倒是这北方岁月，偶有所思，遂愈觉迟暮了”（《梦后》），这多少有些“强说愁”的味道（“当你在那里面沉浮并挣扎时是没有闲暇来唱厌倦之歌的”）。尽管《伐木》写工人的辛苦，《哀歌》写传统笼罩下少女禁锢闺阁的苦闷，都来自现实，作者也自谓“现实的荆棘从来就不断地刺伤着我”，但这些都是“比较轻微的刺伤”，更何况，这只“受了伤的兽”，一旦在外界遇到抵触，虽然“愤怒”，又只能“哭泣”[①]，一阵惊悸后，又赶紧蜷缩起身子，退回那自己制造的“美丽的、安静的、充满着寂寞”的洞穴中。同青年何其芳的气质——敏于纤细丰富的内心生活而拙于外部世界的接触——相适应，他掌握了一种呈现感受的特殊手法，往往通过组织精微的比喻、意象

① 何其芳：《一个平常的故事》，收入《何其芳研究专集》，第 145 页。

来传递心灵悸动的瞬间，比如“一缕寒冷如纤细的褐色的小蛇从她指尖直爬入心的深处，徐徐的纡旋的蜷伏成一环，尖瘦的尾如因得到温暖的休憩所而翘颤”（《秋海棠》）。

从 1933 年到 1935 年，《画梦录》的创作“有着两年多的时间上的距离”，1937 年的一篇自序中，何其芳如下描述他开始散文创作时的自觉与信心：

> 在中国新文学的部门中，散文的生长不能说很荒芜，很孱弱，但除去那些说理的，讽刺的，或者说偏重智慧的之外，抒情的多半流入身边杂事的叙述和感伤的个人遭遇的告白。我愿意以微薄的努力来证明每篇散文应该是一种独立的创作，不是一段未完篇的小说，也不是一首短诗的放大。

这番对于创作心理动因的事后“追认”，与《画梦录》的创作实践，二者是否能够相互支撑、验证，很值得注意。在同一篇文章中，何其芳承认，像《墓》这样的篇章，“我写的时候就不曾想到散文这个名字。又比如《独语》和《梦后》，虽说没有分行排列，显然是我的诗歌写作的继续，因为它们过于紧凑而又缺乏散文中应有的联络”，然而他紧接着就把这些未入“纯熟之境”的篇目排斥到“我有意写散文的起点”之前（不过在一些研究者看来，《墓》《独语》等恰是《画梦录》中“最好的几篇”[②]）。申明散文“在中国新文学的部门中”的重要意义和作家创作时的严肃态度，这些都是应该的；然而高举着“独立”的标准来划定文类间不相往来的疆界，其实并不明智。何其芳所厌弃的“荒芜”，如果理解为缺少“有意”的、严密规整的夹杂生长，倒很可能恰恰生机勃发，尤其对于散文这一天性自由、开放的文体而言。即以《画梦录》来说，远古的遐想、往事的追忆、郁结的乡愁……无论是取材还是表现

---

② 参见司马长风：《何其芳确立美文格调》，收入《何其芳研究专集》，第 581 页。

手法都摇曳多姿。《货郎》是一幅离乱时代中人生横截面的速写，《炉边夜话》《弦》《楼》等在编织一个个故事，其中《魔术草》略显神妙而迷幻，《丁令威》《淳于棼》《白莲教某》近乎“故事新编”，而《墓》《黄昏》多少带着一点蒙太奇的手法。《画梦录》表面上纷披杂陈的叙述形态，恰恰契合着一个纤弱敏感的年轻人斑斓的内心世界和“嘈嘈切切错杂弹”般的自言自语。也许并非为散文划定疆界的自觉的文体意识帮助了何其芳，相反，正是涉世未深的年轻人的自由天性（在青年何其芳那里，主要体现为内心世界的敏感丰富与天马行空、瑰丽曼妙的奇思幻想）和未经规训的生命原初形态，与散文这一文体固有的开放性相暗合，成就了《画梦录》不可替代的地位。

到写《还乡杂记》的时候，何其芳惊讶于“我的情感粗起来了”，“最近一年，我从流散着污秽与腐臭的都市走到乡下，旷野和清洁的空气和鞭子一样打在我身上的事实使我长得强壮起来，我再也不忧郁地偏起颈子望着天空或者墙壁做梦”，对于先前那些“微妙的也就是纤弱的情感、思想和感觉”，多少生出“悔其少作”的意思，这个“虽有旧梦，不愿重温”的青年人，真的可以把当年困顿在“孤独的墙壁”中而编织的幻梦，完全从内心的角落中一一剔除么？个人的独语终究被战争的炮声所淹没，但那感伤的告白总是生命的一份底色吧；“轻微的刺伤”比不上真正创痛的酷烈，但其中多少浸润着青春的泪水。“设若少女妆台间没有镜子，成天凝望悬在壁上的宫扇”，这就是一个“不读理论书而仅仅依靠自己从生活所得到的一点点感受和经验”[①] 的懵懂少年，向浩茫人世投去的最初的一瞥。

2006 年 5 月

① 何其芳：《给艾青先生的一封信》，收入《何其芳研究专集》，第 168 页。

青春梦与文学记忆：读《三年记忆，四年忘却》

一

“世界不断的改变 / 改变 / 我的心思却不愿离开从前 / 时间不停的走远 / 走远 / 我的记忆却停在 1995 年”——黄舒骏在 2001 年写下这首歌悼念他 1995 年亡故的好友，不知道为什么，在读这本《三年记忆，四年忘却》[①] 的小说时，老是想起上面的歌词。“世界不断的改变 / 改变 / 我的心思却不愿离开从前”——现实如逝水长东，一刻不停地往前赶，个人却从喧嚣熙攘的人潮背景中疏离出来，孤零零往后走……小说只有四分之一不到的篇幅直接写校园生活，然而这个被时代强力裹挟向前的个人，却总是穿过岁月的流逝而“还乡”，或在记忆中，或在梦境里：宁静而又骚动不安的校园、3108 的讲座、梧桐树的浓阴、光斑跳动的“南京路”，还有及肩黑发、蓝印花布背带裙的女生……

他的大学，动物凶猛的年代，理想如爆米花般膨胀；等到踏入社会，才发现爱情、婚姻、事业……全都破灭。出生的时候伸手拽到了理想主义的尾巴，一转身却湮没在物质实利的十丈软红中——小说主人公老孙的意义，大概正是以其仓皇无告、进退失据，折射出时代罅隙中生长的“70 年代人”在特定境遇下的内外交困吧。看一看他的生活：“每天朝九晚五，像拧了发条的机器人一样的坐车、上班、绞脑汁、打

① 大刘：《三年记忆，四年忘却》，上海人民出版社，2004 年。

电话、跑腿、坐车、下班，常常在公共汽车站头上看到139路车来了，随着人流奔过去，拉着车栏杆往里挤，夹在无数张陌生的面孔之中，他总是在那里喘气，不知道生活怎么才会有一个尽头。”当脑袋从无聊的文案中抬起时，老孙会想到出卖灵魂的浮士德，“美好的校园生活、青春的理想居然是结束在一个炼狱里”——这样的慨叹，让我联想到了丁玲的《在医院中》、王蒙的《组织部新来的青年人》以及刘震云的《一地鸡毛》等等，用这些前后相继的作品来观照，20世纪以来的中国文学史，大概可以理解成一部权力话语对青年/知识分子的整合史。扯远了，没有必要非把老孙纳入到陆萍—林震—小林等构成的人物系谱中去。然而，在年青人的人生实现愿望同社会规范之间的冲突中，在毛糙、稚嫩的生命体和冰冷、巨大而严密的时代齿轮的摩擦中，真的隐约可见一脉相承的斑斑血痕。只是当商业、股份、利润、消费等重组社会话语以后，在老孙的故事中，我们必须在高度一体化的权力、社会秩序之外，着重添上经济法则对人生存的压迫。

小说不止一次地写到老孙做梦，也许这成为他逸出日常生活、缓释焦虑的最后家园：“一天夜里，他忽然梦见自己又回到了从前的学校。他笑醒了。”在阿德勒（Alfred Adler）的个人心理学中，梦里的意象指涉着做梦者遭遇到的权力和自我肯定的问题。那么梦真的可以成为心力交瘁者虚拟的逃逸之地么？抑或再一次作为现实情境中左支右绌的生存图景的隐喻——

> 梦这个妖精又来找他了，这次，他站在高高的山冈上面，红旗张得如天那么大，在翻转，碧玉一般蓝的河流从脚下淌过，蜿蜒远上，那河流似乎越来越宽阔，山冈越来越高耸，他陡生恐惧感。突然，他脚一颤，竟从山冈上跌下来，坠入深渊。他在空中跌落时，想拼命地吼叫，想挣扎，他挥舞着手，咬着牙，踢着脚……

记忆和怀旧的文字在我们这个时代充斥着每一个角落，如空中飘散的泡沫，它们温婉、轻灵却一触即碎，没有经过反省的文学记忆大概是没有分量的。所以我想强调《三年记忆，四年忘却》这部小说的诚实。大刘的笔下总是会冒出这样的文字：“也许，以上所记的并不真实，只是残留在老孙印象中的、美化往事的一种定格方式”，“青春期的第一次总是被无限上纲上线地美化”……在一种每每强调“往事并不如烟”的氛围中，坦率地承认“以上所记的并不真实”恰恰是一种真实。只有在个人经验的虚构与真实、记忆与写作之间建立起诚实的反省关系，小说才显得动人。大概也只有这样的小说，才能真正引起共鸣，老孙的故事和“我们”的故事之间才能转换自如：想想老孙的经历，他的无奈、激愤、血性以及粗砺的生存境遇与敏感的心灵触觉之间流泻而出的辛酸……点点滴滴，哪些不是我们自身的切肤之痛呢？

二

你有没有类似这样的经历：在穿过南市老城厢破败的石库门时，抬眼看到对面一街之隔高档的住宅楼拔地而起；在徜徉于陆家嘴美轮美奂的建筑群时，猛然瞥见一个衣着破烂的男子当街横躺；或者是：每天的上下班高峰时间在地铁内攘臂争先，如果恰好你到站的出口又位于市中心，那么地面上的优雅繁华与地铁内的拥挤无序，是否让你感觉恍如隔世？我想说的是，对这座都市以及都市人生存状态的把握，必须具备纵深的历史感与多元的文化意识，否则恐怕结论多少显得失真。

印之于文学，比如迄今甚嚣尘上的怀旧叙事，它竭力膨胀的是：外滩的风光旖旎、霞飞路的溢彩流光、百乐门的夜夜笙歌，以及穆时英的“狐步舞”和张爱玲的“公寓生活记趣”……它无情稀释的是：污秽腥臭的苏州河两岸的棚户、杨树浦骨瘦如柴的包身工、南市老城厢拥挤逼仄的贫民生活、闸北隆隆的炮声以及“华人与狗不得入内”的屈辱…… 又比如小说中的个人经验，你每每会看到这样一群人，他们坐在咖啡馆内，冷漠地看着窗外车来人往，优雅地啜一口杯中的卡布基诺；或者款步走出酒吧，“夜已深，雨还在下，马路空荡荡”，回头望见“路口高楼上那两个绿色的穹顶，幽幽地浮在夜空中”，“心里竟有几分寂寥”……

作者大刘已然迈入了中产阶级的行列，对中产阶级作家的定位，据说是“在名校学习或进修过，有着良好的国际化背景，个人资产在300—2000万之间”，——这样的描述对于文学毫无意义，它只是昭示《三年记忆，四年忘却》的作者以及主人公完全可以迈入我上面提到的那群高贵得体、优雅从容而又面色苍白、不知来由的行列中去，如果这本小说仅止于扫描新富阶层的生活现在时，那么它并不高明。大刘的意义在于，他将底子抖了出来，这些在高贵、优雅、从容不迫背后的尴尬、伤痛、无可奈何，这些为惯常的所谓中产阶级写作所删改、覆盖的叙事，这些与作者的经历血肉粘连，又极具历史纵深感（在大刘 / 老孙成长的维度上）的文字，才是个人在时代中真切的生活证词。

日复一日机械般的工作，商场、职场的钩心斗角，与妻子的日渐疏离，物质的打压与精神的贫困…… 老孙的这些遭际，就是先前文学中一度被藏匿得严严实实的“底子”。如果说中产阶级写作只是展示自我的高贵、舒适精致与优雅自得，那么这些背后生命被剥蚀的痕迹何以要被无情的阉割掉？这样的文学中弥漫着温婉、伤感，然而令人腻烦、生厌。因为其中缺乏一种生命体原初形态的粗糙、稚嫩与血性，剩下的只是小悲小欢，精巧，却显露出贫血式的苍白、倦怠。大刘的写作，站在了这种温吞水般的文学的对面，他展示了刺目的棱角正在被磨去的过程。

在许多人笔下，当下舒适、精致的感受是最重要的创作资源，而成长的记忆只在有助于铺垫或渲染这种“当下”时，才会被引入小说加以有限度的展现；否则干脆只字不提，甚至用根植于现在的想象对过往的真实进行精心地改写。那些出入咖啡馆、酒吧的人物，我们根本不知道从何而来。大刘的写作，同样站在了这种割裂、粉饰式的文学的对面，老孙的经历，他的校园生活，毕业后在社会竞技场中的摸打滚爬，以及婚姻生活的触壁搁浅，这样一路走来，尽管千疮百孔却保留着生命的体温。

尤其是大刘叙述中不时闪现的自嘲、调侃，更加显出小说在抖出底子时的清醒与有力。比如在许多都市人心中，西藏被异化成精神解脱的圣地与图腾，然而老孙的西藏之行告诉你，不要做梦了，当灵魂漂泊无依时则无地自由。去体味书中类似的、被大刘揭穿的“骗人的假象”吧，这些自嘲、调侃背后，的确具备了一种解构许多共名式价值的、省思性的力量。

当大刘用抖出底子式的写作来进行自我清理时，当他用老孙的遭遇来戳穿那些经过粉饰的优雅、精致与从容不迫时，我想他大概找到了属于自己的写作起点。

2004 年 11 月 22 日

“80后”写作的三重研究视野

与其他代际符号一样，“80后”这个概念在学理上并不具备太充分的正当性。它最早的出场，和商业炒作、文学批评命名的无力、对于“断裂”的渴求等密切相关，而现在也许更能看清楚当时这场华丽的出场仪式内部的混乱、暧昧与尴尬。尽管最初在这面旗帜下集结的年轻写作者暴得大名，尽管在市场上一度风生水起，但“80后”这一代迄今依然没有在清晰而有效的美学经验上，落实其文学贡献。这其中，研究者同样难辞其咎。本文的写作，结合着笔者近年来对同龄人写作的关注、追踪与思考，既是陈述，也是检讨；我要讨论的主题是：如何征用三重研究视野，来拓展我们理解“80后”写作的空间。

一　文学批评的视野

曾看过一篇报道，据说被认为最真切地表达出“80后”生活状态和经验的作品是《奋斗》《蜗居》，赢得万人空巷的效果（电视剧在今天的成功毋庸置疑）。其实这些作品的作者、编剧、演员都不是“80后”，有网友总结过这样一个等式——“‘50后’导演+‘60后’编剧+‘70后’演员=‘80后’生活”。我当然不是说“80后”的经验只能由“80后”来表达（文学经验原是可以在不同代际间渗透），而是奇怪为什么有如此强大市场号召力的写作者，在某种程度上仍然是一个被命名、被代言的群体？这实在是一个悖论：一方面“80后”写作如泡沫般膨胀，但同时这样的写作是否将自我一代人的经验有效表达出来了？何以没有获得更大范围的认同？其他方面我不敢置喙，从自身来讲，文学专业读者和年轻的研究者在很长时间里并不太在意同龄人的文学。

有一次参加新书推介会，会上颜歌、周嘉宁问我，为什么你们同龄人的批评家不写写我们呢？我们"80 后"为什么没有自己的批评家？我想这一追问点到了问题关键：批评和创作其实是一枚硬币的两面，彼此关联在一起，一个时代文学的繁荣，离不开批评家和同代作家的共同成长、通力合作。19 世纪的俄罗斯之所以是文学的黄金时代，在于杰出作家和批评家的比肩而立。文学尽管是"个人的事业"，但同样需要同时代人的嘤鸣激荡之声，相互应答、分享、承担和创造。1980 年代的文学环境之所以让人缅怀，原因之一是同代人的集结，创作和评论构筑起一个健康、温暖的共同体，其间有一针见血的相互批评，也有在困境中的肝胆相照。据作家李杭育回忆，1984 年，当其"葛川江小说"陆续发表时，没有一个权威评论家对此发言，"当年文坛核心圈的权威评论家，也就是阎纲、陈丹晨、刘锡诚、曾镇南这些人，在当年都是很有话语权乃至话语霸权的，许多青年作家都称他们为老师，很希望得到他们的评论和赏识，我那时也不例外"。在焦虑中，他等到了程德培的来信，"还在我获奖之前，上海的一位年轻评论家程德培已经写出一篇洋洋万言的评论我的文章"。在那个年代，新锐作家和评论家惺惺相惜，招呼着共同上路的故事肯定不绝如缕地发生着，于是，"到了 1985 年前后，众多评论界新锐趁着阎纲们失语的两年扎下了营盘，站稳了脚跟。从那时起，一个刚冒出来的作家有没有被阎纲评论不重要了，《文艺报》追捧谁或者打压谁不重要了，甚至中国作协的评奖也渐渐地不重要了。权威被搁置，核心圈被分化，意识形态语境被冻结……”[①]再举个例子，前段时间因为一个偶然的机缘，我看到李敬泽、李洱、邱华栋等几位前辈在1990年代推出的一本对话录[②]，对话围绕的主题就是他们这代人的文学。我发现，当年他们努力辨析的几个关键词，比如“个人化写作”，比如“日常生活”，从今天来看，不但已经成为描述那代人美学经验的标识，而且进入了文学史成为“文学史概念”。也就是说，这拨“60后”作家的经典化，其实离不开同代批评家群体的有效阐释。

我最近在编自己的一本批评集，大概从2004年前后，当代文学批评的写作成为我的一项基本作业，但是我发现，我最初的讨论对象，都是王安忆、贾平凹、莫言、余华……这些已经完成初步经典化的人物，我很少会去关注比如韩寒、张悦然、笛安……我想原因一方面是当时还没有确立追踪同代人创作的自觉，另一方面也出于某种功利意识：如果我以这些年轻人为讨论对象，文章很难发表。最近我还碰到一位朋友，她是读现当代专业的研究生，论文开题，她提出的研究主题是“80后”写作，结果导师建议她换个题目，导师的意思是：即便我这里能通过，这样的论文也无法在你日后去高校找工作时作为一块有分量的“敲门砖”，用人单位的学术委员会一看你研究的是“80后”，第一感觉就是含金量不够啊！这确实是很多前辈、专家、理论刊物编辑们的一个共识：“80后”写作只是一个时髦的话题，但它具备研究的可能吗？在惯常的理解中，文学批评是文学史或者说经典化的第一道“滤网”，“80后”文学值得研究者积极地“跟进”吗？

我觉得这里面有双重的误会。首先从研究者自身的意识来说，文学批评其实是“一种独立的艺术”，并不就完全以服务文学史为终极

---

① 李杭育：《我的1984年》，《上海文学》2013年第11期。当然，李杭育也指出，“那个时代的文坛诸神大都还是蛮正派的”，并不是说“打压”，而是“对我不感兴趣”。而这种“不感兴趣”“失语”，可能正出于创作的更新逾越了权威的审美规范与知识结构，这也反证出同代作家和评论家合作的必要性。

② 李敬泽等：《集体作业：实验文学的理论与实践》，中国广播电视出版社，1999年。

目的。我们都承认《咀华集》是批评史上千古不磨的珠玉。在评《鱼目集》的一文中，针对《断章》中著名的句子"明月装饰了你的窗子，你装饰了别人的梦"，李健吾下了评断："还有比这再悲哀的，我们诗人对于人生的解释？都是装饰……但是这里的文字那样单纯，情感那样凝练，诗面呈浮的是不在意，暗地却埋着说不尽的悲哀……"[①]这番意见立即被卞之琳指为"显然是'全错'"，"我的意思也是着重在'相对'上"。[②]我翻阅案头几部常见的文学史著述，在提到《断章》的章节内，基本上都围绕"相对相亲、相通相应"展开，很少会顾及《咀华集》所提供的判断。也就是说，李健吾的批评意见，也许并未进入后来文学史的主流叙述，但是，有谁能否认《咀华集》的地位呢？没有转化为文学史有效积累的文学批评，依然有可能是杰作。文学批评最重要的特征就是"同时代性"，它携带着新鲜的问题意识，关注创作中"可能性的萌芽状态"。这样的工作方式，最适合去追踪年轻人的创作。

而从客观形势来说，"80后"写作初起时的轰动效应早已不在。据一份数据显示，在2004年巅峰时期，"80后"作家群体接近一千人，其中，处在一线和二线的有近一百人，如今已大为萎缩；一些将"80后"作家的文章结集推出的出版社，也已遭遇砸在手里卖不出去的悲剧。[③]也就是说，先前笼罩在"80后"这样一个有着明显炒作痕迹的概念之上的光环，已渐渐消退，攘臂争先抢一杯羹的跟风者开始瓦解，也许这反而为那些态度严肃的作家提供了更多空间。这番情形很像"70后"作家的遭际。刚开始是炒作"美女作家"这个概念，刊物推出的专辑还特意配发玉照，就好像今天一些年轻读者购买"80后"作品主要原因是书中奉送了精美照片。但现在看来，在"70后"作家中真正成熟的，与当年炫目的美女作家相比往往显得低调，甚至自觉远离媒体

---

① 李健吾：《鱼目集》，收入《咀华集》，花城出版社，1984年，第113页。

② 卞之琳：《关于〈鱼目集〉》，收入《咀华集》，第116、118页。

③ 参见赵丰：《青春中国——走进"80后"》，科学普及出版社，2007年，第160、161页。

视线，在文学的年轮中默默成长，在积累、沉淀之后给人水到渠成、春来草自青的感觉。开始执笔写作并不意味着一个作者就找到了他/她文学的起点，经过一段时潮淘洗后，“80后”的文学季节也许才真正来到了。这个时候，研究者的袖手旁观就是一种冷漠。

由于文学批评的不作为，学理性的阐释无法及时跟进，很长一段时间以来，人们往往是通过传媒话题、娱乐新闻、粉丝心态的方式去理解“80后”。这里面会产生很多误解。比如《鲤》杂志曾经策划专题问卷调查，发动“80后”作家和读者集体回忆自己的父辈，据说结果是全面否定了上一代作家的影响。这个似是而非的结果和媒体为“80后”贴上的标签高度吻合，于是一度被炒作成热点，甚至涵盖一代人的态度和立场。但是很少有人会去注意笛安在《西决》中的这个细节：小叔在课堂上讲解“最没意思的语法”，他告诉年少的学生们“现代汉语的规则从哪里来，于是他就开始说刘半农，说赵元任，说胡适，说新文化运动”，“我只是想让你们明白：知识这个东西，其实就像我们每个人的生命。从萌动，到发育，到成长。有童年时代，有青春发育的时候，也有成熟期。也会生病和衰老。这里面有很多的故事，有很多了不起的人付出思想最精粹的部分，付出心血，甚至感情”。这是一个“80后”作家借笔下的人物表达对文化传统的尊敬与温情。

文学批评一方面需要及时追踪的视野，另一方面也需要“火中取栗”的能力，因为今天的文学环境早已不像我们想象得那么简单。比如，对于郭敬明式的文学占据市场，我曾表达过一种忧虑：郭敬明的小说由一系列“典型人物”和“典型环境”——有车有房、名校名企、大都会、英俊爱人，充满时尚的中产阶级生活——构成，这样一种“中国梦”的叙述直接塑造了年轻读者对于世界、对于生活理想的理解（“我要成为那样一种人”）——甚至就是“最初的理解”（从“源头”上俘获人心），最危险的是恐怕也会成为“最终的理解”。设若多年以后，后来的研究者对21世纪初叶中国的青春文学发生兴趣，选取那一时段中占据市场份额最大的小说（我们经常会迷信数字的）——比如郭敬明的“小时代”系列——来寻访当时的青年形象，就是说以郭敬明式的文学以及衍生产品为镜像、管道来理解我们这代人，那实在是件恐怖的事情。你看，当我在谈论这种忧虑的时候，其中有某种黑白分明的色彩，就是说，我有一个立场，同时我觉得郭敬明式的文学是对立方（遮蔽现实的、歪曲历史的），我很讨厌这个对立的力量，同时又不愿意去关注它。最近想法略有改变。前段时间我刚读完一个“90 后”的长篇，单行本是今年 7 月份出的，篇幅一共二十多万字——冬筱《流放七月》。并不是说小说写得多好，其实里面有很多青春文学的通病：比如人物的名字稀奇古怪，各种巧合与偶然，个别笔墨太煽情甚至滥情……不过还是有些不一样的地方。小说封底照例印着一些推荐语，其中一个推荐人这样说：“我在冬筱身上看到了他与现下‘90 后’作者非常不同的地方。他选择了一个较为严肃的题材与青春衔接，那就是‘历史’。在创作上，他不盲目追逐流行，而是沉下心，回望了一段沉痛的历史和一群在历史中伤痕累累的诗人。”话说得不错，这个小说一方面写年轻人当下的生活，另一方面是在探究历史之谜——七月派的历史，当时的年轻诗人们如何在抗战烽火中聚集，如何在 1950 年代被投入炼狱……小说中的两个老人，周围各有一个年轻人在听他们诉说。这个时候我会原谅这个年轻作者的煽情甚至滥情，当理性的历史反思能力可能还不成熟的时候，他只能选择以一种创伤性的体验去沟通、去共感他的前辈们在历史迷雾中的累累伤痕。这个“90 后”作者本人就是七月派的后人，刚刚获得“紫金·人民文学之星”的长篇小说奖提名；再联想到相近的时间段里牛汉、化铁先生的辞世，感觉好像是文学传统的薪尽火传。冬筱在一次发言中就表达到了这个意思：他创作的起点，就是追寻历史记忆，向七月派致敬。但我们需要注意的是，《流放七月》这部小说最初是在《最小说》上连载，单行本由“最世文化”、长江文艺推出，冬筱是郭敬明旗下的作者，我上面引述的那段推荐语，就出自郭敬明。让我自己诧异的地方是在这里：原先我觉得肯定是两种立场、两股道上的力量，现在看来他们的分野并不是那么泾渭分明的，甚至可以出现合流。这种合流的复杂现象还真不少见，我再举个例子。前段时间我出个新书，送了一本给周立民师兄，承他好意帮我在他的微博上露了个脸，他选摘我书里的一段话，可能他对这段话也是有所会心的，就是我前面提到的对郭敬明式的文学占据市场的忧虑。结果我们复旦中文系的严锋老师回了一条微博，他说：其实不用担心，现在青年的阅读取向非常多元化，绝不会只喜欢郭敬明一人。他的意思是：在郭敬明之外，其实还有很多异质的风格，他举了一些年轻的科幻作家，比如，夏笳、陈楸帆、宝树、飞氘……但是我知道，仅这四个人当中就有三位是郭敬明旗下的签约作者。我们如何来理解这一现象？肯定有朋友会觉得我少见多怪：郭敬明是商业资本的代表，商业资本肯定吞噬一切的，什么东西好它就吸纳、招安什么，"为我所用"。——是不是结论到此为止？我想，我主要谈的不是郭敬明那股力量的性质，而是我们在今天面对这样复杂的文化环境时，我们自己的选择，我们文学批评的立足点在哪里？能不能抛弃先前简单的成见，置身到一个流动的文学场域当中，获得一种复杂性的视野？当冬筱这样的写作出现的时候，当那些写作科幻的年轻人在商业市场和个人探索之间寻找一块回旋的余地的时候，能否感知到他们在多方博弈的间隙里那种"借水行舟"的尝试？不管我们把文学分成精英文学 / 通俗文学、严肃文学 / 类型文学……更重要的是，我们能否感知到这些文学版块的内部以及版块的缝隙间，存在着产生新意义与可能的空间，尽管目前这些空间也许还很暧昧、不稳定[①]，但我想，这正是值得我们今天的文学批评去珍重的空间。

---

① 笔者在《最小说》的网络论坛上发现，许多郭敬明的粉丝并不怎么接受冬筱向历史致敬的写作风格。这就是个值得追踪的话题：接下来，是郭敬明式的趣味成功改造冬筱的小说；抑或，冬筱的小说拓宽年轻读者的阅读视野？

二 文学史的视野

前段时间有位媒体界的朋友就"80 后"写作来采访我，他拟好的提纲里有一个问题是：当下"80 后"作家群，似乎比他们的前辈们更具备市场意识——关注作品的销量，在作品大卖后还会跟进一些衍生品。我的回答是，这一点不新鲜，如果回到现代文学史上，文学青年们利用、经营现代出版的经验，比如巴金、施蛰存、赵家璧等等，是足以让今人汗颜的。只不过随着时代发展、科技进步，今天可供利用的阵地更新颖、多元，比如韩寒会推出 APP 阅读应用"ONE·一个"。如果上面提到的那几位文学巨匠在今天这个时代重生，我想他们也会利用网络、微博发表诗歌、推广小说，一点儿都不稀奇。关键的问题是，当你在介入这个市场的时候有没有自己的文化理想？是仅仅满足于获取利润，还是借此传播、扩散自己的人文理想和精神能量。

程光炜先生曾指出过文学史研究视野的缺乏所带来的遮蔽性："在一些批评家的文章中，'新世纪文学'被认为是'全球化'、'外国资本'和'跨国公司'一手包装的东西，他们也许没想到，就在上世纪二三十年代，出现在上海的'新感觉派小说'、'左翼文学'等等，也可以用同样的话语形态、批评方式称之为'新世纪文学'的。至少在学理上，这种联想大概不会犯错。……凡作家'新作'出来，或'新现象'涌现，当代批评都要'跟踪'、'描述'，这应当是当代文学的学科任务之一。不过，在这一过程中，也有一个如何将对象尽量'沉淀'的必要，即，不仅把它当做'从未出现'的现象，同时也当做是一个'曾经有过'的现象，用'历史'眼光将它解剖，照出纹路肌理，揭示其内在关联。"①

艾略特说过，新鲜的艺术品在加入一切早于它的艺术品所联合起

① 程光炜：《当代文学学科的认同、分歧和建构》，收入《文学史研究的兴起》，福建教育出版社，2008 年，第 6、15、16 页。

来形成的“完美的体系”后，“整个的现有体系必须有所修改”，“在同样程度上过去决定现在，现在也会修改过去”。[①] 在讨论今天的“80后”写作时，论者往往关注的是异质性的“修改”（比如借助网络等新兴媒体，以及畅销书式的生产流通方式，与先前“作协—文学期刊”的体制有很大区别等）；但艾略特告诉我们，“修改”只有置于与“整个体系”的关系中才能得到描述，其实就是提醒我们文学史视野的重要性。对“一时代有一时代之文学”我们应该有充分的敏感，但同时也不要迷信代际的标签；一方面，通过具体的批评实践来及时追踪、把握年轻人创作中的“新变”因素，与此同时，将此“新变”置于文学史的整体框架中来辨识它的文学源流、确认其价值。经由上述两方面辩证地理解“80后”文学的“变”与“不变”。

谈到“变”与“不变”，我想介绍一下自己近年来正在展开的一个研究课题——“20世纪中国文学史上青年形象的流变”。我们知道，青春文学是20世纪中国文学的重要主题，“在一定意义上可以说，现代文学的形象世界，主要是青年的世界”。[②] 晚清小说中的革命少年、鸳蝴派笔下多愁善感的少男少女、五四新文学中的“青春崇拜”、社会主义成长小说中的“新人”形象、知青的“青春祭”、王朔笔下大院里的孩子、苏童笔下阴郁颓靡的南方街道上黏稠的“少年血”“像卫慧那样疯狂”的上海宝贝、韩寒、郭敬明、张悦然等笔下的“80后”……青年人的形象与声音在文学史上不绝如缕地回响着。由此我想集中讨论这样一个问题：青年人形象在文学中的建构，或者说，青年人如何通过文学来想象自我。这就需要借助文学史的纵向比较、前后沟通的视野：哪些问题值得往前追究？这些问题在当时如何发生？如何愈演愈烈地延续至今，或者今天的青年人（比如“80后”）创作中出现了什么新现象？

---

① 艾略特：《传统与个人才能》，收入《艾略特文学论文集》，李赋宁译注，百花洲文艺出版社，1994年，第3页。

② 赵园：《艰难的选择》，上海文艺出版社，1986年，第220页。

举个例子。今天我重读约四十年前的《晚霞消失的时候》《公开的情书》时，依然感动不已。它们所建构起来的青年主体形象和今天有什么样的不同？第一，当时的青年人能够纵横捭阖地取用多种资源，哲学的、宗教的、科学的，无论是反思历史时，还是建构主体自身时，这多种资源都丰富地参与其中。相比较之下，今天的"80后"创作者以及他们所创作的青年人形象，都显得很单薄，不仅在精神世界中与过往的有生机、有意义的价值世界割裂，而且在现实世界中也与各种公共生活和文化社群割裂，在外部以利益为核心的市场世界面前被暴露为孤零零的个人。这种个人的形象必然是单薄、狭隘、没有回旋空间的。第二，《公开的情书》中不时出现"痛苦地照见了自己的消沉"、反省自我"缺少行动"之类的自剖。也就是说，这个主体是反思的，时不时自我质疑；因为这个主体自认为是不圆满的，所以是敞开、虚位以待的。他们通过彼此的对话、通过与自然宇宙的对话、通过多种思想资源的交相驳难，提升自己的认识和生命境界。相反，在今天的"80后"小说中，我不是说绝对，但大多数情况下，主人公从出场开始，其智慧、识见看不出有什么发展，就是停步在那里（最典型的就是郭敬明小说中那个拒绝成人世界、不愿意长大的孩子）。尤具讽刺意味的是，似乎我们今天强调的是学习型时代。第三，一个自省的、敞开的主体所认识到的自我与时代的关系，恰恰是理性的、沉稳的。比如《公开的情书》里老久说：每一个人必须正视自己生活的时代。人类生活的过程中，没有任何一个时代值得看轻和抱怨。我想引申的意思是：每一代人自有其优势，每一代人也都面临具体的困难，"在进化的链子上"实在没必要自我夸张，也没必要自怨自艾。近年来一些反映艰苦革命斗争年代和反映重大历史事件的主旋律电视剧（比如《五星红旗迎风飘扬》）很受追捧，据主创人员说，他们原以为在物质主义时代，这些电视剧的受众只是老干部、老年人，没想到"80后""90后"也很认可，他们分析原因是：年轻人很追怀已逝的"带劲年代"，而在眼下的生存压力下无法实现个体价值。无怪乎在当下的现实生活和文学作品里，我们经常看到的年轻人往往是无奈、无聊、“感觉没劲”的，总之是“生不逢时”了。我觉得这些想法真的很自恋。与上面提到的那两部作品，那种充满反思性的自我以及在反思意识中建立的自我与时代的关系相比较起来，今天的青年形象实在太褊狭了。

联系《晚霞消失的时候》《公开的情书》和当下“80后”的创作，既能发现两个时代青年主体的“异”，也能发现“同”，也就是说：可能有些问题当时没有得到充分观照、省察，愈演愈烈地延续到今天。《公开的情书》中有个细节：老久每天晚上要写信、看书，妈妈让他换一个瓦数低一点的灯泡，因为和邻居合用电表，人家会有意见。而老久“却像只野兽似的发作了，大叫一声：‘庸俗！’妈妈哭了。”其实只是一个合情合理的建议，但是这种原属于日常生活中的小摩擦却会被老久“上纲上线”。这显现出“子一代”在理解两代人关系时心理的褊狭、固执，容易强调对立，夸张彼此间沟通、理解的不可能。由此我想扩展到一个稍微大一点的问题：一个“浪漫主义的个体”在反思历史时的特质与限度。老久、真真（《公开的情书》）、李淮平（《晚霞消失的时候》）几乎都是“浪漫主义的个体”——这类人物不胜枚举，其中典型是“文学青年”——他们追求个体的价值和尊严，总感觉和周围环境和他人格格不入，容易受主观情绪、自身“心造的幻影”的困扰。诡异的是，当下小说中的主人公，已经告别理想时代而变成追求自身利益最大化的“理性人”，不再有滔滔不绝的论辩，尽管喜欢强调浪漫情调未脱文艺腔却也不再是“文学青年”；但是，那种任性、强烈情绪性的主观偏执却一脉相传且有增无减。我想说的是，这也许本就出于青年人的特性，但对此不加反省的执着，总会限制我们对历史、对时代的认知。

青年形象的流变这个课题之所以吸引我，正在于它需要在“过去”和“现在”之间持续进行“对谈”：一方面，以置身现场的鲜活的批评感受和问题意识来导源、激活学术研究；另一方面，将捕捉到的文学

"新变"的可能性回置到文学史脉络中，考辨源流，揭示内在关联，进行潜心、细致的、"历史性"的检讨与反思。这个课题永远"未完成"，借艾略特的说法，"新"与"旧""过去"与"现在"，处于不断的互相"决定"与"修改"中。

三　世界文学的视野

2012年，在一次"'80后'作家群研讨会"上，我听到上海译文出版社赵武平先生的发言，赵先生运作出版了一系列国外年轻人的文学，让他很觉奇怪的是，在国外"80后"作家（我估计应该是指一些欧洲的作者）的写作中，对于人的命运、对于终极关怀的思考十分常见，他们不迎合出版社、不讨好市场，因为公共图书馆、学院和大量基金会都能够给他们提供写作资助，这为他们的独立写作提供了良好基础……听着赵先生的发言我心头一震。① 人必须借助多面镜子才能认清楚自己。不妨选择欧美、日本等为借镜，与当下中国的"80后"文学对照，从出版、阅读、创作、文学生态等角度，来进行比较，尤其能照见我们自身的"长与短"。

首先，这样的"比较"是具有充分现实依据的：近年来，国外"80后"作家纷纷涌入大陆出版市场，比如意大利"80后"乔尔达诺（《质数的孤独》《人体》）、英国"80后"邓索恩（《潜水艇》）、美国"80后"黑利·特纳（《到莫斯科找答案》）、蒂亚·奥布莱特（《老虎的妻子》）、加拿大"80后"伊恩·里德（《一只鸟的选择》）、法国"80后"布拉米（《无他》）、日本"80后"青山七惠（《一个人的好天气》）、绵矢莉

---

① 赵先生的发言本身就能引发很多有趣的议题。比如是不是可以作如下推论：在西方世界、发达国家，个人的故事只关乎个人，而非杰姆逊所谓的"民族国家寓言"，他们自由而专注地书写着"宗教""形而上"的主题；而当下中国的文本，依然必须在社会镜像、至少是互文的意义上得到理解。这个推论也值得讨论。

莎（《梦女孩》）、金原瞳（《裂舌》）、韩国“80后”金爱烂（《老爸，快跑》）……以上提及的小说皆有热销的中译本。这些国外“80后”不但在今天进入大陆阅读市场，抢得一杯羹，未来也会成为中国“80后”诺奖、布克奖的竞争者。但这里需要做一个概念的辨析工作。在国外，当年轻的优秀作家——比如麦卡勒斯、杜鲁门·卡波蒂、萨冈，其实代不乏人——出现时，人们一般会理解为这是文学代际变迁中自然的“改朝换代”。一时代有一时代之文学，因为历史经验、感知结构、知识趣味与文化修养的更新自然会在文学创作中呈现出新貌，但这并不足以构造出一个具有“断裂”意味的“80后”概念，他们一般不会用一种“断裂性”的视野与感受框架来面对1980年代出生的写作者。近年来，出版市场在翻译、引介国外青年作家时大打“80后”“90后”牌，类似“小说涵盖了‘蜗居族’的日常生活和生命状态”“《你好，无聊》是一本描写法国‘90后一代’青春迷惘的小说”的宣传语，很容易和我们自身的阅读经验“无缝对接”，使国人沉浸于“共享”的幻象中。但同时研究者应该清醒意识到：这是出版方在推出国外作品时，借助国内一度形成的市场热点而重新“组装”；往青山七惠、邓索恩们身上贴标签其实是种“概念返销”策略。

其次，这样的“比较”意义在于，在全球化的今天，为中国当下的写作建立一个世界文学的参照系，正如有识之士的提醒：“基本上，中国的批评家只能在中国当代文学史的脉络上来评价和定位中国当代作家和作品。在‘全球化’已无远弗届的今天，如果我们的文学批评和文学判断尚无法征用‘世界文学’这一参照系，这多少是一种缺憾吧。”①自“五四”以来，中国作家对于外国文学的学习是成绩斐然的，当代作家甚至毫不讳言师承。就如同当年莫言、余华们兴奋地谈起川端康成、福克纳、马尔克斯、博尔赫斯……今天的“80后”同样兴奋地在

① 王侃、陆建德：《文学这东/西》，《当代作家评论》2012年第4期。

谈杜鲁门·卡波蒂、安吉拉·卡特、村上春树、珍妮特·温特森……不过，在中外文学交流的“同步态”之外，由于中国社会环境的特殊性，我们经常遇到的却是“错位态”，“当世界文学反映出充满当代性的焦虑时，中国的新文学还只能从西方的古典文学中去汲取去寻觅古老的武器”[①]，于是，中国作家总是在国外前代作家所提供的精神“余粮”中咀嚼营养。莫言在“学习时代”曾将马尔克斯和福克纳视作“两座灼热的高炉”；等到功成名就之后，他表示已能够和大江健三郎、帕慕克、阿摩司·奥兹、马丁·瓦尔泽进行平等对话。莫言获诺奖尤其提醒他的后辈：一方面自然应该“取法乎上”，人类一切伟大的文学传统都是值得我们汲取的资源；但另一方面也必须有意识地建立一个同时代的、世界文学的视野，国外的同代作家，理应是我们平等的对话者、交流者，应该勇于向困扰着人们的共同的精神困境发言。随着年青一代作家外语水平的普遍提升（已有不少“80 后”作家能出版译作，他们也有更多的机会在西方生活、学习，比如参加各种国际写作坊），同步意识确实在增强。今年 7 月底我在张悦然主编的《鲤·旅馆》上读到爱丽丝·门罗的《杰克兰达宾馆》（恕我目力有限，这是我第一次读门罗），几个月后我们知道诺奖给了门罗，于是国内媒体纷纷邀请张悦然介绍这位她所钟爱的作家，这里面就彰显着一个年轻的中国作家对世界文学的择取眼光。张悦然主编的主题书系《鲤》（迄今已出版 16 本）是一则非常值得研究的个案，每期由不同作家围绕一个主题展开叙述，比如有一期的主题是“嫉妒”，安排了帕慕克、尤迪·海尔曼、苏童、棉棉、冯唐、葛亮、周嘉宁等以不同的体裁，深入剖析嫉妒情绪的各个侧面。在一个共同主题的平台上，围绕人性作“对话”，这可以见出中国“80 后”作家与世界文学“同步”的某种期许、自信与追求。

那么，通过这些他山之石，以世界文学为背景，我们可以借鉴到什

① 陈思和：《中国新文学整体观》，上海文艺出版社，2001 年，第 31 页。

么？去年上海书展期间，同为“80后”的周嘉宁与英国作家邓索恩有过一场有趣的对话：周嘉宁20岁出版短篇小说集《流浪歌手的情人》，两年后出版第一部长篇小说《陶城里的武士四四》，其后5年内连续出版7本书，包括长篇、小长篇和短篇集。这样一份漂亮的成绩单让邓索恩惊羡不已：“在20岁时出版第一本书，这种情况在英国几乎是不可能的。”[①] 这里其实可以引申出许多话题：写作是马拉松事业（门罗的获奖更让人意识到这点），中国的“80后”不乏一夜成名却小成即堕的例子，很多年轻人一度成为热点人物现在已不知去向；国外的同龄作家不像我们这样在起步阶段发猛力，却依靠着成熟的制度保障，更有可能收获长线成功。这就提示我们：市场化之外，我们还能为年轻作家提供哪些积极的扶助，不管是“有形的手”还是“无形的手”，总得让年轻人看到有一只“手”在为他们的写作创造稳定的空间。

芥川奖、川端奖得主青山七惠在我国的阅读市场上日渐走红，其作品系列已译介出版近十种，成为畅销品牌。她的流行就值得我们去研究：是不是意味着某类文学主题、技巧、格调已经成为当下年轻人跨国界共感的因素；我们的年轻人到底在何种意义上接受，是不是意味着面临共同困境：社会结构的稳固、生活圈的缩小，年轻人的绝望、闭塞与自我抚慰……而由异域输入的阅读趣味，是不是已经影响到我们自身的创作。

也许因为学术传统的关系，日本学者的研究一直具有很强烈的“连带感”。比如早稻田大学的千野拓政教授近年来一直以“东亚城市文化上共通存在的问题”为背景，考察年轻人阅读趣味的转向等问题[②]；东

① 吴越：《“80后”周嘉宁与同龄英国作家乔·邓索恩共话“成名后”困惑》，《文汇报》2012年8月27日。

② 千野教授的相关研究成绩斐然，目前我能看到的中文成果包括：《我们将走向何方？——关于现代文化的诞生与终结的一些考察》，《华东师范大学学报》2005年第5期；《我们跑到哪里去？——东亚诸城市的亚文化与全球化，并论现代文学的诞生和终结》，收入

京大学的藤井省三教授自2008年开始主持名为"东亚与村上春树"的研究课题。我曾经请一位通日语的研究者，与千野教授进行过一次对谈，讨论主题是以青山七惠为代表的日本年轻作家。[①] 根据这位研究者的描述，青山七惠最初的创作意图，是"用个人的感觉去粘合生活的碎片，使其重新整合为一个完整的世界"（"碎片"这个词，正好是青山七惠一部小说的名字——笔者注）。这是日本新生代作家在价值解体、共同体瓦解的时代里跨越困境的尝试。不过，青山七惠"重新整合"的尝试，最终发现的却是"价值漂移后留下的'空洞'，个人仅存的'感觉'或'本能'根本无法填补这个空洞"，与其说再造出一个"完整的世界"，毋宁说是耦合为"感情共同体"。说实话，作为中国读者，我对这样的"感情共同体"是不满意的，因为我总是纠结于其中太多临时的化解与轻描淡写的抚慰。而千野教授在访谈中提及：日本政府近四十年来每年进行《有关国民生活的舆论调查》以及《有关社会意的舆论调查》，在调查中，被问到"是否对现在的生活感到满足"时，回答"满意现在的生活"的年轻人2010年最多，在20—29岁年轻人中，男性占65.9%，女性占75.2%。这位社会学家的研究报告题为《绝望国家的幸福青年》，而千野教授的分析是："对将来还留下可能性的人，或者对以后的人生还持有'希望'的人回答'现在我不幸福'，不算否定自己……反过来说，当感到自己不会更幸福的时候，只好回答'现在我幸福'。"诚乎此言，完全可以将这段话与文学品质、阅读追求结合

《当代东亚城市：新的文化和意识形态》，王晓明、陈清侨编，上海书店出版社，2008年；《亚文化与青年感性的变化——在东亚城市文化所能看到的现代文化的转折》，《扬子江评论》2010年第5期。

① 千野拓政、吴岚（对谈）：《文学的"疗救"、纯文学、轻小说》，《中国图书评论》2013年第7期。2013年，笔者作为"特约书评人"为《中国图书评论》组了一期专栏稿，包括拙作《多重视野中的"80后"文学》，康凌《"系统时代"中的欧美"80后"文学》，吴岚《乱相取真：社会转型中的日本新生代作家概况》，以及上引千野教授于吴岚的对谈。有兴趣的朋友不妨参看。此外，本文第三部分的一些观念与讨论，主要引自《多重视野中的"80后"文学》一文，特此说明。

起来讨论：文学应该启示的是一个“异质的世界”，它打动的是那些不安分的人，与现在的境况构成某种紧张与对峙，由此产生焦虑感，“现在我不幸福”，但恰恰“不算否定自己”，而是追求“更理想的自己”。但是，当这样的一种文学对今天的年轻人来说，已“无法启示更大的世界，很难投入感情，因而无法产生接触到真实的感觉”之后，年轻的读者只能驻足于郭敬明的“小时代”中，放弃对更好世界的想象，“当感到自己不会更幸福的时候，人只好回答‘现在我幸福’”。

问题是：首先，当我们以日本社会为借镜的时候，需要反问的是中国的社会结构变迁是否已完全闭合？一方面历史转型期表面上看暧昧浑沌，实则波澜不惊的时代表象下龙蛇起陆的迹象暗流涌动；另一方面主观上在很多年轻人的意识、思想空间里“历史远未终结”。其次，“纯文学”是否真的已经丧失可能性？同样身处“铁屋子”般的现实之中，鲁迅式的文学却通过足够强大的艺术才能、“绝望中抗战”的勇气、韧性的战斗精神，创造出“冲决罗网”的文学空间。中国文坛的“80后”们，在今天依然应该有所作为。最后，我们有时会将“西方”“世界”这样的概念想象成一个明确、整一的已知量，对其间的内在差异与变动不居欠缺感知。其实，参照的“镜子”越多，观察的视角越细致，我们得到的关于自身的信息就越是丰富。我就特别希望，不久能够读到来自俄罗斯、东欧、非洲“80后”们的创作。当然，以上这些意见并不是为了助长某种“全球焦虑”或“从边缘走向中心”的渴望，更不是忽视经验的“本土性”和自身传统，诚如鲁迅所言，“外之既不后于世界之思潮，内之仍弗失固有之血脉”，唯有自觉到“我们”与“他们”的息息相关，才可能在全球化的境况中更深刻地理解我们自身的现实。

2013年10月5日写，11月10日改定

原载《东吴学术》2014年第2期

宅女，或离家出走？
——当下青春写作的两幅肖像

文学所呈现的“肖像”，联系着作家的气质、认知和审美想象，也联系着一个时代的历史条件、社会现实和意识形态。本文选择的这两篇小说[①]，不仅是同代人创作中能够打动我的作品，而且它们特别能见出当下青年人在自我想象和自我塑造的过程中，上述多种因素互动的复杂性。解读这两篇小说也提供给我“揽镜自照”的契机：面对今天中国的现实，自己纠结难解的困惑，以及自身与时代纠结难解的关系。

一　“宅女”是如何炼成的：马小淘《毛坯夫妻》

温小暖失业后待业在家，“不爱出门不爱动”，“在家待的时间越长，她对外界的兴趣就越小，甚至能在卧室完成的事，她都懒得去客厅。没有什么十分强烈的理由驱动，很难劝她出门”。《毛坯夫妻》讲述的正是这样一个“宅女”的故事。

分析温小暖这个人物形象并不是件易事。从表面上看，她可爱、纯朴，但实则其心理很难穿透（与之形成对比的是沙雪婷，符号化的人物塑造，从出场就被读者一眼望穿）。但这个“不透明”的人物，终于

---

① 马小淘：《毛坯夫妻》，《大家》2011 年第 3 期；张悦然：《家》，收入《鲤·逃避》，江苏文艺出版社，2009 年。

在小说提供的几处有限的情境里真实地袒露出幽微心迹。当年的同窗们来家做客，“他们已经按部就班地在轨道上运转”，可读书时专业成绩更优异的温小暖却被“世界遗忘”，按常理，这是一个心绪不宁的时刻，不过温小暖依然一副“边哼歌边擦桌子的愉快模样”。只是到了深夜，她却克制不住地“湿了眼眶”……可惜这一次真情流露却没有导出任何实质性行动，温小暖依然“不着调”，“她不睡觉，她不起床，她不工作，她不学习，她不懂善解人意，她看不出眉眼高低，她压根不是成年人”……正当读者积蓄着不满时，小说高潮来临，在与沙雪婷及其豪宅的对峙中，温小暖一举逆转胜出……

温小暖从市郊来到沙雪婷位于四环内的联排别墅，这是一个经典的“文学时刻”——个人进入都市或与豪宅相遇。该时刻附属于“十九世纪小说发展历程的伟大传统”：“在小说中起决定作用的主人公通常都是来自‘乡村地区’的‘年轻人’”——不一定来自“字面意义上的乡村”或“外省”，而主要着眼于社会阶层——他们走出家门，进入城市，或“被引荐进入豪宅”，由此开始寻找自我的历程[①]。在这样一脉文学传统中，我们可以看到巴尔扎克、司汤达、亨利·詹姆斯、德莱塞、福克纳……我们近身的文学中也不乏其例。比如1990年代在邱华栋的小说里，来北京闯荡的“我”，曾经对着丛林一般的建筑群，幻想着“用手指轻轻一弹，那些高楼大厦就会沿着马路像多米诺骨牌一样依次倒下去”（《沙盘城市》）；我也还记得卫慧笔下的倪可，曾爬到作为上海象征之一的和平饭店顶楼，“我们知道一条翻过女厕所的矮窗，再从防火楼梯爬上去的秘密通道”，“在这积满历史尘埃的顶楼上”，“在饭店老年爵士乐队奏出的若有若无的一丝靡靡之音里”，开始宽衣解带（《上海宝贝》）……这些年轻人，不满于现代生活的压抑，在幻想中表

① 莱昂内尔·特里林：《〈卡萨玛西玛公主〉》，收入《知性乃道德职责》，严志军、张沫译，译林出版社，2011年，第150—152页。

达出对抗与征服——也许谈不上“征服”，但无疑有一种冒犯、撒野的兴头，往“新意识形态”所“精心制作的甜点上撒了令人不快的胡椒”[①]；另一方面，充分张扬自然天性与基本欲望（这是人类生生不息的动力之一），真切表现出在追逐扩张过程中引发的生命创痛。福克纳在《谷仓燃烧》中描写过一个这样的人物，特里林是这样评价的：“施努泼塞斯的身体在面对西班牙少校住宅那种传统的典雅时并未‘矮了一截……仿佛它已经达到了邪恶和贪婪的极点，以致不会有任何东西可以使它再矮下去了’。这种粗粝的、金属般刺眼的、密不透水的存在甚至具有一种道德意味，并给人一种道德的满足感。”特里林精准地点出了这类人物的性格特质与生命状态：当庞大的都市在面前展开时，他们内心充满野心与狂想，身上迸发出“一股兴冲冲的劲儿”，欲与未知的世界角力。尽管这场角力以及背后不断膨胀的欲望往往会在某个时刻功败垂成，但是他们之所以来到城市，正源于在欲望的鼓励下追寻一个“可能的自我”[②]，“为了生存而艰苦地奋斗能勃发出多么辉煌的能量”！[③]

可是，这样一种“张牙舞爪”、不驯服的姿态，连同那股“粗粝的”“兴冲冲的劲儿”，以及焦虑对峙中焕发出的“辉煌能量”，都在温小暖身上消弭于无形；再者，人与城市、豪宅相遇，往往联系着冒险，甚至转化出复仇主题[④]，也在《毛坯夫妻》里暂付阙如。小说聚焦“城

---

① 陈思和：《现代都市社会的“欲望”文本——以卫慧和棉棉的创作为例》，收入《谈虎谈兔》，广西师范大学出版社，2001年，第220页。

② 理查德·利罕：《文学中的城市》，吴子枫译，上海人民出版社，2009年，第267页。

③ 莱昂内尔·特里林：《文学体验导引》，余婉卉、张箭飞译，译林出版社，2011年，第152、153页。

④ 关于该主题，参见吴福辉：《都市漩流中的海派小说》，湖南教育出版社，1995年，第160、161页。关于个人和大宅子相遇的最激进的叙述，也许来自毛泽东：“土豪劣绅的家里，一群人涌进去，杀猪出谷。土豪劣绅的小姐少奶奶的牙床上，也可以踏上去滚一滚。”毛泽东：《湖南农民运动考察报告》，收入《毛泽东选集》第1卷，人民出版社，1991年，第16页。

市青年的生存焦虑”，在日益膨胀的社会消费面前，他们被鼓荡起强烈的欲望，却由于社会地位的渺小与无助，摒弃在既得利益集团之外，也无力与坚固的社会结构正面抗衡，由此产生的无奈与积怨，在雷烈身上稍有显露，却被温小暖“稳妥”地解决了。而问题正是出在这一“稳妥地解决”。这种解决问题、处置欲望的方式让我联想起《哦，香雪》：香雪是台儿沟唯一考上初中的女孩，在“十五里以外的公社”中学里，香雪的女同学们会故意“一遍又一遍”地让香雪意识到“她是小地方来的，穷地方来的”：她们用的是可以自动合上的、泡沫塑料铅笔盒，而香雪没有；她们一天吃“三顿饭”，而香雪及台儿沟的人们吃“两顿饭”……正是在同学们“一遍又一遍地盘问”之下，“香雪的心再也不能平静了”，她开始渴望拥有铅笔盒，但读者往往会忽略一个问题，铅笔盒对于此时的香雪来说并非匮乏之物，她本来就拥有铅笔盒，“当木匠的父亲为她考上中学特意制作”了“独一无二”的铅笔盒，只是在同学们的盘问之下，在与泡沫塑料铅笔盒的对比之下，香雪原先拥有的满含父爱深情的小木盒才“显得那样笨拙、陈旧”。我们习惯于将香雪投诸铅笔盒的欲望和凤娇们投诸发卡、纱巾的欲望区别开来，将前者理解为追求“现代文明”的象征。实则这其中没什么区别，都是受到种种客观制约的后发个体对还没得到之物的欲望。[①] 当温小暖走进沙雪婷的别墅，本来也有可能产生这种欲望，但是被克制住了，巨大的情感波澜被转移得无影无踪。这究竟是我们今天的青年人变得聪明了，开始正视“自身现实”，还是这欲望的投射物和自身实在鸿沟巨大（当年香雪换回铅笔盒也支付了巨大代价——40 个鸡蛋，但毕竟这还是可以实现的），只能强行回收自己的欲望，“想也不要想了”。

这原该是个触目惊心的问题，但《毛坯夫妻》处理得云淡风轻。

---

① 关于这个问题的讨论，详见拙作《“青春”遭遇“远方的世界”——〈哦，香雪〉与〈妙妙〉的对读》，《中国现代文学研究丛刊》2012 年第 7 期。

年轻的女孩子初遇豪宅，在涉世、成长小说中往往会成为“天真丧失”的开始，比如张爱玲《沉香屑·第一炉香》中，葛薇龙踏进“香港山头华贵的住宅区”的那一刻。但是温小暖不但全身而退，而且逆袭胜出。尽管沙雪婷“表情威仪”，尽管她的别墅美轮美奂，但是那里充斥着“气壮山河的矫情”“不便宜的庸俗气息”；而温小暖尽管“显得不够豪气”，但是环绕着“一种更高洁、单纯的人的气场”。在与一个僵硬而符号化的沙雪婷的对峙中，温小暖一举获胜。但这场胜利实在来得太容易。其实对于欲望的处置有各种方式，有的得到漫长的形上传统的支持，比如我们会对欲望进行分级：理性的、精神的代表了真正、高级的存在；感官、本能、物质的位居次一级甚至被忽略；或者更通俗一点，将人的欲望分为必需的、基本的和被生产/诱导出来、不必要的。《毛坯夫妻》就运用了这种策略，温小暖的胜利，是天真、纯朴对矫情、做作的胜利。温小暖热衷于“不知是法国南部还是美国西海岸”的餐点，这被处理成自然而来自本心的爱好，而沙雪婷披着披肩及其壮观的衣帽间，就被理解为“不是正常人”，虚伪、做作。问题是，谁有资格来裁定一个人应该具备什么，应该放弃什么，什么是必需的，什么是非分之想？（其实《毛坯夫妻》里已对此产生微弱的质疑，雷烈就怀疑也许沙雪婷“一直是本色演出”）就像如果当年我们去劝说香雪——“你本来就有铅笔盒的，所以不要虚荣了，这样在同学们的盘问下就能不为所动”——这样的劝说，这样的处置欲望的方式，是否合理？

温小暖获胜的武器是自然人性。从表面上看，拒绝有规律地组织自我的日常生活（可与张悦然《家》中出走前的裘洛作比较，后者从早九点到晚九点的生活都被安排在刻板的日程表上），拒绝工作纪律的约束，她似乎要从生产要求的时间表、资本社会的“合理性”中挣脱出来，当真回返一个“高洁、单纯”的“自然人”；此外，对于饮食的控制让人联想到对身体的规训[①]，而温小暖还是一个“吃货”。这一切似乎都会强化人物与自然人性的联系。但这样的“自然”背后，实则暗藏着“自我治理”，恰恰是对欲望的反向压抑。这是一种斯多葛学派的处理方式，“以深思熟虑的理解为名要求我们改变自己的欲望，而不是试图改变现实的秩序”，“那不是自由意志，不是好像我们能从很高处俯视世界在可能性之间做出选择的那种权力；也不是存在于某种改造世界的能力当中。我们已经了解这世界完全是被决定的，万事万物绝对不取决于我们”。[②]温小暖受制于多么强大的弗洛伊德意义上的“超我”，“伴随着人类发展的进程，外部性的强制逐渐内化了，作为一种特殊的心理代理，人的超我接管了这种强制……在一个文化单元中，这样的人数量越多，文化就越安全，外部施压的手段也就越能够被免却”。但是正如特里林所言：“在我们尽一切可能认识到超我在创造并维护文明社会时所发挥的基本的、有益的作用之后，我们也不能忽视它那该遭到谴责的非理性和残忍。”[③]我们必须透过温小暖这个看似嘻嘻哈哈的人物，触摸到一代青年人内化规训机制、阉割自我欲望的真相，而这是应该“遭到谴责的非理性和残忍”！

这并不是温小暖个人的问题，通过她倒是可以把很多症结历史化、问题化。“个体遭遇的困难，看似主观层面的紧张或冲突”，“许多最触及个人私密的戏剧场面”，往往隐藏着“社会世界深层的结构性矛盾”。掩卷之余，我们需要唤回“社会学的想象力”——“在具体情境中的个人烦恼和社会结构的公共议题之间建立联系，在微观的经验材

---

① 参见布莱恩·特纳：《饮食话语》，收入《后身体：文化、权力和生命政治学》，汪民安、陈永国编，龙冰等译，吉林人民出版社，2011年。

② 吕克·费希：《什么是好生活》，黄迪娜等译，吉林出版集团有限责任公司，2010年，第191、213页。

③ 莱昂内尔·特里林：《诚与真》，刘佳林译，江苏教育出版社，2006年，第148、149页。前引弗洛伊德对“超我”的论述原出氏著《一个幻觉的未来》，转引自《诚与真》。

料和宏观的社会历史之间进行穿梭的能力”。[①] 要追问的是，为什么在这样的时刻，青年一代对欲望的自我治理会显得意味深长。回顾历史，在集体化时期，每个人的生涯都受到制度性规范的限制，几乎没有选择空间，成分好坏决定政治前途，出生地限定了个人是城镇居民还是农村居民（这显然和一系列差异巨大的福利相关联），即使在日常生活中，穿戴、交友、婚恋等都有一套意识形态的潜在指导标准。伴随着改革启动，一种“进取的自我”[②] 开始出现，指年青一代以精明的、积极主动的姿态来为自我发展开辟道路，为自我争取更多选择的可能，也愿意为此付出冒险的代价，投身未知的领域。尽管这一“进取的自我”要到 1990 年代中后期才开始在社会上蔚为大观，但是路遥笔下的高加林、孙少平显然预兆了这种先声。但另一方面，以市场为导向的改革实则伴随着一个国家脱卸曾经承担的责任的过程，迫使个人自我依赖、积极竞争、担负风险。这又内化到青年人的主体想象中，孙少平式的忍苦耐劳哲学正体现了这一点：习惯于将克服“匮乏”的途径放在默认“匮乏”的前提之后的个体奋斗与自我完善之上；习惯于将“不平等”待遇看作自我提升所必须经历的严酷考验（与此同时，转移开对“匮乏”与“不平等”的历史性、制度性与结构性障碍的关注）；习惯于将个人的成败、进退归结于个人责任。[③] 特里林在讨论年轻人进城的故事时指出，该传统中的小说，往往具备一条“浪漫传奇故事的线索”，“必须有一只巨大而有力的手伸向世界”，打破常规、选中一个主人公——皮普在沼泽地里撞见了马格韦契，于连青云直上，拉斯蒂涅只是伏盖

① 郭于华：《作为历史见证的“受苦人”的讲述》，收入《倾听底层》，广西师范大学出版社，2011 年，第 24、25 页。

② 关于“进取的自我”的讨论，参见阎云翔：《中国社会的个体化》，陆洋等译，上海译文出版社，2012 年，第 366、369 页。

③ 关于孙少平人物形象的讨论，参详拙作《在时代冲突和困顿深处：回望孙少平》，《文学评论》2012 年第 5 期。

公寓的普通寄宿者却能渐渐走进巴黎的中心，詹姆斯·盖茨来到百万富翁的游艇边摇身一变成为了不起的盖茨比……这些转变“稍稍有些夸张”，“但它们却代表了日常生活中那些真实情况。从十九世纪末到二十世纪初最初的几年里，西方的社会结构特别适合——或许可以说其出发点就在于——发生神奇而浪漫的命运转折”，“足以鼓励年轻人跨越阶级鸿沟”。[①] 由此我们才可以看到：社会的开放性如何焕发人的能力和抱负，个人裹挟着被激发而出的创造性和能动性如何生气勃勃地投入生活……同样，尽管高加林的人生处处被动，但他之所以愿意冒险，正是因为受到那只“伸向世界”“巨大而有力的手”的感召，那时的“世界”还允诺着希望兑现的可能性。这种可能性在孙少平的故事中已经渐渐开始萎缩，所以只能内向处理。而到了今天，日趋惨烈的现实早已告诉青年人：集体世袭、贫富悬殊、上升通道壅塞、整个社会结构已经闭合，自力更生打拼出一片天地的几率微乎其微，这反过来强化了那种不假外求、自我归因的年轻人的失败感，温小暖式的“没有斗志，没有欲望”“宁肯不吃，也不想出去觅食”的状态，在今天的青年人身上触目可见，不正清晰地显示出那道从“进取的自我”受挫败、被逼退回“宅男宅女”的轨迹？

在小说的结尾，尽管在充斥着“庸俗气息”“暮气沉沉”的大房子里，温小暖“显得不够豪气”，然而在小说呈现的视野里“那不是穷，不是寒酸，是一种更高洁、单纯的人的气场。他仿佛看见她额头上闪着青春的光，她不会属于这种，她不在乎眼前微薄的一点亮，她属于天空，属于梦想”。通过对立人物的丑化、扁平化处理，通过天真 / 单纯 / 自然人性与虚荣 / 矫情 / “没有人性”的对抗，温小暖胜利了。太容易的胜利掩盖了太多的问题。为什么穷比富更能提供价值优势？通过这样一种幻化的价值优势来消弭“不想”与“不能”之间的界限，这种救

---

① 莱昂内尔·特里林：《〈卡萨玛西玛公主〉》，收入《知性乃道德职责》，第 152、153 页。

赎尊严的方式与精神胜利法有何区别？当然小说强调“那不是穷”，而是“一种更高洁、单纯的人的气场”，“属于天空，属于梦想”。也许，这只是为了抚慰蜗居毛坯的人坐井观天，用想象中的“高洁”来治愈现实中“梦想”破碎的伤痛吧。

《毛坯夫妻》对青年群体在房产市场上挣扎而产生的愤怒与积怨的“消化”，恰恰类似任志强们提供的逻辑——“富人才有资格购买商品房，而中低收入群体靠经适房或廉租房来解决”。社会学者孙立平曾引述过马拉松式与金字塔式社会结构的差异：人们在金字塔中虽然占有不同的社会/空间位置，但始终处于同一结构之中，而马拉松的游戏规则是不断地使人掉队，“被甩到了社会结构之外”，在这个意义上，参与游戏的与被淘汰的处于结构性的“断裂”之中。[①]《毛坯夫妻》似乎在说服那些没有能力加入马拉松比赛或者在比赛中奄奄一息的人们接受这个“合理”的现实。可是这个现实真的“合理”吗？“天之道，损有余而补不足”，偏偏“人之道”却背道而驰。今天的社会里，在上者通吃一切，温小暖们却被自我抑制得“没有欲望”。那么多专家告诫屌丝们不要买房、不要漂在大都市，就好像小说告诉读者不要变得像沙雪婷那样“物质上贪得无厌”。可是，沙雪婷根本不足以成为温小暖的反面教材，卑微的物质欲求离“贪得无厌”相去不可以道里计，雷烈们（名牌大学的毕业生）的梦想只是“一个装修过的卧室”，过分吗？

越是困难重重的生活，消解、转化焦虑的途径也越多。屌丝的自嘲、自晒“囧”“糗”的段子，已然成为“衰人”（loser）、弱势群体的自我表达，藉此将愤怒、失望、沮丧与无奈转化，同时也消弭了自身诉求反抗的可能性。文艺创作当然也参与其中。比如，以《致青春》为代表的影视作品在2013年刮起一股“青春怀旧”旋风，“青春怀旧”——这个悖谬的表达暗示了“80后”一代病态般提前进入暮年，利用对青

---

① 孙立平：《我们在开始面对一个断裂的社会》，《战略与管理》2002年第2期。

春的回忆与“乡愁”来补偿、安慰自己。“有过青春的人，把曾经的青春，变成了一个投射焦虑、迷茫、愤懑、压抑心理的对象，而正在经历青春的人，则通过各种消费主义的、审美的符号和社会残酷的一面拉开距离。”[①]《毛坯夫妻》也近似这样的一类“审美符号”。这部小说启人深思之处在于，它不仅“炼出”了一个宅女形象，而且暴露出这个“炼造”过程背后社会的压迫机制以及个体面对这一机制时的保守性。所谓“保守”并不是指作家自觉自愿地充当现存秩序的辩护士，而是指折射出的一种保守[②]的自我姿态——基本欲望在社会环境的高压下磨砺而成的、屈从的生存之道，一种绝望后的自我劝慰（上文所谓的阉割自我欲望）、自我解脱，彻底放逐乌托邦的远景想象。“我们称之为乌托邦的，只能是那样一些超越现实的取向：当它们转化为行动时，倾向于局部或全部地打破当时占优势的事物的秩序”；而当感觉到“占优势的事物的秩序”万难摧毁、“一切都已完成”之后，“乌托邦的消失带来事物的静态，在静态中，人本身变成了不过是物。于是我们将面临可以想象的最大的自相矛盾的状态，即：达到了理性支配存在的最高程度的人已没有任何理想……乌托邦已被摒弃时，人便可能丧失其塑造历史的意志，从而丧失其理解历史的能力”。[③]“宅女”的本质，即“达到了理性支配存在的最高程度”、丧失远景想象、丧失塑造历史意志与行动能力的人。

当社会制度与生存环境还亟待改进的时候，“宅男宅女”的大规模涌现并不是件乐观的事。“方圆几百里内没有一个励志故事”，这般糟糕的现实又没有改善的希望，于是年轻人很容易产生无奈感、无力感，

---

① 石勇：《青春：中国的现在和未来》，《南风窗》2013年第12期。

② 关于都市叙事中保守主义意识形态的讨论，参见王宏图：《都市叙事、欲望表达与意识形态》，收入《都市叙事与欲望书写》，广西师范大学出版社，2005年。

③ 卡尔·曼海姆：《意识形态与乌托邦》，黎鸣、李书崇译，商务印书馆，2000年，第196、268页。

甚至绝望感；于是被逼退回“内在城堡”，拒绝公共事务、拒绝投身社会的变革；而如果像青年人这样从来作为改天换地的主力军的群体都不对社会作为，那么真的是死寂一片，再也没有改善的可能；而这种持续的恶化总会在某个时刻从负面刺入到青年人的生活——即便是温小暖这样满足于在窘迫下寻觅小温馨、“小清新”的卑微生活。越是一个层层剥夺人的自主能力、让人活得越来越被动的时代，越是需要思考一些根源性的问题；越是被压抑得艰于呼吸，越是需要摆脱“宅”的生活状态，打开家门……怀着这样的期待，我们可以进入张悦然《家》的讨论。

二 “家”的内外：张悦然《家》

每天深夜，当雷烈入睡之时，温小暖却正“看书看电视看网页”，这是一个退入“黑夜”的人。[①] “黑夜”关联着私我、个人隐秘；与之相反，“白天”象征着公共性、社会生活。很巧，《家》开始于一个阳光普照的清晨，“裘洛醒得特别早”。在这个似乎带来希望的时刻，“觉醒”后的个人经验将被引向何处？

裘洛“在床上躺了很久才起床”，洗澡，煮咖啡，烤面包，取报纸；整理物品，渐渐“失去耐心”；看书，“匆匆收场”；接下来是超市、干洗店……冷漠的叙述语调都在告诉读者：主人公是多么厌倦她目前的刻板生活。沿着文学史脉络我们往前追溯，莎菲女士同样在清晨醒来，煨牛奶、看报，“顺着次序看那大号字标题的国内新闻，然后又看国外

---

① 黄平兄曾提示我，可在与王小波作品的对读中来把握退入“黑夜”的意象。这是很有创见的提议。比如《我的阴阳两界》，同样涉及空间的区隔、被抛入“地下室”的个体，而且，王二的性失能，并非生理原因，而是他妻子、周围环境以及社会建构的控制欲望的权力制度的异化结果。这种“病态”的生成逻辑与温小暖很像，并不是她无动于衷“不想要”，而是社会禁锢了她“想要”的可能性。

要闻，本埠琐闻……”这一切令人“生气了又生气”。尽管身处不同时空，但小资产阶级女性所共感的焦虑一脉相承，她们气质忧郁、热爱文学，有着超乎常人的敏感（老霍女儿一句寻常的问话“你为什么不进去呢？”竟然引得裘洛怒火中烧）以及细腻而繁复的精神世界，而无论是从一双人造双眼皮而推定“这个世界从一开始就在说谎”，还是假想井宇的背叛，显然裘洛们对于身边的世界缺乏基本的信任感。因为有稳固的同居爱人，裘洛更合适的类比对象，也许是丁玲笔下的美琳（《一九三〇年春上海（之一）》），美琳“有一个卧室和一个客厅，还有一个小小的书房”，并且雇佣了做饭的女仆——多么相像，标准的资产阶级核心家庭。裘洛整理出行的皮箱时手足无措，“放进去，又拿出来”，这个细节似乎在暗示：物质需求已得到极大满足，选择的自由似乎也充分实现，但反而无所适从。未来的生活一眼望穿（像袁媛和老霍太太，只有物质而没有灵魂），“她在憎恶一种她渴望接近和抵达的生活”。美琳“每天穿了新衫，绿的，红的”，看着满街的人，“心里总不愉快，总不满足……觉得谁都比她有生存的意义”。“生存的意义”，也正是裘洛和井宇们魂牵梦系的词汇。在自由恋爱基础上建立起来的核心家庭，召唤出“自由地支配自身、行动和财产并且彼此处于平等地位的人们”[①]，然而从美琳到裘洛的经历告诉我们：“幸福的家庭”里享有自由的个体，依然面临着意义匮乏的焦虑。资产阶级核心家庭不仅是一套压迫性机制，而且也是一种意识形态机器，母爱、浪漫爱情和家庭生活是核心家庭的基石，而它们又都围绕着与社会公共领域相隔离的私密性建立起来。对于这一整套规范，裘洛表示了不满：她没有子女；与井宇的感情日渐淡薄（甚至丧失了基本欲望，临行前夜“他们没

---

① 恩格斯：《家庭、私有制和国家的起源》，收入《马克思恩格斯选集》第 4 卷，人民出版社，1972 年，第 76 页。

有做爱”)，渴求出门寻找“崭新的生活”。[1]

内部的焦虑已经涌动而出，如何在百无聊赖中重建生活的意义，现在还需要一种来自外部的救赎力量。这个时候，地震发生了，离家的裘洛和井宇不约而同地奔赴救灾现场。恰如杨庆祥的分析：“一场历史的灾难成全了无数个体解放的渴望……地震提供了这样的一个历史现场，在这个现场里面，个体突然意识到自己的主体性和真实的存在感，他们不再是躲在空房间里面的可以被随时替代的虚假的主体，他们也不是被日程表和物质符号所控制的‘单向度的人’。”[2]

2008年汶川地震是“80后”的社会评价发生巨大转变的标志性事件，“80后”在救灾中的表现赢得广泛赞誉，一举颠覆先前人们对这一群体的消极认识。[3] 当然，张悦然非常诚恳，拒绝对个人参与救灾作任何意义的“升华”，恰如井宇的信所表达，志愿者是“抱着自救的目的而来”。[4] 其实在张悦然此前的写作中，少女出走是反复演绎的主题

---

① 在资产阶级核心家庭内部，男女之间关系受到性别角色分工的严格限制，丈夫在外挣钱养家，妻子居内料理家务，如恩格斯所说“在家庭中，丈夫是资产者，妻子则相当于无产阶级”。裘洛身上也有这种依附性，但她切身的焦虑，并不来自家庭内部的主－奴结构，在本文所讨论的两部青年女作家的作品里，女性主义的议题是阙如的。《毛坯夫妻》中“劳动妇女”的背影一闪而过，而《家》强调的是男女双方共同面临的困境。

② 杨庆祥：《从小资产阶级梦中惊醒——从张悦然的〈家〉谈起》，《文学评论》2013年第2期。以下对该文的引用不再注出。

③ 2006年，《中国青年报》社会调查中心与两大门户网站（搜狐新闻中心、新浪女性频道）合作开展一项网络民意调查，共有3457名“80前”网友参与。在他们眼里，“80后”“永远以自己为中心”(61.4%)、“不愿意承担责任”(53.1%)、“总是高估自己的能力”(64.2%)(《“80后”——请别误读这两亿青年》，《中国青年报》2006年4月3日)。而在汶川地震和北京奥运会之后，对“80后”的社会评价明显趋于正面、积极，类似“感动中国”“撑起中国的脊梁”等字眼纷纷占据媒体视野。

④ 井宇的信显然代表着当时出现在北川现场的张悦然的心声，她在博客中写道：“这场参与救援的经历，之于志愿者自己的意义，也许远远大于对外界的。这更像是一段自我洗涤，洁净灵魂的路途。当他们怀着奉献和担当的虔意，在这条路途中忙碌着的时候，他们的灵魂正在抖落厚厚的尘埃，渐渐露出剔透晶莹的本质。”张悦然：《在汶川之二》，http://blog.sina.com.cn/s/blog_3de20b1801009itc.html。

（比如《毁》《霓路》等），或者出于和成人世界的无法沟通，对理想或未经历的生活的幻想，或者就是青春期没有理由的理由，这些“出走”没有明确方向（《霓路》的结尾不乏反讽：女孩被其追随的偶像送上了回家的火车），没有被宏大叙事所赋予的正当性，出走的女孩们恍若迷途羔羊般的流浪者，对于身处的历史变迁毫无所知，也缺乏改变现状的能动性。终于，《家》和一次历史性事件相遭遇，豢养在日常生活里的裘洛、井宇们被解放出来，成为行动的主体，在介入社会与历史的过程中获得救赎。

当然，这个“解决”的方式其实很“偶然”，很“传统”，作为消解问题的轻便道具，地震的功用近乎《毛坯夫妻》中那个符号化的沙雪婷。在冯小刚导演的电影《唐山大地震》最后，那对姐弟也是在地震救灾中离奇偶遇，亲人相认，最终治愈了心灵伤痛，弥合了母子间的裂痕。匪夷所思之余，我们没有办法回答借助历史偶然性所留下的后遗症：地震结束之后怎么办？从叙事学的角度分析，张悦然讲述的是一个遭受挫败的个体在拯救社会的过程中发现真爱、治愈创伤，重获生命完满的故事。这一类型故事的传统版本中，个人和“元社会”（叙事学理论中所谓的“元社会”，是指故事中陷于困境或危机之中的某个村庄、部落、城市或国家等所代表的人类社会[①]）间有着无保留的认同；而其现代版本，个人和元社会之间的关系充满张力，其认同带有极大的间隙。尽管在文本内外张悦然诚恳表示救灾只是“自救”，但是家庭/家国的同构性，以及家庭重组（至少《家》结尾暴露的重组可能性）、治愈疾病（心灵的隐疾）、治理天灾所构成的重建失衡社会的隐喻，依然会引发读者联想：个人与家国同时“康复”，达成和谐状态。尽管张悦然是“80后”写作中比较精英、纯文学的代表，但《家》其实某种程度上具有类似冯小刚电影这般大众文艺的特征——在个人与集体、社

① 戴锦华：《电影批评》，北京大学出版社，2004年，第82页。

会之间建立协调、整合的途径，它反映了主流社会的价值与危机，同时通过巧妙的情节安排为危机提供想象性的解决，这种想象性的和解转移了地震或以地震为表征的社会危机。

《家》收入在张悦然主编的《鲤》杂志中，那一期主题叫“逃避”。“卷首语”中张悦然写道：“因为命运在逼迫我，让我逃也逃不远，避也避不久，终究还是必须面对和解决问题。……对逃避的觉知，致使你在逃避中挣扎，无法安然度日，最终只好站出来面对。那些没有觉知的人，在逃避中活得很好，也就很自然地在那里栖身，安家。对于知道逃避是个梦的人来说，应该做的是快些醒来……”此前井宇和裘洛身陷“家”中的日常生活，原是对“意义”的逃避，需要一个“觉知”的时刻，从梦中“醒来”，直面自身的软弱和失败；然而地震废墟上的自我救赎，是浓墨重彩的新生，抑或轻描淡写的转移？会不会是另一种“逃避”？“逃避”了对根本问题的关注。只有勘破结局的脆弱，正视危机的“未解决”，对于《家》的读法，才能通向杨庆祥所谓的“我们这个时代最有症候性的命题，那就是，在社会结构没有发生根本性改变之时，任何个体的解放都可能是有限度的”。

这种“限度”同样体现在小菊这条线索上。小菊这个人物无法停留在抽象的背景中，而必须结合着其钟点工的身份、阶层才能得到理解，这个人物征之于张悦然此前的创作脉络，体现出作家的新意和勇气。如果把“家”理解为生活常态，把任何对生活常态的偏离都称为“出走”，那么当裘洛离家出走，小菊在前者家中“鸠占鹊巢”的那段日子，其实也是一次无意间的“出走”。从在裘洛家干活开始，小菊就受到了某种意义上的同化：近距离地接触雇主的生活，小菊褪去了初来时身上那种“穷困的味道”，学会了做披萨、煮咖啡，“很爱打扮”，喜欢裘洛的衣服；而当独自享用裘洛的家时，小菊以洗热水澡来庆祝新生、看影碟、喝红酒……自然而娴熟地去拷贝中产阶级的生活，这一切的幻梦，终于被“没有人支付给她工钱”这个“很现实的问题”，以及接踵而至的老家地震所一击打破。同样的一个“家”，对于裘洛来说意味着囚禁，对于小菊来说“意味着自由”，她们处于人生的不同阶段，在马斯洛的理论中，她们追求的目标分属高低不同的层级。在给丈夫发的短信里，尽管小菊模仿着井宇的遣词将“这么过下去没什么意思”改成了“这么过下去没什么意义”，但是“生活的意义”这样的追问对她而言也许虚无缥缈，她需要对付的是最实际的“工钱”问题。裘洛的“出走”，意味着对原先生活的偏离；而小菊的“出走”，会使她最终明白：必须放弃委屈和幻想，回到原先生活的轨道。出走，似乎给了裘洛新生的可能（尽管如上文所言这种“新生”很虚幻），“从小资产阶级梦中惊醒”；但是小菊的生活依然毫无转折的契机，她需要再一次地信守资本主义的伦理信条：“天道酬勤”，努力劳作，相信自己可以得到应得的报答。张悦然依然纯熟于裘洛式的人物塑造，但是当面对小菊们，作家确乎没有想象力。但显然，这并不是作家本身能力的问题了。

三　纠结难尽的辩证

“家”的辩证

将《毛坯夫妻》与《家》结合起来讨论，我曾经是怀着某种预期的：温小暖自觉地从社会公共领域撤离，退回到以“家”为表征的“内在城堡”、安于做一个“宅女”，困居在个人小天地中。所以，裘洛从家庭的私人空间出走是带来积极意味的，当一个个的井宇、裘洛们集结起来，是不是有可能凝聚成影响政治社会进程的力量主体？

不过，对上述预期我还是心怀犹疑。温小暖喜欢在夜晚活动，在这篇小说里，“家”与“夜晚”具有同构性，象征着与“公领域”相对的“私领域”。洪子诚老师在其“阅读史”中指出：《组织部新来的青年人》“由两个部分（场景）构成：‘严肃而紧张’的工作、斗争的‘白天’，和‘私生活’的‘夜晚’：‘其展开的特征是借助白天／黑夜这一二项对立关系的场景分布’。在‘白天’部分，有工作的争论、困惑，紧张的情感思绪，而在‘夜晚’的场景中，笔调放松下来，人物（和叙事者）的感觉敏锐、细致、温情”。对外界漠不关心、只专注于个人生活的“宅女”是让人忧虑的；但是，当代史上也一再发生将国家、社会与个人生活对立起来，割裂其间有机联系，前者不加节制地侵入、改造后者的悲剧，就像当年对《组织部新来的青年人》的批判所显示的，“要求将‘私领域’，将个人‘日常生活’全部组织进‘白天’的斗争之中”，而“夜晚”沦为“需要时刻保持警惕，并不断加以清除的赘瘤”。① 家庭不仅是一个经济生产单位，或提供政治支援的社会单位，它也是个人和社会、国家之间特殊的中介组织，一道不可轻易拆除的屏障，如同“夜晚”是“白天”的必要区隔。家庭是一个由亲密关系构成的情感空间，它维护着个人生活的权利和尊严。无论如何，那间粗糙的毛坯房中温小暖与雷烈之间的抬杠与亲昵，总是让人倍感温馨。

温小暖在失业之后曾经“回老家住了一个月”，此后当然无奈地回到北京。原子式个人被割断了与任何传统意义上共同体的联系，这个时候，如果没有“家”——尽管是“毛坯”——所提供的身心安栖空间，温小暖们如何去面对冰冷而残酷的城市与市场？本文写作之际，正值媒体曝出“北京井底人”的新闻，“井底人”王秀青说：相比于外面的冷，井底还是暖和的。

青年主体重建的辩证

本文讨论的两篇小说，都来自于好友杨庆祥的推荐（特此致谢！）。在庆祥《80后，怎么办？》一文中，他指出：此前历史与个人生活的一

---

① 洪子诚：《“组织部”里的当代文学问题》，收入《我的阅读史》，北京大学出版社，2011年，第236、237页。

体性、同在性，在“80 后”这里被撕裂了，这是一代“历史虚无主义者”，我们“需要重新回到历史的现场”。[①]

“重新回到历史的现场”显然有着自己鲜明的反拨对象。今天我们对于这些“对象”是否有充分的把握？到底是在什么样的历史时刻，面对什么样的疑惑，虚无主义重临，“地下室人”被召回？是什么样的历史动能，让喊着“世界，我不相信”的一代从历史和共同体中“回收自我”（借庆祥的用语）？如果今天“80 后”的立场是“重回历史”，那么：首先，我们如何看待此前那代青年人“出走”的姿态？他们在刘索拉、王朔、王小波、朱文、卫慧等人笔下不绝如缕地出现，他们心怀质疑，在主流价值观边缘上徘徊，对于这些“问题青年”所呈现的意义，今天可以一笔勾销？是因为他们打开了潘多拉魔盒，选择了错误的姿态，以致我们今天要承担这笔历史性的“债务”？我们今天要重回的“历史”，就是他们曾经试图告别的“历史”吗（是一个东西吗？）？其次，我们如何看待今天的现实？到底是，“80 后”拒绝进入世界，还是世界拒绝、闭合了“80 后”的进入。我们记得温小暖有点像“吃货”，关于这个新名词及其形象内涵，诗人王小妮曾与她的学生做过探讨：“也许‘吃’是唯一能最快最直接带给他们存在感的方式。‘吃货’及时地帮助他们补上了‘存在’这个空缺，也得以超越感官本能，上升到了某种精神寄托的层面”，“除了好吃的真的美味”，现在的年轻人“愈发觉得什么都不可靠”，“只有吃到肚里的东西才可靠”。“吃货”暗示着这代人无奈而又清醒的认知——“一个是要多强大有多强大的社会，另一个是渺小的孤零零的自己，碰到抗不过的强大阻力后，他自然退却，直截退回靠饱胀感去知会的这个自身”。[②] 借用黄平的用词，当“参

① 杨庆祥：《80 后，怎么办？》，《今天》2013 年第 3 期。

② 王小妮：《上课记 2》，中国华侨出版社，2013 年，第 4、6、154 页。

与性危机”[①]无法解决之时，我们如何去应对一代人“孤零”而又直接的生命体验？

叶永蓁作《小小十年》，“这是一个青年的作者，以一个现代的活的青年为主角，描写他十年中的行动和思想的书”，鲁迅赞誉该书“描出了背着传统，又为世界思潮所激荡的一部分的青年的心”，同时也犀利指出其中缺陷：“从旧家庭所希望的‘上进’而渡到革命，从交通不大方便的小县而渡到‘革命策源地’的广州，从本身的婚姻不自由而渡到伟大的社会改革——但我没有发见其间的桥梁。……在这里，是屹然站着一个个人主义者，遥望着集团主义的大纛，但在‘重上征途’之前，我没有发见其间的桥梁。”[②]必须从“内部自然”的实感出发，依照着年轻人的生存条件、思想背景与性格逻辑所规定的方式，来摸索“外部自然”；任何外在、整体性的召唤，必须具体地组织进、实现在青年的生存条件、思想背景与生命实感所规定的方式与进程中。1990 年代以来，在文学的青春表达中，此前对时代政治、文化主流、社会群体的依附渐次解体，还原到个体生命与内心世界的维度。不少作家甘于“在边缘处叙事”，或将个体心灵融入广大民间世界。在此情况下，倡导重返共同体或历史现场，更应该考虑“其间的桥梁”。联系这里讨论的两部小说，从温小暖到裘洛们，多少闪现着一道打开“心门”与“家门”，重回公共世界的轨迹，所以才会被理解为“小资产阶级的幻灭和新生”。问题是，在什么样的思想资源感召下被唤醒，“新生”后的实践被引向何方？我们记得，现代文学史上最后一代小资产阶级代表汪文宣在众人庆祝抗战胜利的时刻死在锣鼓喧天的街头，而曾树生则孤零零地消失在凄清的寒夜（巴金《寒夜》）。在家庭崩解之后，不觉醒的小资产

---

① 参见黄平：《反讽、共同体和参与性危机——重读〈顽主〉》，《中国现代文学研究丛刊》2013 年第 7 期。

② 鲁迅：《叶永蓁作〈小小十年〉小引》，收入《鲁迅全集》第 4 卷，人民文学出版社，2005 年，第 150 页。

阶级无处安身。而同样是在离家之后，今天的裘洛与井宇在一片废墟上重聚（那个“和裘洛长得很像的人”是不是裘洛其实已不重要，我们知道在那个救灾的现场肯定有不少类似井宇和裘洛的青年人）。当裘洛们的身影汇入志愿者的人流中时，我们依稀看见无数现代文学史上个体获救的经典场景：

美琳终于从家里走到了大马路上，融入“五一”飞行集会的大众之中（丁玲《一九三〇年春上海（之一）》）；梅女士加入了“五卅”轰轰烈烈的大游行（茅盾《虹》）；林道静喊着“打倒日本帝国主义”的口号，与“英勇无畏的青年游行者”们一起组成“无穷尽的人流”（杨沫《青春之歌》）……

以上经典的场景呼应着“五四”以来家庭叙述的主题：个人从家庭、宗族的纽带中分离出来，服从于国家和社会政治的动员；个体经历动荡，最后进入历史时刻，获得救赎。然而让人生疑的依然是“其间的桥梁”：就像美琳的投身革命不脱小资产阶级浪漫根性——将革命视作解决爱情危机的一条出路；今天的裘洛们参与救灾与其说是小资产阶级“从梦中惊醒”，毋宁理解为在新的合法性名义下的“自救”。张悦然诚恳地表示，在年青一代的写作中，不可能再期待“那种完整的画卷”，而“集体的概念已经被解散，随即出现的，是更小的自我”。[①] 裘洛汇入志愿者人流中的那一刻，也许依稀让人想起林道静汇入游行队伍的那一刻，但前者只是一次“偶然的脱序”。小说中主人公及小说作者张悦然在汶川地震后的救灾行为，并非重回左翼传统、共产主义的道德价值体系，而是遵循人道主义的自我求证，以及公民社会中为官方与民间所共享的新的伦理规范——志愿者精神、公民责任。这背后，

---

① 张悦然还表示：“上一代人的全局观来源于他们对集体的了解，他们更在意一个人在集体中的位置，到了我们这里，我们的集体概念瓦解了。”参见王琨、张悦然：《“我们这一代作家是由特写展开的”》（访谈），张悦然：《雅各的角力》，俱刊于《小说评论》2013年第6期。

是新世纪以来，市民社会以及以小资、白领、中产阶级为社会中间 / 中坚的主体想象。[①] 对于穿梭奔波在救灾现场，于全国哀悼日聚集在广场挥洒泪水挥舞拳头高呼“四川挺住！中国挺住！”的青年群体，王晓明先生曾追究过其认同感形成的途径：“它的至少一个重要来源，是其主体人群对经济持续发展、消费水准逐渐提高、国家诸种硬实力明显壮大等物质状况的切身体会。这是不是意味着，这个人群所代表的对于‘中国’的新认同，正内含了一种对于‘改革’的总体的肯定？”[②] 也就是说，此时“崛起”的青年人，其思维与视野未必超越了全球性资本主义所确立的模式。还必须注意到汶川救灾过程中企业家（尤其民营企业家）与志愿者的结合（我们不妨想象《家》中老霍们在地震发生后有可能采取的举措），这被钱理群先生在“民间力量兴起”的框架中予以解读。[③] 也就是说，如果我们以地震“唤醒”为契机去想象一个美好社会，那么我们必须对这个未来社会的复杂性有所把握。

对于今天的年轻人成为“历史虚无主义”的一代，庆祥是表示痛惜的。鲁迅说“虚无主义者”是屠格涅夫“创立出来的名目”（并因此成为俄国以及世界现代思想史上的专有名词），即指《父与子》中的巴札罗夫，这是“一个不服从任何权威的人，他不跟着旁人信仰任何原则，不管这个原则是怎样认为神圣不可侵犯的”。[④] 鲁迅由此区分两种

---

① 近年来，面对中国社会内部的阶级分化，执政党提出了“和谐社会”等意识形态表述，实则不乏通过以中产阶级为主体的社会想象来统和主流意识形态的目的；中产阶级的想象与话语为社会各阶层所分享；而朝野之间共同倡导公民权利、中产阶级道德、志愿者精神，也成为消弭社会断裂的黏合剂之一。参见张慧瑜：《“非诚勿扰”被整顿与“主流价值观”的形成》，收入《影像书写》，生活·读书·新知三联书店，2012 年。

② 王晓明：《今日中国大陆的国家认同——从川陕甘地震谈起》，收入《横站：王晓明自选集》，人间出版社，2013 年，第 69 页。

③ 钱理群：《毛泽东时代和后毛泽东时代：另一种历史书写》（下），联经出版事业股份有限公司，2012 年，第 312 页。

④ 屠格涅夫：《父与子》，巴金译，人民文学出版社，1979 年，第 288 页。

虚无主义：俄国的“虚无主义者”“不跟着旁人信仰任何原则”，通过“否定”来“复归那出于自由意志的生活”，导出真正精神性的生命价值坚守与意义创造；而中国“做戏的虚无党”“善于变化，毫无特操”。[①] 当面对“头上有各种旗帜，绣出各样好名称”“头下有各样外套，绣出各式好花样”的“无物之阵”时[②]，“虚无”，恰恰可以在积极意义上，指向一种主动否定现有环境秩序、正面质疑美丽而空洞的教条的力量。

对于今天我们青年一代来说，其实并无现成的资源可以捡拾，唯如鲁迅所言，必须“于一切眼中看见无所有；于无所希望中得救”。当然，“无中生有”，通达真正生命意义的自由创造，这是至难的事情，必须出以卓绝的洞识、付出艰险的精神承担。也许，一切才刚刚开始……

2013年12月6日初稿，12月21日改定

原载《文艺研究》2014年第2期

① 鲁迅：《马上支日记》，收入《鲁迅全集》第3卷，第346页。

② 鲁迅：《这样的战士》，收入《鲁迅全集》第2卷，第219页。

第二辑

写在文学史边上：现象与阐释

阐释历史语境中的文学现象，首先争取“入乎其内”，了解特定时期的历史要素，其间人们曲折复杂的精神生活，他们把握了何种新起的契机，尝试了何种策略，获得什么样的效果与意义，凭着“了解之同情”来体贴“不得不如是之苦心孤诣”……其次亦应“出乎其外”，寻获一个“外部的批判支点”，通过拉开一定的距离以避免被研究对象“同质化”，此时需要照见的，是某一时期发言者背后的疏漏、“不见”……

“名教”的现代重构、讨论方法及其批判意义

一　从“新语”到“名教”

清民之际新名词大量出现，体现出中国人思维方式与价值观念的现代变革。但是其中也潜藏着危险，自清末以来持续的名词膨胀正是诱发现代名教的重要成因。

1. 新词语生成、输入之盛

清季新词的大量出现始于制造局之译书，传教士和新式报刊也起了相当作用。以个人贡献而论，不得不提到梁启超。1897 年，梁启超在《变法通议·论译书》中指出：“新出之事物日多，岂能悉假古字。故为今计，必以造新字为第一义。”[①] 1899 年，《汗漫录》以新意境、新语句与古风格来揭起“诗界革命”，其中“新语句”主要是指运用“欧洲语”“新名词”以体现“欧洲真精神真思想”。尽管后来出于对“革命”词义潜在威胁的恐惧，梁启超修正了“诗界革命”的批评标准[②]，

① 梁启超：《变法通议·论译书》，《饮冰室合集·文集之一》，中华书局，1988 年，第 74 页。

② 梁启超在“诗界革命”后期强调“风格”“意境”而淡化“新语句”，说：“过渡时代，必有革命。然革命者，当革其精神，非革其形式。吾党近好言诗界革命。虽然，若以堆积满纸新名词为革命，是又满洲政府变法维新之类也。能以旧风格含新意境，斯可以举革命之实矣。苟能尔尔，则虽间杂一二新名词，亦不为病。不尔，则徒示人以俭而已。”并对谭嗣同、夏曾佑等人“颇喜挦撦新名词以自表异”不以为然。梁启超：《饮冰室诗话》，《新民丛报》第 29 期，1903 年 4 月 11 日。引自《梁启超学术论著集·文学卷》，第 376 页。具体解说可参见陈建华：《“革命”的现代性：中国革命话语考论》，上海古籍出版社，2000 年。

但正是在他的倡导下,《清议报》《新民丛报》等出现大量使用“新语句”——如“自由”“民主”“共和”“平等”——的诗歌。或许梁在诗歌领域还略显保守，但是对于散文的态度则更放得开，下笔多嵌入新名词及外国语法，这正是“新文体”(人称“启超体”)的重要特色。1902年,《新民说·论进步》宣告:“社会之变迁日繁，其新现象、新名词必日出，或从积累而得，或从交换而来。故数千年前一乡一国之文字，必不能举数千年后万流汇沓、群族纷拏时代之名物、意境而尽载之、尽描之，此无可如何者也。言文合，则言增而文与之俱增。一新名物、新意境出，而即有一新文字以应之。新新相引，而日进焉。”[①]同年黄遵宪来信告诉梁启超正是在其推动下，朝野上下对新名词趋之若鹜：“此半年中，中国四五十家之报，无一非助公之舌战，拾公之牙慧者。乃至新译之名词，杜撰之语言，大吏之奏摺，试官之题目，亦剿袭而用之。”[②]

清民之际，新语入华渐成趋势，言谈、作文中新语层出不穷，连清末科举改试策论的卷子中,“满纸只有起点、压力、热力等字”。[③]李宝嘉特撰《新名词诗》四首：

> 处处皆团体，人人有脑筋。保全真目的，思想好精神。势力圈诚大，中心点最深。出门呼以太，何处定方针。
>
> 短衣随彼得，扁帽学卢梭。想设欢迎会，先开预备科。舞台新政府，学界老虔婆。乱拍维新掌，齐听进步歌。
>
> 欧风兼美雨，过渡到东方。脑蒂渐开化，眼帘初改良。

---

① 梁启超:《新民说·论进步》,《新民丛报》第10号，1902年6月。

② 黄遵宪:《水苍雁红馆主人来简》,《新民丛报》第24期，1903年1月13日。引自《辛亥革命前十年间时论选集》(第1卷上册),张枬、王忍之编，生活·读书·新知三联书店，1960年，第336、337页。

③ 叶德辉:《郎园书札·与南学会皮鹿门孝廉书》,收入《叶德辉集》第1册，学苑出版社，2007年，第318页。

个人宁腐败，全体要横强。料理支那事，酣眠大剧场。

阳历初三日，同胞上酒楼。一张民主脸，几颗野蛮头。细崽皆膨胀，姑娘尽自由。未须言直接，间接也风流。[①]

虽语出戏谑，但确实反映出当时新名词膨胀的情形（且上述罗列的当年时髦名词绝大部分早已成为今人的口头用语）。诗中描写的语文状况，未必仅限于精英领域，作为时代潮流的集约化符号的新名词，也大量渗透、传播到民间。

在入华新名词中，蔚为大观的当然是"日本新名词"。1911 年刊行的《普通百科新大词典》"凡例"中说："吾国新名词大半由日本过渡输入。"[②] 时人对袭用日本新名词的情状多有写照："年来由日本贩入之新名词，人人乐用"[③]，"自日本移译之新名词流入中土，年少自喜者辄以之相夸，开口便是，下笔即来，实文章之革命军也"。[④]

2. 对新词语的拒斥

当然，晚清民初士人排斥新语者亦不乏其人。据冯天瑜先生考证："西洋新语入华，自明末以降，已历三百年，然直至 1896 年以前，因力度有限，并未引起人们重视……但 1896 年以后，随着日本新名词的成批涌入，使得视语文传统为命脉的士大夫阶层十分惊恐，遂起而抵制。"[⑤]

戊戌时期，叶德辉讥讽道："更可笑者，笔舌掉罄，自称支那，初

---

① 李宝嘉：《南亭四话》，转引自冯天瑜：《新语探源——中西日文化互动与近代汉字术语生成》，中华书局，2004 年，第 5 页。冯先生此书是研究近代以降新语生成与输入的代表著作，本文在讨论新语这一部分中多次参考了冯先生的论述，特此说明并致谢。

② 参见摩西编：《普通百科新大词典》，中国词典公司，1911 年。转引自实藤惠秀：《中国人留学日本史》，谭汝谦、林启彦译，生活·读书·新知三联书店，1983 年，第 292 页。

③ 皕海：《基督教文字播道事业之重要》，收入《中国近代出版史料二编》，张静庐编，中华书局，1957 年，第 333 页。

④ 徐珂：《清稗类钞》第 4 册，中华书局，1983 年，第 1732 页。

⑤ 冯天瑜：《新语探源——中西日文化互动与近代汉字术语生成》，第 510 页。

哉首基，必曰起点。……论其语，则翻译而成词，按其文，则拼音而得字。非文非质，不中不西，东施效颦，得毋为邻女窃笑耶！”[①] 在他与王先谦等人共同制定的《湘省学约》中，也对《湘报》好用新词力加抨击。

张之洞是游学东瀛和广译东书的重要倡导者，但是当游学和译书的必然结果——新词语及其负载的新思想大举入华之际，张之洞却心生抵触，1903 年底 1904 年初，在其主持制定的《奏定学堂章程·学务纲要》中特列“戒袭用外国无谓名词以存国文端士风”一条，对外来词（尤其是日本名词）大加讨伐：“古人云：文以载道。今日时势，更兼有文艺载政之用……凡通用名词自不宜剿袭掺杂。日本各种名词，其古雅确当者固多，然其与中国文辞不相宜者亦复不少。近日少年习气，每喜于文字间袭用外国名词谚语，如团体、国魂、膨胀、舞台、代表等字，固欠雅驯。即牺牲、社会、影响、机关、组织、冲突、运动等字，虽皆中国所习，而取义与中国旧解迥然不同，迂曲难晓。又如报告、困难、配当、观念等字，意虽可解，然并非必需此字。而舍熟求生，徒令阅者解说参差，于办事亦多窒碍。此等字样，不胜枚举，可以类推。”[②] 1905 年 12 月，张之洞电告学政：“近时恶习，无论官私何种文字，率喜袭用外国名词，文体大乖，文既不存，道将安附？”[③] 张之洞态度之迎拒适足反映其心目中“中学为体，西学为用”所规划的限度，也表征了转型时代中士人的典型心态。耐人寻味的是，据江庸《趋庭随笔》记载，张之洞晚年任体仁阁大学士，兼管学部，决计利用职权抵制日本名词在中国的泛滥，“凡奏疏公牍有用新名词者，辄以笔抹之。且书其上曰：‘日本名词’。后悟‘名词’两字即新名词，乃改称‘日本土话’”。此外，当时学部拟颁一检定小学教员的章程，张以为“检定”一词来

① 叶德辉：《郎园书札·答人书》，收入《叶德辉集》第 1 册，第 324 页。

② 参见《东方杂志》1904 年第 3 期。

③ 胡钧：《张文襄公（之洞）年谱》，收入《近代中国史料丛刊正编》第 5 辑，沈云龙主编，文海出版社，1973 年，第 243 页。

自日本，欲更换而不得妥帖之语，犹豫再三，该章程终被搁置。[①]上引张之洞指摘"少年习气"所袭用的几例新名词，大多已成为今人的习惯用语，再加上他厌而难弃的矛盾情形，反证明新语输入之不可阻挡。这也是我们下文讨论名教批判的前提之一，反对名教绝非如旧人物一般厌恶、抵抗新语汇。

1907年，林纾在《拊掌录》中的一段跋尾中表示："老人英产，力存先英轨范，无取外国之名词，以杂其思想。此语固甚恰余怀也。……吾中国百不如人，独文字一门，差足自立，今又以新名词尽夺其故，是并文字而亦亡之矣。"[②]1915年9月，辜鸿铭在北京大学的开学典礼上以谐谑的语调抨击道："现在人做文章都不通，他们所用的名词就不通，譬如说'改良'吧，以前的人都说'从良'，没有说'改良'，你既然已经是'良'了，你还改什么？你要改'良'为'娼'吗？"[③]

读书人反对新名词往往出于民族主义与保存国粹的态度。清季最后几年，由于西方民族主义思想的引入，语言文字被视为"国粹"的当然组成，"合一种族而成一大群，合一群而奠居一处，领有其土地山川，演而为风俗民质，以成一社会。一社会之内，必有其一种之语言文字焉，以为其社会之元质，而为其人民精神之所寄，以自立一国。一国既立，则必自尊其国语国文，以自翘异而为标致。故一国有一国之语言文字，其语文亡者，则其国亡；其语文存者，则其国存。语言文字者，国界种界之鸿沟，而保国保种之金城汤池也。"[④]有人指责新名词输入

---

① 江庸：《趋庭随笔》，收入《近代中国史料丛刊正编》第9辑，沈云龙主编，文海出版社，1967年，第7页。

② 林纾：《〈拊掌录〉跋尾》，收入《林纾文选》，许桂亮选注，百花文艺出版社，2006年，第39页。

③ 转引自冯友兰：《三松堂自序》，生活·读书·新知三联书店，1984年，第319页。

④ 邓实：《鸡鸣风雨楼独立书·语言文字独立》，转引自罗志田：《种界与学理：抵制东瀛文体与万国新语之争》，收入《国家与学术：清末民初关于"国学"的思想论争》，生活·读书·新知三联书店，2003年，第145页。关于此段史实，罗先生讨论甚详。

导致国民精神堕落[①]，邓实更是以为“变易其国语，扰乱其国文”是今之“欧美列强所以多灭国之新法也”。[②]这其中章太炎的意见值得重视。“卫国性、类种族者，惟语言历史为亟”[③]，从捍卫“汉种语文”的角度，外来的新语实足警惕。但他在比较中西语文短长之后，认为“汉土所阙者在术语”，“欧洲所完者在术语”[④]；“中国文辞，素无论理”，强调“科学兴而界说严，凡夫名词字义，远因于古训，近创于已见者，此必使名实相符，而后立言可免于纰缪”。[⑤]显然章太炎并不全然反对创制新语，清末民初，借创制定义精密、概念规范的新语来改变中国人“含混闪烁”的思维习惯，得到很多思想精英的认同（比如王国维、严复，稍后的鲁迅、周作人等）。对于“新事新物，逐渐增多，必须增造新字，才得应用”的说法，章太炎以为“这自然是最要”，他的特异之处在于“远因于古训”一条，即创制的方法“但非略通小学，造出字来，必定不合六书规则。至于和合两字，造成一个名词，若非深通小学的人，总是不能妥当”。[⑥]支持“增造新字”，但须得“深通小学”。这是否提醒我们：在适应新的“现代性”需要而与传统实现一定程度的“断裂”时，应该保持对部分传统（比如中国的重要构词法等）适度的尊重，这或许成为现代转换的接引与契机。早在1890年，有着丰富翻译经验并且对西学东渐作出巨大贡献的传教士傅兰雅总结翻译过程中“创造专业术语的原则”，其中重要一条即是“新术语必须尽可能地与汉语的一般

---

① 参见《新名词输入与民德堕落之关系》，《东方杂志》1906年第12期。

② 黄节：《国粹学报叙》，《国粹学报》第1年第1期。

③ 章太炎：《重刊〈古韵标准〉序》，收入《章太炎全集》第4册，上海人民出版社，1985年，第203页。

④ 章太炎：《规〈新世纪〉》，《民报》24号，1908年，第29页。

⑤ 章太炎：《论承用维新二字之荒谬》，收入《章太炎政论选集》上册，中华书局，1977年，第242—244页。

⑥ 章太炎：《我的生平与办事方法》，收入《章太炎的白话文》，辽宁教育出版社，2003年，第73页。

结构相一致"。[1] 荀子曾鉴于战国时代"奇辞起，名实乱"的情形而瞩望"若有王者起，必将有循于旧名，有作于新名"(《荀子·正名》)，语言的稳定性与变异性正是在"循于旧名"与"作于新名"的辩证融合中并行不悖。

3. 新语输入的合理与潜藏的危险

学人中不同时流而对新名词有理性态度者，首推王国维。1905年在《论新学语之输入》中，开宗明义肯定了新语入华："近年文学上有一最著之现象，则新语之输入是已……我国学术而欲进步乎，则虽在闭关独立之时代，犹不得不造新名。况西洋之学术骎骎而入中国，则言语之不足用，固自然之势也。"反映新器物的新名词，自明末以来不在少数，人们较易接受；但表征新思想的新名词，在"中体西用"占主导的格局中则每遭非议（如前文所列举），而王国维正是在思想与语言的关联中评价"新言语输入"的意义："言语者，思想之代表也。故新思想之输入，即新言语输入之意味也。十年以前，西洋学术之输入，限于形而下学之方面，故虽有新字新语，于文学上尚未有显著之影响也。数年以来，形上之学渐入于中国，而又有一日本焉，为之中间之驿骑，于是日本所造译西语之汉文，以混混之势而侵入我国之文学界。好奇者滥用之，泥古者唾弃之，二者皆非也。"[2] 面对新词语"以混混之势而侵入"，"泥古者唾弃之"当然不智，"好奇者滥用之"亦复无益，王国维的这番评议发人深省。

顺着王国维的思路，我们已可大致触摸到新语输入的必要性与意义、价值所在。语言学家萨丕尔说："语言，像文化一样，很少是自给

---

① 转引自马西尼：《现代汉语词汇的形成——十九世纪汉语外来词研究》，黄河清译，汉语大词典出版社，1997年，第80页。

② 王国维：《论新学语之输入》，《教育世界》第96期，1905年4月。引自《静庵文集》，辽宁教育出版社，1997年。

自足的。"[①] 词汇对于文化、思想与社会有着强烈的依附性与共变性，尤其在转型时代，随着外来事物、思想的大规模入华，词语的"侵入"、新变与增生是正常不过的事情，正如梁启超所谓"社会之变迁日繁，其新现象、新名词必日出"。

冯天瑜先生将新术语"在学术文化层面"的作用罗列为三点："塑模并规限近代诸学科的发展。造就新文体，推动白话文运动。提供新思想的语文部件。"[②] 经过这一"语文部件"所搭建的传播平台，中国人将现代文明的成果部分地转化为中国文化的一部分。从"一般思想史"的角度而言，正是那些看似在不经意间反复使用的表示新生事物与新思想的新名词，在社会实践中，既体现出中国人思维方式与价值观念的变革，同时又艰难参与、推动了这一变革过程，在潜移默化中重塑了中国人的"自我感知框架"（frames of self-perception）。[③]

对于本文的论题而言，概述以上这番情形——清季民初新语输入之盛，拒斥者的不明智，以王国维为代表的理性态度以及新语输入的必要性——的意义在于说明：首先，自清末以来持续的名词爆炸确实是诱发现代名教的重要成因，这是胡适在 1920 年代揭起名教批判的背景；其次，以王国维为代表的理性态度可以规范本文的议论范围，即下文论及反抗名教必须在语言学家陈原所谓"语汇学的辩证法"中具体展开。所谓"语汇学的辩证法"是指"语言的吸收功能和语言的污染现象""互相矛盾而存在"。[④] 一方面，"任何一种有生命力的语言，它

---

① 萨丕尔：《语言论》，陆卓元译、陆志韦校，商务印书馆，1997 年，第 173 页。

② 冯天瑜：《新语探源——中西日文化互动与近代汉字术语生成》，第 615 页。

③ 参见王汎森：《中国近代思想文化史研究的若干思考》，收入《史学方法与历史解释》，康乐、彭明辉主编，中国大百科全书出版社，2005 年。王先生在此文中对新名词成为塑造"自我感知框架"的资源有所提及。这个概念来自美国文化人类学家格尔茨，参见克利福德·格尔茨：《革命之后：新兴国家中民族主义的命运》，收入《文化的解释》，韩莉译，译林出版社，1999 年，第 284、285 页。

④ 陈原：《语言与社会生活》，生活·读书·新知三联书店，1980 年，第 62 页。

不怕同别的语言接触，它向别的语言借用一些它本来所没有，而社会生活的发展要求它非有不可的语言"；另一方面，"当借词达到超饱和程度"，"滥用外来词"，就会引发"语言污染"。[①] 也就是说，我们应该放下语文上的盲目排外与民族主义藩篱，对新名词采取迎受态度；不过，同时也应该意识到，清末以来国人确如"久处灾区之民"，求新者的饥不择食中危险也暗中滋长，新语入华的力倡者梁启超就有过这样的反省：

> 壬寅、癸卯间，译述之业特盛，定期出版之杂志不下数十种。日本每一新书出，译者动数家。新思想之输入，如火如荼矣。然皆所谓"梁启超式"的输入，无组织，无选择，本末不具，派别不明，惟以多为贵，而社会亦欢迎之。盖如久处灾区之民，草根木皮，冻雀腐鼠，罔不甘之，朵颐大嚼，其能消化与否不问，能无召病与否更不问也，而亦实无卫生良品足以为代。[②]

这正如严复总结的近代中国读书人面对新说的两种态度："不为无理偏执之顽固，则为逢迎变化之随波。"[③] 上面这两方面规约着我们批判名教的前提，还是借王国维的话说吧，面对着新词语"以混混之势而侵入"，首先与"泥古者唾弃之"划清界限，然后仔细考察"好奇者滥用之"所含藏的危险，而名教正是其中危险之一。

---

① 参见陈原：《语言与社会生活》，第 49 页；陈原：《社会语言学》，学林出版社，1983 年，第 287—288 页。

② 梁启超：《清代学术概论》，收入《梁启超论清学史二种》，朱维铮校注，复旦大学出版社，1985 年，第 80 页。

③ 严复：《严复致熊纯如（1916 年 9 月 20 日）》，收入《严复集》第 3 册，中华书局，1986 年，第 648 页。

二　名教概念的流变与现代重构

“名教”本来特指以正名定分为主的封建礼教。西汉武帝时，将符合封建统治利益的政治观念、道德规范等立为名分，定为名目，号为名节，制为功名，以之教化。名教蕴涵的实质正是围绕正名定分并以之为教化来建立长幼有序、尊卑有别的秩序。

近代以降激烈批判名教，较为显著者是谭嗣同1896年撰写的《仁学》。他明确地用“以名为教”来表述名教的实质并揭示其中可怕的命定论色彩对人实际生活与实践的压制。1908年，章太炎在《排满平议》中揭示“殉名”[①]的危害，“殉名”可以理解为以身殉名教。此处不妨参考以赛亚·伯林的意见，“太多人渴求文字魔力”（即“符咒”），“将人类牺牲于文字”，于是，“社会真实单元所在的个人经常被作为牺牲而献祭于某个概括观念、某个集合名词、某块旗帜”。[②]此处“献祭”，正可指向“殉名”、为名教所吞噬。同一年在《四惑论》中章太炎又批判“以论理代实在”，这一文章最直接的产生背景，“是对《新世纪》假借服膺于科学、顺应于进化、尊重惟物及信奉自然规则等等名义来否定同盟会纲领及群众实际斗争的愤懑”，“为了回击《新世纪》对《民报》和同盟会纲领的诋毁”。[③]于是遂有对《新世纪》诸人“时吐谲觚之语，以震荡人”[④]的描画。“谲觚之语”正可视为名教，“惑”既指“谲觚之语”中不证自明、“令人以为神圣不可干”的观念学说（日本学者木山英雄

---

① 章太炎：《排满平议》，收入《章太炎文选》，上海远东出版社，1996年，第291页。

② 参见以赛亚·伯林：《赫尔岑与巴枯宁论个人自由》，收入《俄国思想家》，彭淮栋译，译林出版社，2001年，第106—110页。“社会真实单元”一句出于赫尔岑《彼岸书》，转自上引伯林一文。

③ 参见姜义华：《章太炎评传》，百花洲文艺出版社，1995年，第104页。

④ 章太炎：《台湾人与〈新世纪〉记者》，原载《民报》第二二号，转引自姜义华：《章太炎评传》，第105页。

先生称其为“理念偶像”[①]），又被太炎用来形容深受“震荡”者面对“谲觚之语”时的心灵状态，这里没有饱含丰富生存体验的精神探索，而只是为“惑”所震慑、诱导，取消了独立思考与判断，转而精神涣散、个性沦丧，只在思维世界中留下空白的“跑马场”，供种种名教符号大行其是地加以填塞。章太炎告诉世人：现代意识形态归根结底是人为建构，如果将人们有限的认识绝对化，用新的观念崇拜来桎梏人，就会造成精神枷锁与强迫机制。章太炎显然已经预感到了名教的实质、危害与名教运作机制中深藏的现代迷信与社会专制的认识论起源。

1926年12月，冯友兰在《名教之分析》中说：“所谓名教，大概是指社会里的道德制度，与所谓礼教的意义差不多。”这仍然是“名教”的基本义，但冯友兰同时指出：“在实践方面，概念在中国，却甚有势力。名教、名分，在中国有势力。名所指的就是概念。”进而将守节、殉夫这种中国历史上“不合理的事情”，归咎于“屈服于名、概念”。[②]

两年后，胡适在《名教》一文中将冯友兰的意思理解为“‘名教’便是崇拜名词的宗教”，进而直截了当地说：“‘名教’，便是崇拜写的文字的宗教；便是信仰写的字有神力，有魔力的宗教。”这里对“名教”概念的理解、对名教危害产生因由的分析，正是本文立论所据。胡适是现代中国揭起名教批判的代表性人物，有两点值得注意：首先，名教批判是胡适思想中持续发展的一条脉络，他“向来反对‘名教’”，对那些不涉实际的（包括“不察中国今日之情形”与不关切“社会人生切要的问题”）、被抽象出来成为空洞的符号、成为“空空荡荡、没有具体的内容的全称名词”[③]，有着清醒的警觉。比如“问题与主义”之争，胡适

① 参见木山英雄：《“文学复古”与“文学革命”》，收入《文学复古与文学革命：木山英雄中国现代文学思想论集》，赵京华编译，北京大学出版社，2004年，第213页。

② 参见冯友兰：《名教之分析》，原载《现代评论》第二周年纪念增刊，1927年1月；引自《三松堂全集》第11卷，河南人民出版社，2000年。

③ 胡适：《三论问题与主义》，收入《胡适文存》第1集，黄山书社，1996年，第266—267页。

是在一个特殊的语境与时代风习中揭起“问题与主义”之争，如果还原到当时的历史情境中，它未必全然如后人认为的那样意味着新文化阵营的分裂，马克思主义与非马克思主义的第一次论战，至少在反对空言“主义”上双方有很深共识。“问题与主义”之争只有纳入到胡适名教批判的持续脉络中才能更清晰地显示其主旨。其次，胡适名教批判的哲学背景是实用主义。实用主义哲学基本不讨论形而上学和知识论，反对沉迷在各种抽象的理论中，排斥形形色色的主义，而以解决实际社会问题为宗旨。胡适曾总结过“实验的方法”：“（一）从具体的事实与境地下手；（二）一切学说理想，一切知识，都只是待证的假设，并非天经地义；（三）一切学说与理想都须用实行来试验过；实验是真理的唯一试金石。”[①] 从上述论述中可以导出名教批判的若干方法论：注意概念知识、学说主义的具体语境，谨防将它们抽象为空洞的符号或顶礼膜拜成不可质询的观念偶像，而应该坚持向实践开放。胡适的名教批判得到了实用主义哲学的理论支持，他希望以此来医治中国学界的“目的热”与“方法盲”，彻底改变迷信抽象名词以及把“主义”用作蒙蔽世人停止思想的绝对真理的建构。[②]

根据以上梳理，“名教”本来特指以正名定分为主的封建礼教。而近现代以降，谭嗣同、章太炎等人在具体使用过程中，一方面接续了古代名教批判中所针对的命定论色彩；另一方面淡化其封建礼教的意味，尤其是到了冯友兰和胡适这里，逐渐将“名教”重构、表述为“崇拜名词的宗教”“信仰写的字有神力，有魔力的宗教”。由此对“名教”概念的理解、对名教危害产生因由的分析，对立“名”为教过程中的思维逻辑（用胡适的话说即“奴性逻辑”，即现代中国对名词、概念的空言与独断的俯首帖耳，对人自由、丰富的精神世界与实践的一种压制）的

---

① 胡适：《杜威先生与中国》，收入《胡适文存》第1集，第278页。

② 详见拙作《胡适“名教批判”论纲》，《现代中文学刊》2011年第6期。

揭示，正是本文立论所据。

总结一下，现代名教有两层内涵：首先是指一种“名词拜物教”，关心的不是具体语境具体问题而只是空洞的符号；其次它指向一种消极的思维方式，本质上是现代迷信，“对于抽象名词的迷信”往往演变为对于“绝对真理”与终极教条的迷信，而拒绝在历史与社会的行进中向实践开放。这样的归纳首先来自当时人的具体表述；其次在今人的论述——比如胡明、尹权宇在胡适研究[①]，郜元宝讨论1990年代中国的文学文化[②]——之中，已经在相近的语意范围内使用“名教”一词。本课题是在这一延长线上继续深入。上述界定还必须作出补充：中国近现代史上那些频繁出现的关键词（比如“自由”“民主”等），我们无法得知人们在使用这些词语时是“接受西方观念”，还是将固有理想投射到西方观念之上的结果。一方面，各种论战争执中，主义混淆不清往往成为各方指责论敌的重要依据；另一方面，许多主义话语本身的内涵、外延都难以确定，即便在“原产地”的西方，种种主义的思想光谱也芜杂不清，对于中国这样身处西学东渐、中西汇通语境中的后发国家而言，许多关键词、学说、主义等缺乏明晰的语意界定，本就是不得不然的事情（再加上接受过程中几乎无法避免的误读）。我所谓的名教批判并非在上述意义上纠缠于名实不符的现象，并非抽象出一种对某某主义的应然、本质的定义，再执此孤悬的标准去考察历史，以为合之则明、不合则为名实不符。本课题的着眼点是具体个人对观念的特殊的接受情形，正如胡适揭示的立名为教的“奴性逻辑”。所以重点不是以话语分析的方式来处理现代中国重要观念（关键词）的具体

---

① 尹权宇：《反“名教”与胡适思想》，收入《现代学术史上的胡适》，耿云志、闻黎明编，生活·读书·新知三联书店，1993年；胡明：《胡适“名教”批判》，收入《胡适思想与中国文化》，广西师范大学出版社，2005年。

② 郜元宝：《在新的“名教”与“文字游戏”中穿行：文化争论的一份个人备忘录》，《钟山》1996年第6期。

面貌，而是讨论隐伏在思想、学说、主义背后的一种思维方式。“对于抽象名词的迷信”往往演变为对于“绝对真理”与终极教条的迷信，而拒绝在历史与社会的行进中向实践开放。

三　名教的运作机制与心理动因

名教，借赫尔岑的话来说，即对名词符号的“强迫的敬重”，而这样的“敬重将会限制一个人，将会狭隘其自由”，“这就是拜物”，即名词符号的“拜物教”。[①] 语言学家陈原在讨论“语言拜物教”时说过：“把人的任何一句话都说成是不可改变的，必须照办的‘神示’，那就是语言的物神化。只有‘神示’才能句句照办。但现代社会没有神，所以也就不可能有‘神示’。迷信是不能产生力量的。”[②] 显然，现代名教等同于陈原所谓的“语言拜物教”（或米尔斯所谓的“概念的拜物教”[③]）、“语言的物神化”，本质上这是一种迷信。

要更深入地理解名教的内涵，应该考查名教的运作机制。名教常常产生于某种类似神学般的信仰——对抽象的象征符号与理论原则的信仰以及试图用这一符号、原则来整体性地涵盖、解决问题的信仰。

胡适说：“名教的信条只有一条：‘信仰名的万能’……深信

---

① 赫尔岑《法意书简》：“人惟不屈物以从其理，亦不屈己以就物，始可谓自由待物；敬重某物，如果不是自由的敬重，而是强迫的敬重，则此敬重将会限制一个人，将会狭隘其自由……这就是拜物——你被它压服了，不敢将它与日常生活相混。”转引自以赛亚·伯林：《赫尔岑与巴枯宁论个人自由》，收入《俄国思想家》，第 110 页。

② 陈原：《语言与社会生活》，第 47 页。

③ 美国社会学家米尔斯批评帕森斯在《社会系统》一书中“并没能实实在在地从事社会科学研究，因为他已受如下思想支配，即他所建构的社会秩序模型是某种放诸四海而皆准的模型；因为他实际上把他的这些概念奉为神明了”，此即“概念的拜物教”。参见 C. 赖特·米尔斯：《社会学的想象力》，陈强、张永强译，生活·读书·新知三联书店，2001 年，第 37、50 页。

‘名’有不可思议的神力。”[①] 鲁迅有相类似的说法，谓之“‘符咒’气味”：“新潮之进中国，往往只有几个名词，主张者以为可以咒死敌人，敌对者也以为将被咒死。”[②] 这些陈述都揭示了名教运作机制中深藏的神秘性与权威性，而危险正是由此而来。

胡风指明“抢夺思想概念”每每与“脱离生活”相联系。[③] 也就是说，名教往往将个人同现实生活与实在世界隔离开来，身陷名教的个人无视甚至排斥他原本置身在这一生活与世界中的真切经验，转而迷信“名的万能”与“神力”。这近似于汉娜·阿伦特所描述的“意识形态思想”，它“摆脱了我们凭五官感知的现实，认为有一种‘更真实’的现实隐匿在一切可感知事物的背后，从这个隐匿的地方来控制事物”，它假定“用一种观念便足以解释从前提发展出来的一切事物，经验不能说明任何事物，因为对一切事物的理解都在这种逻辑推论的连贯过程中”，由此将“人能力中的内在自由换成简单的逻辑外衣，人以此可以几近粗暴地强迫自己，就像他被某种外部力量强迫一样”。名教的奴隶就被这样一种力量、一种“特殊形态的逻辑”所控制，“与同伴们失去接触，也和周围的现实失去接触”，“在失去这些接触的同时，人们也失去了经验和思想的能力”，由此导致的后果是“对于他们来说，事实与虚构（即经验的真实）之间的区别，真与伪（即理想的标准）之间的

---

① 胡适《名教》，收入《胡适文存》第3集，第46、52页。

② 鲁迅：《〈现代新兴文学的诸问题〉小引》，收入《鲁迅译文集》第5卷，人民文学出版社，1958年，第359、360页。周作人也曾议及过“符咒”“文字在中国的一种魔力”等问题：“我平常有一种偏见，不大喜欢口号与标语，因为仿佛觉得这是东方文化的把戏，是‘古已有之’的东西，玩了没有什么意思。假如相信它有实在的神力，那就有点近于符咒，或者只是根据命令，应时应节地装点，这又有点类似八股了。”周作人：《介绍政治工作》《文字的魔力》，收入《看云集》，河北教育出版社，2002年。周作人在1930年代指摘“符咒”、八股遗风，大多是对左翼文坛风习的一种隐晦讽喻。

③ 胡风：《今天，我们的中心问题是什么？》，收入《胡风全集》第2卷，湖北人民出版社，1999年，第614页。

区别已不复存在”。[①]

在名教的心理动因中还隐藏着一种祈求，祈求对具体问题“创世纪式”的解决，“招牌一挂就算成功”。[②]“对于抽象名词的迷信”往往演变为对于“绝对真理”与终极教条的迷信，而拒绝在历史与社会的行进中向实践开放（胡适所谓“奴性的逻辑”）。显然，现代名教所产生的这种类似神学般的信仰——对抽象的符号与理论原则的信仰以及试图用这一符号、原则来整体性地、一次性地涵盖、解决问题的信仰，正是对“活的现在”、人的实践与精神自由的压制。恩格斯曾批评道：“对德国的许多青年作家来说，‘唯物主义的’这个词只是一个套语，他们把这个套语当作标签贴到各种事物上去……就是说，他们一把这个标签贴上去，就以为问题已经解决了。”[③]在这种情况下，“唯物主义的”对于那些“青年作家”而言，就是一种名教。而真正的马克思主义者“决不把马克思的理论看做某种一成不变的和神圣不可侵犯的东西”[④]“人应该在实践中证明自己思维的真理性，即自己思维的现实性和力量，亦即自己思维的此岸性。”[⑤]思维的“此岸性”显然与名教的奴性逻辑针锋相对。

此外，名教聚结、膨胀与私欲驱动也有紧密关联。以“名”为教、操“名”之柄而牟利、愚人，自古而然（钱锺书先生在《管锥编》中曾议及这一问题[⑥]）。鲁迅感慨“新名词”传入中国后“便如落在黑色染

---

① 汉娜·阿伦特：《极权主义的起源》，林骧华译，生活·读书·新知三联书店，2008年，第586、587、590页。

② 鲁迅：《今春的两种感想》，收入《鲁迅全集》第7卷，人民文学出版社，2005年，第408页。

③ 恩格斯：《恩格斯致康·施米特（1890年8月5日）》，收入《马克思恩格斯选集》第4卷，中共中央马克思、恩格斯、列宁、斯大林著作编译局编，人民出版社，1972年，第475页。

④ 列宁：《我们的纲领》，收入《列宁选集》第1卷，中共中央马克思、恩格斯、列宁、斯大林著作编译局编，人民出版社，1972年，第203页。

⑤ 马克思：《关于费尔巴哈的提纲》，收入《马克思恩格斯选集》第1卷，第16页。

⑥ 参见钱锺书：《管锥编》第4册，中华书局，1979年，第1243—1249页。

缸”中化为“济私助焰之具”。他有一著名“战法”——“麒麟皮下揭出马脚”[①]，即在美名的标榜中勘破“行私利己”者的嘴脸，打破其高悬的“护符”，我们必须注意到鲁迅对“名”背后复杂的建构图景的洞察，越过具体主张而追究主张背后是否有认真、诚恳的“心”，否则，任何“美名”都会堕落为“空名”。

四　本课题的讨论方法

课题旨在探讨现代名教的成因、危机；它何以成为中国现代思想文化发展中的一大隐疾；以及在批判现代名教的过程中，几位具有代表性的知识分子的思想、文学与实践所提供的启示意义。据此，我尝试采取史学考察和文学研究相结合的方法。

史学考察主要包括：通过“名教”的历史流变来梳理出基本概念；通过对时人言论、报刊、出版物等的考察来重建名教风行的语境；寻绎读书人、知识分子（如胡适和鲁迅）的言论、文学和实践（包括涉及的几次论争）来把握其对名教批判的持续关怀等。借史华慈的话讲，思想史的考察一方面要有“对于观念本身内容的高度重视”，另一方面还要“具体地研究特殊的观念本身如何适时的与特殊的政治人物发生关系的各种实际情形”。[②]我想这里所谓的“实际情形”应当包括：考察这些关键词和概念在什么样的具体语境中生成，在进入现实的传播过程中内涵发生了何种转变与增殖，同一旗号下新生的意义是否有内在矛盾……而我对现代名教的考察可能更加关注一个名词消极的变异，即当一个具体的名词变成名教以后，是否还和现实相对应？抑或变成

① 鲁迅：《偶感》，收入《鲁迅全集》第5卷，第506页。

② 史华慈：《关于中国思想史的若干初步考察》，收入《中国思想史方法论文选集》，韦政通编，上海人民出版社，2009年，第251页。

高度封闭、拒绝向实践开放的强势意识形态？这样一种运思和操作方式对历史发展和社会文化建设造成了何种影响？

本课题尝试文学与思想史的跨学科研究。但这并非两种研究方法的僵硬拼凑。“史”的考察主要以实证方式提供问题的背景。对于文学研究的运用则作如下说明：

从研究对象来说，20 世纪中国文学史在我心意中可以理解为现代中国知识分子的心灵史，20 世纪中国社会曲折发展的历史进程，蕴涵了中国知识分子最大的寄托与失落，欢愉与激愤。尤其是这一群体努力以文学实践在现代人的精神世界里有所洞见，这本就是 20 世纪中国文学史研究的题中应有之意。胡适揭起名教批判目的是检讨五四新文化运动在输入种种“主义”时的悬空与浮泛，鲁迅对“伪士”的批驳则警醒世人潜藏在新学话语背后消极的思维方式（详下文）。且不少文学作品对围绕名教的相关问题都有敏感发现：鲁迅《伤逝》、茅盾《虹》、张天翼《出走以后》深刻描述了“新名词”的启蒙作用及其纠缠着的困境，被“半生不熟的名词”所启蒙的个体如何避免名教俘获而成长为“真的人”；郁达夫《血泪》揭示名教世界背后的私欲驱动，“主义的斗将”们操“名”之柄以牟利、愚人……这都值得我们总结。

从题旨来说，课题在揭示现代名教的危害、成因及特征之后，试图重点讨论的是批判的可能，而这与文学密切相关。所谓立“名”为教，往往是抹掉立“名”过程中的造作、构制，而化为自然、“天性”。也就是说，名教压抑性的生成，往往是启动一种内在化的机制，将对名教的臣服锲入人的感性世界。所以针锋相对，“脱观念世界之执持”离不开与感性机能、个人感觉紧密相连的文学，尤其是文学的“实感”，这是反抗名教的重要资源。比如从根本上说，鲁迅把握世界的方式是一种文学的方式，具体到他的思想形态与知识生产方式，更是与文学具有同一性。鲁迅之所以能够避免众多同代人因理念操作的失度而身陷名教世界的命运，根本上源于文学的成全。甚至不妨说，有效的知识生产必须渗透着实感，与生活息息相关，与主体的存在往复沟通，即以置身于我们自己的具体问题和生存困境为契机，才是有效的知识生产。这成为一种根本性的态度，由此才能避免空洞的名词堆砌与冷漠的符号操作。[①]

具体方法上，我将借用文本细读等文学研究的手段。比如通过对小说《伤逝》的细读，将其理解为五四启蒙之父对名教围困中“启蒙”未经合法化的深刻质疑。[②]子君只是在“半生不熟的名词”的意义上被涓生从西方文学中贩卖的观念所征服，而没有将这些观念内化为自身的血肉。“他们谁也没有干涉我的权利！”但这恰恰是一个被干涉、被权威从外部导入而塑型的“自我”。所以，只停留于名词传递式的启蒙——准确地说，未经生命机能化的启蒙——是脆弱而不堪一击的。具体来说，启蒙并不是由外在或“众数”权威自外而内植入的绝对命令，它必须由先验的观念形态转化为一种更加本源性的存在，启蒙就由这样的存在自然而然地导源出来，在诚实的生命源头上确立自己的资源与实践。这种存在，竹内好以为就是鲁迅式的“文学”。通过上述具体文本的解读，将作品与作家、审美与社会等内外信息呼应、结合起来。

五　现代名教批判的意义

本文处理问题的特殊性还在于，它粘连着后发国家在特殊时代中的困境，这是“一个离开了中国近代化问题就不存在”[③]的问题。由前文所述，“名”（学说、主义、思想……）在现代中国的创制——新的字词符号以及其所代表的崭新的概念、思想内容的出现、撒播——大抵

① 详见拙作《文学“实感”论》，《南方文坛》2008 年第 6 期。

② 详见拙作《在伪士与名教的围困中突围》，《当代作家评论》2009 年第 4 期。

③ 伊藤虎丸：《早期鲁迅的宗教观》，收入《鲁迅、创造社与日本文学》，孙猛、徐江、李冬木译，北京大学出版社，2005 年，第 95 页。

离不开一个翻译、引介西方现代思想知识的过程。但问题的特殊性在于：一方面，鲁迅认为当时人所面对的“名”，大多是在西方历史发展中已然产生，其中蕴涵着“无论是在物质文明还是精神文明方面都优越于亚洲的价值”[①]，也就是说，这些“名”是现成的（已经产生），优越的（已被证明）；而另一方面，在中国与亚洲，又往往缺乏产生这些“名”、思想与价值的社会经济基础、制度条件等。这个时候，“近代主义”式的“伪士”往往应运而生。所谓“伪士”，即指以种种不健康的主体态度去接受、操作“新名”（现代知识）的人。以旧的思维方式去接受新的知识，依据外来的权威不假思索地接受新观念并膜拜为“神圣不可干”的理念偶像，这个时候，名教就产生了。何以这是一种“现代”形态的名教，如上所述，因其粘连着后发国家在特殊时代中的困境。本文的追问是：当遭遇那些黏附着科学、进步价值的新名词之后，主体是否有健康的精神态度、坚实的根基去接受，并且“把它变成我自己的”，而非不自觉地身陷名教迷梦中。而这正是名教批判的旨归所在。

中国现代是大规模输入西潮的时代，也是一个名词爆炸的时代，各种口号、学说、主张、思潮、主义如过江之鲫，但真正进入中国人主体世界内部并且对中国社会与思想文化发展产生积极影响、作用的少之又少。这其中“伪士”当道、名教膨胀正是一大原因。在 20 世纪中国文学史的发展过程中，产生过大量口号式的短语（“写真实”“两结合”“三突出”“纯文学”等），其抽取“本质”的简化能力，在变革时代曾发挥过巨大的以简驭繁的动员作用。但同时也引发深刻的危机：它们往往去除事物之间的细微差异，去除难以剥离的思想、情感，去除感性的血肉，而不对流动的现实和具体的实践开放。现代名教批判为辩证讨论上述问题提供了反思的平台与可能。

---

① 伊藤虎丸：《鲁迅与日本人——亚洲的近代与“个”的思想》“序言”，李冬木译，河北教育出版社，2002 年，第 5 页。

瞿秋白在他最后的文章中说过一段很沉痛的话：中国现代的"文人""书生"，"对于宇宙间的一切现象，都不会有亲切的了解，往往会把自己变成一大堆抽象名词的化身。一切都有一个'名词'，但是没有实感。……对于实际生活，总像雾里看花似的，隔着一层膜"。[①] 在今天的社会与文化建设中名教的阴霾并未散去。比如说面对"向西方学习"这样自近代以来持续而重要的课题时，那种立"名"为教、唯"名"是举的思维定势与运作（将西方各种主义、思潮膜拜为普遍、终极的真理，或者走马灯似的轮换符号……）并没有绝迹，甚至依然大行其道。一个世纪前，当面对"只偷一些新名目，以自夸耀，而其实毫无实际"的普遍性困境时，鲁迅提倡"用科学之光照破"名教的奴仆们"所举的各主义"。[②] 这样一种突破主义、思潮的空壳而探习隐伏在其根柢、滋养其生长繁茂的"神髓"的态度至今值得我们深思：不应该把现代思想以及由这些思想提供的成果，当作既定的公理、教条与法则来接受，而要从造就思想的"本柢"中来学习，方才可以避免僵滞的名教话语产生；而这样把握住的整体的、能动的"精神"，才能够真正参与到我们在具体、活生生的现实中处理、重建自身的"名"与"实"等关系的经验中去。

2010年6月5日改定

原载《东吴学术》2010年创刊号

---

① 瞿秋白：《多余的话》，收入《多余人心史》，东方出版社，1998年，第63页。

② 鲁迅：《〈奔流〉编校后记》，收入《鲁迅全集》第7卷，第194页。

“对于名分的逃遁”与“生命的份量”：从沈从文与施蛰存说起

一 “温文尔雅到有些羞怯”、说话“小声小气”的人

1988年5月16日，施蛰存在报纸上看到了沈从文逝世的消息，惊讶伤痛之余，当晚拟就一副挽联：“沅芷湘兰，一代风骚传说部；滇云浦雨，平生交谊仰文华。”黄永玉在回忆中说：“从文表叔死了……书房墙上一幅围着黑纱的照片，两旁是好友施蛰存先生写的挽联。”[①]——这样的安排，想来也合乎亡者心意。施蛰存写这副挽联，上联将沈从文的小说比作现代楚风、楚辞，下联则叙述自己与沈从文的交谊。

施、沈二人虽然有60年之久的交往，但经常会面的机会，只有在上海的三四年和在昆明的3年中。

施蛰存最早是通过冯雪峰认识沈从文的，到了1928、1929年，沈从文与丁玲、胡也频在上海筹办文艺刊物《红与黑》，而施蛰存和刘呐鸥、戴望舒主持水沫书店。当时胡也频有一部文稿交水沫书店出版，几个人有了往来，在施蛰存的印象中，“丁玲最善交际，有说有笑的，也频只是偶然说几句，帮衬丁玲。从文是一个温文尔雅到有些羞怯的青年，只是眯着眼对你笑，不多说话，也不喜欢一个人，或和朋友一起，

---

① 黄永玉：《这些忧郁的琐屑——回忆沈从文表叔》，收入《这些忧郁的琐屑》，生活·读书·新知三联书店，1998年，第47页。

出去逛马路散步"[1]，"从文在上海最多三年，我和他见面不到十次"。1937年施蛰存来到昆明，与沈从文见面的机会多了，在沈从文的屋子里还认识了杨振声与林徽音，这样"一个小小的文艺中心"里，其他人都海阔天空地谈文学、谈时事、谈人生，唯独"从文还是眯着眼，笑着听，难得插一二句话，转换话题"。1981年7月，施蛰存到北京，特意找到沈从文，"这是我和从文最后一次会晤"，"从文说话还是那么小声小气的，都得靠他夫人传译和解释"。沈从文留给施蛰存的，永远是这样一个"温文尔雅到有些羞怯"、说话"小声小气"的人。

二 "自爱"的"老实人"，"对于名分的逃遁"

施蛰存与鲁迅的交恶，主要出于《庄子》《文选》之争，其中又夹杂了鲁迅对施蛰存"向国民党献策"的误会，以及对"第三种人"的深恶痛绝。随着积怨加深，"殃及池鱼"的事情也有发生，比如牵涉进与施蛰存保持了深厚而长久友谊的沈从文。

1933年11月，上海市公安局会同捕房人员到现代书店搜查，将巴金《萌芽》一书纸版全部缴去，次年2月公布禁令。上海文化出版界一度传言此事与施蛰存有关（对于所谓的"献策事件"，施蛰存有过解释："说我是献策的，其实我的目的不是针对左翼文艺，而是为了我们的杂志。那次会上，先是一些国民党的人谈，其次是出版商人谈。谈了之后，潘公展第一个点名要我谈，我提出，我们编辑，只管看文章，不懂政治，把握不准，只有将文章送给你们看，可登就登，不可登就算。后来有人接着谈，就提出了仿效日本的打×法。因此，鲁迅对我很有意见，说我向国民党献策，迫害左翼文艺。"[2]而沈从文在1933年12月

---

① 施蛰存：《滇云浦雨话从文》，收入《施蛰存散文》，浙江文艺出版社，1999年，第415页。下文所引施蛰存的回忆，除注出之外，均出自这一文章。

② 见北京鲁迅博物馆鲁迅研究室编：《施蛰存谈〈现代〉杂志及其他》，收入《鲁迅研究资料》

15日致施蛰存的信中，宽慰后者道："关于《萌芽》被禁事，巴金兄并无如何不快处。此间熟人据弟所常晤面者言之，亦并无误会兄与杜衡兄等事……上海方面大约因为习气所在，故无中生有之消息乃特多，一时集中于兄，不妨处之以静，持之以和，时间稍久，即无事矣……即一时之间，难为另一方面友好所谅解，亦不妨且默然缄口，时间略长，以事实来作说明，则委曲求全之苦衷，固终必不至于永无人知也。"沈从文又提到一时甚嚣尘上的《庄子》《文选》之争，劝慰施蛰存："关于与鲁迅先生争辩事，弟以为兄可以不必再作文道及，因一再答辩，固无济于事实得失也。兄意《文选》《庄子》宜读，人云二书特不宜读，是既持论相左，则任之持论相左可，何必使主张在无味争辩中获胜。"[①] 身处疾风暴雨中的施蛰存，看到这些话肯定心中大感宽慰。

当时国民党正加紧"文化围剿"。1934年2月19日，国民党上海市党部奉中央党部之命，查禁了149种书籍，其中大多数是左翼作家著作。2月28日，沈从文写下《禁书问题》，对国民党当局对于"作家的迫害及文学书籍的检查与禁止"提出严厉批评："对于由事实上说来毫无什么坏影响的文学书籍，在难于索解的情形下，忽然皆被禁止出售，且同时关于书店纸版与剩余书籍，也无不加以没收，这行为我觉得真很希奇。这不过分了吗？对于这些书籍的处置，真有'非如此处置不可'的理由吗？我极希望当局有一点比'迹近反动'的措词更多一些的说明，免得使后人在历史上多有一件十分含混的记载，免得为人把这件事与两千年前的焚书坑儒并为一谈。"[②] 文章出来以后遭到国民

第9辑，天津人民出版社，1982年，第232页。关于此事，茅盾在回忆文章里也有提到，1933年11月初，"国民党上海市党部宣传部招集各出版商和杂志主编开了一次会，提出今后不准出版和发表'反动'书刊和文章。会上，《现代》的主编施蛰存表示：我们做编辑的不懂政治，文章可登不可登还是由你们来审定。后来就盛传图书检查势在必行。"见茅盾：《一九三四年的文化'围剿'和'反围剿'》，《新文学史料》1982年第4期。

① 沈从文致施蛰存信，收入《现代作家书简》，孔另境编，花城出版社，1982年，第40、41页。

② 沈从文：《禁书问题》，收入《沈从文全集》第17册，北岳文艺出版社，2002年，第62页。

党控制的刊物攻击。上海《社会新闻》（6卷27、28期连载）认定沈从文“站在反革命的立场”，提倡普罗文学。在当时，这是置人于死命的“罪状”，故而施蛰存著文《书籍禁止与思想左倾》为好友辩护：“沈从文先生正如我一样地引焚书坑儒为喻，原意也不过希望政府方面要以史实为殷鉴，出之审慎……他并非不了解政府的禁止左倾书籍之不得已，然而他还希望政府能有比这更妥当，更有效果的办法……”[①] 不料这一辩护引来鲁迅的批驳，以“杜得机”署名发表《隔膜》一文，援引古代史实，说明“进言者方自以为在尽忠，而其实却犯了罪，因为另有准其讲这样的话的人在，不是谁都可说的。一乱说，便是‘越俎代谋’，当然‘罪有应得’。倘自以为是‘忠而获咎’，那不过是自己的胡涂”，文末一段点明文章的现实针对性：“施蛰存先生在《文艺风景》创刊号里，很为‘忠而获咎’者不平，就因为还不免有些‘隔膜’的缘故。这是《颜氏家训》或《庄子》《文选》里所没有的。”[②] 在鲁迅看来，沈从文对“作家的迫害及文学书籍的检查与禁止”的批评是“越俎代谋”，而施蛰存自以为替“忠而获咎”者鸣不平，未免“隔膜”，“不过是自己的胡涂”。鲁迅于此锋芒毕露，根源倒很可能在和施蛰存的交恶那里，尤其最后一句“这是《颜氏家训》或《庄子》《文选》里所没有的”。

1935年4月，在自己主编的《文饭小品》杂志第3期上，施蛰存发表了《服尔泰》一文。伏尔泰（服尔泰）曾写过许多“对准了时事”发话的文章，目的在于“鼓吹自由，宣传正义”，“服尔泰当时为什么不在他的文章底下署一个笔名，让后世人可以给他编到全集中去呢？”施蛰存的解释是：“这种文章，在当时的读者群中，的确很有效力，但如果传给后世人看起来，读者所处的社会环境既不相同，文字的感应力一定也会得两样了。那时服尔泰的文章的好处一定没有人能感受

① 施蛰存：《书籍禁止与思想左倾》，《文艺风景》创刊号，1934年6月。

② 鲁迅：《隔膜》，收入《且介亭杂文》，人民文学出版社，1973年，第33、34页。

到，而其坏处却必然会在异代的读者面前格外分明的。服尔泰没有使这种有宣传作用而缺少文艺价值的东西羼入他的全集中去，也说不定反而是他聪明的地方。”两个月后在同一本杂志上，施蛰存承认《服尔泰》一文“是专为鲁迅先生而发的”，接着又把先前的意思重复了一遍：“鲁迅先生的杂感写得的确好。但是他的杂感文集倘使能再删选一下，似乎可以使异代的读者对于他有更好的印象”，“这种意见，我承认是我的偏见。我知道鲁迅先生是不会首肯的，因为他是不主张‘悔其少作’的，连《集外集》这种零碎文章都肯印出来卖七角大洋；而我是希望作家们在编辑自己的作品集的时候，能稍稍定一下去取。因为在现今出版物蜂拥的情形之下，每个作家多少总有一些随意应酬的文字，倘能在编集子的时候，严格地删定一下，多少也是对于自己作品的一种郑重态度”，末尾的结论是：“决不是每一篇杂文都有文艺价值的——纵然它有何等大的社会价值。我也并不主张凡写杂文的人都不应该放弃文艺价值，但希望他们不要自以为这就是一个‘文学作品’”。[①] 当时在施蛰存主持的几份刊物中，都有凶猛的“火力”朝向鲁迅杂文，其中《现代》刊出的林希隽《杂文和杂文家》大概是最具代表性的一篇。林的意见是，杂文之所以有“畸形的发展”，原因在于“这一类文章轻便，容易下笔，在材料的据摭上尤其俯拾皆是，用不着挖空心思去搜集采取，比之旁的文学作品如小说，戏曲，各部门，实简易得多。于是聪明的人们遂群趋这捷径了”，故而“以现阶段的文艺眼光来看”，杂文的存在毫无价值，“要不是说明作家之甘自菲薄而放弃其任务；即便是作家毁掉了自己以投机取巧的手腕来代替一个文艺作者的严肃的工作”，“严格地说，是宣告作家创作精神的破产，没有刻苦艰辛的态度来埋首于一些繁重文学制作”。[②] 在当时对杂文价值的质疑中，林希隽此文大

---

① 施蛰存：《服尔泰》《“杂文的文艺价值”》，《文饭小品》1935年4月、6月。

② 林希隽：《杂文和杂文家》，《现代》第5卷第5期，1934年9月。

概囊括了方方面面的否定意见。

鲁迅的突围，从对“文学”的重新想象开始。在林希隽辈那里，所谓的“文学制作”，所谓的“严肃的工作”，“形式要有‘定型’，要受‘文学制作之体裁的束缚’；内容要有所不谈；范围要有限制。这‘严肃的工作’是什么呢？就是‘制艺’，普通叫‘八股’”。而鲁迅以为，“比起高大的天文台来，‘杂文’有时确很像一种小小的显微镜的工作，也照秽水，也看脓汁，有时研究淋菌，有时解剖苍蝇。从高超的学者看来，是渺小，污秽，甚而至于可恶的，但在劳作者自己，却也是一种‘严肃的工作’，和人生有关，并且也不十分容易做”。[①] 鲁迅在这里强调杂文品格的严正和杂文家创作的认真，“小小的显微镜”与“高大的天文台”交锋的背后，鲁迅更是在用一种反本质化的“文学”建制，去解构林希隽等人以西方“文学概论”为标准定义对“文学”理解的垄断。施蛰存、林希隽视为理所当然的“文艺价值”“严肃的工作”“繁重文学制作”其实都是历史性建构的产物，破解文学的本质性定义，即否定了“文学概论”式的文类等级观对杂文的轻视与冷落：

> 我们试去查一通美国的“文学概论”或中国什么大学的讲义，的确，总不能发见一种叫作 Tsa-wen 的东西。这真要使有志于成为伟大的文学家的青年，见杂文而心灰意懒：原来这并不是爬进高尚的文学楼台去的梯子。托尔斯泰将要动笔时，是否查了美国的“文学概论”或中国什么大学的讲义之后，明白了小说是文学的正宗，这才决心来做《战争与和平》似的伟大的创作的呢？我不知道。但我知道中国的这几年的杂文作者，他的作文，却没有一个想到“文学概论”的规定，或者希图文学史上的位置的，他以为非这样写不可，他就这样写，

① 鲁迅：《做“杂文”也不易》，收入《集外集拾遗补编》，人民文学出版社，1993 年，第 371 页。

因为他只知道这样的写起来，于大家有益。[①]

鲁迅似乎素来反感“文学概论”或“什么大学的讲义”之类俨然、雍容的本质性规定，“比较自爱的人，一听到这些冠冕堂皇的名目就骇怕了，竭力逃避。逃名，其实是爱名的，逃的是这一团糟的名，不愿意酱在那里面”[②]，这一思路印之于杂文的文体确认，则是：

我以为如果艺术之宫里有这么麻烦的禁令，倒不如不进去；还是站在沙漠上，看看飞沙走石，乐则大笑，悲则大叫，愤则大骂，即使被沙砾打得遍身粗糙，头破血流，而时时抚摩自己的凝血，觉得若有花纹，也未必不及跟着中国的文士们去陪莎士比亚吃黄油面包之有趣。[③]

鲁迅对“文学本位主义”的揭破，正是要世人警醒潜藏在“严肃的工作”“繁重文学制作”之类背后的权力体系，以及在这种纯文学性的“文艺价值”麻痹之下，遗忘了“生存的血路”。鲁迅对文学经典化、体制化的反思，立意在于艺术、文学一旦“被命名”，往往就容易失去其原有的生命与活力，而杂文的价值正在于“对于有害的事物，立刻给以反响或抗争，是感应的神经，是攻守的手足”。[④]

其实更加重要的，是鲁迅在对杂文价值的捍卫中所凸显的那种“不愿意酱在那里面”“倒不如不进去”的“逃名”“破名”的思维特质。这一层，施蛰存没有一下子读懂，所以斤斤计较于“有宣传作用而缺少文艺价值”；但是他的好友沈从文却读懂了，而且读得透彻，讲得明

① 鲁迅：《徐懋庸作〈打杂集〉序》，收入《且介亭杂文二集》，人民文学出版社，1973年，第74页。

② 鲁迅：《逃名》，收入《且介亭杂文二集》，第179页。

③ 鲁迅：《华盖集·题记》，收入《华盖集》，人民文学出版社，1980年。

④ 鲁迅：《且介亭杂文·序言》，收入《且介亭杂文》，第1页。

白，还含着力纠时弊的苦心。差不多就在这个时候，沈从文写下《鲁迅的战斗》，结尾处特意讨论的就是"鲁迅先生不要正义与名分，是为什么原因？"在沈从文看来，"现在所谓好的名分，似乎全为那些伶精方便汉子攫到手中了，许多人是完全依赖这名分而活下的，鲁迅先生放弃这正义了"，因为他在"聪明的求名，敏捷的自炫"背后"也看到背面的阴谋"。在鲁迅的杂文里，"那对于名分的逃遁，很容易给人发笑的神气，是一再可以发现到的。那不好意思在某种名分下生活的情形，恰恰与另一种人太好意思自觉神圣的，据说是最前进的文学思想掮客的大作家们作一巧妙的对照。在这对照上，我们看得出鲁迅的'诚实'，而另外一种的适宜生存于新的时代"。[①]这不禁让人想起鲁迅那篇著名的演讲，"如曹操杀孔融，司马懿杀嵇康，都是因为他们和不孝有关"，其实"不过将这个名义，加罪于反对自己的人罢了。于是老实人以为如此利用，亵黩了礼教，不平之极，无计可施，激而变成不谈礼教，不信礼教，甚至于反对礼教"。[②]沈从文通过鲁迅"对于名分的逃遁"看出"背面的阴谋"，以及"不好意思在某种名分下生活"者的"诚实"，这与鲁迅所理解从礼教中叛逃出来的孔融、嵇康，恰恰是"老实人"，其实说的就是一个意思。

《鲁迅的战斗》末尾是一声慨叹："鲁迅先生的战略，或者是不会再见于中国了！"尽管沈从文对鲁迅杂感中的"尖巧"有所保留（参见《论中国创作小说》），但是当他从鲁迅杂感中读出了"对于名分的逃遁"，以及这样一种思维特质对于时代的意义，沈从文就毫不犹豫站在了鲁迅这一边，如此这般对鲁迅的阐释、捍卫与发扬，见人所不能见，

---

① 沈从文：《鲁迅的战斗》，收入《沈从文全集》第 16 册。《全集》编者注明"本篇原发刊物不详"。不过收入该文的《沫沫集》1934 年 4 月由上海大东书店初版，由此可大致推测时间。

② 鲁迅：《魏晋风度及文章与药及酒之关系》，收入《而已集》，人民文学出版社，1980 年，第 109 页。

言人所不能言。这两个人是心心相印的。沈从文一直希望文学运动可以超越"'口号名词'争夺纠纷以外,来注意注意事实"[①],晚年又说"最担心的是批评家从我习作中找寻'人生观'或'世界观'"[②],这样一种与鲁迅声息相通的"逃名""破名"策略,以及对"××观"的质疑与反对,内中藏有深意,下文可以接着再说。

三 一个普通人,通过亲切的"摩挲",获取"实感"

1937年9月下旬,施蛰存应国立云南大学之聘,来到昆明,自此"和从文见面的机会多了"。出于同样的兴趣爱好,他们俩经常结伴逛夜市,当时昆明福照街,每晚会摆出五六十个地摊,大多卖家用器物,但也能见到文物摊子……这一段同游夜市的经历给了施蛰存很深刻的印象,后来他将沈从文1949年后的工作形容成"蹲在历史博物馆的仓库里,摩挲清点百万件古代文物"。"摩挲"在这儿真是一个情感饱满的词,施蛰存这样写的时候,兴许就想着两人逛夜市时候的那份兴致盎然与流连忘返……"摩挲"这个词也真是贴切,沈从文在历史博物馆里的工作,除了在陈列室中讲解,就是一头扎进库房去和"十万绸缎"打交道;至于那种"坐办公室看书,或商讨工作计划,谈天,学习文件"[③]的研究方式他是不以为然的,里面缺点什么吧,可能就是这个"摩挲"的过程。这个过程值得往深处一说。

1952年1月25日,沈从文在信中谈到了一次夜读《史记》的经历。他很欣赏《史记》列传中写人的"个性鲜明,神情逼真",他认为原因在于"作者生命是有份量的,是成熟的。这份量或成熟,又都是和

---

① 沈从文:《文学运动的重造》,收入《沈从文全集》第17册,第295页。

② 沈从文:《答凌宇问》,收入《沈从文全集》第16册,第522页。

③ 沈从文:《我为什么始终不离开历史博物馆》,收入《花花朵朵 坛坛罐罐:沈从文文物与艺术研究文集》,外文出版社,1996年,第29页。

痛苦忧患相关，不仅仅是积学而来的！"[①] 沈从文说从优秀的文学作品中应该可以触摸、感受到作者"生命的份量"。1951 年 11 月 19 日信中又说"一切理论都只有从这种现实环境中，才能深入理解"；类似的，1952 年 1 月 29 日信中提到"我的工作"离不开"人和土地"的"依存关系"，"文件上说得不具体的"。沈从文所谓的人和环境的"依存关系"，可以理解为一种什么样的状态？11 月 19 日的信中有处细节，说一起下乡的同行中有个作曲的，以为"来到的地方没有音乐"，沈从文觉得不对，"特别是丘陵起伏中的自然背景，任何时看来都是大乐章的源泉"。这个说法可不可以视作一个隐喻，就是要把"自然背景"化作一个人心底的"大乐章"，乃至于说把客观对象、环境内化到个人生命体验中去的过程。这大概也是"人和土地"相互"依存关系"之一种。只有经过这样一个内化的过程，作者"生命的份量"才能掂量出来。

沈从文很不满意两种文物研究的方式，一种是"受洋框框考古学影响"，一种是"受本国玩古董字画旧影响"。[②] 它们都省略了一个外在经验内化的过程、一个流连忘返、亲手亲身"摩挲"的过程。借上面提到的《史记》笔法，这一过程"由痛苦方能成熟积聚的情——这个情即深入的体会，深至的爱"支撑着，沈从文在这里说的"深入的体会，深至的爱"，就是一个把"丘陵起伏中的自然背景"内化为心底"大乐章的源泉"的过程，就是一个外在客观经验与个人主观生命体验相互融合的过程，少了这样一种验证，任何研究的结果都是靠不住的，沈从文列举了很多文物考古失败的例子来举证，提倡从"看了几万锦缎"而得来的"常识"，这种由实践支撑的"常识"相比于"专家知识"，联

① 沈从文：《致张兆和、沈龙朱、沈虎雏》（1952 年 1 月 25 日），收入《从文家书》，上海远东出版社，1996 年，第 176 页，以下关于沈从文书信的引文，除另外注出外，均自此书而来。

② 参见沈从文：《我为什么始终不离开历史博物馆》，收入《花花朵朵　坛坛罐罐：沈从文文物与艺术研究文集》。

系着更多“老老实实”的、真切的个人体验。沈从文在检查稿《我为什么始终不离开历史博物馆》中反复提到《实践论》对自己的影响，“依照主席《实践论》的指示，搞调查研究，来破除文物鉴定的传统‘迷信’、传统‘权威’”①，这里面有特殊时代的流行语汇，但在更深的层次上，沈从文对《实践论》的理解是超出于同时代人的，甚至是和时代风潮背向的。我再想强调一下，在类似的措辞底下，其实有着巨大的差异与鸿沟，在这一与时代共名的间距中，恰可见出思想者的心迹。汪曾祺在文章中转述沈从文一封信中苦恼的自白：

> 人近中年，思绪凝固，又或因情绪内向，缺乏适应能力，用笔方式，20 年 30 年统统由一个“思”字出发，此时却必须用“信”字起步，或不容易扭转。过不多久，即未被迫搁笔，亦终得把笔搁下。这是我们一代若干人必然结果。②

什么叫“由一个‘思’字出发”，就是戒绝盲从任何外在于生命主体的经验，不管是什么名词、什么“世界观”，都要首先经历一个经验的验证过程；什么叫“用‘信’字起步”，就是省略了这一外在经验内化的过程而竖立起先验的权威信仰。

我从施蛰存对沈从文的理解出发，赋予“摩挲”一种隐喻性的内涵，其实是要提出一种中国现代知识分子的精神能力，用“和痛苦忧患相关”的“深入的体会，深至的爱”去换取经验中“生命的份量”，用一己切肤之痛去验证外在经验，刺穿任何名词拜物教和语言符号的空壳而抵达活泼泼的现实世界的精神禀赋，这和章太炎的“依自不依他”，和鲁迅的“伪士当去，迷信可存”，甚至和胡风张扬作家的自我扩张，

---

① 沈从文：《我为什么始终不离开历史博物馆》，收入《花花朵朵　坛坛罐罐：沈从文文物与艺术研究文集》，第 36 页。

② 汪曾祺：《沈从文专业之谜》，收入《花花朵朵　坛坛罐罐：沈从文文物与艺术研究文集》，第 3 页。

创作主体与客观对象互渗、搏斗的"主观战斗精神"多有神合之处，而这种"神合"，倒正应该是我们新文学传统中，乃至中国现代思想史上最最值得宝爱的品质。

瞿秋白曾经把中国现代"文人""书生"的特征概括为："对于宇宙间的一切现象，都不会有亲切的了解，往往会把自己变成一大堆抽象名词的化身。一切都有一个'名词'，但是没有实感。…… 对于实际生活，总像雾里看花似的，隔着一层膜。"[①] 对于自 20 世纪初叶持续而来的"主义"爆炸，上述这段话可谓诛心之论。人的自我确证与实践，不需要面对事物本身，而是通过人类对事物的知识来完成。不是具有自在本性的事物，而是人们对于事物的看法、说法，成了合法性的源泉；不再需要以身相证的"摩挲"过程，而只要"坐办公室看书，谈天，学习文件"就能商讨出"工作计划"。戒绝了"摩挲"的过程，戒绝了用"和痛苦忧患相关"的"深入的体会，深至的爱"去争得外在经验内化的过程，现代的立法主体将"世界"放逐，而只凭藉在主体之外形成的"世界观"去确立自身存在的意义。

在世界被世界观化的同时，历史被历史观化。与不需要同世界亲身"摩挲"就能形成世界观一样；这种历史观同样先在地编织出乌托邦神话，在这一神话的解说中，历史的意义不能在过去和现在实现，而只能在未来。在神圣的进步法则的指引下，其实发生的是对时间、历史与世界的无情破坏。历史过程与现实世界显然是具体、丰富的，如果把它们比作流动不已的长河，那么与其站在河边自弱水三千中只取一瓢，如标本采样般急于进行概括或定性，由此演绎出"世界观""人生观""价值观""历史观"……；倒不如谦恭地涉入不绝长流，亲身去听那呜咽、看那波涛，亲吻扑面而来氤氲的水汽，感受水流与岩石的磨砺……沈从文喜欢说"历史是一条河"，他的方式就是投身其中，即便

---

① 瞿秋白：《多余的话》，收入《多余人心史》，东方出版社，1998 年，第 63 页。

是“枯燥”的文物工作，他也不把那些坛坛罐罐看作孤立的东西，“它们各自保存的信息打开之后，能够连接、交流、沟通、融会，最终汇合成历史文化的长河，显现人类、劳动和创造能量的生生不息”。[①] 沈从文又说：“能综合前人长处，即可望由旧的土壤中产生许多新东西。”[②] 这种将历史“历史化”而非“历史观化”的思考、实践，在他那位把臂同游夜市的朋友那里也能得到呼应，施蛰存甚至提出“我根本不承认‘文学的遗产’这个名词”：“中国的文学，是整个的中国文学，它并没有死去过，何来‘遗产’？”[③] 再联系到他通过《黄心大师》等创作试验将现代小说与古典“评话、传奇和演义诸种文体”相融合，足见施蛰存取温故知新眼光，一贯重视民族历史文化传统血脉相连的承继。

还是回到上面所说的用“和痛苦忧患相关”的“深入的体会，深至的爱”去换取经验中“生命的份量”，这样一个过程说起来很庄严，其实原本却是素朴与自然的，它很大程度上就源自“一个乡下人”固执的习惯，他相信亲眼所见、亲手触摸的东西（这样以后这个东西才是“我”的，这大概可以同20世纪初鲁迅提出的类似“白心”这样的概念接通）。沈从文常说：“文学作家也不过是一个人，就并无什么比别人了不起的地方”，甚至反过来，把家中大司务“处世作人的态度”作为“文学家最足模范的态度”，因为一个普通人，哪怕是“乡巴老”，他“观察社会，认识社会，虽无‘专门知识’却有丰富无比的‘常识’”。[④] 与沈从文固执的“乡下人”认同一样，施蛰存也从来不把知识分子主体设定为一个超乎普通人之上、可以给出“训诲”与“看法”的启蒙者：“一个文学家所看到的人生与一个普通人（这即是说：一个非文学家）所看到的人生原来是一样的。文学家并不比普通人具有更锐敏的眼睛

① 张新颖：《书写历史文化长河的故事》，《文景》2005年第5期。

② 沈从文：《〈曾景初木刻集〉题记》，收入《沈从文全集》第16册，第363页。

③ 施蛰存：《我与文言文》，《现代》第5卷第5期，1934年9月。

④ 参见沈从文：《文学者的态度》《新文人与新文学》，收入《沈从文全集》第16册。

或耳朵或感觉，但因为他能够有尽善尽美的文字的技巧去把他所看到的人生各方面表现得格外清楚，格外真实，格外变幻，或格外深刻，使他的读者对于自己所知道的人生有更进一步的了解，这就是文学之唯一的功用，亦即是文学之全部功用。"[①] 其实对世界的理解，原本就建基于人们的生活世界，对应着常识与个人琐碎、细微的日常生活感受。所以普通人的身份认同，恰恰可以救治以理想化与理念化的方式对世界的主观确定。沈从文与施蛰存，都胀破了瞿秋白所描绘的那类"文人"的形象，这不是一件容易的事，但又是件自然不过、原该如此的事。

上面从名词神话、主义崇拜，说到世界观脱离世界、历史观驱逐历史，其实渐渐抵达的是中国现代意识的核心危机，用章太炎的话说是"以论理代实在"(《四惑论》)，用鲁迅的话说是"观念世界之执持"(《文化偏至论》)：抽象的概念以及由它所再生产的说法、看法，恰恰遮蔽、斩断了真实丰富的生活世界与流动不已的历史过程；与此同时，具体的个人及其真切的日常生活，在宏大叙事的挤压下，被碾碎成微不足道的尘埃；人被异化进语词的牢笼而无法接触实在。而沈从文与施蛰存这两位同游夜市的伙伴所倡扬与实践的——用亲身投入的"摩挲"的过程，去刺穿外在于自我的种种概念空言与名词独断；用"和痛苦忧患相关"的"深入的体会，深至的爱"，去换取经验中"生命的份量"，将外在经验内在化；以及用对"常识"的尊重和普通人身份的秉持，去打破现代知识分子"主体的自负"……这些都能够对上述现代意识的核心危机形成一种对抗。有了这些启示，现在我们可以把瞿秋白那段话的意思反过来说一下：从"一大堆抽象名词"中走出来，通过"亲切的了解"，去获取对"宇宙间的一切现象"的"实感"……

2007 年 11 月 18 日初稿，2013 年 8 月 14 日改定

原载《江南》2013 年第 6 期

---

① 施蛰存：《"文"而不"学"》，收入《北山散文集》，华东师范大学出版社，2001 年，第 506 页。

施蛰存的“岗位”：以“文学工场”与水沫社时期的实践为例

“海派”文学在清末，被视为科场失意的江浙无聊文人在上海小报小刊上的涂鸦。但鱼龙混杂中也不乏才学之士（如王韬），他们逐渐在传统社会读书人科举一条路之外，创出另一番事业成就：办报办书局，做买办搞洋务……在古代社会，知识分子的前身“士”是价值世界（即“轴心突破”后的超越世界）的承担者、支撑者。随着科举废止、社会转型（日趋多元化、分工日趋细密化），知识分子已不能占据中心位置而呈现“化整为零”的趋向，演变成各类专家，诸如教授、律师、医生、工程师、编辑、职业作家，等等。形形色色的知识分子依靠其知识技能谋生，而不再依附、借助于统治者“行道”。这批不同于传统的知识分子大约从 19 世纪后期开始出现于上海，如郑观应、李善兰、王韬、冯桂芬等。到 19 世纪末 20 世纪初，上海的书报出版行业已经推行稿费制度。出版事业与文化市场的发达，逐步走上正轨的稿酬制度提供稳固的经济来源，这也许会促生若干“游戏的消遣的金钱主义的文学观念”[①]；但更重要的是，由此获得了比封建社会中人身依附关系自由得多的精神活动场所，给人性提供了相对宽裕和自由的发展空间。[②]20

① 这是茅盾对“鸳鸯蝴蝶派”的批判，见茅盾：《自然主义与中国现代小说》，《小说月报》第 13 卷第 7 期，1922 年。

② 相关论述参见栾梅健：《稿费制度的确立与职业作家的出现》，收入《二十世纪中国文学发生论》，广西师范大学出版社，2006 年。

世纪二三十年代是知识分子的成熟期，职业、人格、政治主张与学术均呈现出多元倾向。京海论争时，杜衡曾回复沈从文说：“在上海的都市文化与中国现代都市小说文人不容易找到副业……于是在上海的文人便急迫的要钱。这结果自然是多产，迅速的著书。”[①]海派文化人较早适应了劳动交换的商品社会法则，绝大部分作家凭自己的写作才能来维持生计，已不再依附于政党、宗教、统治者，随着作家作为社会独立阶层的出现，他们对知识分子民间“岗位”也有了日趋清晰的把握。施蛰存即为其中代表。

在本文中，我想以施蛰存从1923年入上海大学求学，到1932年《现代》创刊之前，这10年间的人生经历与文学实践为例，考察其如何从受新思潮的激荡，到亲身参与革命活动，到面对“四一二”血雨腥风时的仓皇震惊，到放弃革命者的具体身份只是在文学实践中显现激进意识，以及这种先前包含着左翼色彩的、模糊的激进意识，如何逐渐褪去政治的外衣而被现代主义的文学意识和自由主义的思想主张所凝定……这一段过程，既是与左翼运动的渐行渐远，也是对自身岗位的摸索。施蛰存从亲历革命，到在创作与出版的岗位上安身立命，依赖于上海城市社会的飞速发展和职业的不断细分、衍生，一个整体性的文化生产网络（除写作外，办报、编刊、译书、教学……）无疑为海派文人提供了较为丰富的生存资源和多样的发展机遇。故而，围绕着岗位的一系列实践，可看出与海派文学独特的制度和环境空间的关联，也能见出海派文化土壤中所培育出来的文化实践的特性。

---

① 杜衡：《文人在上海》，《现代》第4卷第2期。

一 施蛰存的“赤色岁月”

从1923年入上海大学求学，到1928、1929年水沫社期间相继参与《无轨列车》与《新文艺》，这大约七年的时间是施蛰存一生中革命色彩最为浓厚的几年。来看一下其经历：

1923年至1924年在上海大学求学，教师中如中文系的沈雁冰、田汉、方光焘，社会学系的恽代英、瞿秋白、施存统等，都是第一代的革命思想家，得风气之先，施蛰存接受了新文化思想以及革命思潮的熏陶。

1925、1926年秋，施蛰存与好友戴望舒、杜衡先后进入震旦大学法文特别班。震旦两年间，“青云子弟气吞牛，欲鼓风雷动九州”[①]，一时人心激荡，施蛰存等人亲身投入了革命工作。1925年秋，由上海大学的同学陈钧介绍，施蛰存、戴望舒与杜衡一起加入中国共产主义青年团（C. Y.），参与了散发传单等具体工作。

1927年“四一二”反革命政变后，身为共青团员的施蛰存，“在白色恐怖的威胁之下，撤离校舍，暂时隐避”。[②]不久，戴望舒与杜衡转到松江施蛰存家中一间小厢楼暂避，“从此成为我们三人的政治避难所，同时也是我们的文学工场”。“文学工场”是他们对施家小楼的戏称，意思是甘愿像劳工一样为文学服苦役。三人闭门不出，只顾埋头译书、写作，将内心焦虑转化为工作的勤勉。不久，冯雪峰也通过与戴望舒的关系而加入文学工场。施蛰存有诗云：“小楼忽成逋逃薮，蛰居浑与世相忘。笔耕墨染亦劳务，从今文学有工场。”[③]1928年3月，4人

① 施蛰存：《浮生杂咏·三十五》，收入《沙上的脚迹》，辽宁教育出版社，1995年，第202页。

② 施蛰存：《最后一个老朋友——冯雪峰》，收入《北山散文集》，华东师范大学出版社，2001年，第283页。当时的“清党委员会”宣布通缉的共产党名单中有：“震旦大学，有C.Y.（Communist Youth，共产主义青年团的英文缩写）嫌疑者施安华。”参见赵凌河：《施蛰存文学年谱》，《东吴学术》2012年第5期。

③ 施蛰存：《浮生杂咏·四十八》，收入《沙上的脚迹》，第207页。

同上海光华书局接洽，预备编一本新兴文艺小月刊《文学工场》，结果因内容左倾被书局老板拒绝。1934 年时施蛰存曾在旧杂志堆中拣出一纸包，出人意料的是，这正是《文学工场》的纸型，在这份始终未曾印行出来的《文学工场》创刊号上，一共包含着 5 篇文章：第一篇是杜衡的译文《无产阶级艺术的批评》（署名“苏汶”）；第二篇是画室（冯雪峰）的《革命与智识阶级》，后来登载在《无轨列车》上；第三篇是施蛰存模拟苏联式革命小说的《追》（署名“安华”），后来也曾在《无轨列车》上发表，并且由水沫书店出了单行本，后遭禁；第四篇是戴望舒以“江近思”的笔名发表的《断指》；第五篇又是画室译的日本藏原唯人的《莫斯科的五月祭》。这份纸型的最后一页上，还保留了一个“本刊第二期要目预告”：苏汶的小说《黑寡妇街》、画室译《在文艺领域内的党的政策》、周星予的《文学的现阶段》、江近思的诗《放火的人们》、安华的《寓言》、升曙梦的《最近的戈理基》以及绥拉菲莫维支的《戈理基是和我们一道的吗？》。“这七篇文章，除了那首诗从此没有下落之外，其余的后来都曾在别的刊物上发表了。”从上述目录中不难发现，夭折的《文学工场》是一份标准的左翼文学刊物。[①]

1928 年夏，戴望舒、施蛰存先后回到上海，同寓刘呐鸥家中，“这样就结束了松江的文学工场，而开始了包括雪峰、呐鸥在内的水沫社”。[②]9 月，由刘呐鸥出资，第一线书店开张，9 月 10 日，文艺半月刊《无轨列车》创刊。可惜好景不长，同年 12 月因“宣传赤化嫌疑”，第一线书店被勒令“着即停止营业”。同遭厄运的还有《无轨列车》，出至第 8 期被迫停刊，国民党将其列入查禁反动刊物，罪状为“籍无产阶级文学，宣传阶级斗争，鼓吹共产主义”。1929 年 9 月卷土重来，水沫书店开张，《新文艺》创刊，第 2 卷第 2 期排版竣事，即将出版的时候，

① 施蛰存：《绕室旅行记》，收入《北山散文集》，第 64—66 页。

② 施蛰存：《最后一个老朋友——冯雪峰》，收入《北山散文集》，第 288 页。

受到政治压力，刊物和书店都有被查封的危险，水沫书店诸人无奈之下决定丢卒保车，停办刊物，保全书店。水沫社出版了许多左翼进步人士的著译，如柔石的《三姊妹》、胡也频的《往何处去》、夏衍译苏联台米陀伊基的《乱婚裁判》，等等，其中水沫书店于 1929 年 2 月推出、列为《今日文库》一种的冯雪峰译《流冰》，选辑苏联革命初期诗作，被唐弢誉为“金刚怒目，充满战斗意味”。[①] 1929 年 5 月到 1930 年 6 月，通过冯雪峰与鲁迅接洽，合力策划推出“科学的艺术论丛书”，“系统地介绍苏联文艺理论”。“当时的‘水沫书店’是被认为左翼作家大本营的，因为左翼作家时常在书店的楼上召开会议”。[②] 而刘呐鸥的一位亲密友人也回忆说，水沫书店“是受了日本文坛左翼作品盛行的影响，成为左翼作家的大本营”。[③]

这期间，施蛰存也创作了一批“拟普罗小说”“仿苏联小说”，如《追》《凤阳女》《阿秀》《花》…… 对于他来说，这似乎是一段“洗净风花雪月辞”[④] 的“赤色岁月”，但是，施蛰存的思想图景真的是如此明晰而单一么？我们先从两份杂志说起。

二 普罗文学与现代主义的杂糅并置

诞生于 1928 年 9 月的《无轨列车》，显著特征之一是革命文学色彩浓厚。第 1 期发表画室（冯雪峰）译的 Sosnovsky 描写俄国革命的《大都会》。苏联文坛的概貌、思潮是《无轨列车》关注的重点。第 3

① 唐弢：《晦庵书话》，生活 · 读书 · 新知三联书店，1985 年，第 302 页。

② 一统：《记刘呐鸥》，收入《文坛史料》，杨之华编，中国日报社，1943 年，第 233、234 页。

③ 随初（黄天佐）：《我所认识的刘呐鸥先生》，《华文大阪》第 5 卷第 9 期，1940 年 11 月。转引自李今：《海派小说与现代都市文化》，安徽教育出版社，2000 年，第 87 页。

④ 施蛰存：《浮生杂咏 · 四十九》，收入《沙上的脚迹》，第 208 页。

期郑重推出巴比塞的《高尔基访问记》，被编者誉为“珍贵的稿子”。[①] 第5期刊出画室译日本黑田辰男著《“库慈尼错”结社及其诗》，在类似“编者按”的《列车餐室》中，提醒“读者诸君不要忽略了它”，“这是一篇很重要的，关于新俄‘库慈尼错’派的有统系的研究。编者不惜抽去了一些别的稿子，把画室的这篇译文放进去”。杜衡在第4期上有反映工人罢工斗争的《机器沉默的时候》，在第5期上又译出John Reed《革命底女儿》，“译者附笔”中介绍John Reed为“革命的美利坚诗人、戏剧家、小说家，尤其是历史家”，“他依据着流浪的革命者底观点，向我们表现了热情和反叛”。先前《无轨列车》上已经刊载过Reed的《公判底试验》，因“恐怕读者还不明确地认识Reed底作风”，杜衡又译出“较长”的《革命底女儿》，再三推荐这位亲身经历过十月革命的作者，其用意借上面那段话中“革命”“热情”“反叛”等关键词可以点出。在施蛰存看来，《无轨列车》上“最重要的一篇文章”[②]是第2期上冯雪峰的《革命与智识阶级》。当时鲁迅身受创造社、太阳社围攻，被当成无产阶级帅旗的献祭品。而这篇文章正是针对“创造社诸人及其他等底抨击鲁迅的一事”而作。今天来看，冯雪峰的这篇文章尽管有值得商榷的地方，如他自己所言“机械地把鲁迅先生派定为所谓‘同路人’，就是受当时苏联几个机械论者的理论的影响”[③]，但文章的基本精神、对鲁迅的维护，以及对创造社等“狭小的团体主义精神”的批评都是值得肯定的。而它在历史上也起到过积极作用，使当时不少的文学青年“恍然大悟”[④]，李何林于1929年4月将《革命与智识阶级》辑

① 《列车餐室》，《无轨列车》第3期，1928年10月。下文所引《无轨列车》与《新文艺》杂志的内容，均在文中注出刊号，注释中不再一一标明。

② 施蛰存：《我们经营过三个书店》，收入《北山散文集》，第308页。

③ 冯雪峰：《回忆鲁迅》，收入《雪峰文集》，人民文学出版社，1985年，第130、131页。

④ 楼适夷：《雪峰啊雪峰》，转引自陈早春、万家骥：《冯雪峰评传》，人民文学出版社，2003年，第57页。

入《中国文艺论战》，置于篇首，赞誉其为“很公正的结语”：“对于这一次中国文艺界所起的波动以及知识阶级在中国革命的现阶段上所处的地位，都下一个持平而中肯的论判。”[①]

另一方面，围绕着《无轨列车》的创作群体，热烈地追踪西方（与日本）现代文艺思潮，并在自身创作中加以实验。第 3 期《列车餐室》中一段话，颇有“点题”之意：“新闻纸说伯林、北平、上海间将有航空路了。地球上的一切是从有轨变为无轨的时间中。”“无轨”的名号，一方面见出现代科技和工业潮流的冲击，致使旧时空界限瓦解；另一方面也彰显出自觉的先锋意识和反叛传统的姿态。正是在这样的前提下，现代主义“空运”到了 1920 年代末的上海。第 1 期上戴望舒的诗作《路上的小语》表明其对法国象征诗派后继者的倾心仰慕，甚至并不介意创作中保留明显的借鉴痕迹。第 3 期上施蛰存的小说《妮侬》同样可以视作对显尼志勒的致敬，法文和上海话在“*non*/侬”这个字汇上的诡谲汇合，以及连绵而下的内心独白，使得这个故事“在心理和语言上取得的效果在当时的一般小说中已是十分罕见的了”。[②] 而第 4 期成为保尔·穆杭的“小专号”，刊有刘呐鸥译《保尔·穆杭论》以及戴望舒译穆杭的两篇小说《懒惰病》《新朋友们》。

1929 年 9 月创刊、编辑人以施蛰存为主的《新文艺》，进一步发展了《无轨列车》时期革命文学与西方现代派文艺交互杂糅的倾向。M. D（茅盾）、雪峰、沈端先、蓬子、许钦文、叶圣陶、彭家煌等进步作家的译、著不时见诸《新文艺》，为进步文学推波助澜不遗余力。与此同时，创刊号上刊出了施蛰存探索新路径的代表作《鸠摩罗什》，这一独造的苦心并不寂寞，一封读者来信对《鸠摩罗什》的评价切中肯綮：

---

① 李何林编：《中国文艺论战》，陕西人民出版社，1984 年，第 11、12 页。

② 李欧梵：《色、幻、魔：施蛰存的实验小说》，收入《上海摩登》，北京大学出版社，2001 年，第 178、179 页。对于这篇为人所忽略的小说，李欧梵先生作了出色的解读。

“二重人格底冲突的苦楚，都给我们充分的表现出来了……在这篇创作里，我们可以证明施先生运用古事之自然，与想象力之丰富伟大。”1卷6号上迷云的一篇《现代人底娱乐姿态》，强调“把真实的责任底范围缩小到自己的身上”，“现代人的娱乐生活毕竟是在恶魔似的技巧中，参以……天使底微妙与精致”，“瞬间的，物质的，而且无餍的追求”，“奇异的事情上，出乎意料外的事情上所感的瞬间的溺爱”，等等——直可以视为唯美—颓废派的宣言。总之，《无轨列车》与《新文艺》一方面为革命文学的拓展贡献自身力量，另一方面又醉心于在艺术表现上的现代实验。这两份杂志先后介绍过的外国作家有瓦莱里、保尔·穆杭、耶麦、魏尔嘉、马拉美、阿左林、道生、显尼志勒、谷崎润一郎、保尔·福尔、巴别尔，等等。而编者的趣味在对上述名单的推崇中可见一斑。比如创刊号上译介日本作家片冈铁兵时，指出他是“日本新兴文学的健将”，1卷2号推崇阿左林为“新世纪西班牙的文学开濬了一条新的河流”，同期说明绍介魏尔嘉的原因在于他“在中国还不大有人知道”。类似的叙述背后总可体味出见贤思齐般的趋新意识。

革命意识与现代主义的并置，在读者与编者的回馈、呼应中也可见出。《新文艺》1卷4号“读者会”中有读者“极盼望《新文艺》能成为‘唯一的中国现代文艺刊物’”，这的确与施蛰存、刘呐鸥等人对刊物的定位相合拍。同时读者也要求《新文艺》成为中国“普罗文学”的重要策源地。比如1卷4号登出藏原惟人《新艺术形式的探求》，“编辑的话”中解释这是为了满足“有读者写信来要求我们刊登‘普洛’文艺的理论文字”。1卷5号上署名“RT”的读者来信最具代表性，在他看来，“我们现在所急切需要的不得不是为社会的条件所课定的解释我们底环境，决定我们底一般战术底普罗列搭利亚社会科学和有着提高我们的阶级意识底特殊作用底新兴文艺”，在这样的时代课题下，要求《新文艺》“系统底介绍新兴文艺底理论”“先进各国底普罗文艺运动”“新兴文学的创作和翻译”，等等。而编者的答复是：“本刊第一卷因为种种关系，只能做到包罗万象各种性质的文艺的‘十样锦’式的杂志，所以对于普罗文学方面没有特大的成就。但现在正在计划从第2卷起把本刊改革一下，性质侧重新兴文学。”上述答复中已然潜藏了某种使杂志的面貌更加明朗的规划，果然，1930年3月2卷1号的《新文艺》不仅刊出戴望舒两首讴歌革命和无产阶级的诗篇《流水》《我的小母亲》，而且齐整地推出一组“新兴文艺底理论”，包括弗理契作、洛生译的《艺术之社会的意义》，玛察作、雪峰译的《新演剧领域上的实验》，伊可维支作、戴望舒译的《唯物史观与戏剧》，蒲力汗诺夫作、郭建英译的《无产阶级运动与资产阶级艺术》。“编辑的话”透露出对此番刊物改革的自觉：“本期的内容，显然已和一卷中各期不同了；这在我们觉得是一个重要的改革，并且是一个进步的改革……”

法国象征主义诗歌、日本新感觉派小说加上苏联革命启发下的普罗文学——《无轨列车》与《新文艺》构筑的这一奇妙组合，“时髦”与“革命”[①]并举，隐含了艺术和政治的双重激进主义。正如弗莱德里克·R. 卡尔指出的那样：“尽管我们难说其深度如何——先锋艺术是一种社会和政治的表述”，这时“语言的或其它形式的操作”往往和“新时代的政治”[②]混陈在一起。当时创造社与太阳社的年轻人正在鼓吹“革命文学”，这大概也是时代的共名。然而，施蛰存、戴望舒、刘呐鸥等汇聚的圈子，是不是等同于同一时代风潮下的中国左翼团体？他们与左联到底构成何种关系？抑或更多的是出于相似的文化背景和艺术趣味而走到一起？在施蛰存日后对《新文艺》转向的评述中，可以看出一二端倪。3年之后，即1933年5月，在《我的创作生活之历

① 施蛰存等人曾经把他们创办的第一份刊物命名为《文学工场》（因为内容太左倾而夭折），在解释这个名字时说：“当时觉得很时髦，很有革命味儿”。见施蛰存：《绕室旅行记》，收入《北山散文集》，第64页。

② 弗莱德里克·R. 卡尔：《现代与现代主义》，陈永国、傅景川译，吉林教育出版社，1995年，第37页。

程》中，施蛰存回忆道：“这时候，普罗文学运动的巨潮震撼了中国文坛，大多数的作家，大概都是为了不甘落伍的缘故，都‘转变’了。《新文艺》月刊也转变了。”[①]“不甘落伍”这个词是颇值得玩味的，它真的意味着上面那段“编辑的话”中所昭示的对革命转向的自觉么？写于1984年的《我们经营过三个书店》，对《新文艺》杂志描述得略为详细：“第一卷一至六期是倾向性不明显的同人刊物。在第一卷即将结束的时候，形势要求我们有所转变，于是从第二卷第一期起，《新文艺》面目一变，以左翼刊物的姿态出现。”[②]如果说这里的“形势要求我们有所转变”，似乎是一种外在风潮大势所趋的影响，那么“面目一变，以左翼刊物的姿态出现”某种程度上就是“听将令”式的随机应变。而作于晚年的《浮生杂咏》在描绘《新文艺》转向时，隐然蕴涵了某种倾向性评判：“工场生产费商量，左右徘徊失主张。可怜八卷《新文艺》，转向无何自取殃。”[③]尤其这末两句对当年选择的品评，已然包含了可惜、懊悔的复杂感情吧。从“倾向性不明显的同人刊物”到“以左翼刊物的姿态出现”，从现代主义与普罗文学的杂糅并置，到以革命文学取代文学革命的定于一尊——在这一由斑斓丰富到明朗单一的过程中，施蛰存等人的心态是值得探讨的：他们曾经参加到普罗文学的众声合唱中去（读者来信所透露的公众期待也从侧面证明了这一点），也毋庸怀疑他们积极推动《新文艺》转向时的真诚；只是在当时类似“我们觉得是一个重要的改革，并且是一个进步的改革”一般严正的叙述背后，其实潜藏着某种裂痕，而当时施蛰存还未意识到，而在上述三则事后对历史的某种“重叙”中，这道裂痕变得无法藏身。

① 施蛰存：《我的创作生活之历程》，收入《施蛰存散文》，浙江文艺出版社，1999年，第124页。

② 施蛰存：《我们经营过三个书店》，收入《北山散文集》，第316页。

③ 施蛰存：《浮生杂咏·五十五》，收入《沙上的脚迹》，第210页。

三　从左翼文学运动中偏离

这一时期施蛰存的创作中，也呈现出革命文学与现代主义的结合。《无轨列车》创刊号上有施蛰存以笔名“安华”写下的《委巷寓言》，叙述一群饥饿的刺猬，先前被“手里挥动着蒲扇”的稻草人“威严慑服”，不敢到菜园里寻找食物，最终在“与其饿，不如死”的呐喊中冲出土穴，冲破了稻草人的防线。末了刺猬们开庆祝会，甲说：“不要怕无用的权威。”乙说：“胜利是属于饿夫。”丙说：“饿夫是不会死的。不啊！永远存在着。”故事短小，寓意也很浅明。但更多的作品则显出复杂的意味，比如《无轨列车》第4期上施蛰存的短篇《追》，表面上是左翼小说：一个曾经深受压迫的工人起来革命，参加纠察队，在某天晚上遇到了先前暗恋的工厂主的女儿（她显然是腐败堕落的资产阶级代表，危险却充满诱惑力），一阵意乱情迷后护送她出城，结果放走的却是奸细……施蛰存曾经将《追》理解为“我的一篇拟苏联式革命小说”，吸引他的主要是苏俄文学的新形式与技巧，“即使在当时，我也不能不自己承认是一种无创造性的摹拟：描写方法是摹拟，结构是摹拟，连意识也是摹拟的”[①]，小说套用“革命+恋爱”的流行题材，也可作左翼主题——提示革命者警惕来自资产阶级的腐蚀——的解读，但是在贫穷/富有、个人/集体、性意识/阶级政治的冲突中，施蛰存更想演绎的是“革命所释放的被压抑的色情幻想潜藏在每个革命者的心里，使男性的性本质产生危机，威胁到男性所代表的政治道德，跨越了原本的革命意识形态所划分的纯洁与非纯洁的界限”。[②]日后施蛰存文学中某些代表性因子已透出了端倪，例如深入个人内心的异动，探讨性欲、幻觉、潜意识对人理性大厦的冲毁。可作同样解读的是《新文艺》

---

① 施蛰存：《绕室旅行记》，收入《北山散文集》，第65页。

② 刘剑梅：《革命与情爱：二十世纪中国小说史中的女性身体与主题重述》，郭冰茹译，上海三联书店，2009年，第159页。

1卷3号上的《凤阳女》，故事在失踪了的主人公的八封书信中展开，描写一个男子如何驱遣对风骚的杂耍卖艺女人的欲望。施蛰存曾经自述“为了实践文艺思想的‘转向’，我发表了《凤阳女》《阿秀》《花》这几篇描写劳动人民的小说”[①]，许多后来的研究也将这些作品放在“革命小说”中处理，其实《凤阳女》更多的是在中国情境中再写西方心理压抑的母题。小说最终显现了叙事上的“裂痕”：中国地名的安排以及乡村环境的描绘可以见出外在写作风气的影响下，施蛰存对“真实性”的追求；但凤阳女骇异的举动（“大胆的放浪”、杀掉卖艺同伴的行径）以及结尾处叙述者不得不对读者解释他的朋友即故事主人公有些奇怪脾性……这一切仿佛意味着作者也把握不了笔下的情节与人物，开始怀疑、犹豫。施蛰存模糊意识到了某种无法驾驭的力量，却还是试图在常规的范畴内诠释之；或者倒过来说，作者仍然遵从着时代赋予的写作规范，但叛逆的冲动已经开始郁结。“这时候，普罗文学运动的巨潮震撼了中国文坛，大多数的作家，大概都是为了不甘落伍的缘故，都‘转变’了……于是我也——我不好说是不是，转变了。”[②]因为“不甘落伍的缘故”，所以转向去写普罗小说；同样因为只是“不甘落伍”而缺乏内在信仰的支撑，“转变”之后的这几个作品徒具革命小说的空壳。虽然《追》《凤阳女》等作品在当时让施蛰存自以为是“描写劳动人民”的“实践文艺思想的‘转向’”；但是今天看来，这一以貌似普罗文学的转向，在更本质与更内在的意义上，却是施蛰存向属于自己的文学起点的尝试与过渡。那种极力压抑的爱欲力量终归要冲破理性与现实主义的辖制，在这个方向上，我们马上就可以看到《鸠摩罗什》《将军底头》等篇什的诞生。

我们已经反复提到：从1923年进入上海大学，到1928、1929年

---

① 施蛰存：《我们经营过三个书店》，收入《北山散文集》，第317页。

② 施蛰存：《我的创作生活之历程》，收入《施蛰存散文》，第124页。

先后创办《无轨列车》与《新文艺》，这大概是施蛰存（包括他的好友、此时期最重要的事业伙伴戴望舒、杜衡）毕生中革命色彩最为浓厚的一段时间。而他们的文学发轫与追随革命的起步也正好相伴随，但是这些青年知识分子的社会意识与情感体验总是不平衡的。杜衡在回忆中的这段话恐怕是有代表性的：

> 记得他（指戴望舒——引者注）开始写新诗大概是在1922到1924那两年之间。在年轻的时候谁都是诗人，那时候朋友们做这种尝试的，也不单是望舒一个，还有蛰存，还有我自己。那时候，我们差不多把诗当作另外一种人生，一种不敢轻易公开于俗世的人生。……一个人在梦里泄漏自己底潜意识，在诗作里泄漏隐秘的灵魂，然而也只是像梦一般地朦胧的。从这种情境，我们体味到诗是一种吞吞吐吐的东西，术语地来说，它底动机是在于表现自己与隐藏自己之间。[①]

这段评述适合戴望舒、施蛰存与杜衡。他们的文学不是实际斗争与社会生活的反映，而更多的是“隐秘的灵魂”的宣泄，曲曲折折的暗示，在情感生活的狭小领域内反复涂抹个人哀愁。他们自然是追随革命的进步青年，但缺乏对社会环境的科学洞察，远不是叱咤风云的战士。经过艰难的摸索、尝试、徘徊后，他们自己也意识到了这一点。

戴望舒在发表于《新文艺》2卷1期的《英国无产阶级文学运动》中，讴歌英国文坛新的力量——劳动者文学的勃兴。这些作家大多来自底层，有矿工、冶金匠、泥水匠等，戴望舒相信“这新兴的无产阶级文学，将照遍了那消失在烟雾中的英国吧”。这里发自内心的赞美，强调无产阶级文学应该“描写劳动者和贫民的日常生活”，以及微讽“三角恋爱一类的玩意儿”，对当时国内文坛的创作都具有针砭时弊的意

---

① 杜衡：《〈望舒草〉序》，收入《戴望舒诗》，浙江文艺出版社，2001年，第44页。

义。但戴望舒认为新兴无产阶级的作家只能从底层劳动者中崛起，其暗示的另一面就是：小资产阶级的作家不可能成为无产阶级作家。这层意思在不久后的《诗人玛耶阔夫司基之死》一文中进一步表露，戴望舒在玛耶阔夫司基（今通译为马雅可夫斯基——引者注）身上看到了革命与未来主义之间不可调和的矛盾：“革命，一种集团的行动，毫不容假借地要强迫排除了集团每一分子的内心所蕴藏着的个人主义的因素，并且几乎近于残酷地把各种英雄的理想来定罪；而未来主义，英雄主义的化身，个人主义在文学上的最后的转世，却还免不得在革命的强烈的压力之下作未意识到的蠢动”，玛耶阔夫司基自杀原因在于“塑造革命”与“被革命塑造”是“仅有的两条出路”，诗人“想把个人主义的我熔解在集团的我之中而不可能”。[①] 戴望舒在一位同行身上体会到某种自我认同，难道这不可以视为自况么？这正代表着当时在“两条出路”间苦苦徘徊的诗人的认识：像玛耶阔夫司基这般、像“我”这般的小资产阶级知识分子是无法成为无产阶级作家的。两年之后，《北斗》杂志举办《创作不振的原因及其出路》征文，戴望舒的答复中，将创作的弱点之一概括为“生活缺乏，因而他们的作品往往成为一种不真切，好像纸糊出来的东西。他们和不知道无产阶级的生活同样，也不知道资产阶级的生活，然而他们偏要写着这两方面的东西，使人起一种反感”。这仍然是对转变无效而失望的延续，这一失望在文末甚至转变为“徒然”的慨叹：“我希望批评者先生们不要向任何人都要求在某一方面是正确的意识，这是不可能的，也是徒然的。”[②] 从 1929 年策划主编“科学的艺术论丛书”到 1932 年对“正确的意识”的幻灭，的确是一个巨大的转变。

“不甘落伍”的尝试，“两条出路”间的苦苦徘徊，转变无效后的

---

① 戴望舒：《诗人玛耶阔夫司基之死》，《小说月报》第 21 卷第 12 号，1930 年 12 月。

② 戴望舒：《一点意见》，《北斗》第 2 卷第 1 期，1932 年 1 月。

徒然失望——施蛰存同样身受了这一过程的煎熬。他试验过“几篇描写劳动人民的小说”，但很快“知道是失败了”，此番“实践文艺思想的‘转向’”后，得出的结论与戴望舒对玛耶阔夫司基的理解一致无二：“我明白过来，作为一个小资产阶级知识分子，他的政治思想可以倾向或接受马克思主义，但这种思想还不够作为他创作无产阶级文艺的基础”[①]，从此，“我没有写过一篇所谓普罗小说。这并不是我不同情于普罗文学运动，而实在是我自觉到自己没有向这方面发展的可能。甚至，有一个时候我曾想，我的生活，我的笔，恐怕连写实的小说都不容易作出来，倘若全中国的文艺读者只要求着一种文艺，那是我惟有搁笔不写，否则，我只能写我的”。[②] 说这番话时，施蛰存已经出版了《将军底头》《上元灯》等短篇集，“惟有搁笔不写”诸语，近乎穷途末路，其实倒有以退为进的意思，摸索、撞击、徘徊一一过了，这时已有“我只能写我的”坚执。

曾经热烈地欢迎、真诚地赞美革命文学，但是在以身相投的实践中，最终感到个人主义的无法改变。“只能学到象无产阶级那样地去思索，不能学到象无产阶级那样地去感觉”，把握不住“那集团生活根柢，运动的灵魂”。[③] 他们一度置身于普罗文学的行列，但最终分道扬镳；他们是封建主义的不肖子和现代主义的弄潮儿，却最终成不了无产阶级的斗士。施蛰存晚年在回忆中经常表示：“我一直认为我是左的，可他们认为我是右的。”研究者则这样来释读：“他用‘他们’来指称那些‘正宗’的左翼人士，以示与自己的区别。这里，他所说的‘左’与左翼之‘左’最大的区别在于：他仅仅出于一个知识分子的良心，而没上升到思想和行为，更没变成一种信仰。他早年的进步行动，步入文坛之后从事文化活动的价值取向，都是以不出卖良知、维护正义为出发

---

① 施蛰存：《我们经营过三个书店》，收入《北山散文集》，第 317 页。

② 施蛰存：《我的创作生活之历程》，收入《施蛰存散文》，第 124、125 页。

③ 戴望舒：《诗人玛耶阔夫司基之死》，《小说月报》第 21 卷第 12 号，1930 年 12 月。

点，以最大限度地保护文学的自由性为宗旨，而并非热衷散布某种凌驾于文学之上的‘主义’、造成某种声势，组成某种阵势。”[①]

我们可以冯雪峰为参照，来讨论施蛰存言中“我”和“他们”的区别。

冯雪峰是文学工场的重要伙伴[②]，从1927年秋到1928年春，冯在施家小楼上住了半年。施蛰存自小酷爱旧诗，尤其是李商隐，“一部《玉溪生诗集》常在书桌上，雪峰翻也不翻，有时还斜瞥一眼，给一个‘无聊’的评语”。[③]冯雪峰还曾在信中说：“我想我们应振作一下，干些有意义点的事，弄文学也要弄得和别人不同点。……你们三人（指施蛰存、杜衡、戴望舒——引者注）的翻译的努力，我实在佩服的。但我希望你们赶快结束旧的，计划新的，计划在人家之前的。”[④]施蛰存等人投身出版事业之后，冯雪峰“寄于很大的期望”，“常常劝告我们，要出版些‘有意义’的书。他所谓‘有意义’，马克思主义文艺理论是其中之一”。[⑤]正是冯雪峰的引导和帮助，促成了“科学的艺术论丛书”诞生，得风气之先，也正是冯雪峰所要求的“计划新的，计划在人家之

---

① 张芙鸣：《执着的中间派——施蛰存访谈》，《新文学史料》2006年第4期。

② 尽管在文艺思想上终于分道扬镳，但施蛰存一直将冯雪峰视作“老朋友”，回忆中情辞殷切：“雪峰很了解我们的思想情况，他把我们看作政治上的同路人，私交上的朋友”，“雪峰是一个笃于友谊的人，一个能明辨是非的人，也是一个有正义感的人。尽管在这次论辩（指“第三种人”论辩——引者注）以后，雪峰对苏汶的作为同路人的期望，多少有点幻灭，但友谊还保持着”，“杜衡于1940年在香港投奔国民党，使我非常失望。望舒于1950年忽然逝世，也使我极度伤感。雪峰对我们始终保持友谊，也始终在回护我们，我也很感激他。我常常想起当年文学工场里四个青年的亲密的情谊，现在只剩我一个人，再也没有同样亲密的朋友，真感到非常寂寞。雪峰的政治生活，我无可叙述；现在我笔下的冯雪峰，是一个重情谊、能念旧的好朋友，是一个热情团结党外人士的好党员。”施蛰存：《最后一个老朋友——冯雪峰》，收入《北山散文集》，第290、291页，下文施蛰存对与冯雪峰交往的回忆，除另外标明外，均引自此书，不再一一注出。

③ 施蛰存：《“管城三寸尚能雄”》，收入《北山散文集》，第1023页。

④ 冯雪峰致戴望舒信，收入《现代作家书简》，孔另境编，花城出版社，1982年，第148、149页。

⑤ 施蛰存：《我们经营过三个书店》，收入《北山散文集》，第310、313页。

前的”。从上面这些点点滴滴的经历来看，冯雪峰对施蛰存读李商隐毫不客气地给一个“‘无聊’的评语”，转而奉劝“干些有意义点的事”；在雪峰“计划新的，计划在人家之前的”的期许与帮助下，迎来“科学的艺术论丛书”——这些正是一个对于趣味的导引、纠偏的过程。在施蛰存眼里，冯雪峰“是当时有系统地介绍苏联文艺的功臣。他的工作，对我们起了相当的影响”。从文学工场到水沫社，施蛰存等人的文学实践，无论是创作还是出版事业，都有着显明的左倾色彩，冯雪峰对此是“起了相当的影响”的。施蛰存在《浮生杂咏》中写道：“新俄文学曙光期，洗净风花雪月辞。摧枯拉朽树型范，导扬革命福蒸黎。”诗后附注中说：“冯雪峰南来，亦暂住我家。雪峰携来其所译《新俄文学之曙光期》等书，皆介绍苏联文学者，我等颇受影响。闲居与雪峰论议，其文艺观点又与我等大异，诧为新奇，然由此而对欧美浪漫派主义文学持批判态度，亦有志于创作批判旧社会、旧制度，为革命服务之现实主义文学。”[①] 不过，“颇受影响”是事实，创作了一些“批判旧社会、旧制度”的文学也不假，可这是在多大的程度上服膺“为革命服务之现实主义文学”呢？这是值得讨论的。

深刻地体现出冯雪峰与施蛰存等人文艺观距离的，则是施蛰存如下的一段回忆：

> 刘呐鸥带来了许多日本出版的文艺新书，有当时日本文坛新倾向的作品，如横光利一、川端康成、谷崎润一郎等的小说，文学史、文艺理论方面，则有关于未来派、表现派、超现实派，和运用历史唯物主义观点的文艺论著和报道。在日本文艺界，似乎这一切五光十色的文艺新流派，只要是反传统的，都是新兴文学。刘呐鸥极推崇弗里采的《艺术社会学》，但他最喜爱的却是描写大都会中色情生活的作品。在他，并

① 施蛰存：《浮生杂咏·四十九》，收入《沙上的脚迹》，第208页。

> 不觉得这里有什么矛盾，因为，用日本文艺界的话说，都是“新兴”，都是“尖端”。共同的是创作方法或批评标准的推陈出新，各别的是思想倾向和社会意义的差异。刘呐鸥的这些观点，对我们也不无影响，使我们对文艺的认识，非常混杂。惟有雪峰，对这些资产阶级的新兴文学，并不欣赏，他已坚定地站在无产阶级革命文学的旗帜下了。

在刘呐鸥以及受其影响的施蛰存[①]等人看来，新感觉派、未来派、表现派、超现实派，和“运用历史唯物主义观点的文艺论著和报道”并无矛盾，完全可以一起归并在“反传统”的、“新兴”的、“尖端”的文学之下。所以《无轨列车》与《新文艺》也可以一体同陈着“很时髦”的现代主义文学与“很有革命味儿”的普罗文学。冯雪峰已经摒弃“资产阶级的新兴文学”而“坚定地站在无产阶级革命文学的旗帜下”，而同一时期的施蛰存等人的文学图景则还呈现着某种模糊和分裂。

在新感觉派创作中，保留着鲜明的唯美—颓废主义倾向。这一文艺主张很大程度上是对理想主义与启蒙立场的反动，在文明走向自我耗竭的末路中发散灿烂、颓靡、带着肉感与色情的光芒。刘呐鸥、穆时英等人的创作明显呼应着这一主题。到20世纪初期，普列汉诺夫在高度政治化的范围内，将颓废理解为“由垂死社会产生的垂死文化的必然形式”。普列汉诺夫对先前超越道德和常规的“美的历险”作出严厉的道德指控。[②]借此我们可以更深刻地考察冯雪峰“坚定地站在无产阶

---

① 施蛰存承认：“当时在日本流行的文学风尚，他（指刘呐鸥——引者注）每天都会滔滔不绝地谈一阵，我和望舒当然受了他不少影响。”晚年接受采访被问及“您当时创作时，跟穆时英、刘呐鸥等人有无互相影响？”施蛰存的回答是：“当时主要的推动人是刘呐鸥……”参见施蛰存：《我们经营过三个书店》，收入《北山散文集》，第308页；施蛰存答郑明娳、林耀德问：《中国现代主义的曙光》，收入《沙上的脚迹》，第170页。

② 参见马泰·卡林内斯库：《现代性的五副面孔》中“颓废的概念”一章，顾爱彬译，商务印书馆，2002年。

级革命文学的旗帜下”与刘呐鸥、施蛰存等人“非常混杂”的“对文艺的认识”之间的差异。正是冯雪峰曾经翻译的、作为水沫书店“科学的艺术论丛书”之一的、普列汉诺夫的《艺术与社会生活》，系统阐述了马克思主义颓废观关于颓废艺术与资本主义社会没落的关联，而这正是1930年代中国左翼理论家们批判现代主义的纲领。如钱杏邨在《一九三一年中国文坛的回顾》中指出：“施蛰存所代表的这一种新感觉主义的倾向，一面是在表示着资本主义社会崩溃的时期已经走到了烂熟的时代，一面是在敲着金融资本主义底下吃利生活者的丧钟”；“这样的作品的产生，一方面是显示了中国创作中的一种新的方向，新感觉主义；一面却是证明了曾经向新的方向开拓的作者的‘没落’。”[①] 也就是说，以冯雪峰为代表的左翼文坛，是在普列汉诺夫的颓废主题范畴内，将现代主义批判为腐朽的资产阶级文艺，故而能够“坚定地站在无产阶级革命文学的旗帜下”[②]；而新感觉派诸作家，仍然徘徊不定，因此他们“对文艺的认识，非常混杂”。两种颓废主题的交错，使得新感觉派文学在价值判断上往往显出矛盾与游移，“他们似乎既想表现现代社会的道德沦丧，世风日下，又受着‘战栗和肉的沉醉’的现代美的诱惑，而不禁采取了‘以美的照观的态度’，以‘更为通情达理的生活方

---

① 钱杏邨：《一九三一年中国文坛的回顾》，《北斗》第2卷第1期，1932年1月。

② 值得注意的是，张闻天在1922年曾著有《王尔德介绍》一文，对颓废派文学的产生背景与特征有独到见解，尤其指出“有人把Decadent这个字译为堕落派，我们觉得很不适当”，他不满意在道德“堕落”的层面上理解“颓废”，因为他从王尔德中读出了颓废派文学对“死板的、无感情的、功利的、冷酷的社会”和近代文明的反抗，以及对变动人生、改革现状的召唤：“受分工的铁则支配着的现代的人呀！起来，变动变动你们底生活吧。不登天堂，宁入地狱，这样死一样地生活着，干甚么呢？要求生之快乐吧！要求变动吧！王尔德已在我们前面走了，我们还不赶去吗？”（张闻天：《王尔德介绍》（与汪馥泉合作），《民国日报·觉悟》1922年4月3—18日。又可参见《张闻天文集》第1卷，中共党史资料出版社，1990年）所以后来文艺自由论辩中他持论公允，在《文艺战线上的关门主义》一文中呼吁要正确估价“自由人”与“第三种人”的革命方面，这与他深厚的文化修养与理论根柢分不开，与他明白现代主义文学理念的复杂性分不开。

式’的暗示描写着色情和肉感的方式”。[①]

冯雪峰的转变并不只是他个人的行为，也代表着“组织上的要求”。从1931年6月起，“左联”开始由瞿秋白领导。有研究者曾考察过，“左联”在由瞿秋白领导之后所发生的明显转折是开始要求把工作的重心放到文艺领域中来，“与此同时，‘左联’也开始强调成员的组织纪律性。这些变化意味着‘左联’加强了对文学方面的干预。在瞿秋白的主持下，‘左联’从1931年下半年开始要求清算左翼文学前期的‘革命的浪漫谛克’倾向”，而解决的办法是响应“拉普”提出的“唯物辩证法创作方法”。最具代表意味的就是楼适夷对施蛰存的批判[②]，其矛头直指施蛰存创作中对潜意识等个人心理描写的渲染。左翼文坛从1931年年底开始严厉批判新感觉派，尤其是由此前创作中有新感觉派作风的楼适夷出面，“显示出左翼内部展开自我检讨的意味。这说明左翼文坛开始认为新感觉主义是一个错误和危险的倾向”。[③]

从文学工场开始，冯雪峰与施蛰存等有过紧密的合作，但正是在近距离的接触中，双方也意识到了某种间距的无法消除。“雪峰曾希望我们恢复党的关系，但我们自从‘四一二’事变以后，知道革命不是浪漫主义的行动。我们三人都是独子，多少还有些封建主义的家庭顾虑。再说，在文艺活动方面，也还想保留一些自由主义，不愿受被动的政治约束。”他们曾经是亲密的合作伙伴，但终究渐行渐远。通过描述施蛰存与冯雪峰交往的轨迹，我们大致已经接触到文学理念上的差异（以及以此为显影的“思想倾向和社会意义的差异”），逐渐导致了他们的分道扬镳。

① 参见李今：《海派小说与现代都市文化》，第99页。

② 适夷（楼适夷）：《施蛰存的新感觉主义——读了〈在巴黎大戏院〉与〈魔道〉之后》，《文艺新闻》第33期，1931年10月26日。

③ 吴述桥：《新感觉派和左翼文学关系再考察》，《中国现代文学研究丛刊》2012年第1期。

四　现代知识分子民间岗位的确立

1933 年 5 月，施蛰存的《我的创作生活之历程》收入天马书店出版的《创作的经验》，此书主编实为鲁迅，作者的全部稿费捐赠“左联”以作经费，这当然是支持革命事业的义举，但这篇上文中多次征引的创作谈，却有很多发牢骚的话存乎其中，多多少少彰显着文艺诉求上的差异。

首先，正如上文中已经涉及的，施蛰存等人更多的是在新兴、尖端文学的范畴内理解左翼文学思潮，与其说这是立场坚定的革命信仰，毋宁说是追赶时髦的趋新意识。正如施蛰存对刘呐鸥的观察：“刘灿波喜欢文学和电影。文学方面，他喜欢的是所谓‘新兴文学’、‘尖端文学’。新兴文学是指十月革命以后兴起的苏联文学。尖端文学的意义似乎广一点，除了苏联文学之外，还有新流派的资产阶级文学。他高兴谈历史唯物主义文艺理论，也高兴谈弗洛伊德的性心理文艺分析。看电影，就谈德、美、苏三国电影导演的新手法。总之，当时在日本流行的文学风尚，他每天都会滔滔不绝地谈一阵，我和望舒当然受了他不少影响。”[①] 自然，这期间他们的文学实践也显现出强烈的先锋意识，施蛰存在《浮生杂咏》中以“不随时变非高手，能跻尖端是一流”[②] 来形容这段岁月，诗后附注对当时心态的描绘是：“文学必须与时代风尚同步发展，固守十九世纪文学创作方法及人际观念者，即是不达世务。”这一“不随时变非高手，能跻尖端是一流”的心态也正是当时世界文学流行风潮的横向移植，“到了三十年代，我们这一批青年，已丢掉十九世纪的文学了。我们受到的影响，诗是后期象征派，小说是心理描写，这一类都是 Modernist，不同于十九世纪文学”。20 世纪二三十年代，

① 施蛰存：《我们经营过三个书店》，收入《北山散文集》，第 307、308 页。

② 施蛰存：《浮生杂咏·五十》，收入《沙上的脚迹》，第 208 页。

左翼文化成为世界范围内响应热烈的流行思潮，而施蛰存等人更多的是把“左翼”理解为这一流行思潮中的支脉，“比较左派的理论和苏联文学，我们不是用政治的观点看。而是把它当一种新的流派看……在二十年代初期到三十年代中期，全世界研究苏联文学的人，都把它当作 Modernist 中间的一个 Left Wing（左翼）”。[①] 也就是说，施蛰存等人是在现代主义的范畴内呼应左翼文学，以一个追求时髦的 Modernist 的身份，介入 Left Wing 的文学实践。反过来说，这样带有左翼色彩的文学实践，更多的是新艺术形式的试验，而非投身于一种信仰活动。

而当国民党开始残酷镇压左翼文艺之后，情况自然发生了变化，刊物、书店频遭查禁，尤其是经历“四一二”的血雨腥风之后，意识到“戴望舒、杜衡和我都是独生子，我们都不能牺牲的，所以我们都不搞政治了”[②]，“1927 年 4 月 12 日，这一天结束了我的学校生活，也结束了我刚才开始不久的政治生活”。[③] 革命的残酷性与艰巨性，让这群先前将左翼理解为现代主义支流的、理想主义色彩浓厚的青年们震惊不已。

与此同时，他们也强烈感受到来自左翼文坛的压力。瑰丽的想象、先锋的试验逐渐被沉重的现实图景与严峻的革命形势所取代，现代主义也终将被左翼现实主义的创作主潮所淹没。当施蛰存等人心醉的“尖端文学”，被左翼文学从先前一起混迹其中的色彩模糊的同盟中剔除，他们当然遭遇了困境，“中国跟苏联走，就是 Realism。他们的政治势力太大了，我们当然是受压制的”。[④] 于是我们看到如下这般的言论：

> 我的小说，据说是一些不伟大的东西。当今是需要着伟

---

① 施蛰存答刘慧娟问：《为中国文坛擦亮“现代”的火花》，收入《沙上的脚迹》，第 179、180 页。

② 施蛰存答郑明娳、林耀德问：《中国现代主义的曙光》，收入《沙上的脚迹》，第 171 页。

③ 施蛰存：《〈文艺百话〉序引》，收入《北山散文集》，第 1460 页。

④ 施蛰存答刘慧娟问：《为中国文坛擦亮“现代”的火花》，收入《沙上的脚迹》，第 180 页。

> 大的东西的时代。我常常看了别的伟大“作家”的伟大作品而自愧，于是思想不免有点复古，仍旧把我的这些小说认为是卑卑不足道的“小家珍说”之流了。
>
> “小”是“小家”,“珍”是“敝帚自珍”之意。作品尽管不伟大，不为“大众”所珍，但“自珍”的权利想来还不至于被剥夺掉。[①]

与其说这是无可奈何的自我批判，毋宁说是表面温和而内里讽刺性的拒斥。

总之，如果分析施蛰存的文学内核，则其中既有张扬文艺自由的现代主义文学理念，又有反资本主义文明的质素（“颓废”主题），而后者往往以左倾化的形态呈现（施蛰存、戴望舒等人与他们所同情、译介的现代主义作家马雅可夫斯基、纪德一样，体现出某种模糊性、边缘性）。当外部环境还算宽容的时候，他们能一边维持对革命运动的同情甚至参与，一边隐身象牙塔中编织文学梦想；而当“不属于集团的文学者滚开吧！”[②]的声音盖过文艺自由的主张时，再加上革命现实的血雨腥风，施蛰存先前政治与文学双重激进主义的身份就开始分化。“我们自己觉得我们是左派，但是左翼作家不承认我们。我们几个人，是把政治和文学分开的。文学上我们是自由主义。……我们标举的是，政治上左翼，文艺上自由主义。”[③]施蛰存1983年写下的《关于“现代派”一席谈》，虽然有“讲述故事的年代”的时风印痕，却侧面为50余年前“把政治和文学分开”的策略提供了理论依据：“有些文章仿佛以

---

① 施蛰存:《〈小珍集〉编后记》，收入《十年创作集》，华东师范大学出版社，1996年，第797页。

② 钱杏邨在《安特列夫与阿志巴绥夫倾向的克服》一文中引用了列宁《党的出版物与文学》中这句话，参见《阿英全集》第1卷，安徽教育出版社，2003年，第466页。

③ 施蛰存答刘慧娟问:《为中国文坛擦亮“现代”的火花》，收入《沙上的脚迹》，第181页。

为现代派是资产阶级文学的新倾向，它反映着资产阶级的没落与腐朽，所以现代派应当否定。另外有些文章认为现代派是一种新型的创作方法，诸如心理分析、意识流、朦胧诗，都是现代派的特征，而这些创作方法是值得借鉴和学习的。另有一些文章则肯定了现代派的创作方法，同时否定它们的哲学基础（或说思想性），这样，众说纷纭就使现代派的意义有很大的歧异。”而当被问到“你以为这三种观点，哪一种比较正确”时，施蛰存没有明确表态，却提出“有两个先决条件要肯定：第一，所谓‘现代派’文学是否都是资产阶级文学？第二，一个作家的创作方法是否可以和他们的哲学基础分离？”[①] 在施蛰存对现代主义的解读中，显然是否定第一种观点，而接近第二尤其是第三种观点。第一种观点，将现代派作为资产阶级没落与腐朽的反映，正是先前所述冯雪峰的理解，在冯雪峰那里，旗帜鲜明地将政治上的左翼压倒文学上的现代主义；而对于施蛰存等人，先前“革命”与“时髦”并举的模糊图景，渐渐因时势催逼而作出明晰的分化，“创作方法”和“哲学基础”可以相分离也正是“把政治和文学分开”的依据。而施蛰存更正面的表达是：

> 文学与政治的关系不能靠简单公式去解决。不赞成文艺为政治服务，并非就是政治上不赞成革命。我总觉得文艺与政治是两个不同的东西，不能并在一起讲；但反对者却反问：“你在政治上是‘右’的，文学上又如何能向‘左’？”我的观点是，假如文学一定要听命于政治，则写出的作品就成了宣传品，即不是真正的文学了。我不愿这么干，我自己搞创作，这不妨碍我在政治上还是“左翼”的。[②]

① 施蛰存：《关于“现代派”一席谈》，收入《北山散文集》，第680页。

② 施蛰存答夏中义：《漫谈七十年来上海的文学》，《文艺理论研究》1995年第4期。

借助上述施蛰存对五十余年前的选择的回音，我们可以看到：这种“政治和文学分开”，“政治上左翼，文艺上自由主义”的标举，在更本质的意义上，其实是施蛰存在 1949 年后社会主义的语境内，对他们自身在 1930 年代应对左翼文坛所采取的策略提供一种“说法”：以当时的实际情形而言，“文艺上自由主义”是他们身体力行的；“政治上左翼”却只能理解为厌恶国民党统治而“并不拒绝左翼作家和作品”[①]，他们本质上缺乏共产主义的内在信仰（“假如文学一定要听命于政治，则写出的作品就成了宣传品，即不是真正的文学了。我不愿这么干”）。他们以“自由主义”来为自己的文学保留一点试验、探索的权利，同时在不参加具体革命活动的安全阀内，标举“政治上左翼”。从这一意义上来说，自由主义才是他们当时在文学与政治上更本质的选择[②]，在面对来自“左”“右”两边的压力下，他们淡化了先前左翼色彩的趋附，转向自由主义的中间路线。

其次，从上述新兴、尖端文学到“文艺上自由主义”的演变，一方面，自由主义思想成为他们文学观的内核，以至后来在《现代》杂志“现代美国文学专号”中倡言：“只有自由主义才是文学发展的绝对而

---

① 施蛰存答刘慧娟问：《为中国文坛擦亮“现代”的火花》，收入《沙上的脚迹》，第 181 页。

② 1932 年，《东方杂志》以“新年的梦想”为题，发表了一百六十多位各界知名人士和普通读者梦想“未来的中国”和“未来的个人生活”的应征稿。这次活动在知识界反响很大，包括林语堂、朱自清、达夫、梁漱溟、俞平伯、徐悲鸿、楼适夷、顾颉刚、杨杏佛、郑振铎、周作人、施蛰存、章乃器、茅盾、巴金、老舍在内的许多学者文人都参加了。其中施蛰存的答复是：“我梦想中的未来中国，却与每一个小百姓所梦想着的一样，完全一样！是一个太平的国家，富足，强盛。百姓们都舒服，说一句古话：‘熙熙然如登春台。’……写到此，一个朋友在旁边问：‘那么你以为这时候是个什么政府呢？’我说：‘随便。……一切都好。总之，我以为政治制度是没有关系的，问题完全是在人，在人！’”（见施蛰存：《新年的梦想》，收入《北山散文集》，第 411 页。）这幅景象，对人的幸福生活的关注超越了国家、民族、阶级、政府、政治制度等具体形式，正是持自由主义理念者对美好生活的想象。

且唯一的保障”[①]；另一方面，从这一自由心性出发，无论是在文学实践还是日常生活中，他们对自我身份的设定都是一个世俗普通人和自由知识分子。或者说，在与左翼渐行渐远的同时，他们需要对“自我”进行一个重塑，区别于“‘正宗’的左翼人士”，也区别于当年在街头散发传单的自己。

1929年7月，施蛰存在一篇书评中盛赞爱德华·李亚的《无意思之书》，“最被人所称道的便是它的‘无意思’”，作者“并不想在这些诗歌故事中暗示什么意思”，“他并不训诲他们，也不指导”，“这种超乎狭隘的现实的创造，本来不仅是在儿童文学中占了很高的地位，就是在成人的文学中，也有着特殊的价值”，接下来有针砭时弊味道的是“一直到了现在，一方面是盛行着俨然地发挥了指导精神的普罗文学，一方面是庞然自大的艺术至上主义，在这两种各自故作尊严的文艺思潮底下，幽默地生长出来的一种反动——无意思文学”。[②]可见施蛰存称许的文学，并不负载“暗示什么意思”以及“训诲”“指导”的功能。这一“无意思文学”的另一别名则为“轻文学”[③]，这是施蛰存在现代文学史上的首创。“无意思文学”与“轻文学”，都是在“故作尊严的文艺思潮”旁边，追求消遣性和娱乐性的文学。延续着这一思考的，是《书评家即读者》《“文”而不“学”》，这两篇文章分别作于1937年5月和8月，意思相近，可以放在一起讨论。“文艺批评家，纵然他有多大的文艺修养，纵然他有多大的辩才，实际上，他并不超过于一个能够说出他的读后感来的读者的地位”；“一个文学家所看到的人生与一个普通人（这即是说：一个非文学家）所看到的人生原来是一样的。文学家并不比普通人具有更锐敏的眼睛或耳朵或感觉，但因为他能够有尽

① 见《现代美国文学专号导言》，《现代》第5卷第6期，1934年10月。

② 施蛰存：《无意思之书》，收入《北山散文集》，第895页。

③ 关于施蛰存的“轻文学”观，请参考收入本书的《施蛰存的“岗位”：海派多元文化观与商业环境中的斡旋》一文。

善尽美的文字的技巧去把他所看到的人生各方面表现得格外清楚，格外真实，格外变幻，或格外深刻，使他的读者对于自己所知道的人生有更进一步的了解，这就是文学之唯一的功用，亦即是文学之全部功用。”也就是说，无论是文艺批评家还是作家，他们对知识分子主体的设定都不是一个超乎普通人之上、可以给出“训诲”与“指导”的启蒙者。而“对于文艺作品的要求”，也“差不多只是欣赏与消遣”。“文”而不“学”的内涵则是：文学既不是“需要深邃研究的专门学问”，也不应该把它“作为一种政治宣传的工具”，有这样倾向的文学家“往往把自己认为是一种超乎文学家以上的人物”。[①]“无意思文学”“轻文学”与“‘文’而不‘学’”这三个概念有破有立，是施蛰存文学观的核心，说明了文学的性质、功能，文学家的使命，创作与接受的关系，等等。总之，作者不应该以超越常人的姿态，“顾虑到他的作品将对于读者产生何种影响”；批评家和普通读者一样，无需在乎“故事中暗示什么意思”而只要“欣赏与消遣”即可，文学只是用“尽善尽美的文字的技巧去把他所看到的人生各方面表现”出来，它没有“训诲”“指导”的功效。在施蛰存的小说中，《善女人行品》《小珍集》中的篇目大多描绘普通人日常生活的烦恼，而远离时代的生死搏斗。《将军底头》中四篇，纵然怪力乱神，无论是庄严的将军还是得道高僧，大抵却是将非凡人物拉到凡人境地，在爱欲和死亡的煎熬中拆解庄严、伟岸。1930 年代还有一篇不为人提及的短篇《塔的灵应》，同样致力于拆穿历史的神圣性，那只是被构造出来的神话，真相不过是普通人机缘巧合促成。这些“解历史”、俗世化的取向，无妨看作对左翼文学主题的微讽。

由以上所论诸方面可知，无论是追赶时髦的趋新意识，还是根深蒂固的自由心性，施蛰存等人总是否定作家具有充当启蒙者的能力与

---

① 施蛰存：《书评家即读者》《“文”而不“学”》，收入《北山散文集》，第 495—497 页，第 504—510 页。

资格，厌恶文学被政治利用。在他们从左翼中偏离出去的轨迹中，正是这些成为内在的驱动力。

1932 年 5 月，《现代》杂志创刊，施蛰存所作《创刊宣言》中有“因为不是同人杂志，故本志并不预备造成任何一种文学上的思潮、主义或党派”的表白，可以看成是走中间路线的宣言。施蛰存在回忆中也说：“因为我不是左翼作家，和国民党也没有关系，而且我有过办文艺刊物的经验。这就是我所主编的《现代》杂志的先天性，它不能不是一个采取中间路线的文艺刊物。”[①] “我开始筹编《现代》，首先考虑编辑方向。鉴于以往文艺刊物出版情况。既不敢左，亦不甘右，又不欲取咎于左右，故采取中间路线，尽量避免政治干预。”在《浮生杂咏》中，施蛰存将此形容为“左右逢源无适莫”。[②] 这一份《创刊宣言》可以看作树起自由主义旗帜的标志。现在我们再来看从 1920 年代初叶，历经文学工场、水沫社直到《现代》创刊，这十年，时间不长，但施蛰存（包括围绕在其周围的戴望舒、杜衡等人）行过的轨迹却风云变幻：从受新思潮的激荡；到亲身参与革命活动；到面对“四一二”血雨腥风时的仓惶震惊；到放弃革命者的具体身份只是在文学实践中显现激进意识，以及这种先前包含着左翼色彩的、模糊的激进意识，逐渐褪去政治的外衣而被现代主义的文学意识所凝定，到秉持现代主义的文学理念和自由主义的思想主张，从左翼运动中偏离出去——这似乎是一道战斗精神日渐萎缩的轨迹[③]，但是，我们可不可以用既符合事实发展又更为积极的视角，来探讨这十年历程所含蕴的可能性？

---

① 施蛰存：《现代杂忆》，收入《北山散文集》，第 246 页。

② 施蛰存：《浮生杂咏·六十二》，收入《沙上的脚迹》，第 213 页，及该书诗后附注。

③ 施蛰存在《浮生杂咏·四十五》中以“小楼一角成高隐，回首前尘百事非”来形容“四一二”后的思想剧变，诗后附注又有“思想紊乱，渐觉过去种种，都无是处”（见《沙上的脚迹》，第 206 页），再联想到前文中多次提及的类似“戴望舒、杜衡和我都是独生子，我们都不能牺牲的，所以我们都不搞政治了”之类的表白，的确让人觉得这是一条战斗精神日渐萎缩，颇为颓唐的轨迹。

晚年施蛰存接受采访，针对“您从共青团员转折到现代主义作家，是非常特殊的情况”的议论，他的回答很干脆：“并不特殊。”[①] 确实，在“五四”以降的知识分子中，施蛰存等人的发展路向并非鲜见。比如，萧乾同样因为参与 C. Y. 而被投入监狱，审讯时，审官拿出一个油印的簿子，“在我的姓名底下，不但有年龄，籍贯，还有几句鉴定。这下我确实有些发慌，心里怪我这个组织不该印这么个东西，更不应该让他们抄到”。[②] 从此，他对党派活动产生了戒心与抗拒。这一失败的革命经历，之于萧乾日后人生道路的择取，同样具有非比寻常的“转折”意味。再举一例，1930 年 11 月 16 日，“左联”第四次全体大会召开，在通过的六项决议中的第六条写着：“肃清一切投敌和反动分子——并当场表决开除郁达夫。”当时主持大会的、“左联”常委之一郑伯奇，在晚年回忆文章中说：“据说，他（指郁达夫——引者注）曾对徐志摩说过：‘I am a writer，not a fighter！’这句话引起青年朋友们的不满。在我主持的一次大会上，通过了请他退出的决议案。”而当事者郁达夫则对记者说：“共产党方面对我很不满意，说我的作品是个人主义的。这话我是承认的，因为我是个小资产阶级出身的人，当然是负不了……后来，共产党方面要派我去做实际工作，我对他们说，分传单这一类的事，我是不能做的……”[③] 1939 年，旅居南洋的郁达夫对“I am a writer，not a fighter！”这句话的解释是：“我不过是一个文艺作者，只想站在自己的岗位上做点文章，并且也用点心思，细细看看来稿。”[④] 郁

---

① 施蛰存答郑明娳、林耀德问：《中国现代主义的曙光》，收入《沙上的脚迹》，第 171 页。

② 萧乾：《未带地图的旅人——萧乾回忆录》，收入《萧乾文集》第 6 卷，浙江文艺出版社，1998 年，第 40 页。

③ 参见许雪雪：《郁达夫先生访问记》，转引自李欧梵：《中国现代作家的浪漫一代》，新星出版社，2005 年，第 103 页。

④ 参见赵家璧：《回忆郁达夫与我有关的十件事》，收入《逃避沉沦》，陈子善编，东方出版中心，1998 年。

达夫这番诚挚的表白，就如同施蛰存说的"文学与政治的关系不能靠简单公式去解决。不赞成文艺为政治服务，并非就是政治上不赞成革命。……假如文学一定要听命于政治，则写出的作品就成了宣传品，即不是真正的文学了。我不愿这么干，我自己搞创作，这不妨碍我在政治上还是'左翼'"那样，其中潜含着对知识分子某种岗位意识的自觉与谨守。[①]

《现代》杂志第4卷第3期上刘莹姿《我所希望于新文坛上之批评家者》一文，对于动荡时代中岗位的多样性有过一段揭示："革命的方式很多，抛炸弹暗杀军阀的是革命，埋头在实验室里的就未必全是反革命；疾声大呼的作品是革命文学，潜移默化的作品未必即是反革命文学；描写农村破产的小说是合乎时代精神，暴露小资产阶级没落的小说未必就是落伍者。殊途同归的功效仍一样……"[②] 而施蛰存倚重的岗位，无疑是文学创作和现代出版。这一知识分子岗位的确立，伴随着他们沟通复杂现实的策略与努力。比如水沫书店在策划《科学的艺术论丛书》之前，最初出版一批"比较平稳的文艺书"以便让书店站稳脚跟；后来的大型文艺月刊《现代》，在"采取中间路线"的方针下，借水行舟般发表了鲁迅先生《为了忘却的记念》等许多倾向进步的文章。至于这10年间，或因政治压力，或因经济困厄，或因战争爆发，施蛰存等人在出版阵地上屡仆屡起、再接再厉的苦苦支撑，不必赘述。

我们不妨再回到上文提到的、由施蛰存所揭橥的"轻文学"等概念。从表面上看，"轻文学"所预想的路径，似乎和左翼"走向民间""走向大众"的民粹主义路径不无重合之处。[③] 但其实，在对"大

---

① 关于"知识分子岗位意识"的厘定，参见陈思和：《论知识分子转型期的三种价值取向》，收入《陈思和自选集》，广西师范大学出版社，1997年。

② 刘莹姿：《我所希望于新文坛上之批评家者》，《现代》第4卷第3期，1934年1月。

③ 1930年代，《现代》杂志上的两篇文章也很能体现出这种"重合"。一位署名"森堡"的作者在讨论文人与穷困这个话题的短文里，指出文人有三条道路可供选择，第一是如当

众”的想象上，前者所强调的是有自身特殊性，无须被动接受改造、听命于人的普通人；这与左翼意识形态设定、能够朝着鲜明的阶级内涵加以改造的“群众”，大相径庭。而在对“作家”/“文学家”的想象上，左翼强调的是服务于革命宣传作用、给出“训诲”与“指导”的启蒙者；而施蛰存则追求“各安其位”的知识分子。对具体岗位的执守，可以免除以往曾有的高蹈或虚妄、焦虑或走投无路，转而恢复平常、踏实和自由的心态。执笔创作或从事出版，如同工匠有一份手艺，在商品社会里，任何工作都摆脱不了谋生的意义，这就是施蛰存所谓“文学家并不比普通人具有更锐敏的眼睛或耳朵或感觉”，知识分子当然和普通人一样，凭技能和劳动吃饭。正如本文开篇所述，现代知识分子对岗位的自觉，其实可以视作：社会分工日趋细密、新阶层以及这一阶层在社会中表达特定价值和职能、社会形态的转变与进化在海派商业环境中的浮现。这一岗位意识，一方面同施蛰存等人无论在文学实践还是日常生活中，对自我身份都是设定在一个世俗普通人身上有密切关联，他们认清广场意识的虚幻，恢复了面对现代社会时的平和、自由心态。另一方面，这一岗位又超越谋生、职业的一般意义，参与到时代文化的建设中去，就如策划推出“科学的艺术论丛书”那样，引领风气之

时的作家、诗人彭家煌、朱湘那样因为坚持个体性的原则，而贫病交加而死或自杀；第二是走出卖灵魂的道路，写作迎合部分受众的庸俗低劣的作品，通过炒作等手段来售卖。该文作者所认同的是第三条道路：“所谓第三条路，我以为，就是指那些不把自己跟一般大众分离开来，反之，却无时无刻不使自己成为大众中间的一员之文人所走的路而言。因为自己是大众中的一员，所以才能够明确地认清，估定所谓生活苦的真相，才能跟大众一同去解决问题。”（森堡：《文人的生活苦》，《现代》第4卷第4期）知识分子应该淡化自身的身份标志，而主动与民众融为一体，才能解决其自身的困境。法国作家伐扬·古久列在为《现代》杂志专门撰写的《告中国的智识阶级》中呼吁：“中国的智识阶级！全人类都是在期待着中国能摆脱了帝国主义的羁绊的。你们应当立刻就行动起来。什么帝国主义者的阴谋，什么大亚细亚主义，这一切都是要打倒的。你们要走到大众这方面来。”（《现代》第4卷第1期）

先，以现代出版的渠道来发表言论，发散精神能量，表达自身的担当。施蛰存曾经以“文化工作者”一语来表达知识分子岗位的独特与辩证：这是一个普通而简单的职业身份认定，但“潜台词却是格外强调主体对于文化的基础性和建设性的努力。对于一个社会、一个时代的文化建设，文化工作者所要做的不只是创作一两部文学作品，而是包括文化的传播、交流、传承在内的多方面的工作”[①]，就具体职业来讲，不外乎作家、译者、教师、编辑……施蛰存身兼多任，用他更为形象的话来说，“我的职业只有两种：跨出学校门就进书局门，跨出书局门就进学校门”。[②] 对于现代知识分子的岗位自觉建立起来之后，其实践一直贯穿到施蛰存的晚年。[③]

对于施蛰存而言说，从文学工场到水沫社，这十年的人生道路坎坷多变，显然应和着外部环境的急遽转折和内在思想的剧烈斗争。直到文学创作与现代出版这一知识分子岗位确立之后，那道芜杂模糊的轨迹逐渐变得清晰，他从散传单、贴告示、公开演讲、游行示威的革命活动中退出，却对文学创作、创办杂志、出版书籍等投入、保持了长久乃至毕生的兴趣与实践。在面对左、右政治压力和适应文化工业的生产性规则间探讨合作，在以“轻文学”娱乐大众和自觉意识到“纯文艺刊物”所应承担的“文化使命”[④] 间维系张力，以及积极尝试西方现代

---

① “文化工作者”一词见于《中国文艺工作者十四家对日感言》，《文艺春秋》第3卷第1期，1946年7月。转引自王宇平：《〈现代〉之后：施蛰存一九三五——一九四九年创作与思想初探》，秀威资讯科技股份有限公司，2008年，第52页。

② 施蛰存：《教师与编辑》，收入《北山散文集》第476页。

③ 比如，有研究者曾列举施蛰存晚年重操编辑旧业后取得的新成绩：“1980年代以来，施蛰存重又操起编辑业务，开始历时二十余年的书刊编辑工作，其中比较重要的编辑活动有：1980至1986年为江西人民出版社主编《百花洲文库》四辑，计40本；1981至1992年为上海文艺出版社主编《外国独幕剧选》，共6集；1981至2000年主编《词学》，计12辑；1990至1991年主编《中国近代文学大系·翻译文学集》，计3卷。”参见刘军：《龙蛇之蛰，以存身也——建国后施蛰存的文学活动》，华东师范大学博士学位论文，2009年。

④ 参见1934年5月《现代》第5卷第1期《社中座谈·本刊组织编委会之计划》。

文学技巧来表达现代化过程中人的幽深心理、提升现代文学品格，等等，无不可以看作这一知识分子岗位意识的显现。现在我们可以为那道多变的轨迹画上一个坚实而具体的支点了，通过它与社会现实、文化建设相呼应，这就是现代知识分子民间岗位的确立。

2005年11月初稿，2013年8月二稿

施蛰存的“岗位”：海派多元文化观与商业环境中的斡旋

鸦片战争后上海被开辟为商埠，逐渐形成华洋共处、五方杂居的公共空间，既有欧风美雨浸淫下的现代西方文明，又有老中国积淀而来的传统文化，交融碰撞，互相渗透。由于特殊的历史传统和地理位置，容纳、试验各种思潮和文化观念，上海才奠定其在文学史上的重镇地位。海派文学不仅指建立在特定地域基础上的文学空间（包括作家作品、风格流派等），也包括文学生产和传播方式以及整个文学生态所构成的文学制度和环境。施蛰存深受上述制度和环境空间的影响，养成了多样的兴趣、开阔的视野与宽广的胸怀。反过来也可以说，施蛰存博大丰富、摇曳多姿的文化理想和文学实践，既是海派文化特征具体而微的一则案例，也丰富了海派的文化土壤。本文以此为着眼点，讨论如下议题：施蛰存文学实践所体现的丰富性；施蛰存曾提出“轻文学”观与“伴侣”编辑理念，由此展开的文化实践，与市场环境、海派多元文化观密切相关；而《现代》杂志之所以成为1930年代乃至现代文学史上最重要文学阵地之一，其实正得力于施蛰存在多元文化环境中的“借水行舟”与灵活机变。

一　施蛰存文学实践的多元面向

我们从施蛰存的翻译与创作说起。

正是针对在殖民主义构造的世界体系中，中国与其他被殖民国家共同的命运，鲁迅才会大声疾呼："我们试想现在没有声音的民族是那几种民族。我们可听到埃及人的声音？可听到安南，朝鲜的声音？印度除了泰戈尔，别的声音可还有？"也正"因为所求的作品是叫喊和反抗"，周氏兄弟早年合作翻译《域外小说集》《现代小说译丛》之时，尤其注意"被压迫民族中作者的作品"，"势必至于倾向了东欧，因此所看的俄国，波兰以及巴尔干诸小国作家的东西就特别多"。这些国家的民族文化和文学传统不一，却与 20 世纪上半叶中国的现实与文学语境有着各种不尽相同的契合，容易激起共鸣，"有些青年都引那叫喊和反抗的作者为同调的"。[①]

而谈到施蛰存对外国文学的兴趣及翻译实践，也许我们首先会想到追新求异、现代主义的这一脉，比如对法国象征主义、英美意象派诗歌、心理分析小说先驱显尼志勒等的倾心；实际上，施蛰存晚年以"四窗"享誉文坛，而其中代表外国文学翻译、研究的"西窗"之所以熠熠生辉，其中正少不了一道对弱小民族文化倾心关注的目光，由此才成就其博大、丰富的面向。施蛰存回忆之所以对弱小民族文学产生兴趣，主要就是受到周氏兄弟等人的影响（比如《现代小说译丛》）："这几种书志中所译载的欧洲诸小国的小说，大都是篇幅极短，而又强烈地表现着人生各方面的悲哀情绪。这些小说所给我的感动，比任何一个大国度的小说给我的更大"[②]；"我的前辈翻译家，一向注意于东欧国家的

---

① 鲁迅：《我怎么做起小说来》，收入《鲁迅全集》第 4 卷，人民文学出版社，2005 年，第 525 页。

② 施蛰存：《〈称心如意〉引言暨译者跋语》，收入《北山散文集》，华东师范大学出版社，2001 年，第 1223 页。

民族革命文学，尽可能介绍给我国的读者。现代伟大的作家鲁迅和茅盾，都曾翻译过东欧文学作品。我是在这样的文学翻译传统中成长起来的”。[①]

早在参与、主持《新文艺》《现代》编务期间，施蛰存就推介过《现代希腊文学》《阿根廷近代文学》《现代爱沙尼亚文艺鸟瞰》《朝鲜文艺运动小史》。[②]抗战时期，施蛰存的翻译视域尤侧重于东欧弱小民族的文学作品，陆续译出《匈牙利短篇小说选》（商务印书馆，1936 年）、《波兰短篇小说集》（商务印书馆，1937 年）、《捷克短篇小说选》（商务印书馆，1937 年）、《老古董俱乐部》（匈牙利、保加利亚、瑞典、捷克、南斯拉夫等国短篇小说合集，福建永安十日谈社，1945 年。重版后改名为《称心如意——欧洲诸小国短篇小说集》，正言出版社，1948 年）、波兰作家显克微支的《战胜者巴尔代克》（福建永安十日谈社，1945 年）、匈牙利作家莫尔那的《丈夫与情人》（福建永安十日谈社，1945 年）……施蛰存认为，这些弱小国家的民族命运、历史重轭和“人生各方面的悲哀情绪”与中国相似，令人感动，“我怀念着巴尔干半岛上的那些忠厚而贫苦的农民，我怀念着斯干狄那维亚的那些生活在神秘的传说与凛冽的北风中的小市民及渔人。我觉得距离虽远，而人情却宛然如一。……所可惜的是我们的作家却从来没有能这样经济又深刻地把他们描写出来，于是我们不能不从旧杂志堆里去寻觅他们了”。[③]

1950 年代是施蛰存翻译成果最为集中的时期，他晚年回忆：“1950 年至 1958 年，是我译述外国文学的丰收季节，我大约译了二十多本东

① 施蛰存：《致巴佐娃》，收入《北山散文集》，第 1814 页。

② 迦桑察季思：《现代希腊文学》，吴克修译，《新文艺》第 1 期；孙春霆：《阿根廷近代文学》，《新文艺》第 2 期；《现代爱沙尼亚文艺鸟瞰》，《现代》第 2 卷第 6 期；《朝鲜文艺运动小史》，《现代》第 3 卷第 5 期。

③ 施蛰存：《〈称心如意〉引言暨译者跋语》，收入《北山散文集》，第 1224 页。

欧及苏联的文学。"[1] 比如他译介了保加利亚作家伊凡·伐佐夫的小说《轭下》[2]（上海文化工作社，1952 年）。1990 年在给保加利亚学者巴佐娃的信中，施蛰存这样说："伊凡·伐佐夫是一位伟大的作家。他的《轭下》是一部伟大的小说。凡是一部伟大的作品，无论是哪一国的，首先必须具有崇高的思想内容，其次，必须具有动人的艺术魅力。《轭下》的思想内容是鼓动人民摆脱土耳其帝国的羁轭，争取民族解放和民族独立。这是一部发扬民族主义、爱国主义的作品。如果说，爱情是人的文学的永久主题，那么，爱国主义、民族主义就是一切被侵略、被压迫民族文学的永久主题。《轭下》非但深深地感动了你们的人民，同样也深深地感动了我和我的读者。"[3] 这样多元、开阔的翻译面向持续了施蛰存终生。他晚年主编《外国独幕剧选》，还特意在"引言"中指出："从一九四六年以后，直到今天，已有了三十多年。在这期间，全世界各国的独幕剧，又有了新的发展。特别是在非洲，拉丁美洲和东欧许多国家，独幕剧也成为重要剧种。"[4] 这套丛书收录了世界各国著名的独幕剧 162 个，涉及国家近四十个，既有文学大国英国、法国等，也有如乌拉圭、冰岛、南非、古巴等小国。

前面提到施蛰存晚年与保加利亚学者巴佐娃的通信，巴佐娃曾问及："在今天的'摩登时代'，根据您的看法，像《轭下》和一切'严肃小说'还有存在的余地吗？"施蛰存回信表示"这个问题，使我稍微有些吃惊"："您是不是认为'现代主义'的小说不是'严肃小说'呢？

① 施蛰存：《〈十年创作集〉序言》，收入《十年创作集》，华东师范大学出版社，1996 年，第 1 页。

② 伐佐夫在现代中国最重要的译介者应该是鲁迅（参见彭瑞琪：《鲁迅与伐佐夫》，《鲁迅研究月刊》2003 年第 1 期）。在这一点上，施蛰存与鲁迅这两位看似趣味殊途且打过笔仗的人却心心相印。

③ 施蛰存：《致巴佐娃》，收入《北山散文集》，第 1815、1816 页。

④ 施蛰存：《〈外国独幕剧选〉引言（上）》，收入《北山散文集》，第 1320 页。

我以为，‘现代主义’只是一个时间观念，或是一种艺术风格。现代主义的作品，也可以有永久的主题。如果没有，它们便会像时装一样，很容易过时，无法存在。当各种没有崇高主题的现代主义文学作品过时之后，《轭下》将依然存在……”[①] 施蛰存的回复很有意思，在提问者时代语境的重点之外，他还主动关照了艺术风格，显然在他看来，只要是好的艺术作品，不管是现代主义，还是如《轭下》这般“发扬民族主义、爱国主义”的现实巨作，完全可以并置。也正是这种胸怀，成就了施蛰存文学翻译丰富的面向与卓越的成就。

眼观六路、取径多方的禀赋，也在施蛰存的创作中得以体现。尽管发表过《梅雨之夕》《在巴黎大戏院》这类似乎被烙上标准“新感觉派”风格的小说，但与穆时英、刘呐鸥专注地浸没在都市“五色的光潮”“霓虹灯跳跃”（穆时英：《夜总会里的五个人》）中不同，施蛰存还有一个以江南城镇为主体的“文学后院”。[②] 沈从文早就注意到这一点：“于江南风物，农村静穆和平，作抒情的幻想，写了如《故乡》《社戏》诸篇表现的亲切，许钦文等没有做到，施蛰存君，却也用与鲁迅风格各异的文章，补充了鲁迅的说明。”[③] 在新感觉派与左翼所代表的都市现代性与批判性的文学传统之外，施蛰存关注到了乡土民间文化在都市中的留存，施蛰存“是从江南乡镇进入上海的第一代都市人，但其内心深蕴的乡土情感与乡土文化是不可能一朝消失的。通过自己对城乡两种文明的体验，渗透到那些从乡下来上海谋生的人们心理之中，发现了上海人文化心理的复杂状态。他们发现的是另一个上海——都市乡下人心里的上海。这也是海派的一大贡献”。[④]

---

① 施蛰存：《致巴佐娃》，收入《北山散文集》，第 1816、1818 页。

② 吴福辉：《都市漩流中的海派小说》，湖南教育出版社，1995 年，第 79 页。

③ 沈从文：《论施蛰存与罗黑芷》，收入《沈从文批评文集》，刘洪涛编，珠海出版社，1998 年，第 167、168 页。

④ 张鸿声：《都市文化与中国现代都市小说》，河南大学出版社，1997 年，第 62 页。

施蛰存家世代儒生，有着深厚的古典文学教养，少年时候耽读晚唐二李的诗歌（那些奇谲晦暗的因子多少在他日后创作中留下伏笔）；同时对西方文学也有特殊的敏感；他反对“趣味太低级”的旧市民文学，不过多年的编辑刊物经验，也让其对读者市场多有体贴；对于西方心理分析小说的熟稔与借鉴，可能无人出其右，但他也曾“试验着想创造一种纯中国式的白话文。……或者可以说是评话、传奇和演义诸种文体的融合。我希望用这种理想中的纯中国式的白话文来写新小说，一面排除旧小说中的俗套滥调，另一面也排除欧化的句法”。[①] 从其具体的创作流程看，《上元灯》在情调上沿袭古典传统，《将军底头》则一变为弗洛伊德理论的“故事新编”，《梅雨之夕》则是中国式志怪传统与西方“心理探秘体”的结合，此后《小珍集》还代表着一个“现代主义回归到现实主义的后期”[②]，如其自述，是“把心理分析、意识流、蒙太奇等各种新兴的创作方法，纳入了现实主义的轨道”。[③]

施蛰存早年还未在文坛闻名时，就发表过一篇《新旧我无成见》[④]，这个标题的意思，其实倒也贯穿到其晚年那恢弘开阔的“四窗”。“施蛰存是以开放的心灵迎接‘现代’的人，但也是能结合中国的实际有选择地吸收、批判地接受的人，更是回过头来看民族传统文化、研究古典文学，以此构成对‘现代’的平面性片面化的抵抗的人。”[⑤]

---

① 施蛰存：《关于〈黄心大师〉》，收入《施蛰存七十年文选》，上海文艺出版社，1996 年，第 356、357 页。施蛰存对文学传统的辩证理解，详见拙作《“昔之殊途者同归”：重识〈庄子〉〈文选〉之争》。

② 吴福辉：《都市漩流中的海派小说》，第 79 页。以上“心理探秘体”的说法也引自吴福辉文。

③ 施蛰存：《关于〈现代派〉一席谈》，《文汇报》1983 年 10 月 18 日。

④ 原载 1923 年 9 月 7 日《最小》第 92 号，署名施青萍。由陈子善先生重刊于《现代中文学刊》2009 年第 3 期。

⑤ 王宇平：《〈现代〉之后：施蛰存一九三五——一九四九年创作与思想初探》，秀威资讯科技股份有限公司，2008 年，第 59 页。

二 "伴侣"编辑理念与"轻文学"观

鲁迅、沈从文等在1930年代论及海派文学时，虽都语带贬抑地指出海派文学近商牟利、趣味粗俗，但他们也非常清楚地意识到，海派文学是近代以来才有的一种文学类型，推动海派文学活动的那只无形的手，是市场与商业社会。

有人曾这样来分析中国现代期刊的类型：第一种由商业性文化机关出版专以营利为目的，第二种是政治团体或学术团体出版以传播他们的主张或思想为目的，第三种是学术或文艺团体和商业性文化机关合作出版的，第四种则是爱好文艺的青年自动集资出版的。[①] 在施蛰存的定位中，《现代》当属第一种。创刊是源于现代书局的老板"要办一个文艺刊物，动机完全是起于商业观点，但希望有一个能持久的刊物，按月出版，使门市维持热闹，连带地可以多销些其他出版物"，"我和现代书局的关系，是雇佣关系"。[②]《创刊宣言》中施蛰存又声明《现代》并不是"同人杂志"，并非一个现代派团体与书局合作出版的刊物，即不是上述分类里面的第三种。这就决定了施蛰存主持《现代》期间的编辑方针、技巧，不能不受到商业运作的牵制。

《现代》于1932年5月1日正式出版发行，成为"一·二八"淞沪抗战以后在上海最先问世的大型刊物，初版3000册5天即脱销，后又加印了3000册，"这是当时文艺刊物发行量的新纪录。一般文艺刊物，能销售二千册，已经算是不错的了"。[③]《现代》第2卷第1期推出"创作特大号"，施蛰存在致戴望舒的信中说："这期创作号销路特别好，初印八千份，现在已销完，正在再版中。一号那天，上海门市售出四百

① 危月燕（周楞伽）：《谈中国的杂志》，《春秋》第5年第1期，1948年4月14日。转引自吴福辉：《都市漩流中的海派小说》，第131页。

② 施蛰存：《重印全份〈现代〉引言》，收入《北山散文集》，第1296页。

③ 施蛰存：《我和现代书局》，收入《北山散文集》，第326页。

本之多，不可不谓盛事也。”[①]后来这一期的发行量突破一万。现代书局经理张静庐（正是他出面邀请施蛰存主持《现代》）在回忆录中好不得意地写道：“《现代》——纯文艺月刊出版后，销数竟达一万四千份，现代书局的声誉也连带提高了。……第一年的营业总额从六万五千元到十三万元……”[②]

《现代》运作的成功，离不开施蛰存对市场与商业环境的熟稔把脉。比如，读者、作者、出版方作为文学生产和文学消费环节中的三大要素，彼此之间的互动、扩展至为关键。而作为编者的施蛰存特别注重与读者互动。从创刊起，施蛰存就在杂志上辟出“编辑座谈”栏，与读者交流自己的办刊理念、设想、组稿情况，或者向提出良好建议的读者致谢等等。例如第1卷编务即将完成时，施蛰存在第1卷第5期的“编辑座谈”中提到：“在我个人正在计划着‘下一卷本志应如何革新’的时候，我敬在这里向本志的爱读者征询一点高见。读者诸君对于第一卷的本志有什么意见吗？唯有读者与编者的合作，才能使一个杂志日有发展，我相信如此。”第3卷第1期的“社中谈座”告诉读者：“从下期起，‘社中谈座’这一栏将加一个小标题：‘作者·读者·编者’，因为这三‘者’之间一向缺少一个交换意见和消息的地方，所以我们预备在每期的本刊中拓两三页的地位来尽这个义务。读者对于本刊编者或作者有什么意见，本刊作者或编者对于读者有什么征讯或答复，都将选择重要的在这一栏中发表。”第3卷第4期“社中谈座”，有读者提出三点意见，一是希望“多刊登些文艺摄影及木刻画等”，二是恢复一度停刊的书评栏，三是“一个杂志刊登三个长篇译作（应该是戴望舒译、法国拉第该作《陶尔逸伯爵的舞会》以及张天翼作《洋泾浜奇侠》——笔者按），读者以为是一个不好的现象”，因为间隔过长，

---

① 施蛰存：《致戴望舒》（1932年11月18日），收入《北山散文集》，第1538页。

② 张静庐：《在出版界二十年》，江苏教育出版社，2005年，第102页。

部分情节“早已忘却，以致看了无头无尾的作品。使读者莫名其妙，所以我以为每期以刊登一篇长篇为限”。对于上述第二、三条意见，施蛰存“决意接受”，在同期就恢复了书评栏，“长篇待现在有的登完后，就只连载一个”，对于第一条意见，则诚恳见告：“至于画报，我们也极想扩充，不过一时材料经济等关系，一时怕未见得可能。”同时，作为作者的茅盾、张天翼等人，也经常在“社中谈座”栏现身，回答普通读者对于自己作品的“征询”，这些交流使得杂志变得活泼生动。施蛰存在《现代》创刊号的“编辑座谈”中即提出过杂志是读者“伴侣”的编辑观：“对于以前的我国的文学杂志，我常常有一点不满意。我觉得他们不是态度太趋于极端，便是趣味太低级。前者的弊病是容易把杂志的对于读者的地位，从伴侣升到师傅。杂志的编者往往容易拘于自己的一种狭隘的文艺观，而无意之间把杂志的气氛表现得很庄严，于是他们的读者便只是他们的学生了；后者的弊病，足以使新文学本身日趋于崩溃的命运……我将依照了我曾在创刊宣言中所说的态度，把本志编成一切文艺嗜好者所共有的伴侣。”后来他在回忆中又说：“这其实是我在编辑上的个人理想，因此在编《现代》杂志时就试图想实行，将为社会、为读者提供一个广泛的阅读空间。所以每期编讫后，我都很用心地写一篇编辑的后记，以此交流互通编者、作者、读者之间的信息情况。”[①] 我们后人通过这样一个“广泛的阅读空间”，不仅了解到围绕《现代》的编者、作者、读者之间的良好互动，而且管窥出当年那一时代市民社会、文化生活、文坛情景的千姿百态。

1933 年 5 月 29 日，施蛰存在致戴望舒的信中，提到准备“弄一点有趣味的轻文学”。[②] 其直接体现可能就是次年创办《文艺风景》。《文艺风景》的创办，或许也与杜衡加入《现代》编务有关（从《现代》第

---

① 施蛰存：《世纪老人的话·施蛰存卷》，沈建中采访，辽宁教育出版社，2003 年，第 63 页。

② 施蛰存致戴望舒信，《现代作家书简》，孔另境编，花城出版社，1982 年，第 79 页。

3卷第1期起，编辑人由施蛰存、杜衡合署），尽管是少小结交、多年合作的事业伙伴，但二人之间难免存在文艺思想、编辑理念上的龃龉。《现代》第5卷第1期“社中座谈”里有《本刊组织编委会之计划》，提出对刊物进行革新，在“关于整个编辑态度”的说明下有“从轻性的到重性的”一项：

> 也许是所谓“商业竞卖”的结果吧，为要迎合多方面读者的趣味起见，一般杂志刊物很显然的有着一种日趋轻易的倾向。比较严重一些的文章，虽然明知其有价值，但究竟因为害怕着大部分读者的消化不良，许多当编辑的都不甚喜欢登载。我们现在已经很少看到有什么杂志还在干着严肃的理论，切实的大规模的批评，有系统的翻译介绍这些傻子工作了，我们所惯有的是一些杂文，读后感，文人轶事这一类东西。我们已经不再在制造着宝贵的精神的粮食，而是在供给一些酒后茶余的消遣品了。本刊的以往，虽然未必一定十分发展了这种退步的倾向，但究竟没有对一个纯文艺刊物所应负的文化使命加以十分的注意。今而后，除了创作还是依了意义的正当与艺术的精到这两个标准继续进展外，其他的门类都打算把水准提高，尽量登载一些说不定有一部分读者看了要叫“头痛”的文字。我们要使杂志更深刻化，更专门化；我们是准备着在趣味上，在编制的活泼上蒙到相当损失的。

这一段话，很可能是杜衡的意思，至少施蛰存的想法不占多数。“没有对一个纯文艺刊物所应负的文化使命加以十分的注意”——这对先前《现代》杂志的实践，其实提出了不小的批评。牺牲“趣味”和“活泼”使杂志“更深刻化，更专门化”——这一所谓的“从轻性的到重性的”革新，与施蛰存在创刊号“编辑座谈”中提出的不希望把“杂志的气氛表现得很庄严”的编辑理念相违背，所以施蛰存在编到《现代》第5卷时，“就逐渐放弃编务，让杜衡独自主持”。也正是在这个时候，施蛰存开始筹办“以轻倩见长的纯文艺刊物”《文艺风景》，“倘若我以《现代》为官道，则《文艺风景》将是一条林荫下的小路。我们有驱车疾驰于官道的时候，也有策杖闲行于小径上的时候。我们不能给这两条路作一个轻重贵贱的评判，因为我们在生活上既然有严肃的时候，也有燕嬉的时候；有紧张的时候，也有闲散的时候；则在文艺的赏鉴和制作上，也当然可以有严重和轻倩这两方面的”。[①]这可以理解为他不满于“《现代》将日趋于严重整肃”而引发的一个后果。[②]

“轻文学”观、“无意思文学”[③]与“伴侣”编辑理念基本上构成了施蛰存文艺思想的核心，简单说来，就是在“故作尊严的文艺思潮”旁边，追求一点消遣性和娱乐性的文学。施蛰存不希望自己的杂志“表现得很庄严”，还曾特意通过《现代》征文，倾听“一般理论家和著作家”之外的普通读者关于“文学之效用”的看法[④]，这可以理解为对原先被垄断的话语权的开放。“轻文学”观与“伴侣”编辑理念，其实都注重与普通读者的互动[⑤]；这背后是施蛰存对读者市场的信心，借助这一已然形成的读者市场，“轻文学”就能绕开受主流文化控制的文学战场，开辟自己的生存地盘。

说到底，“轻文学”的实践，离不开海派多元文化观。在1930年

---

① 施蛰存：《〈文艺风景〉创刊之告白》，《文艺风景》创刊号，1934年6月。

② 关于杜衡加入《现代》编务所引发的人事纠葛及施蛰存的反应，可参见拙著《从兰社到〈现代〉：以施蛰存、戴望舒、杜衡与刘呐鸥为核心的社团研究》第4章第2节“‘〈现代〉同人’辨析”，东方出版中心，2006年。

③ 施蛰存围绕“无意思文学”的思考，参见收入本书的《施蛰存的“岗位”：以“文学工场”与水沫社时期的实践为例》一文。

④ 参见1934年9月《现代》第5卷第5期“社中谈座”。

⑤ 尽管创作过《梅雨之夕》《巴黎大戏院》一类略显深奥的心理分析小说，施蛰存还是承认：“无论把小说的效能说得如何天花乱坠，读者对于一篇小说的要求始终只是一个故事。”见《小说中的对话》，《宇宙风》第39期，1937年4月16日。

代，属于国家社会意志体现的国民党官方文化，既不能提供市民社会的文化需求，“三民主义”也无法建立起主流的认同；以左翼为代表的阶级政治文化，在商业性的上海都市中，难以满足市民大众个人生活空间的文化需求；而精英的知识分子文化，仍然居于学院的象牙塔之内。可以说，海派文学正逢其时，在“无名”[①]的文化状态中，建立起一种新兴的都市文学，这种文学主要适应市民阶层，就像施蛰存在“一般理论家和著作家”之外，努力使得杂志与普通读者衔接。现代都市商业经济迅猛发展，促使整个社会结构产生变化，从而造成了一个有广泛成员加入的市民阶层：“这些人的生活方式，开始脱离了中国传统都市市民工作与闲暇时间不分的阶段。据记载，上海在19世纪开始出现西方式的周六与8小时工作制，人们的闲暇处理方式成为一种社会化现象，势必要以社会化的娱乐给予满足。这至少造成两种情势，一是大众市民要参与文学娱乐生活，打破了文学由文人一手把持的原有局面；二是大众市民人数众多，文学素养不高，要求享受到较为通俗的文学娱乐作品，而这绝不是古代的较为艰深、数量又少的文人文学所能代替的。”[②]

施蛰存提出“轻文学”观，与上述社会结构、文化形态的转换息息相关。不过必须澄清的是，施蛰存的姿态绝非无原则的俯身迁就。张爱玲是最体贴海派的，但是在惊喜于“这里有一种奇异的智慧”之前，也还承认海派是“新旧文化种种畸型产物的交流，结果也许是不甚健康的”。[③]将文化精神引向市民层面，危险是“新旧文化种种畸型”与封建性沉渣泛起。施蛰存在阐释“伴侣”编辑理念时，一方面反对“态度太趋于极端”，另一方面就反对“趣味太低级”，否则“足以使新文

① 对“无名”的概念说明与理论阐释，参见陈思和：《共名与无名》，收入《陈思和自选集》，广西师范大学出版社，1997年。

② 张鸿声：《都市文化与中国现代都市小说》，第12、13页。

③ 张爱玲：《到底是上海人》，收入《张爱玲文集》第4卷，安徽文艺出版社，1994年，第20页。

学本身日趋于崩溃的命运”。无论是文学创作还是编辑实践，施蛰存的理念、表现都极为辩证。对“礼拜六派”之类的“海派”，抑或穆时英、刘呐鸥等“新感觉派”的“新海派”，沈从文都不假辞色，唯独对于施蛰存则敬重有加。[①] 施蛰存不希望自己的杂志“表现得很庄严”，但是对于“礼拜六派”之类的趣味，施蛰存以为“太低级”，当然是不认同的，他有自己纯文学的追求（可以联想到：关于《现代》杂志上诗歌“晦涩”的指责不绝如缕，而恰是施蛰存的辩护、捍卫，为现代诗派的成长壮大推波助澜），恪守着《〈现代〉创刊宣言》中标举的“文学作品的本身价值”。所以，施蛰存的实践，不妨看作在通俗性、大众文学和精英性质的纯文学之间探讨一种合作。

三　多元环境中的斡旋

上述在多种势力间斡旋，甚至不妨说“走钢丝”的策略，贯穿着施蛰存主持《现代》杂志的整个过程。

我们不妨来回顾《现代》创刊时的内外条件。“一·二八”爆发以前，左翼刊物如《拓荒者》《北斗》均已遭查禁，只有宣扬民族主义文学的《前锋月刊》和商务印书馆发行的《小说月报》还在出版。战后，商务印书馆编译所、图书馆和印刷厂都被毁坏，《小说月报》无法复刊，《前锋月刊》本就是一帮乌合之众占据，被日军一炮轰垮。淞沪战争持续虽不到 3 个月，但使上海的经济、文化、民生都遭到极大破坏，几乎所有文艺刊物都停止，1932 年 5 月 1 日创刊的《现代》杂志，自然成为当时上海唯一的文艺刊物，战事引发的百业凋敝，成就了《现代》的一枝独秀。另一方面，1931 年“九一八”事变后，文化界左翼与非左

① 参见沈从文：《郁达夫张资平及其影响》《论穆时英》《论施蛰存与罗黑芷》，收入《沈从文批评文集》。

翼（国民党御用文学除外）共同意识到了他们之间存有的共识，这种共识也是《现代》得到多方支持的文化背景因素——这是“天时”。其次，自1927年以来，各地文化人归趋上海，需要杂志刊物提供言论空间——这是“地利”。再次，在现代书局经理张静庐的设想中，施蛰存是“挺适宜的一位编辑。对无论哪一方面都没有仇隙，也不曾在文坛上对某一位作家发生过摩擦”。[1] 而对于施蛰存来说，此前《无轨列车》《新文艺》包括夭折的《文学工场》的过程种种，既提供了丰富的编辑经验，也让他深刻意识到一份刊物生存的艰难，编辑如果凭自己的心性任意垄断刊物的风格，或者为追赶激进的文学思潮而不惜冒政治风险，那么，这个刊物就很难长久运转下去。以上经验教训堪称“人和”。无怪乎施蛰存在《浮生杂咏》中感叹：“一纸书垂青眼来，因缘遇合协三才。”[2] 这里的“协”，既指内外有利条件的交汇，其实也预示着需要在派别林立、政治敏感、商业利益的复杂环境中妥协、“走钢丝”。

书局老板商业动机的先天因素，决定了《现代》不能有明显的政治立场。在筹划《现代》之前，现代书局曾出版过《拓荒者》《大众文艺》等几种左翼刊物，都被国民党查禁；之后又出版鼓吹民族主义文学的《前锋月刊》，虽然毁于淞沪战争，但书局在名誉和经济上都受到损害却是不争的事实。所以张静庐等人再要办一个文艺刊物，“动机完全是起于商业观点”，之所以挑中施蛰存，也是因为他既非左翼作家，和国民党也没有关系。这番考虑，施蛰存是完全领会的，“我的《现代》绝不可能编成为一个有任何政治或文艺倾向性的同人杂志”，《创刊宣言》也赶紧奠下基调，“间接地说明这个刊物没有任何一方面的政治倾向，刊物的撰稿者并没有共同的政治立场。对于出版家现代书局来说，这样一篇《创刊宣言》是必要的，它可以保证不再受到因出版政治倾

---

① 张静庐：《在出版界二十年》，第150页。

② 施蛰存：《浮生杂咏·六十一》，收入《沙上的脚迹》，辽宁教育出版社，1995年，第212页。

向鲜明的刊物而招致经济损失”。[1] 所以当“第三种人”论争展开时，施蛰存“一开头就决心不介入”，“在整个论辩过程中”也“始终保持编者的立场”。而当杜衡加入编务后，施蛰存又竭力使“《现代》保持原来的面貌”，甚至和杜衡定下协议“坚持《创刊宣言》的原则。尽管我们对当时的左翼理论家有些不同意见，但决不建立派系，决不和左联对立”。[2] “从第四卷起，《现代》的销路逐渐下降，每期只能印二三千册了”[3]，而重要的影响因素之一就是杂志沾上了“第三种人”色彩（至少外人看来如此），这倒是一个反证：杂志有了政治倾向之后（哪怕是若有若无的），它对商业利润的追求必然受到损害。

力求中立的态度也体现在刊物的栏目沿革上，从第3卷第1期起，《现代》新增“随笔·感想·漫谈”一栏，编者在“社中谈座”里提到开辟这一栏目的设想是，要提供给作者与读者“一个发表一点对于文艺与生活各方面杂感的场合。这里的文章，对象是没有限制的，无论是对于国家大事，社会琐闻，私人生活或文艺思想各方面的片断的意见”。正是在这一栏目里，我们读到了不少针砭时弊的言论，包括鲁迅的《看萧和看萧的人们记》（第3卷第1期）、《关于翻译》（第3卷第5期）、《小品文的危机》（第3卷第6期）这一系列体现现实战斗精神的杂文名篇。不料7个月后，第4卷第1期的“独白开场”内，编者告知：“本来，本刊每期开端的篇幅有叫做‘随笔·感想·漫谈’的一栏的，内容不限于文艺，举凡政治或社会一切重要问题都可以谈到。却不料结果与我们原来的理想刚巧相反：一切应该谈的话，我们都不可能谈；可能谈的话，却多数不必谈。我们考虑再四，到底还是决定把那一栏废掉”，取而代之的新栏目叫“文艺独白”，“供给爱护本刊的读者

---

① 施蛰存：《重印全份〈现代〉引言》，收入《北山散文集》，第1297页。

② 参见施蛰存：《〈现代〉杂忆》，收入《北山散文集》，第248、264页。

③ 施蛰存：《我和现代书局》，收入《北山散文集》，第327页。

和作者以公开发表关于文艺的意见的园地”。从“内容不限于文艺，举凡政治或社会一切重要问题都可以谈”，到“把杂论的范围仍然限制到纯文艺方面来”，专供“发表关于文艺的意见”——这番转变，显然是出于规避敏感的时政问题而求保身。

但是，《现代》斡旋于左翼文学与政府御用文学之间“无偏党”的姿态，并不等同于毫无原则、浑浑噩噩。总的来说，《现代》向左翼作家与自由主义作家开放，“但国民党方面的文章，我是拦住不登的”[①]；并且在“不介入政治漩涡”[②]、不影响商业利润的前提下力所能及地为进步事业提供支持。正如徐迟的评价那样：“这是一个努力团结多方面的力量，尽可能地发出一点时代的声音的好刊物。表面上只注意艺术性，骨子里却也有进步性。”[③] 丁玲被捕后的持续报道以及发表鲁迅《为了忘却的记念》，已无需赘言，不妨再举一例。

在 1930 年代上海租界当局的容许范围之内，写无产阶级革命小说，必须避免一些说明，情节的发展也得省略一些枢纽，整个故事的前因后果，要读者自己去体会。《现代》杂志上就有好几篇这样的小说。比如第 3 卷第 2 期发表了楼适夷的一个短篇《死》。小说讲述一个化名“李大姐”的女同志，夜晚在西藏路上被国民党特工绑架逮捕，受到严刑拷打。特工要威逼她供出同志的地址。小说着重描写了人物的心理状态：在酷刑和侮辱之下，曾经想屈服。经过思想斗争，认清生和死的意义，终于坚持下去，为革命而牺牲。但作者在这篇小说中，没有说明李大姐是何等样人。她为什么被绑架？那个“黑大个子老王”为什么要绑架她？他要逼她说出来的是个什么地址？两个月之后，编者收到一封署名“石心照”的读者来信，如下：

---

① 施蛰存：《施蛰存谈〈现代〉杂志及其他》，收入《鲁迅研究资料》第 9 辑，北京鲁迅博物馆、鲁迅研究室编，天津人民出版社，1982 年，第 231 页。

② 施蛰存：《读〈现代〉重印本书感》，收入《北山散文集》，第 1053 页。

③ 徐迟：《江南小镇》，作家出版社，1993 年，第 103 页。

编辑先生：

当我看完了三卷二期适夷君作的《死》以后，我的脑子昏昏乱乱，几乎令我不知所看的是什么。于是又反复看了有四次之多，但是始终看不清到底所写的是什么。

一、为什么那个女子走在大街上被黑大个子老王架上汽车？是不是绑票？（但是那女子是穷的。）

一、老王是个作什么的？

一、用抽打刑罚逼那女的说些什么？

还有，“上海足足弄掉了二三百个地方……用木壳枪保护你，用不着怕……”这是不是逼亲，或旧小说上的抢亲？但是……（真不明白）还有（多着呢，不说了。）

就以上的问题，我费了三周夜的思索，始终还是不明白。现在请问编者对于我的这几句话有什么意见。

最后，我要说的是：文章虽然贵乎含蓄，但是含蓄得太高深了，也只有作者（或《现代》的编者）能懂得。愚笨的读者（如我）是一点也不懂得。哎，只怨我少念几年书吧！

石心照

实际上确实有些天真的读者，特别是内地的读者，不了解革命斗争的形势，更不了解作者的处境，对于这些小说，常常感到“朦胧”，但是这封信比较特殊，施蛰存的考虑是：“从这封信的署名‘心照’看来，我猜想这封信不能从正面文字去理解。他并不是真的看不懂《死》，而是在讽刺作者，也是在讽刺革命文学。我研究之后，觉得不能从此信所表现的文字以外去答复。”[①] 于是在第 3 卷第 6 期的“社中谈座”中，施蛰存将“石心照”来信全文刊出，并答复如下：

---

① 参见施蛰存：《〈现代〉杂忆》，收入《北山散文集》，第 272 页。

心照先生：

你的来信始而使我们惊诧，终而使我们感叹。你对于适夷君的《死》所发的几点疑问，请原谅，我们也没有可能一条一条的答复你。我们只能说这篇小说描写的是，一位从事社会革命的女性因政治关系而被捕的情形。此外，我们没有什么好说，只能请你把那作品看一个第五次。

你说"文章虽然贵乎含蓄……"但我们不得不告诉你，在目前这情势下，有些文章是不得不含蓄，倒并不是故意卖弄机关以图欺骗读者。写文章而不会含蓄，在今日之下所能遭到的运命，想来你也不至于完全不知道吧……

编者

施蛰存就是用这样"心照不宣"的方式回击了意图不轨者，为革命文学作了辩护。

1934 年，戴望舒在巴黎认识了超现实主义诗人姚拉（Jolas），姚拉在戴望舒那里见到了《现代》杂志。"他就直接写了一封信给我，希望我的刊物出一个专号，介绍和宣传超现实主义文艺。当时我以为这一种文艺思潮，在中国不能起什么作用，反而会招致批判，于是就复信婉谢了。"[①] 其实就个人而言，施蛰存对作为西方文艺界最新潮流的超现实主义是怀有好奇和兴趣的。比如他和当时具有超现实主义风格的画家庞薰琹、周多[②] 等有着良好的友谊与合作，《现代》杂志曾请这些画家设计过布满超现实趣味的封面；但是要出一个超现实主义的专号，施蛰存就显得特别谨慎，诚如研究者的洞察："身为主编，他必须以杂志的得失

---

① 施蛰存：《米罗的画》，收入《北山散文集》，第 875 页。

② 施蛰存注意到，"周多、林风眠、庞薰琹、雷圭元，他们的画都有超现实主义的影响。尤其是庞薰琹，他带回来的作品，几乎都是超现实主义的风格"。施蛰存：《米罗的画》，收入《北山散文集》，第 875 页。

为第一考量。超现实主义和之前的达达、未来主义一样，与中国的现实社会似乎隔膜甚厚，‘不能起什么作用’；而且，在‘异议’、‘论争’此起彼伏的‘多事之秋’，出版一本‘超现实主义文艺专号’立即招来各方尤其是遵奉现实主义的左翼阵营的‘批判’，几乎是可以预见的现实。为了省却不必要的口舌之争和更多麻烦，施蛰存选择了‘婉谢’。”由此正见出施蛰存在“个人旨趣与公众职位之间”的商兑与妥协。①

《现代》第1卷第5期上发表了施蛰存翻译的英国评论家阿尔杜思·赫克斯莱（Aldous Huxley）的《新的浪漫主义》一文，作者将浪漫主义分为新、旧两种：“旧浪漫主义”主张“最高的政治价值便是个人的自由”，“个人主义与自由便是他们所追求的最后的福利”。与此相对，布尔什维克主张的“集团主义”则是一种“新的浪漫主义”，“革命的自由主义者不承认人除了个人的灵魂之外，同时还是一个社会的动物，所以他们是浪漫的。布尔什维克则不承认人是有甚于一个社会的动物的地方，只想以一定的训练工夫把他们变成一架完善的机器，这也不免是浪漫的。所以说这两种思想都是过度和偏执的”。而作者态度是：“我个人对这两种浪漫主义都不大满意”，“如果要我自己的路，我决不在这两者之中拣取一种；我是主张在这两者之中采取一个中庸之道的，可以有永久价值的唯一的人生哲学是一种包含一切事实的哲学——心灵的事实和物质的事实，本能的事实和智慧的事实，个人主义的事实和社会的事实”。施蛰存特意在“译者后记”中指出：“我觉得在这两种纷争的浪漫主义同样地在中国彼此冲突着的时候，这篇文章对于读者能尽一个公道的指导的。”很显然，翻译这篇文章，标明了施蛰存对当时盛行的文学思潮的态度，他心目中新旧浪漫主义在中国的代表分别是指左翼作家和新月派、论语派自由主义知识分子。正如前文所言，施蛰存是在双线作战的语境中，提出“轻文学”观和“伴侣”编辑理念：一方

---

① 胡荣：《从〈新青年〉到决澜社——中国现代先锋文艺研究（1919—1935）》，复旦大学出版社，2012年，第183、184页。

面反对“态度太趋于极端”，另一方面反对“趣味太低级”；一方面反对“俨然发挥了指导精神的普罗文学”，另一方面反对“庞然自大的艺术至上主义”。[①]施蛰存与左翼方面的龃龉已有多种讨论[②]，后者那方面却揭橥不多。比如，对于林语堂主编《人间世》刊载“斗方名士式的‘倡合’”做法，施蛰存就表示过不满，认为“文白的兼收并蓄，实际上便是一种对五四的叛变”。[③]此外，从“伴侣”编辑理念出发，《现代》编者不愿意领导青年，但这并不意味着放弃对现实社会的责任，“我们不愿意作过分的夸张，以为号召读者的宣传。我们愿意尽了一个文艺杂志所能做的革命工作，但我们不肯虚张声势……对于一般安于逸乐，昧了危亡，没有看见中国社会的种种黑暗、没落、残颓景象的有希望的青年们，我们愿以《现代》为一面警惕的镜子，使他们多少从这里得到些刺激和兴奋，因而坚定了他们的革命信仰，这就是我们的目标了”（“社中座谈”，《现代》第3卷第4期）。“镜子”是文学间接反映现实（也标明了文学特殊性）的经典比喻，施蛰存藉此表达其工作的落脚点：通过具体的文学创作、学理讨论等方式来表达对人生的思索，进而介入社会。这也正是前文提到的知识分子对民间岗位的执守。

1934年10月，《现代》推出“美国文学专号”。编者在《导言》中概括“美国文学中有两个应该极郑重的去注意的特征”，其一是“自由”：“我们坚信，只有自由主义才是文学发展的绝对而且唯一的保障”，“在现代的美国文坛上，我们看到各种倾向的理论，各种倾向的作品都同时并存着；它们一方面是自由的辩难，另一方面又各自自由的发展着。它们之中任何一种都没有得到统治的势力，而企图把文坛包办了去，它们也任何一种都没有用政治的或社会的势力来压制敌对或不同的倾向”。《现代》推出“美国文学专号”，本就意在通过介绍美国

---

① 施蛰存：《无意思之书》，《现代》第1卷第1期，收入《北山散文集》。

② 可参见收入本书的《施蛰存的“岗位”：以“文学工场”与水沫社时期的实践为例》一文。

③《文坛展望》，《现代》第5卷第3期。

文学的“丰富”来提示、帮助当下“本国新文学的建设”，上述这番对自由辩难、自由发展的文坛格局的描述，正是施蛰存心向往之的。

对于自己所秉持的“既不敢左，亦不甘右，又不欲取咎于左右”的中间派路线，施蛰存留下这样两句咏怀：“左右逢源无适莫，衡文吾道一中之。”[①] 但是对于这样一种“走钢丝”般的苦心孤诣，并非人人都能理解。早在1934年，就已经有人说《现代》“不左不右，亦左亦右”，可事实上它又受到左右两方面的攻击，胡风在《粉饰，歪曲，铁一般的事实》将《现代》等同于“第三种人”的同人刊物，1949年后也有研究者指其为“资产阶级反动文学刊物”；而1934年国民党当局对《现代》杂志的定位则是“半普罗的”。[②] 无怪乎施蛰存多次表示：“许多人看惯了同人杂志，似乎不能理解文艺刊物可以是一个综合性的、百家争鸣的万华镜，对于我主编的《现代》，总爱用同人杂志的尺度来衡量……他们没有一个人曾看过全份《现代》，更没有看过我的《创刊宣言》。”[③] 这里面，有深深的、不被理解的委屈。

以上诸方面所讨论的施蛰存通过《现代》杂志的策略与实践：在通俗性、大众文学和精英性质的纯文学之间探讨合作；在追求商业利润的同时“借水行舟”般承担文艺使命，“给全体的文学嗜好者一个适合的贡献”；斡旋于左、右政治势力之间力求“无偏党”的姿态——这些灵活与机变，正得自于施蛰存对海派文化空间独特性的把握。

2013年8月2日

---

① 施蛰存：《浮生杂咏·六十二》，收入《沙上的脚迹》，第213页。

② 参见《上海市党部文艺宣传工作报告》，收入《左翼文艺运动史料》，陈瘦竹主编，南京大学学报编辑部，1980年，第319页。

③ 施蛰存：《〈现代〉杂忆》，收入《北山散文集》，第248页；以及《重印全份〈现代〉引言》，收入《北山散文集》，第1296、1297页。

知识分子人文传统与当代文学批评

一　论题界定

中国20世纪文学是一个开放性的整体，当代文学只是其整体发展过程中的一个阶段。本课题[①]中“当代文学批评”特指1949年以后中国大陆的文学批评，探讨此特定时空中知识分子介入文学批评的姿态与方式，经由批评实践所提出的主张、命题与思想，以及这些主张、命题与思想和社会发生的互动。

“人文传统”并非一套概念、体系，它源自20世纪中国知识分子曲折而奋进不已的实践历程，蕴涵着他们心灵世界中最大的寄托与失落，欢愉与激愤，以及由此而来的经验与教训。按照陈思和先生的梳理[②]，在追求人性的解放这一根本精神之外，我们把20世纪中国知识分子的传统主要理解为以下两个方面：

（一）学术专业化的价值体系。现代知识分子确立的标志，首先是将自己的学术活动与庙堂文化分清界线，使学术成为一种专业学科，建立专业自身的价值体系。王国维在《论哲学家与美术家之天职》一

---

① 本文为陈思和教授主持“中国当代文学批评史”子课题之一“知识分子人文传统与当代文学批评”的导言部分。

② 参见陈思和：《我往何处去——新文化传统与当代知识分子的文化认同》，收入《新文学传统与当代立场》，山东教育出版社，1999年；陈思和：《“五四”与当代》，《论知识分子转型期的三种价值取向》，收入《陈思和自选集》，广西师范大学出版社，1997年。

文中率先指出：哲学家觉悟“宇宙人生之真理”或艺术家将“胸中惝怳不可捉摸之意境一旦表诸文字、绘画、雕刻之上”，“此时之快乐，决非南面王之所能易者”。[①] 他把哲学上的新发现和艺术上的新创作的价值，视同庙堂上“南面而王”，这或许可以看作现代知识分子价值取向的变化之始。然而，中国现代知识分子本就是从士大夫阶层转化过来的，他们身上保留了旧式士大夫的忧患意识和以天下为己任的价值取向，再加上时代峻急一再向知识分子发出“共名”式召唤（民族解放、阶级斗争、国家建设等），于是造成“政治为本”的现象，学术自身价值降为次要，必须为政治变革服务，专业知识往往成为传递政治主张的工具。在古代社会，知识分子的前身“士”是价值世界（即“轴心突破”后的超越世界）的承担者、支撑者。随着科举废止、社会转型（日趋多元化、分工日趋细密化），知识分子已不能占据中心位置。但一方面，这并不意味着知识分子放弃承担精神，而是在进入新历史阶段后呈现“化整为零”的趋向，“新闻记者、律师、医生、科学家等都纷纷从各自的专业岗位上，就具体问题发为不平之鸣”；另一方面，专业岗位与承担精神应是相辅相成，前者并非附庸，“知识人必须以专业为基础，在专业上取得成就，受社会尊重，他便更有机会发挥知识人的作用”。[②] 鲁迅和胡风是广场上知识分子的杰出代表，自觉作为社会良心与各种黑暗势力展开斗争；但是他们的战斗岗位，始终在自己的专业上（文学创作、文学批评、编辑出版）。学术立场的重要性还在于，鲁迅、胡风及其他现代知识分子先驱们所开创的现实战斗精神，如若不与知识分子的学术专业化与民间岗位结合起来，仍然会停留在“广场”的虚妄价值体系里，无法形成健全的知识分子人格。

---

① 王国维：《论哲学家与美术家之天职》，收入《静安文集》，辽宁教育出版社，1997年，第121页。

② 参见余英时、陈致：《余英时访谈录》，中华书局，2012年，第80—83页。

（二）社会责任感的价值体系。知识分子的人文精神与传统，必须在与现实的对话甚至龃龉中发展、积聚。社会责任感的重要性在于，学术专业化的转型若没有现实战斗精神的支撑，不但无法贯彻“独立之精神，自由之思想”的专业理想，而且所做的学术工作，不过是权力意识形态的注脚，并无价值可言。知识分子如果以自觉隔离时代的姿态来保持学术的纯粹与超越，拒绝与时代气息相沟通，拒绝投入人对自身与社会的关系的思考，则其学术只能是工匠性而非人文性的研究活动，其知识积累也必支离灭裂而了无生气。

学术立场与社会责任是知识分子并行不悖的传统与使命。鲁迅、胡风这样广场上的猛士从来不离弃专业立场，而陈寅恪这样倡言“独立精神、自由思想”的代表性学者也从来不乏“救国经世”的热肠，只是他们希望以点滴积累的耐心与刨根寻底的专注来固本培元，“不揣其本，而治其末，充其极，只成下等之工匠”，“救国经世，尤必以精神之学问为根基”。[①] 我们强调学术立场与社会责任的辩证结合，暗含的一层意思是：在现代社会里知识分子对社会的参与是通过知识分子自身的方式与具体的岗位来实现的，通过学术活动来为全民族逐渐培养起一种人文理想，以此推动社会进步。也就是说，知识分子应该建立与社会生活独特的联结方式。而文学批评正是具体而微的一种联结方式。人文主义批评这一文学实践形态，将批评的审美意识和社会启蒙意识

---

① 陈寅恪在1919年与吴宓的一次谈话中指出：“今则凡留学生，皆学工程、实业，其希慕富贵、不肯用力学问之意则一。而不知实业以科学为根本。不揣其本，而治其末，充其极，只成下等之工匠。境遇学理，略有变迁，则其技不复能用，所谓最实用者，乃适成为最不实用。至若天理人事之学，精深博奥者，亘万古，横九垓，而不变。凡时凡地，均可用之。而救国经世，尤必以精神之学问（谓形而上之学）为根基。乃吾国留学生不知研究，且鄙弃之，不自伤其愚陋，皆由偏重实用积习未改之故。……今人误谓中国过重虚理，专谋以功利机械之事输入，而不图精神之救药，势必至人欲横流、道义沦丧，即求其输诚爱国，且不能得。”参见吴宓日记1919年12月14日记录，收入《吴宓日记》第2册，生活·读书·新知三联书店，1998年，第101、102页。

紧密结合，最能显示上述现代中国知识分子的两大传统特征及其辩证结合：作为文学批评，它关注的对象是文本、作家、思潮、流派等，介入依据是文学的审美特性，如形式、文体、艺术个性、美学趣味……与此同时，对批评审美意识的自觉追求，并不意味着放弃现实性和社会意识。文学批评的实践始终是当代生活的实践。优秀的批评家重视自身与生活的同步性，他的文字呈现出强烈的时代意识。总之，知识分子人文主义批评致力于把握文学自身的艺术特征与美学规律，致力于表现作为社会主体的人的生存状态、思想情感及探索人性的复杂，将文学置放在人的实践、人的认知以及人的价值的平台上加以考量，以这种间接、潜移默化的方式来彰显文学批评的实践性与社会意识，提升人的精神、推动社会进步。

当代文学批评史上，胡风最早试图从现实主义的角度来纠正政治意识形态批评的偏颇。“百花”时期文学理论批评一度活跃，而巴人、钱谷融等在困境中的探索，证明了知识分子人文传统即便在“极左”思潮横行的年代也不会被完全剿灭。新时期以后，文学观念与方法论不断革新，李泽厚、刘再复分别从哲学与文学的角度确立人的主体性，推动了当代文学批评的发展。而在1990年代市场化和商业化的冲击下，王晓明、陈思和等人揭起人文主义精神的讨论以及民间立场的倡导，寻思知识分子在新形势下的作为与岗位……以上不同时期知识分子的批评实践，构成了本课题的主要内容。总之，现代中国知识分子的人文精神与传统，并不是虚悬的理念或空想，而是通过一系列的实践来培养、显现的。在1949年以来很长的一段时期内，外部现实环境艰难复杂（一个高度组织化、“一体化”的文学世界里，文学生产的各个环节，甚至知识分子的思想内容与思维方式，都受到国家统一的规范、管理），而自1980年代至新世纪，在与市场化、新媒体的角力、互动中，实践者的主体精神时而紧张时而松弛，人文精神对知识分子而言时隐时现，但优秀的知识分子总是通过具体的文学理论阐释与批评实践，来表达对人的尊严、人之所以为人的精神的捍卫，表达对人类发展前景的真诚关怀与责任……这正是我们需要总结的议题。

陈剑晖、宋剑华主编的《20 世纪中国文学批评史》认为，人文主义批评既是西方自文艺复兴运动以来的人文主义传统在 20 世纪中国文坛的延伸和发展，同时也是从社会功利主义批评中分化出来的一种独立批评形态。其在我国兴起于五四新文化时期；自 1930 年代起，在与政治意识形态的对立冲突中，逐渐走向成熟。[①]“人文主义”既是五四知识分子传统的基石（郁达夫在主编第一辑《中国新文学大系·散文二卷》的导言里就提出著名论断：“五四运动的最大的成功，第一要算‘个人’的发见。从前的人，是为君而存在，为道而存在，为父母而存在的，现在的人才晓得为自我而存在了。”[②]），当代文学与五四传统很大程度上也正是在人文话语的复归中完成对接，自然也成为知识分子批评话语的基础性概念、方法与核心关怀。本课题所将涉及的主要内容——胡风将人学与文论紧密结合而表达的“人格力量”“主观战斗精神”等命题、1950 年代关于人道主义的讨论、1980 年代“以人为思维中心”搭建的“文学主体性”框架、1990 年代初人文精神寻思在新的社会背景与文化参照下重建“人学”——无不围绕上述关键词展开，也彰显出当代文学批评的演进过程。

二　辩证：文学批评作为“历史的符号”与“历史的反抗”

在 20 世纪中国文学史上，与知识分子人文主义批评相对应的，主要是与强势意识形态或话语权力结合在一起的批评。二者区别在于：后者主要强调文学对社会生活“镜像”般的直观反映，通过文学的现实

---

① 陈剑晖、宋剑华：《20 世纪中国文学批评史》，海南出版社，2003 年。

② 郁达夫：《中国新文学大系·散文二集》“导言”，收入《中国新文学大系·散文二集》（影印本），上海文艺出版社，2003 年，第 5 页。

效应来直接干预生活；其操作者往往是文艺界的管理、领导人员以及权威报刊的编辑，他们在文坛上构成权力范围。这样的文学批评，象征了国家文艺政策、领导权力对创作的制约，或者是对舆论导向的控制。而自 1990 年代以来随着市场经济的发展，现代传媒尤其是互联网的发达，又出现了传媒批评，这对传统文学评论模式既带来冲击，也意味着契机。知识分子需要通过媒体、网络提供的便捷多元的传播渠道将研究成果转换成社会的精神财富，让普通读者接受；网络上新鲜的活力、自由的声音也能给传统文学批评补充血液；同时，媒体批评与网络批评也需要借助学术批评的力量来提高社会文化的品质。在今日复杂的环境中，文学批评并不会消亡，相反其对社会的意义将越来越大。

如上所言，知识分子人文主义批评往往与和权力意志相结合的批评构成对位，后者主要由作协与宣传部门的领导、"文化官员"、权威文学刊物主编等构成和体现，他们是意识形态的宣传与监督者、文艺思想的权威阐释者、具体政策的执行者。不过以上所谓"对位"只是一般的说法，区别并不限于外在身份的认定或在权力结构中所居的位置，而在于文学批评者是否能够基于某种知识分子的"自觉"（哪怕是暂时的），与文学批评领域中的话语权力、支配性论述形成异质性的探讨空间（哪怕这一空间是脆弱的、不稳固的）。比如秦兆阳在发表《现实主义——广阔的道路》时正主持《人民文学》编政，从身份来看"身居要路津"，但他之所以能对教条主义的束缚发出抗辩，除开"双百方针"提供暂时的"宽松"氛围之外，内在的原因正是"遇事、遇见问题，爱思考、求索""骨子里又执著，对自己的主张不肯'随行就市'"[①] 的知识分子独立精神的支撑。更特殊的例子来自周扬，在当代批评史上两次著名的人道主义论争之中，周扬皆是关键人物。1957 年由巴人、

---

① 涂光群：《求索的苦果——秦兆阳〈现实主义——广阔的道路〉出世前后》，收入《五十年文坛亲历记》上册，辽宁教育出版社，2005 年，第 145 页。

王淑明、钱谷融等人文章引发的关于人情、人性、人道主义的讨论，在“反右”“反修”的斗争浪潮中被吞没，批判的基调在第三次文代会和中国作协理事会上周扬、邵荃麟等人的报告中一再被强调，周扬在《我国社会主义文学艺术的道路》的报告中特意列出“驳资产阶级人性论”一节：“‘人性论’是修正主义者的一个主要思想武器。他们以抽象的共同人性来解释各种历史现象和社会现象，以人性或‘人道主义’来作为道德和艺术的标准，反对文艺为无产阶级和劳动人民的解放事业服务。人们可以看到，这些反动思潮对于人民和人民的文艺已经发生了极有害的影响。”[①] 当周扬以这样上纲上线的方式来封堵人道主义问题的讨论空间时，他显然站在了知识分子人文话语的“对立面”。“文革”后，周扬呈现“反思姿态”，成为思想解放的先驱。他在1979年秋的四次文代会上当选为全国文联主席，后调中央宣传部任主管文艺的副部长，“正式地重执文艺牛耳”。[②] 1983年3月7日，中宣部、社会科学院、中央党校和教育部联合举办的马克思逝世100周年学术报告会在中央党校举行，周扬在该会上的讲话稿《关于马克思主义的几个理论问题的探讨》（由王若水、王元化、顾骧协助起草）明确肯定了人道主义（“马克思主义确实是现实的人道主义”），尤其对马克思《1844年经济学—哲学手稿》中关于“异化”问题的表述，作出了充分阐释。而来自主流意识形态的反应，则由胡乔木体现。胡乔木《关于人道主义和异化问题》一文主要就是批评“宣传人道主义世界观、历史观和社会主义异化论的思潮”（“作为世界观和历史观的人道主义，是唯心主义的”；“有些同志”错误地“脱离开具体的历史条件，把异化这种反映资本主义特定社会关系的历史的暂时的形式，变成了永恒的、可

---

① 周扬：《我国社会主义文学艺术的道路》，收入《中国文学艺术工作者第三次代表大会文件》，人民文学出版社，1960年，第53、54页。

② 顾骧：《晚年周扬》，文汇出版社，2003年，第11页。

以无所不包的抽象公式”)，因为这些宣传“不是一般的学术理论问题，而是关系到是否坚持马克思主义的基本原理和能否正确认识社会主义实践的有重大现实政治意义的学术理论问题”。[①] 这场争论正是当时思想界人道主义思潮讨论在高层内部的反映。胡乔木无疑充当了文化战线上权威的“看门人”角色，他敏感地关注着学术理论探讨的“越界”；而此时的周扬，尽管同为文艺宣传部门的领导，但据顾骧的说法，他却不在“仕途与学术两者之间打‘秋千’”，甘冒风险地回归到知识分子“追求真理”的立场上[②]，或照章培恒先生所言，周扬“在晚年公开标举‘人道主义’”，表明其在经过较长时期的“主动或被动的对这一要求的自我抑制之后，终于踏上了昔日的辙迹”[③]，所谓“昔日的辙迹”不外乎是“追求人性解放”的人文传统的核心关怀所在。尽管这场论争在“清污”中被迫终止（甚至周扬在 1983 年 11 月 5 日对新华社记者发表谈话中，对先前自己关于人道主义和异化问题的观点作了自我批评），但今天我们回顾历史，周扬对人道主义的肯定，无疑成为新时期知识分子人文话语重启的动力源泉之一，此后“新启蒙”思潮（领军人物正是当初协助周扬起草讲话稿的王元化[④]）避开了与作为国家意识形态的正统马克思主义发生正面冲突，而将“主体论”“人学”等作为主要论题，继续展开对“人”的重建工作。

---

① 周扬：《关于马克思主义的几个理论问题的探讨》，《人民日报》1983 年 3 月 16 日；胡乔木：《关于人道主义和异化问题》，《理论月刊》1984 年第 2 期。

② 顾骧：《晚年周扬》，第 42 页。顾骧说：“他在新时期的言行，确实不是从仕途出发，不是什么在仕途与学术两者之间打‘秋千’。他在官场上几十年，难道不懂得，升官、保官最重要的秘诀是跟风走，按照上面的调子唱，听话，讨领导人的欢心，用那时一句流行话说，叫‘紧跟’？他如果一心想的是那个‘政协副主席’，大可不必冒风险作什么理论‘探讨’，更不要顶风反‘左’；如果能大批‘自由化’更会稳操胜券。他是在追求真理。”

③ 章培恒：《关于中国现代文学的开端》，收入《开端与终结——现代文学史分期论集》，章培恒、陈思和主编，复旦大学出版社，2002 年，第 20 页。

④ 在李锐看来，新启蒙思潮以及《新启蒙论丛》的诞生，都受到周扬和胡乔木的那场论争的催化。参见李锐：《王元化与新启蒙》，《炎黄春秋》2010 年第 9 期。

由上例来看，尽管周扬、秦兆阳依然不脱文化官员的身份，但只要复位到知识分子立场，表达出独立探索的文学见解之时，我们依然将他们纳入知识分子的人文主义批评话语。从当代文学批评史的总体情况而言，尽管在战争文化规范的严密监管下，知识分子的传统一再遭到剿灭，其主体精神如履薄冰，但延续自五四传统的这份血脉，就如同不熄的圣火，默默潜入知识分子的心底，尽管黯淡，却依然葆有光和热，总会在适当的时机聚敛起精气，涅槃重生。知识分子的批评话语，总会借助形势略显松动的契机，思想解放的春光乍现的刹那间，鼓舞起越出雷池的探索勇气，表达一己之见。

正如不少研究者的观察所判断，当代中国文学可谓之“国家文学”：“中华人民共和国成立伊始，新的国家的文学制度就已经启动形成”，文学的合法性和价值观“由国家权力政治所全面规定和支配”，文学的生态演变“被国家权力全面覆盖并且充分组织化和政治化”，其目的当然就是“国家权力对文学的绝对领导”。在这样“一体化”的文学世界里，“文学批评是一种‘体制文学批评’”，“甚至（不得不）可以说是国家意识形态的直接表达或组成部分”[①]。上述判断当然是成立的。举个例子，1950年代中期到1960年代初期，是新中国成立以来文学理论批评较为活跃、富于建设性的阶段，被后来研究者称为“百花时代”。对“社会主义现实主义”的重新理解、对人性和人道主义的呼唤、对典型和形象思维的讨论……都在较为良好的氛围中展开。这其中，居于核心地位，或者说对于文学理论批评提供了激活力量的，是对教条主义的揭批。我们考察这一“暂时性的空间”以及批评家参与积极性的来源，除开国内国际的具体历史背景之外，应当联系到知识分子一度被

① 吴俊：《文学的权利博弈：国家文学与文学批评》，《当代作家评论》2011年第2期；李丹：《“一九七八年全国优秀短篇小说评选”对于当代文学批评的意义》，《当代作家评论》2011年第3期。

压抑的主体性的伸张，延续自五四新文学的启蒙传统和现实战斗精神重又激发；但我们同样会关注到权力意志的“容忍”，或者说权力意志对意识形态领域统治方式的“微调”。农业合作化“高潮”和对城市工商业的社会主义改造的“胜利”，使毛泽东作出了大规模的阶级斗争已基本结束的论断，要求把全党和全国工作的重点转移到经济建设上来。这样，发掘和动员建设资源，“努力把党内党外、国内国外的一切积极的因素，直接的、间接的积极因素，全部调动起来”[①]，变成为当务之急；其中修复与知识分子因之前批判“胡风反革命集团”而导致的紧张关系，改变对知识分子政治态度和思想状况评价，提高其积极性自然至关重要。1956 年 1 月，中共中央召开了知识分子问题会议，周恩来所作《关于知识分子问题的报告》提出了改善知识分子工作条件，包括物质生活条件和精神环境的条件的重要许诺，承认知识分子是可以信赖和依靠的对象。在此大背景下，林默涵说：“在批判胡风的运动开始时，是准备同时批判文艺思想上的机械论、庸俗社会学的倾向的。但因为我们的力量不够，又恐怕在读者中间引起混乱，才决定把后一工作推迟一步。现在是应该把批判庸俗社会学的问题提到日程上来了。”[②]林默涵和站在“更高处”的周扬，是制订、执行文学政策，对文学领域进行全面领导和控制的“文化官员”群体的代表人物。周扬在 2 月 27 日到 3 月 6 日召开的中国作协第二次理事会会议上所作的报告，在“我们的文学创作是在一天一天繁荣，优秀作品愈来愈多”，文学“在肥沃的社会主义的现实土壤上茁壮地成长”的前提下，承认“不论是在思想方面和创作方面，在组织工作方面，都还有许多严重的障碍和困难”，

---

① 毛泽东：《论十大关系》，收入《毛泽东选集》第 5 卷，人民出版社，1977 年，第 288 页。

② 林默涵：《关于典型问题的初步理解》。1956 年苏联《共产党人》杂志专论提出“典型问题”，引起中国文艺界关注，中国作协同年召开作协创作委员会理论组典型问题座谈会。该文为林默涵在座谈会上的发言，后发表在《文艺报》1956 年第 4 期和《新华半月刊》1956 年第 6 期。

而“最有害的毛病之一公式化概念化”“相当普遍存在着”。[①]周扬与林默涵的表态，是知识分子在文学理论批评领域揭批教条主义得以展开的前提，这同时也揭示了一个“一体化”的文学时代中，知识分子人文主义批评其“独立空间”的限度所在。“国家政治和权力意识形态对于文学批评一直具有支配或导向性的影响：乖离、溢出，甚至反向权力意志的倾向或企图究竟能够走出多远，主要取决于权力意志的容忍度或政治策略”。[②]

从根本上而言——按照福柯的说法——自由、不受约束的话语是不存在的，但我们不能忽视另一面向。德国学者赫·绍伊尔在《文学史写作问题》一文中引介罗兰·巴特的话，将文学理解为“既是历史的符号又是历史的反抗”[③]：一方面当注重文学与社会环境（“制度”“组织”“行政”等）的依存关系；但另一方面，这一依存关系并不意味着决定论式地将文学视作社会关系的必然产物，而应当在具体的历史分析中，探析文学对社会环境作出的不同反应，“以及这种反应的‘自由’”。我想以胡风为例来说明这一问题。有位研究者曾敏锐地指出：胡风案发生的重要原因在于，当对手们早已“脱胎换骨”时，胡风却一再延宕、拒绝了意识形态的“询唤”。[④]换言之，胡风为什么对既定的、一统的意识形态拒表臣服？对这一问题的复杂原因作探讨，可能万语千言也难穷尽；但是也可以斩钉截铁地归结到一个最基本的陈述上：因为胡风有他无法移易的根柢所在，这是他以身相抗、抵死苦斗的基点；胡风坚持的文艺理论，是他经过多么创痛酷烈的挣扎过程以

---

① 周扬：《建设社会主义文学的任务》，《文艺报》1956年第5、6期合刊。

② 吴俊：《文学的权利博弈：国家文学与文学批评》。

③ 赫·绍伊尔：《文学史写作问题》，收入《重解伟大的传统》，章国锋译，社会科学文献出版社，1999年，第106、107页。

④ 参见王丽丽：《在文艺与意识形态之间：胡风研究》第2章第5节，中国人民大学出版社，2003年。

及狂风巨浪般的人生淬炼而获得的，当它一经化合为体内的血肉存在，则再也不是任何外力所能轻易动摇的了。[①] 其实，胡风对于自己被视作异端、被排斥的命运一直有清醒认识。早在东京留学时期，就自省因个性不合群而“当然的结果是一个普遍地被排斥”。1930 年代末，在一次与吴奚如的争吵中，胡风凛然说道：“我等待将来革命成功后受镇压！”香港批判之后，在信中对好友吐露苦衷：“我，一直只是一个‘同路人’。”及至案发前夕对路翎含泪坦陈：“我和你路翎，和阿垅、绿原、牛汉、徐放、谢韬、严望、冀汸、芦甸等结伴而行，我们也有不小心也有莽撞。我现在感慨，像做最后地奋斗似的。但结果驳回来，说你反党，如何呢？我们走到困难的境地了，终于不能顾忌什么了。为了文艺事业的今天和明天，我们的冲击会有所牺牲。……我要奋斗，和我多年的愿望一起，冲出去，哪怕前面是监牢。”[②] 我的意思是：尽管胡风悲剧的成因不乏他个人对形势的错误估计；但是，对自己渐趋黑洞甚至可能被吞没的命运他并非没有丝毫预见。然而，这一预见并没有促使他掉头转向、明哲保身。胡风的理论此处不作探讨，举出这个例子是为了证明：即便在面对强大的主流文艺思想的权威阐释者及其背后更加不可撼动的强力意识形态之时，知识分子依然有“选择的自由”，胡风依然在争取话语空间。即便这一空间被碾碎甚至引发一场浩大的政治冤狱，即便胡风身心遭受巨大摧残，但是他的文学理论依然如星星之火潜入地下运行，为新时期文学在废墟上的重建默默积蓄着能量

---

① 很少有人像胡风这样执迷不悟而充满自信，虽九死而无悔不移初衷：“我的理论是我多年积累的，一寸一寸地思考的。我要动摇，除非一寸一寸地礫。”参见路翎：《一起共患难的友人和导师：我与胡风》，收入《我与胡风》，晓风主编，宁夏人民出版社，2003 年，第 736 页。

② 以上各条参见胡风：《关于解放以来的文艺实践情况的报告》，收入《胡风全集》第 6 卷，湖北人民出版社，1999 年，第 96、381 页；胡风致朱企霞信（1931 年 5 月 16 日），收入《胡风全集》第 9 卷，第 686 页；吴奚如：《我所认识的胡风》，收入《我与胡风》，第 28 页；胡风致朱企霞信（1949 年 7 月 18 日），收入《胡风全集》第 9 卷，第 696 页；路翎：《一起共患难的友人和导师：我与胡风》，收入《我与胡风》，第 734 页。

与资源（下详）。即便身处支配性文化、意识形态的严密限制中，文学批评的主观努力与精神创获，依然有改变客观情势的可能。而理性与自由意志本就是人文传统的基石。

重视文学批评作为“历史的反抗”的一面，不是为了否定“国家权力对文学的绝对领导”，类似这样的判断当然是成立的；然而其成立是在整体的意义上，从整体的角度来看，国家权力与毛话语确实塑造了人们的思想主题和表达方式。但是整体性的视角也可能使得我们忽视“一体化”时代文学可能拥有的多样性，其实即便在这样的年代里，知识分子依然在既定的模式中尝试思考自我的位置，以及文学与政治的复杂关系，并且在集体意志的表达中混合了个人声音的诉求。

针对以上这些复杂情形，本课题的讨论在研究方法上遵循如下几点：首先，既关注知识分子对自身传统的尊重、捍卫，也不画地为牢地构造出一个纯粹“独立”的传统，而是在与特殊时期占统治地位的马克思主义理论的复杂关联（其间充满了相互的倚重、角力与商讨），以及在与新世纪以来媒体、网络批评的互动中，探究知识分子的追求与作为。其次，在“内”与“外”、理论与实践的辩证关系中展开本课题的研究。所谓“内”，是指知识分子提出的理论、观念、方法等；所谓“外”，是指文学批评的现实境遇与制度空间。本课题将以内外结合的视野，在考校知识分子的主观追求与在现实制度空间中的实际探索的基础上，探询当代文学批评的复杂面向。文学批评是一种在特定观念导引下的理论活动。但当代中国特殊的历史进程，又往往借助文学运动、思想斗争与政治形势、社会变革的紧密关联，并从中体现和展开批评议程。即便是知识分子的批评话语，依然始终是介入当代生活的实践。课题试图在理论与实践的互动中呈现当代文学批评走过的历程。最后，60年来中国社会发生过历史性转折与变动，中国当代文学批评置身于转折、变动间不同的历史境况内，与这些境况中的时代精神、思想命题呼应、互动，而不同境况中的文学批评往往形成驳难、反思，比如知识分子人文主义的批评与社会功利主义的、意识形态的批评，新时期之后关注审美形式的批评与先前现实主义规范掌控下的批评……其间充满了鲜明的反拨。如果研究者只是跟随历史境况中原有的逻辑，以一种境况提供的视角去裁断另一种境况，就会形成“否定”“颠覆”的僵硬逻辑，丧失打开、激活创造性资源的契机。本课题的研究，并不是将某种特殊的批评范式、经验和价值唯一化作为固定标准，而是选择在历史脉络中观察不同批评话语和样式各自尝试的探索、存在的合理性。

三 胡风的意义

新中国成立初期理论批评的主要活动与目标是把《讲话》所提出的理论原则——其基本内涵被概括为“文艺为工农兵服务”和“文艺为政治服务”——进一步系统化、具体化，贯彻到整个文学事业中。而紧承电影《武训传》批判、《红楼梦》研究批判而来的大规模的胡风文艺思想批判，正是1949年后为全面贯彻《讲话》精神，用毛泽东文艺思想统一全国而开展的一系列思想斗争和文艺批判运动中最重要的组成部分。胡风因其文艺思想被视为异端[①]而蒙受批判甚至引发一场政治冤狱，其中复杂原因难以尽述。除了1930年代以来左翼文学内部思想论争、宗派斗争和人事纠葛之外，主要原因是胡风文艺思想同毛泽东关于文艺问题的论述有出入，特别是同毛泽东文艺思想的权威阐释者们存在深刻分歧。1953年初，《文艺报》相继发表了林默涵《胡风反马克思主义的文艺思想》和何其芳《现实主义的路，还是反现实主义的路？》[②]，开始对胡风文艺思想展开彻底清理和批判。林、何的文章的

---

① 陈思和先生根据《胡风家书》提供的信息，推测：“胡风作为异端的被确认，很可能在抗战初期已经在中共党内有了某种迹象。”参见陈思和：《〈胡风家书〉序》，收入《胡风家书》，晓风选编，复旦大学出版社，2007年，第3页。

② 林、何二文分别刊于《文艺报》1953年第2、3期。

着眼点与目标是找出“胡风的文艺思想和毛泽东同志的文艺方针的根本区别”：“对于革命文艺的根本问题的两种答案：依照《在延安文艺座谈会上的讲话》的指示，根本问题是文艺工作者缺乏为工农兵的共同目标，是轻视工农兵，脱离群众，解决的办法，是深入群众，是改造自己的思想。依照胡风的理论，根本问题，是作家主观战斗精神不够强烈或者衰落了，解决的办法是加强作家的主观精神。”由这一“原则性的分歧”出发，林、何的文章展开具体论点的批判：在世界观问题上，胡风“否认作家的世界观的作用，否认革命的作家必须取得革命的阶级立场，自然也就是否认文学艺术中的党性的原则”；在现实主义的问题上，混淆了旧现实主义和社会主义现实主义的“根本的区别”；在生活与题材的问题上，“否认今天的革命作家必须到工农兵群众中去。否认必须描写他们，尤其是否认必须描写他们的觉悟性，描写他们的有组织有领导的斗争，描写他们中的先进人物”；在民族形式问题上，“把‘五四’以来的新文艺和民族的文艺传统完全割断”……

关于胡风理论的研讨此处从略，我想展开的是这样一个问题：之所以在当代文学批评史的课题中将胡风文艺思想作为重点论述对象，且置于“知识分子人文传统与当代文学批评”的开篇予以介绍，除了这场声势浩大的批判运动构成了建国初期文学理论建设与斗争的关键环节，还基于以下两方面考虑：

首先，胡风与林、何等人的论争，外在形态上是知识分子人文主义批评，与和话语权力结合在一起的、主流文艺思想的权威阐释者们之间发生的斗争，而根本上，这是知识分子通过自我解放运动而建构起的“五四”新文化规范，同抗战中形成、以毛泽东《讲话》为核心的战争文化规范之间的冲突。这一场批判运动，清晰显示出知识分子人文主义批评的资源、传统与特征所在。胡风反对将人当作抽象推理的概念和工具，为“感性的活动”、主观力量辩护进而呼唤独立的思考与自觉的精神立场，突出作家通过个人的创造性劳动来获得历史本质的一致性……无不显示出胡风在“人”的基础上构造其全部的文艺理论[①]，紧密依附五四新文化传统，又与中国现代知识分子强烈的自我意识、使命感与战斗精神血脉相连。胡风的文学思想成熟于抗战，他把以鲁迅精神为代表的五四新文化传统与新文学实践，和马克思主义及抗战以后出现的新形势结合起来，由此建构起一套新的文艺理论体系。“在这个体系中，知识分子的人格力量依然是主体，是批判者，它不仅渗透于整个文学创作精神之中，同时也渗透到日常生活之中。这样的精神状态，当然不会见容于战争中严格的军事文化体系，也无法与战后依然要把文学当作政治斗争工具的文化要求相协调。胡风提倡的现实主义真实论，必然有悖于被战争所强化了的文学宣传意识；胡风提倡人格力量和主观战斗精神，必然冲犯了战争培养起来的高度集体主义原则；胡风强调了对‘精神奴役创伤’，对‘民族形式’的鞭辟入里的批判，也冲犯了战争中崛起的主体力量农民的精神状态。”[②]“三十万言书”始终坚持用知识分子人文主义传统、“五四”新文化的价值观，来分析、评判战后出现的、依然延续着战争文化规范的各种理论观点。胡风在当时不可避免的失败，正标志了“五四”新文化传统在某种意义上的中断，从此，战争文化规范基本上支配了整个文学界，知识分子人文话语步履维艰。

其次，胡风文艺理论对当代文学批评有着深远影响，而这一影响往往被人所忽视。当胡风思想在1980年代初走出幽闭时，人们惊讶地发现了一座瑰丽的宝藏，与人们已然厌倦的那些理论不同，胡风当年

---

① 诚如章培恒先生指出，胡风之所以遭到批判直至酿成人生悲剧，从根本上说，就因其“执著于‘人性的解放’的要求，胡风所创造的‘精神奴役的创伤’这一特殊用语，不过是人性被压抑、扭曲的代名词，以便于与之斗争而已”。见章培恒：《关于中国现代文学的开端》，收入《开端与终结——现代文学史分期论集》，第19、20页。

② 陈思和：《中国新文学发展中的战争文化心理》，收入《中国新文学整体观》，上海文艺出版社，2001年，第97、98页。

的许多探讨，竟仿佛有先见之明一般，为人们在废墟上的重建提供了极有针对性、建设性的方案。比如，新时期的"破晓啼声"《为文艺正名》中义正词严地指出："'文艺是阶级斗争工具说'，要求文艺创作首先从思想政治路线出发，势必导致'主题先行'"，"文艺的生命力在于它服从生活，服从生活的真实。"[①] 这同胡风从 1930 年代开始对文学概念化、公式化的批判，多有沟通。胡风友人、1955 年被定为"胡风集团骨干分子"的王元化，在 1980 年发表《文学的真实性和倾向性》一文，这是当时现实主义理论突破的经典文献，而其中主要的思想资源来自别林斯基与胡风。"作家在写作的时候，如果强迫自己去写对他是陌生的、未经消化的、并未扎下根的思想感情，那么，不是煮成一锅夹生饭，就是弄虚作假"，"没有获得人格印证融为自己血肉的思想是虚假的。游离于艺术形象真实性之外的倾向性，不是脉管中流动的血液可以灌注全身，赋予机体以生命，而是贴上好看商标的赝品，顶多只能起着暂时的蒙混作用"。[②] 文章写于 1980 年 10 月，其间胡风的回声铿然作响。此外，七八十年代以创作过程为中心的一系列主体性的理论探索，实际上延续着胡风所构筑的理论框架。这一时期文艺理论"拨乱"的对象，如"庸俗社会学""机械反映论"等，正是由 1930 年代起艺术工具论等延续而来，而这也正是胡风毕生反抗的不良传统。刘再复在长文《论文学的主体性》中说："那种认为作家的世界观可以决定一切的观点，就是作家可以任意干预笔下人物的灵魂和行动的观点，就是不尊重笔下人物，剥夺笔下人物的主体性的观点。"[③] 而胡风一直呼吁的就是：不管是作家还是作家笔下的人物都不能沦为"工具"："不要把作家看成留声机，只要套上一张做好了的片子（抽象的概念），就

① 参见《为文艺正名》，《上海文学》1979 年第 6 期。

② 王元化：《文学的真实性和倾向性》，《上海文学》1980 年第 12 期。

③ 刘再复：《论文学的主体性》，《文学评论》1985 年第 6 期、1986 年第 1 期。

可以背书似的歌唱；作家也不能把他的人物当作留声机，可以任意地叫他替自己说话。"[①] 刘再复借用皮亚杰的认识发生论探讨"批评家的心理组织过程"："一方面批评家主体同化了客体（作品），作品被自己的审美眼光所穿透，即被自己的审美理想所溶解。……如果作品的刺激异常强大，以至强大到必须涨破原来的审美意识图式才能适应作品的客观现象，批评家内心的图式就不得不改变。这实际上是主体在与对象的接触中，又被对象所影响，所感动，此时，主体的部分本质会被客体所占有，所改造……"这里何尝没有胡风相生相克的主客观化合论的影子呢？1980年代涌现的很多新思潮、新话题，如果联系到胡风文艺理论，其实都可以找到深刻的历史共鸣。1987年探讨"向内转"，童庆炳撰文指出："生活不会自动地进入文学，生活必须经过作家心灵地过滤、发现和创造才能进入文学。"[②] 新时期高扬"主体性"，对创作过程中作家主观作用的突出，让人不禁感慨历史的诡谲，绕了这么大一个圈子，费尽波折，最后似乎还是回到了长期被视为"异端"的胡风。"这一阶段实践论与价值论对创作过程、创作规律的探讨和认识，是胡风的开创之功"。[③] 尽管身处支配性文化、意识形态的严密限制中，尽管其人其文备受压制、摧残，但他的文学批评与文艺思想依然能为文学的重建、发展提供人文能量与资源。这正是胡风之于当代批评史的意义所在，也是我们今天尝试从文学批评的视角重新整合知识分子人文话语与传统的价值所在。

2012年10月17日初稿，2013年5月17日二稿

原载《当代作家评论》2013年第4期

① 胡风：《M. 高尔基断片》，收入《胡风全集》第2卷，第356页。

② 童庆炳：《文学的"向内转"与艺术创作规律》，《文艺报》1987年7月4日。

③ 参见鲁贞银博士学位论文：《胡风文学思想及理论研究》，第124页，未刊稿。

第三辑

写在文学史边上：方法与重构

文学史在发展过程中或许并没有单一明确的方向，尤其在许多关键时刻完全是开放的，拥有多种选择的可能，充斥着互相竞逐的因子，其中的一些因子“因缘际会”与后来事件发生历史意义上的关联，而其他的因子却一闪而过湮没在历史的长河中，但是今人的研究却不妨去想象历史偶然的脉络中隐而未发的丰富性……

“不得不如是之苦心孤诣”与“外部的批判支点”

——“境况中”的文学及其释读

上篇 “境况中”的文学

何谓“境况中”的文学

“境况中”的文学是指，处于特定历史时期内的文学作品、命题与思潮，其表述并未构成一个相对完备的系统，这并不是说“境况中”的文学表述就不准确、不挑剔，“而是说对这一准确和挑剔的认识没有一个处于相对封闭系统中的有机上下文为其提供特别条件，而只能把它置回该言述所依托的事件境况和话语境况中”，才能体会其意涵。[①]20世纪中国文学史上大多数命题与思想，均属于“境况中”的类型，它们都不具备“超社会”“超历史”的真理有效性和“自主规律性”，并非

---

① 这个说法主要得自于贺照田先生文章的启发，特此致谢。贺照田指出：“所谓‘境况中的思想’是相对‘系统性的思想’而言，在系统性思想中，对局部表述的意义确定，很大程度上可通过对该系统整体把握的帮助来达到，而对该系统整体的认识，很大程度上又可通过对该系统基本概念、基本命题的分析获致。而‘境况中的思想’与此不同，即一思想的表述并未构成一个相对完备的系统，这并不是说‘境况中的思想’表述就不准确、不挑剔，而是说对这一准确和挑剔的认识没有一个处于相对封闭系统中的有机上下文为其提供特别条件，而只能把它置回该言述所依托的事件境况和话语境况中，即通过分析比较它和其他话语表述的同异，分析比较它和其他发言者对同一历史事件所以反应、不反应，或同样反应但反应有异同，等等，来体会确认表述的准确意涵。”参见贺照田：《以保守为建设，以被动为主动》，收入《当代中国的知识感觉与观念感觉》，广西师范大学出版社，2006年，第269—271页。

不受“世界观”制约的“纯理论”[①]；甚至越是那些卷入时代冲突和困顿深处的文学命题与思想，越是以一种非系统论述的片断方式出现。它们在书写与陈述时有着直接支持某种具体力量与趋势或反对某种具体力量与趋势的实际命意与承担。

对于“境况中”的知识更为彻底的论述来自卡尔·曼海姆：“每一种观点都是某种社会环境所特有的。……构成我们世界的含义都永远只是一个被历史地决定的、持续发展的结构，人们在这一结构中发展；而且这些含义绝不是绝对的。”“知识社会学并不把认识活动连同它的模式看成纯理论思考的强烈愿望所产生的对‘永恒’真理的洞察，或者看成对这些真理的某种参与，而是看成一种工具，用它来应付在某种生活条件下受某种类型的人所支配的生活环境。所有这三种因素，即应付生活环境这一过程的性质和结构，主体本身的特性（在其生物学和历史社会学方面的特性）以及生活条件的特殊性，尤其是思维者的地位和境况——所有这些都影响着思维的结果。”[②]任何知识都有具体的社会规定性，每一个历史时期都有特殊的境遇与具体的困难，每一个历史时期中的人们也都有其“崭新的探索和独特的见解”；相比于留存下来的“境况中”的知识表述，相比于“境况中”的人们对于其思想主题与思维方式普遍有效的信念，可能更为重要的是，人们对特殊境遇所作出的能动性的因应。

如何释读“境况中”的文学

“如果我们今天所处身的历史境况与话语状态与当年该思想所处

---

① 卡尔·曼海姆：《意识形态与乌托邦》，黎鸣、李书崇译，周纪荣、周琪校，商务印书馆，2009年，第190页。

② 同上书，第86、303、304页。“知识社会学……”一段参考了张小晓等译本，参见汤因比等：《历史的话语：现代西方历史哲学译文集》，张文杰编，广西师范大学出版社，2002年，第65页。

身的历史境况、话语状态已有较大不同，而该思想又很大程度上具境况中的思想特性，那我们今天在叙述该思想时，不仅不能按我们处理系统思想的习惯，勉为其难地为其组织系统，亦不能以其自身语言为主干，直接叙述、组织该思想。”[①] 那么，我们究竟应该如何释读“境况中”的文学？

首先，通过将话语“回置”历史语境，把握“境况中”的文学的命意与内涵所在，以褪去它们稀松平常、“可笑可怪”的外衣，而显示出其精干和独创性，从而为今人转化这些思想资源提供初步的累积。

这大约就是陈寅恪先生所谓“了解之同情”：

> 盖古人著书立说，皆有所为而发。故其所处之环境，所受之背景，非完全明了，则其学说不易评论……所谓真了解者，必神游冥想，与立说之古人，处于同一境界，而对于其持论所以不得不如是之苦心孤诣，表一种之同情，始能批评其学说之是非得失，而无隔阂肤廓之论。[②]

“回置”的意义就在于通过“神游冥想……处于同一境界”而把握“何所为而发”与“不得不如是之苦心孤诣”，正是在此种“所发”和“苦心孤诣”中含藏着“境况中”的精干、机能和创造性。“了解之同情”需要跳出自身视界的局限，还是借陈寅恪先生的话，即不能“依其自身所遭际之时代，所居处之环境，所薰染之学说”以推测异己“境况中”的命意与内涵，否则，“其言论愈有条理统系，则去古人学说之真相愈远”。这样一种史料释读法早为古人所发见、推崇。孟子说“以意逆志”，朱子就强调决不能“将己意去捉彼志”，须得“虚心”开放，才

① 贺照田：《以保守为建设，以被动为主动》，收入《当代中国的知识感觉与观念感觉》，第270页。

② 陈寅恪：《冯友兰〈中国哲学史〉（上册）审查报告》，收入《金明馆丛稿二编》，上海古籍出版社，1980年，第247页。

能“自然相合”(《四书章句集注·孟子》)。宋人吕祖谦指出:“观史当如身在其中,见事之利害、时之祸患,必掩卷自思:使我遇此等事,当作如何处之。”(《东莱先生遗集》卷十九《杂说》)章学诚论“文德敬恕”,特为解释“恕非宽容之谓”,而是指“能为古人设身而处地”,“不知古人之世,不可妄论古人文辞也;知其世矣,不知古人之身处,亦不可以遽论其文也”(《文史通义·文德》)。钱锺书也说:“史家追叙真人实事,每须遥体人情,悬想事势,设身局中,潜心腔内,忖之度之,以揣以摩,庶几入情合理。”(《管锥编》)鲁迅在20世纪初提出,欲以今知古,必须“自设为古之一人,返其旧心,不思近世,平意求索,与之批评,则所论始云不妄”(《科学史教篇》)[①],“返其旧心,不思近世”,就是既要努力尝试与时代相隔的昔人心意相通,又要尽量排除诠释者个人及其时代中的思维模式。

“了解之同情”更理想的依赖,是以赛亚·伯林所谓的“现实感”:“一种移情地理解异己的历史情景、价值和生活形式之‘内在感觉’的能力:对一种既定境遇的独特风味及其各种潜在可能的感知,这种境遇由各种因素之间的相互作用混合构成,这些因素过于复杂、过于众多,也过于细微,以至于不能被过滤提炼为法则。”[②]从资源积累和后世借鉴的角度来说,通常是感受(或感受力),比之于最终“被过滤提炼”出的“法则”“命题”更有价值,因为前者是“境况中”的发言者产生独特问题意识的真实原因,对于后人更有效地面对那些无法被既成的理论储备所容纳的世界而言更具启发性,其间布满了“复杂、众多、细微”的因素,它们有的被最终成型的“境况中”的文学命题与思想所正面处理,有的没有被述及或留下了缝隙,“现实感”正是对这些“独特

① 以上几条材料,主要取自罗志田:《近代中国史学十论》,复旦大学出版社,2003年,第178、179、206页。

② 艾琳·凯利:《一个没有狂热的革命者》,收入《以赛亚·伯林的遗产》,马克·里拉等编,刘擎、殷莹译,新星出版社,2006年,第16页。

风味及其各种潜在可能的感知”，它有助于重现某一文学命题或思潮出现、发展、发挥影响的历史条件，这比发言者明确表述为自身媒介的语境重建，更贴近文学实际处身的历史复杂性。

通过“处于同一境界”，凭着“了解之同情”来体贴“不得不如是之苦心孤诣”——这是“入乎其内”的第一步。其次，“出乎其外”，即寻获一个“外部的批判支点”，通过拉开一定的距离以避免被研究对象“同质化”。此时需要照见的，是“境况中”的“苦心孤诣”背后的某种疏漏、“不见”、历史逻辑或“结构性知识”……它们对于“境况中”的特殊个体或特定集团而言，往往是一种隐匿或“日用不知”，但又很可能是辖制性的存在。

“在现代社会，每一个人或每一个群体的社会存在都受来自生活即经验以外的诸种结构性力量的制约，人们如果要创造历史，主导变迁，就必须探知最大范围的结构性知识（即对整体的知识）。因为力量的重要来源之一就是这种结构性知识，而由于它和宰制权力的关系，这种结构性知识的探知本身就是社会斗争的重要环节。”[①] 在特殊的“境况中”，总是存在无形中左右着文学与思想的“结构性知识”，它们被当作绝对的“不言自明”而加以接受（比如文学上的种种“成规”）；当境况变迁之后，我们应当对先前那些隐匿而不可见的“结构性知识”与“话语装置”作有系统的把握和批判性反思，呈现其作为特定“视角”的知识与解释的有限性。通过揭示出“境况中”可能存在的视角及其有限性，从而使这一反思工作本身从特定视角中超越出来，具有导向

① 赵刚：《社会学要如何才能和激进民主挂钩》，收入《知识之锚：当代社会理论的重建》，广西师范大学出版社，2005 年，第 47 页。曼海姆也说：“实际上，正是那种对重要的决定性因素一无所知，其行动也处于已所不知的因素的直接压力之下的人，才最少自由，而且在其行动中最全面地被预先决定。每当我们开始意识到一种支配我们的决定因素时，我们就能把它从无意识动机领域移入可控制的、可计算的和客观的领域。”卡尔·曼海姆：《意识形态与乌托邦》，第 193 页。

一般化的可能。

20世纪以来不乏彼此对立的思想与命题，大而言之，我们所遭遇、处身的诸多传统之间，往往充满了鲜明的反拨与暧昧的牵连，如果研究者只是跟随“境况中”原有的逻辑，以一种“境况”提供的视角去裁断另一种“境况”，是其所是，非其所非，“就彼此所是非者言之，则彼此终古末由共喻，以其互局于一时间一地域故也”。[1]评价一个时期的文学，并不是将其特殊“境况中”的经验和价值唯一化并作为固定标准，而应该在相对的历史脉络中看到各自尝试的探索和存在的合理性。各“境况中”的文学会形成冲突、对抗、超越的关系，但是，“其后的对抗与超越，并不等于前此的经验就是被埋葬的死亡的经验，而是此后的创造性超越，总是立足于此一存在的文学现象的时代要求所做出的变革，那是它向其存在的前提的变革，也是对自身的变革，它因此才能获得自身的存在”[2]，这并非不负责任的相对主义，还是借曼海姆的话，是将“关联论”引入讨论，“关联论并不表明在讨论中没有判别正确与错误的标准。然而，它坚决认为，由于某些断言的性质，它们不能被绝对地阐述，而只能从一个特定社会地位的视角来阐述”。[3]

竹内好曾讨论将“特殊体验”向“一般化开放”的问题。他这一代人有着对“法西斯主义和战争的体验”：

> 所谓战争体验有一种由体验者而使之特殊化的倾向，迄今为止的努力并没有使它一般化，即使要从整体上继承这种体验也是无从做起的。战争体验方面的代沟就是这样的深刻……
>
> 与各种体验一样，如果战争体验也被封闭在特殊的框架里，怠惰于向一般化开放，那么，所谓体验便不具有意义。只

① 陈寅恪：《〈王静安先生遗书〉序》，收入《金明馆丛稿二编》，第220页。
② 陈晓明：《再论“当代文学评价”问题》，《文艺争鸣》2010年4月号。
③ 卡尔·曼海姆：《意识形态与乌托邦》，第288页。

> 有把它改写成可供利用的现在时态，体验才成其为体验。就是说，战争体验所具有的封闭性的自说自话性格，并不能够把体验导向一般化，因而也不能获得真正意义上的体验。①

因为战争体验被封闭起来，只是特殊“境况中”中个人记忆的产物，它除了伤感或自我陶醉之外，不能提供任何思想的土壤；封闭在“特殊的框架”里的体验“不具有意义”，“要从整体上继承这种体验也是无从做起”。我们不妨将竹内好所谓的特殊体验，延伸为“境况中”的文学体验。“回置”是以“了解之同情”来获致昔人的苦心与创造性，但“同情”并不就是“同意”“认同”，到这一步还未完事，否则只是将问题仍然锁定在“境况中”的“特殊的框架里”，我们需要将体验导向一般化。通过“外部的批判支点”展开反思，就是避免我们拘囿在“特殊的框架里”讲述重复的故事，而采取与“原有的思维方式不同的方式思考”，与“原有的观察方式不同的方式感知”，而不仅仅是“证明已经知道的东西”。② 通过这一福柯所谓的“批判工作”（一种“一般化”“历史化”的工作），我们才能在今天的现实中重述对“境况中”的文学、思想的把握（“改写成可供利用的现在时态”），形成更有效、更丰富的资源累积。

我想举一个文学史家的研究例证来说明上述问题。程光炜先生近年来从事的“1980 年代文学研究”已积淀出若干足可“示来者以轨则”的方法论。在一篇文章中，程光炜讨论 1980 年代的文化思潮中，传统的“文化体制”在新的语境中仍以一种“超稳定”的力量对思潮起着指导、监督作用。比如贺敬之在《当前文艺思想的几个问题》（1982 年 10 月）中指出，改革开放的条件下，“不应把正常的批评和搞运动、打

---

① 竹内好：《关于战争体验的一般化》，收入《近代的超克》，李冬木、赵京华、孙歌译，生活·读书·新知三联书店，2005 年，第 238、239 页。

② 福柯：《性史》，转引自刘北成：《福柯思想肖像》，上海人民出版社，2001 年，第 384 页。

棍子等同起来”，然而，也不是不要社会主义文艺，“我们到底是搞马克思主义，还是要搞存在主义；我们的文艺创作，是走社会主义的、中国自己的路，还是步西方现代派文艺的后尘”，“社会主义文艺和资本主义文艺的区别在哪里”，这些问题都要搞清楚，“讨论清楚”。在一种对立结构中我们可以把贺文解读为与“开放”“走向现代”“艺术探索与创新”等构成的1980年代文学思潮形成逆反、阻碍的文本，甚至上升到道德批判。但在程光炜看来，“这还是80年代认识场域里的‘80年代文学研究’，而没有把它历史化”，也就是说，这种论述所证明的是“已经知道的东西”。而程光炜藉此要揭示的，是1980年代初文学创作的“制度化环境”以及此环境中延续的“文化秩序的超稳定性结构”：“转型时期正在发生和已经发生的重大变革，都在冲荡着人们的思想、观念、文学抱负和所有文学定律。《当前文艺思想的几个问题》一文所代表的是一种文化秩序，它批评的是作家正在试图探索和建立的另一种新的文化秩序。然而，前一种文化秩序为什么没有觉察到现代历史脚步的临近——哪怕是仅仅觉察到一种巨大的无可阻挡的历史潮汐？这无疑必须归结于这种文化秩序的超稳定性结构。……在90年代汹涌而无序的市场经济的大潮还未来临之际，80年代‘主流文学’仍在按照阶级、战争、革命和运动的‘传统方式’思考文学问题。”而当时《飞天》《公开的情书》等作品提出的问题，正好触及“主流文学”的“中心”和“内部”，无疑构成了对“当代文学40年代业已形成、五六十年代最终定型而80年代仍在延续的那一‘超级结构’的不敬和侵犯”，所以这些作品被拿出“主流”之外，“像历史上多次发生过的情况一样，它们事实上已成为80年代的‘禁毁小说’”。[①] 在风起云涌的

---

① 参见程光炜：《文学的紧张》，收入《文学讲稿：“八十年代”作为方法》，北京大学出版社，2009年，第340—344页。避免同质化、由“外部的批判支点”所支撑的解读，还可参见收入此书的《批评对立面的确立》一文。

转型期，充满时代敏感性的文学与“主流文学”之间的冲突，往往可以通过对一种延续的“文化秩序的超稳定性结构”的观察来探析其症结所在。通过这样的工作，程光炜避免了在固有的认识场域里重复论述，而从“特殊经验”中提取了“向一般化开放”的研究可能。

以上呈现的只是文学史史料释读中的“两步法”，我的意思只是想表明：尽管“境况中”的文学命题与思想因境况的变迁在今天可能显得粗糙，但我们应该首先“设身局中”地了解“境况中”的历史要素，在何种社会构成、意识形态与知识状况中，压抑性机制产生，其间人们曲折复杂的精神生活，他们把握了何种新起的契机，尝试了何种策略，获得什么样的效果与意义……对这些都应有“了解之同情”与周彻观察。尤其是通过“回置”来体贴其在当日语境中所承担的机能与创造性，探析“回置”所得的经验在今天的话语条件中是否具备转化、激活的资源与可能。其次，采取“外部的批判支点”，照亮原有观察中的洞见与不见，将“境况中”的特殊经验经由“原有的思维方式不同的方式思考”，而“向一般化开放”。

跳出循环的困局

今天的研究者可以不封闭在“特殊的框架”中，从容、冷静地讨论“境况中”的思想、文学、知识的得失。但我想特别指出的是，对其所“失”这一面加以检讨的前提是尊重且不抹杀其在“境况中”的创获，甚或是失败中尝试的经验，这正如陈寅恪指明的“对于其持论所以不得不如是之苦心孤诣，表一种之同情”之后，“始能批评其学说之是非得失”，或如章学诚所谓“知其所偏之中亦有不得而废者”。境况中的文学思潮因其反抗对象、压抑性语境——这也正关联着其在当日意义的呈现——的消失，且“与今日之情势迥殊”，在后来的研究中特别容易受到轻慢而“以可笑可怪目之”。[①]

新时期文学在创建自身合法性时曾对左翼文学、社会主义文学的丰富性做过压缩处理。今天的反思者们在清理上述议题时无疑表现出清醒的历史意识，他们站在“新时期意识”（以人道主义和启蒙理论为基本构成）的“外部”，揭示1980年代诸种文学与文化实践的复杂性及其意识形态功能。[②]这本应提示后人不再重蹈覆辙，然而今天又有研究者同样在以压缩丰富性的方式处理1980年代的文学，尤其在批判当下文学界确乎存在的不良倾向时，往往将“原罪”一股脑儿地归咎于“纯文学”。“纯文学”“先锋文学”在今天的研究中往往已沦为“镜子”般的“残余概念”[③]，即研究者对心目中所期待的理想文学应具备特征的“简单颠倒”。比如，文学理应关注现实，而“纯文学”只是形式游戏；文学原该占有大量读者，而先锋文学的晦涩切断了和普通读者的联系[④]……很难区分这些论断是出于当下文学困境的焦虑，抑或

---

① 陈寅恪：《冯友兰〈中国哲学史〉（上册）审查报告》，收入《金明馆丛稿二编》，第247页。

② 其中较为优秀的成果比如贺桂梅：《“新启蒙”知识档案：80年代中国文化研究》，北京大学出版社，2010年。

③ 在英国历史学家彼得·伯克看来，马克思和斯宾塞这两种模式“在视野上都有严重的局限”，二者的提出都是为了解释工业化及其后果，但是“对18世纪中期以前历史变迁的解释都是不能令人满意的”，“例如，斯宾塞所说的‘传统社会’和马克思所说的‘封建社会’本质上都是残余概念，是镜子世界，仅仅是‘现代’社会或‘资本主义’社会的基本特征的简单颠倒。诸如‘前工业’、‘前政治’甚至‘前逻辑’等术语的使用是这方面的极端显示。它们显示了一种失败，即无法处理套不进某种特定模式的那些社会的特征”。参见彼得·伯克：《历史学与社会理论》，姚朋等译、刘北成修订，上海人民出版社，2010年，第166页。

④ 这样的判断无法解释先锋文学何以在1985年后占据数量甚广的“阅读大众”（reading public），甚至超越社会身份与地域的区隔？有研究者根据实例指出：“80年代的现代化方案一度整合了整个社会民众心理，全国各地读者的阅读趣味具有很大趋同性”，从大城市到小县城，从普通民众到文学青年、到大学教授，“构成了一幅‘先锋读者’的动人风景，他们的阅读期待构筑了先锋小说的接受基础”（参见李建周：《在文学机制与社会想象之间》，《南方文坛》2010年第2期）。为什么先锋文学和新潮批评中有那么多让人

贴近历史现场的客观研究，尽管这二者本就难以区分清楚，但类似论断过度的目的论与后见之明，还是须加以警惕的。这种检讨方式——今天的文学缺什么，就一股脑儿地将"原罪"归咎于"纯文学"当年的"自暴自弃"，仿佛打开了潘多拉之盒——既对"纯文学"、先锋文学缺乏周全的理解，也无法恰切地说明今天文学的症结问题所在。在语境变迁之后，今天我们可以从"外部"指证当年"纯文学"的种种"不见"和不足，但是对曾有的压抑性条件以及此种"境况中""不得不如是之苦心孤诣"似乎也过于轻视了；在1990年代以来的情境中，我们发现了1980年代文学与文化意识的有限性，但这并不足以宣告它们在"境况中"曾有的作为毫无价值。相比较之下，我还是更为信服洪子诚和王尧两位先生的判断：

> 每个人面前还是有许多简单、但切实的事情可以去做。譬如说，对20世纪以来中国文学实践，进行一些认真的反思、总结。这种反思，不应总是从一种僵硬的意识形态立场出发的颠覆和再颠覆；面对前辈所做的成功或失败的探索，应该有一个尊敬的前提和态度。……90年代以来，有一种流行的说法：文学边缘化，文学退出公众社会生活空间，失去回应现实问题的能力，主要原因是80年代后期的"纯文学"思潮。我一直感到疑惑的是，"纯文学"的主张、思潮真的有那么大的能量？应该承担这样的"罪责"？……按我的感受，80年代提出的所谓"纯文学"，或者"回到文学自身"主张，内涵并非那么单一。除了强调语言、叙述、形式的重要性这一方面（这仍然是一个迫切的课题），也存在复杂面向。这种复杂面向，

似懂非懂的术语、语句和"叙述"，甚至越是晦涩越是吸引人心？先锋文学只是审美和形式的幻觉吗？不与社会经验耦合，何能形成社会现象？先锋文学呼应了何种社会与历史信息？如何服务于一代人的"个人建设"？这些问题可能更值得仔细检讨。

> 在当今的“反思”中被简化成谁都可以骂上几句的挡箭牌。“纯文学”于是成为一个谁都可以对它射出箭矢，对谁都不会产生损害，却不能解决实质问题的靶子——一个空洞的靶子。当年的“文学超越性”追求，并不仅说要文学远离现实、政治，其中也包含着作家、文学创作如何建立一种与各种权力保持相对独立的传统，如何维护作家精神独立地位，摆脱对各种权力依附的问题。这个问题，是80年代文学的历史反思的重要成果，用所谓“纯文学”加以替换，实在是有些可惜。这个问题，比起“当代”过去的年代，难道已经获得有效的改善了吗？[①]

> “纯文学”的边界其实在八十年代就远比我们现在的文学史论述更为广阔。“纯文学”在九十年代以后的遭遇并非“纯文学”本身有多少致命伤，它在八十年代的基础上呈现了汉语写作的新的可能性，只是因为它在整个社会结构中的位置发生了变化，它的价值并未边缘化。……现在或许能够看出当年“纯文学”去政治的片面，而且也可以从种种文本中分析出“政治”的意义，但显然不能忽略在当时“去政治化”的背景。这样的价值判断是不能模糊的。如果当时没有回到文学自身这样的期许，文学是不可能从阴影中走出的。这正是文学与当时语境的复杂关系之一。[②]

上引两位先生的辩护，在我看来正是着眼于若干研究对“境况中”的文学缺乏体贴与敬重之故。而他们把握了“纯文学”作为“境况中”的

① 引自洪子诚先生在第二届世界汉学大会文学圆桌会上的发言，参见《中国文学与当代汉学的互动——第二届世界汉学大会文学圆桌会纪要》，《文艺争鸣》2010年4月号；及洪子诚：《文学的焦虑症》，《文学报》2010年1月21日。

② 王尧：《“重返八十年代”与当代文学史论述》，《江海学刊》2007年第5期。

文学所具备的机能与创造性，提取了“所偏之中亦有不得而废者”。还不妨追问：“设身局中”，“使我遇此等事”，“我”必有比昔人更合理的举措以因应变局？我们的收获，是否也曾借力于前人在“境况中”的筚路蓝缕与苦心经营？如果只是把今天的困难归咎于前人打开了潘多拉之盒，然则我们何以能置身事外、无所作为？

“境况中”的文学在其出现的历史语境中往往有着直接反对 / 支持某种具体力量与趋势的命意所在，而在今天，这些力量与趋势已发生很大变化甚至消失殆尽，离开了当日鲜活的时代氛围与特点的语意空间，其意义就失去了直接（或不言自明）的有效性，故而它们往往予人过时甚或可笑的感觉。然而严肃的文学史家或思想史家并不如此简单地对待之，他们往往从事繁难而艰巨的、“火中取栗”般的工作（“知其所偏之中亦有不得而废者”）。霍克海默和阿多诺在《启蒙的辩证法》中批判启蒙精神，人类思想史上往往纠结着这样的悖论：一个命题在逻辑与历史的起点上，充满了纯粹、高尚的理想主义，但是，其逻辑的展开与历史的实现结果，却显现出了歧路，甚至背道而驰。霍克海默和阿多诺批判了启蒙如何由于其自身内在逻辑而走向反面，但对于启蒙原始理念的初衷与目的（比如脱离愚昧、建立理性信仰、推动科学发展等）并不乏肯定。伯林讨论“积极自由”如何走向专制压迫，但他仍然声称自己是“启蒙运动的孩子，虽然是一个心存怀疑的孩子，但依然是它的孩子。他信奉对人的尊严、人的权利和主宰自己免受权威与传统支配的能力的那种普遍需要”[①]，对于启蒙理念的巨大意义和启蒙运动的历史贡献，伯林是珍重的。

不独西哲如此，其实中国传统治学素来注重如何遥接作者之心于

---

① 马克·里拉：《狼与羊》，收入《以赛亚·伯林的遗产》，第 31 页。还可参见钱永祥：《纪念伯林之死》，收入《纵欲与虚无之上：现代情境里的政治伦理》，生活·读书·新知三联书店，2002 年，第 98、99 页。

千百年之上[①]，而我们今天的文学研究，往往相隔数年便摒弃“了解之同情”（“同情”并非是“同意”），不耐烦做“火中取栗”的工作，而易于轻率地从整体上判定前一个时代的价值为虚妄，对前人的生存经验与“不得不如是之苦心孤诣”很少周彻的理解与虚心的借鉴，于是一并摒弃了恰恰是在“不得不如是之苦心孤诣”中所含藏的前人在特殊境遇中的创造性。任何一段精神历程都有其价值，不应当被轻易掩盖，人类进入文明社会以后，正是因为有知识和经验的积累，我们才不至于总是从零开始。共和国文学走过了60年的历程，“用后三十年否定前三十年固然是目光短浅的，但简单地用前三十年否定后三十年也不是一个在知识上和道德上诚实的态度”[②]，而恰是这种“否定”“颠覆”的僵硬逻辑，以及释读、处理文学史的简单方法，造成了丰富的文学传统与贫乏的资源积累相并立的困局，使得我们一再丧失打开、激活创造性资源的契机。

下篇　内心求索的限度及意义

跳出循环的困局，需要我们通过“外部的批判支点”展开反思，尤其是当“境况中”的批判模式因为时代的迁变而显得失效时。但前人在“境况中”的摸索与创获，如果对今天有所启发，那么当然没有必要全盘否定，我们可以提取其中精华来探询新的批判思想的生成。路在脚下，但并不是每一次跋涉都得从零开始。以下我想通过具体例证来讨论后一方面的问题，以上篇所示的方法来释读“境况中”的文学。

1980年代“文学主体性”讨论、现代派文学、寻根思潮、先锋文学等相继面世，被视为新时期文学摆脱极左文艺路线，“返回文学自身”

---

① 余英时：《论士衡史》，傅杰编，上海文艺出版社，1999年，第367—369页。

② 张旭东、朱羽：《从“现代主义”到“文化政治”》，《现代中文学刊》2010年第3期。

的重要转折和界标，鲁枢元在1986年将此描述为“一种自生自发、难以遏止的趋势”，并且概括为文学的“向内转”。[①] 这是对新时期文学极具代表性的一种提炼。“向内转”的文学显然是以反抗某种“外在的”文学的方式来确立自身：相对于古典现实主义的成规，相对于“文艺为政治服务”的理念，特别是相对于此前“战歌”和“颂歌”的传统，“向内转”的文学强调关注语言和形式自身的意义，关注人物的内心世界。从政治化文学到人性的文学，从外部研究到内部研究，从反映论到自我表现，从“写什么”到“怎么写”…… 上述这些追求、实践与期许，都被精炼凝聚在“向内转”这一不无口号意味的概括中。而在1990年代初，文学界与知识界也存在一种回归内心的趋向，表现为将对暴力与革命史的反思向心灵深处沉潜的潮流。在今天的语境中来观察以上两次“向内转”，它们“境况中”的命意与内涵以及诉求与反抗对象都有变化，但毫无疑问存在千丝万缕的联系，可以被视作一脉相承的潮流。它以“表现对象”“创作风格”“艺术手法”的转换发轫，主张通过内心探索和个人内省来获得对文学的表现、对历史的反思。在今天，我们大多认为这股潮流已然耗尽了其可能性，尤其它在1990年代的历史语境中，因与“去历史化”和“告别革命”的暗中纠缠，反而抽空了自身所指，而表现出保守的一面。特别是近期，柄谷行人的意见引起了中国学者的呼应：“当被引向政治小说及自由民权运动的性之冲动失掉其对象而内向化了的时候，‘内面’、‘风景’便出现了。”“从60年代开始激进的政治运动遭到破产，结果产生了回到文学去的倾向。或者人们觉得通过回到‘内心’，似乎可以从各种各样的共同幻想中‘自立’起来。后来证实，这实际上不过是一种摆出自由主

---

① 鲁枢元:《论新时期文学的“向内转”》,《文艺报》1986年10月18日。以下对此文的引用不再注出。

义姿态的保守主义而已。"[①] 对柄谷行人的援引,可视为一种外在批判视点的获得,他告诉我们:将"外面的政治"与"内面的主体"对立起来,使得文学成为独善其身的退路与避难所,其实是丧失力量的表现。

我并不否认上述意见,只是觉得批判之后,这一"境况中"的文学思潮并不能被轻视为可以轻松揭过而不值得反顾的一页;或如已陈之刍狗,捐弃之而不惜。在下文中准备讨论的是,我们对"向内转"在当时"境况中"提供的机能是否已有充分估计?是否忽略了其间若干可能的面向?而这些面向在今天是否还有向一般化开放的意义?

1984 年 12 月,杭州会议上,作家与批评家们重点讨论了"文化寻根"问题,也正是在这一次会上,鲁枢元"第一次谈到中国新时期文学'向内转'"。[②] 似乎是巧合,不过从文学史脉络来看,寻根文学确实是"向内转"所概括的文学潮流中重要的一支。在此,我想重读的是历来被视作"寻根"代表作的《棋王》。

《棋王》有一个不同凡响的开篇。"车站是乱得不能再乱,成千上万的人都在说话。……喇叭里放着一首又一首的语录歌儿,唱得大家心更慌。……车厢里靠站台一面的窗子已经挤满各校的知青,都探出身去说笑哭泣。……一个精瘦的学生孤坐着,手笼在袖管儿里,隔窗望着车站南边儿的空车皮。"古时有"以乐景写哀,以哀景写乐,一倍增其哀乐"的说法,此处则是以外部世界的哄乱来反衬王一生处事不惊、怡然自得的内心宁静。他以棋来摆脱物质环境的喧嚣而进入自由、自足的精神世界,下棋成了一种纯粹精神的形式,甚至"没有棋盘、棋子,我在心里就能下",在棋与心的世界里,王一生实现了自由。小说最后写他下盲棋连环大战,生命气象和盘托出,正是成就自我的内在

---

① 柄谷行人:《日本现代文学的起源》,赵京华译,生活·读书·新知三联书店,2003 年,第 29、224 页。

② 鲁枢元:《向内转》,收入《当代文学关键词》,张燕玲主编,广西师范大学出版社,2002 年,第 174 页。

超越。如此沟通此岸与彼岸，出于大动荡之后，个人反思与时代、社会关系时的一种选择。在这一点上，阿城将传统文化精神与当代人的生活联系起来，这种联系不是今人困居书斋对古代典籍的图解，而是生气淋漓地在个体身上的"复活"，它服务于一个年轻人在天崩地坼的时代中如何应对现实、实现自由，当王一生以无为的人生态度导源出有为的创造力时（"那生命像聚在一头乱发中，久久不散，又慢慢弥漫开来，灼得人脸热。"），这种传统文化精义的"复活"显然被赋予了积极进取的现代意义。《庄子·大宗师》中有"撄宁"的境界，"虽撄扰汩乱之中而定者常在"。[①] 我们都熟悉苏轼的一阕《定风波》："莫听穿林打叶声，何妨吟啸且徐行。"词前小序云："三月七日，沙湖道中遇雨，雨具先去，同行皆狼狈，余独不觉……"王一生出场，正是"同行皆狼狈"而他安宁"独不觉"；《棋王》这个小说借用苏词，描述的正是一个在"穿林打叶"的纷扰时代中缓步"徐行"而获致内心自由、感悟人生真谛的故事。

当个人面对巨大的异己力量——异己力量在王一生的时代可能是非理性的政治暴力，在 1990 年代则是市场逻辑的无孔不入——之时，退向心灵深处的寂寞劳作，可能显示出无法适应现实的保守态度，但对精神家园的守护，尤其是在不认同中表达的乌托邦向往，是有合理的意义存在的（更何况，《棋王》的选择并非背对现实，下详）。我还想举证一首老诗人牛汉在 1990 年的作品《夜》："关死门窗 / 觉得黑暗不会再进来 / 我点起了灯 / 但黑暗是一群狼 / 还伏在我的门口 / 听见有千万只爪子 / 不停地撕裂着我的窗户 / 灯在颤抖 / 我在不安的灯光下写诗。"[②] 短章内敛而凝练，同样有一种退回心灵深处独处幽居的性质。

---

① 林希逸注解《庄子·大宗师》，引自陈鼓应：《庄子今注今译》上册，商务印书馆，2007 年，第 218 页。

② 牛汉：《夜》，收入《岁月的遗照》，程光炜编选，社会科学文献出版社，1998 年。

《夜》的绝大部分篇幅渲染出阴霾不散的恐怖，“黑暗”如“群狼”环伺。但出人意料的是收束的一句“我在不安的灯光下写诗”，坚定而从容不迫，让人感受到内心世界的超常稳定性。正在写作的诗人形象越是安然沉稳、不为所动，那看似强大的“黑暗”就越显得色厉内荏，而原本弱小、被动的诗人则越发禀有高贵的尊严。对于这个在“黑暗”围困中依然通过写诗来矻矻开掘精神空间、与自我内心对话的诗人来说，又有什么力量可以辖制、剥夺他的生命？这里还有一种饱经沧桑后的了悟：在与“黑暗”搏战的过程中，任何外在的“光亮”已不足恃（连“灯”也“颤抖”“不安”），希望就收归在诗和诗人自己身上，而此二者本就一体，诗原是诗人内在生命的实现，诗表达的是由真正的个人感觉所照见的意义和真实。这样的“向内转”，同样给我们启迪与力量。

再回到《棋王》中归趋内心的超越，必须注意的是，这种超越并不凌空高蹈，小说对“吃”的高度重视，暗示对生命价值的尊重，暗示精神超越的基点必须扎根于人类生活的血肉真实之中。王一生将“棋”与“吃”这两大嗜好并举，通向的是精神与物质的健全；他自我介绍时说：“一二三的一，生活的生”，这个名字不就在喻示一种整全的生活？有论者曾精彩分析过铁凝《哦，香雪》中“铅笔盒”的叙事功能：“毫无疑问，在1980年代‘启蒙主义’主导的语境下，‘铅笔盒’是‘现代文明’的象征”，但是它的存在，却“压抑”了“和铅笔盒同样是‘物’的‘发卡’、‘纱巾’的合理性。后者完全被视为‘物欲’的代表，而毫无‘铅笔盒’的‘光环’”。香雪（以及铁凝）在评估物品时依据的显然不是实用性或市场价格，而是由高雅/平庸、重要/一般等对立两分构成的价值观，类似于波德里亚所谓的“物体系”或布尔迪厄的“惯习”，在具体的社会实践中受到特定的存在条件、历史文化等因素的塑造而产生，由此我们可以感受到一种1980年代的“结构性存在”。“本来在面对火车时，台儿沟的姑娘们对铅笔盒的渴望和对金圈圈的艳羡是同时存在的，但为了‘铅笔盒’‘现代光环’的完满，却必须‘压抑’风娇们对发卡、纱巾和金圈圈的欲望。然而，‘欲望’可以‘压抑’却不能‘消灭’，‘物欲’注定要在不久的将来以另一种形式重新返回”。[①]《棋王》中“我”曾纠正王一生对《热爱生命》的理解——“那根本不是个吃的故事，那是一个讲生命的故事”，“我”在这样向王一生“宣谕”时想必充满了优越感，“生命”对“吃”的轻视（并将此种轻视视作理所当然），正同于前引知识精英以一种合理性“压抑”另一种合理性的逻辑。而在《棋王》中，既有那个理想时代的烙印（“衣食是本，自有人类，就是每日在忙这个。可囿在其中，终于还不太像人。”），同时在“我”的边上，安排了王一生对偏至化的“压抑”逻辑表示不满。也许，只有当社会转型之后，人们带着对禁欲年代刻骨铭心的仇恨，从而争先恐后、无所掩饰地全面拥抱商品和物质膨胀之后，我们才能体会王一生的话“半饥半饱日子长”意味深长。《棋王》正是这样矗立在一个时代的转折点上，此前的历史时期内，道德理想主义以绝对至高的标准抽空了人生活的具体性；而物质膨胀激起的欲望则会在不久将来以报复性的方式贪得无厌地占据社会任一角落。这两个时代里的公共生活都无法形成王一生式的、关于“正当需要”的共识。

无论是“向内转”抑或“寻根文学”，在当时受到误解最深的地方在于，指责其远离现实，比如以下的诘难：“‘向内转’文学由于执著淡化背景、淡化思想、淡化性格，追求一种非现实化、非历史化和非社会化的创作途径，因而在它与时代的关系上，往往不同程度地缺乏鲜明有力的时代精神……另一些作品则干脆到远离现实的深山野坳或原始森林中去展示人物的内化心像。”“‘向内转’既然是‘必由之路’，那么，作家还要不要深入生活、体验生活、认识生活？”“为什么一定都要在那少有人迹的林野中、洞穴中、沙漠中而不是千军万马中、日常世

① 罗岗、刘丽：《历史开裂处的个人叙述》，《文学评论》2008年第5期。

俗中去描写那战斗、那人性、那人生之谜呢？”[①] 其实如果仅就《棋王》而言，它所反映的调整个人在时代中的处身方式，“全身心”投入生活，正是当时生活意义与秩序重建的一种。向内心归趋似乎总给人一种告别外在世界的“纯粹感”，但是《棋王》中的内心修为并不是“经院”式的，而是从同生活有关的具体问题的斗争中产生，与行进中的社会现实有着深刻扭结。这层意义，在解读中是不能被抽空的。当时的那些批评意见，可以借用上篇中所提及程光炜的研究，是“文化秩序的超稳定性结构”在新时期的延续；可惜即便是新潮批评对于《棋王》的支持中，对于这一面向，仍然挖掘不够。

更可贵的是，内心的超越与求索在自我砥砺之后，再度打开，寻觅到了转化资源。“我”作为知识人 / 启蒙者，最终从王一生身上发现了真谛，这显然是个面向底层与民间的转变过程。小说中刻意呈现“我”和王一生是两类人：“我”对王讲述他闻所未闻的《热爱生命》《邦斯舅舅》《短歌行》；而王在“我”面前经常有理直气壮地反驳：“你们这些人好日子过惯了，世上不明白的事儿多着呢！”“‘忧’这玩意儿，是他妈文人的佐料儿。我们这种人，没有什么忧，顶多有些不痛快。”“你不错，读了不少书。可是，归到底，解决什么呢？”而王的棋力精进得自于捡烂纸老头儿的传授（而不是小说中短暂露面的“国手”）以及在民间的流浪。等到“我”感悟到王一生及其所依凭的民间传统的活力之后，“我”自身视界的变换，以一段至为传神的描绘刻画出来：当王在车轮战时，“我心里忽然有一种很古的东西涌上来，喉咙紧紧地往上走。读过的书，有的近了，有的远了，模糊了。平时十分佩服的项羽、刘邦都在目瞪口呆，倒是尸横遍野的那些黑脸士兵，从地上爬起来，哑

---

① 周崇坡：《新时期文学要警惕进一步“向内转”》，《文艺报》1987 年 6 月 20 日；林焕平：《略论“向内转”文学》，《文艺报》1987 年 12 月 26 日；李泽厚：《两点祝愿》，《文艺报》1985 年 7 月 27 日。

了喉咙，慢慢移动……”在今天我们所理解的文学史脉络中，“文化寻根”的倡导和发展，开启了民间在当代文学中的还原，“由于传统文化的原初精神多已散失在民间，所以对民族文化之根的探询过程实际上也就是对民间的发现过程。寻根作家们在追求新的文学价值时，其实多半是把目光投向了未被意识形态内容遮蔽的民间文化，只有在这种非正统文化存在中才最大限度保留着民族自身的蓬勃生命力”。[①] 由此再来理解小说中“棋”与“吃”的平衡，仿佛就像一个预言在昭示：知识者个人的精神探索只有紧紧地扎根于民间大地和人类生活的血肉真实与具体性之中，才能元气充沛而不致陷入心力交瘁的“高处不胜寒”。

《棋王》中弥散着一种再生的力量，来自民间大地的生生不息，来自传统哲学所谓的阴极阳复。我们当然可以在成长小说的意义上来理解《棋王》的故事，经典的成长小说往往以个人成长和国族构建互为表里。巴赫金在讨论人文主义和文艺复兴时，曾引述康拉德·布尔达赫的话：“它们的产生，不是由于学者们发现了失传的古希腊罗马文学艺术珍品并且力求使它们重新获得生命。人文主义和文艺复兴是从一个老化的时代的热烈而又无限的期待与追求中诞生的，这个时代的灵魂在自己的最深层受到震动，它渴望着新的青春。”[②] 不妨借用这段话来表达“寻根文学”的意义：一个古老民族经历了现实的苦难与伤痛（“文革”），在其“最深层受到震动”，终于，伴随着“热烈而又无限的期待与追求”，伴随着“自我”与“民族自我”的觉醒（参见李庆西在《寻根：回到事物本身》中分析“寻找自我与寻找民族文化精神便并行不悖地联系到一起”[③]），开始重新选择与铸造“新的青春”。这是“寻根”代表作的《棋王》之于“讲述故事的年代”的重要意义。

---

① 陈思和主编：《中国当代文学史教程》，复旦大学出版社，1999年，第281页。

② 巴赫金：《拉伯雷研究》，李兆林等译，河北教育出版社，1998年，第67页。

③ 李庆西：《寻根：回到事物本身》，《文学评论》1988年第4期。

我把以上这些《棋王》的启示，理解为“向内转”的“再开放”，即不是把内/外、超越/具体、个人/共同体等对立起来，导致内心求索的历程画地为牢、自蹈死局，而是在与周遭存在的呼应与关联中，超越了内心求索的限度。

稍早于新时期文学探索的“向内转”，还有一位老人孤身尝试着艰难的内心求索，我指的是巴金先生和他的《随想录》。“巴金在《随想录》里塑造了一个忏悔的自我形象，而这个‘我’，既包含了作家自己灵魂深处的某些声音，又是有一定普遍性的社会现象……每一个形象巴金都是以‘我’的面目出现，仿佛是在讲自己的经验教训，反思自己的历史经过，但他说出来的，恰恰是带有共性的知识分子的普遍思考。”[①]《随想录》里的文字，很少将问题归咎于环境、制度等在很多人那里习见的“外在的压力”，相反，自我的“记录”与精神构成正是巴金追究所有问题的起点；但最终我们可以发现：这“一个人”对耻辱与罪责的承担、反省，也正是整个民族反思灾难与道德完善的起点。正如果戈理在其遗嘱中所申明的：“需要思索的不是别人的黑暗，不是天下的黑暗，而是自己心中的黑暗。”其实，“解剖自己心中的黑暗”，可能正是反思“天下的黑暗”的最坚固、可靠的基石。伯林曾批判过历史决定论的逻辑：“使人的行为实际上如此这般的那些原因，大多数是超出个体的控制范围的”，比如阶级、种族、文化、历史、理性、时代精神等，“把所发生的事情的最终责任，推到这些‘非人的’、‘超人的’、‘高于个人的’实体或‘力量’的行动或行为上了，而这些实体或力量，便等同于人的历史”。[②]在追记“文革”的作品中，我们曾看到不少这样轻巧的一“推”而自动免责，以被动者身份来讲述故事的姿态——

① 陈思和：《从鲁迅到巴金：随想录的渊源及其解读》，收入《海藻集》，广西师范大学出版社，2007年，第30页。

② 参见以赛亚·伯林：《历史的不可避免性》，收入《自由论》，胡传胜译，译林出版社，2003年，第108、109、128页。

集体性的狂热刹那间灰飞烟灭，理所当然地在当时被动卷入“浩劫”成为“受害者”；理所当然地在今天以局外人的身份享受豁免权。而巴金却自觉担起了历史的债务，《随想录》正是一部“解剖自己心中的黑暗”的大书。与此相比，那些不关涉内心变动与劫难、不关涉内心伤痕的反思，实在显得浮浅。

在对《随想录》的批评中，一直有这样一种意见：巴金的检讨是不深入的，因为对于悲剧发生的体制环境和根源，没有进行过深入的思考和研究，因此也就没有触及根本问题。这也是“向内转”经常遭遇的轻视：在批评者看来，相比于体制建设，个人的内心求索实在是低层次问题。类似的批评在抽象意义上自有道理，但同时也脱离了中国当代社会生活的特定环境。也就是说，对“境况中”发言者的苦心和意义体会不够。由于《随想录》将矛头对准“文革”，在写作和发表过程中巴老备受压力，他不得不选择一些含含糊糊的语言、吞吞吐吐的表达方式、执着于内心忏悔的反思主题，由此在特定的环境里被阅读流传，也成为今天每一个知识分子必须认真对待的精神遗产。这一执着的、不假外求的内心探索者，绝非退守的懦夫，而是一身担当的勇者。

巴金在“文革”中受尽屈辱甚至家破人亡，为什么要在动乱之后一再提出“忏悔”的问题？《十年一梦》中这样写道：“每次批斗之后，‘造反派’照例要我写‘思想汇报’，我当时身心十分疲倦，很想休息。但听说要马上交卷，就打起精神，认真汇报自己的思想，总是承认批判的发言打中了我的要害，批斗真是为了挽救我，‘造反派’是我的救星。那一段时期，我就是只按照‘造反派’经常高呼的口号和反复宣传的‘真理’思考的。我再也没有自己的思想。……从一九六七年起我的精神面貌完全不同了。我把自己心灵上过去积累起来的东西丢得一干二净。我张开胸膛无条件地接收‘造反派’的一切‘指示’。我自己后来分析说，我入了迷，中了催眠术。”[①] 借福柯的说法，这里的“催眠术”是一种“活人治理术”所安排的“自我忏悔”，它是个人内省最危险的异化形式：“每个人都要努力去认识自己心里正在发生的事情，去承认过错，去认识诱惑，去揭示欲望。不仅如此，每个人还有义务把这些事情向上帝，或者团体里的其他人交代，并因此忍受公开或私下里进行的对自己行为的见证。…… 悔罪是改变带来的实际成果，是与自己、过去与世界彻底割裂的表现。…… 对罪的忏悔的最终目的不是一种身份的确立，而是拒斥自我、与自我隔绝的标志。…… 自我揭发同时也是自我毁灭。”[②] 巴金无情地自剖(“奴在心者”)，“从灵魂深处挖掘了自己的怯懦，并从历史的根源上，从‘文革’前的历次政治运动中自己的怯懦表现，反思了知识分子是如何在权力的压迫下一步步丧失了五四新文化的传统精神，导致了人文精神的最后底线的大崩溃”。[③] 巴金自我忏悔的重要主题，就是反思自我忏悔如何避免在“活人治理术”的勒令下走向反面。个人内省原该通向的是“我是我自己。我回到我自己身上”，而不是相反的“自我毁灭”。可以说，《随想录》从内心的修复开始，但同时又返身质疑着内心探索的异化。

历史学家黄宗智的研究认为：“文革是这样一个运动，它既带来了个人政治生活对私人生活的侵犯，又导致了政治创造的现实对人们精心保留在内心深处的侵犯；毕竟，这一运动的目标不是人们的物质存在，而是他们的精神世界的表达方式。”“文革”中发生的悲剧，很多来自于官方正统建构的现实和人们感受到的现实之间的差异和冲突，

① 巴金：《十年一梦》，收入《随想录》，人民文学出版社，2000 年，第 324、325 页。

② 福柯：《自我技术》，收入《福柯读本》，汪民安主编，北京大学出版社，2010 年，第 259、262 页。相关问题还可参见收入此书的《对活人的治理》等篇。福柯阐释的“自我忏悔”“罪行展示”等“活人治理术”国人实在不陌生，延安整风时期通过党员的自我反省来接受和内化既定命题，“文革”中有革命日记展览，“狠斗私字一闪念”。

③ 陈思和：《巴金提出忏悔的理由》，收入《海藻集》，第 92 页。

以及人们内心是非善恶判定标准的被放弃。[①] “文革”侵犯了人们的“内心深处”和“精神世界”，且创痛深巨，从此意义上说，新时期对心灵世界的修复，并非迂阔之举。而这正是当年鲁枢元提倡“向内转”时的重要议题：“‘向内转’体现了浩劫过后某种强烈的社会心理对于文学艺术的需求。西方现代文学的两次‘向内转’的高潮，分别与两次世界大战给人类带来的灾难有关。‘文化大革命’也是一场灾难，而且与中国人民近代史上蒙受的其他灾难不同，人民受到的伤害更严重的是人性的扭曲和心灵的破裂，这是一种‘内伤’。浩劫过后，痛定思痛，善良的人们在反省、在反思、在忏悔，心理上长期郁积下来的一层层痛苦的情绪和体验需要疏通、需要发散、需要升华、需要化为再图奋进的思想和勇气。这种特定的社会心理状态，为新时期文学的‘写心灵’提供了广阔的空间。”可惜，当年围绕着“向内转”的争论大多纠缠于创作手法或现实主义原则，对于这一层治疗“内伤”的议题却没有深入的对话。

今天，如果仍然是以“非现实、非历史、非社会”去批判“向内转”，那么仍然只是重复当年的争论水平。如何在当下现实中重新把握个人与时代关系的调整、内心求索的转化与“再开放”的意义，是值得我们认真对待的课题。鲁枢元在《论新时期文学的“向内转”》中曾提及，“在中国新文化运动的巨人鲁迅的文学创作中，‘向内转’倾向恰恰得到了最突出的表现”。鲁迅早年在《文化偏至论》中绍介 19 世纪末 20 世纪初欧洲思想由“外”向“内”的转换，“思潮为之更张，骛外者渐转而趣内”，把鲁迅理解为“向内转”的早期吁求者，倒也不为过。身当一个秩序轰塌的年代，鲁迅素以“自心”应世，但这颗“心”又同时向着世界开放：“外面的进行着的夜，无穷的远方，无数的人们。

---

① 参见黄宗智：《中国革命中的农村阶级斗争——从土改到文革时期的表达性现实与客观性现实》，《中国乡村研究》第 2 辑，黄宗智主编，商务印书馆，2003 年。

都和我有关。”[1] 这是一颗庄严而活泼、“内外兼修”的“心”。[2] 当我们面对现代中国这一“扰攘之世”中知识分子因为欠缺建基于本心的立场而扶东倒西、无所立足，面对文学与现实中“内心生活”苍白甚至是“失心”之人（比如《风雅颂》中的杨科）的一再出现，我们是否考虑过内心修为的意义，是否应该重拾洪子诚先生所谓作为“80 年代文学的历史反思的重要成果”——知识分子、文学创作“如何建立一种与各种权力保持相对独立的传统”，是否念及鲁迅“心学”的这一份资源——既舍身到风沙扑面的现实中贴身肉搏，又敢于自白其心、以心应世，以此来培育一个丰富而沉稳、与现实相摩擦复又充当外界扰攘之过滤器的内心空间。

2010 年 7 月 26 日—8 月 5 日写，8 月 18 日改定

原载《南方文坛》2011 年第 1 期

---

① 鲁迅：《“这也是生活”……》，收入《鲁迅全集》第 6 卷，第 624 页。

② 关于鲁迅的“心学”资源，详见郜元宝：《“为天地立心”》，收入《鲁迅六讲》，上海三联书店，2000 年。

反躬自省的“医生”与拒绝被动的“病人”

——从这个角度讨论文学中的医疗与卫生话语

本文尝试通过“卫生的现代性”在中国的兴起来讨论文学家如何在修辞、隐喻的意义上借用种种医疗与卫生话语；以及这些借用中遮蔽的内容、凝固而成的“内外有别”的病理学逻辑；最后以一种理想状态中的病患关系的确立，来探究鲁迅对自我主体的塑造，以及这份资源在今天所提供的意义。

一　“卫生的现代性”

“医学救国论”在近代的张扬始于维新派思想家。梁启超力倡改良医学的重要性：“不求保种之道，则无以存中国，保种之道有二：一曰学以保其心灵，二曰医以保其躯壳。”[①] 医学话语的兴起，不仅在实际意义上要求医治国人的疾病维护其身体健康，同时从身体过渡到国体，从保身保种过渡到救国救民，指向对百疴缠身的中国施以“新方”：“若引旧法以治近世，是执旧方以医变症，药既不对，病必加危。五十年来讲求国是者，既审症之未真，故言战言和，亦施药之未当，否则笃守不药，坐待弱亡，用致割地、偿款，病日危重，至此伤寒存里，病入厥

① 梁启超：《医学善会序》，收入《中国近代史资料丛刊　戊戌变法》第4册，上海人民出版社，1957年，第451页。

阴。……如不讲明病证，尽易旧方，垂危之人，岂堪再误？”[①]

“自鸦片战争以后，门户洞开，节节失败，受着重重外力的压迫，于是我们才觉悟到我们的民族是有病的，也都在寻找治病的药方，求得一条自救的出路。”[②] 五四新文化运动中虽然存有一个著名的“弃医从文”的故事，但鲁迅只是在梁启超“保其心灵”与“保其身躯”的并列式中更强调前者（“改变精神”）的优先，五四时代对文学的社会功用、作家的社会角色的界定等等，无不从医学话语中借用修辞术。[③] 五四启蒙者和维新思想家一样，都将社会、国家、种族看作一个病态的有机体，等待施以“回春之术”。

近代医学从属于“先进”的自然科学知识，同时在修辞的意义上又被视为启蒙的生动喻象，二者叠加更彰显出医学与卫生话语的权势地位。1921 年，周瘦鹃在《礼拜六》上发表短篇小说《父子》[④]，描写一个青年学生输血挽救遇车祸的父亲，不幸“总血管破裂”而亡。借今人的话而言，这个故事在“五四”后的氛围中可能堆砌着多重“政治不正确”：年轻的“子”（小说中称作“新派的学生”）杀身成仁去殉那古旧的“父”，家庭革命的时代中高唱“非孝声中还有一个孝子在着”，

---

① 康有为：《上清帝第四书》，收入《康有为文选》，谢遐龄编选，上海远东出版社，1997 年，第 317 页。

② 参见李景汉：《〈民族特性与民族卫生〉序》，收入潘光旦：《民族特性与民族卫生》，商务印书馆，1937 年，第 1 页。

③ 中国古代医学是古典宇宙系统的延伸，在天人合一的模型下，二者有不少同构点（气、阴阳、五行等）。同时，医学语言的普泛化，促成专业以外人士每每喜好“言医”。早在《庄子》《孟子》《淮南子》等著作中就有不少借用医学论说来发挥政治或思想理论。医学话语特殊的修辞性在近现代得以延续，或者说，读书人用古典的修辞方式构筑了现代性的关怀。

④ 周瘦鹃：《父子》，《礼拜六》第 110 期，1921 年 5 月 21 日。收入《哀情巨子周瘦鹃代表作》，范伯群编，江苏文艺出版社，1996 年。

再加上现代医学知识的缺乏。随后郑振铎的批判文章《思想的反流》[①]正围绕着这几点展开。更妙的是，对文学研究会并无好感的郭沫若此时也拍马赶到，面对共同的敌人“《礼拜六》那一类的文丐”而在致郑振铎的信中表示“愿尽力声援”，郭沫若在日本学过医，更有理由义正词严地嘲笑周瘦鹃对于输血法“没有充分的知识”，“我敬告周先生，不要那么惹人笑话了吧”。[②]在新派眼中，封建旧道德和医学常识的隔膜正是“一家眷属”[③]，都被视为落后、愚昧、“反流”的代表，由此也见出“卫生的现代性”在当时具有的权势。

“卫生的现代性”与身体的国家化趋势相伴随。甲午战败之后，知识精英将焦点从自上而下的制度改革转移到普通民众身上，民众的身体开始被塑造为富国强兵的工具和政治动员的手段。“其人皆为病夫，其国安得不为病国也？”(《新民说》)，在以梁启超为代表的新民话语中，新民之身体建构被视为解决国难的根本之道。接下来的五四运动尽管高举启蒙大旗，但身体的解放基本上服务于国家的富强。根据学者的研究，进入 20 世纪之后，身体的国家化趋势大致奠定，在国民党政府形式上统一全国之后，这一趋势得到进一步发展。但国民党政权始终无法实现政治与民众身体的有效整合（比如失败的新生活运动）。直到共产党通过延安整风和土地改革才找到途径。[④] 1940 年代中期有一篇题为《卫生组长》[⑤]的小说，主人公“我”是村里的卫生组长，这是一个“很

① 西谛：《思想的反流》，《文学旬刊》第 4 号，1921 年 6 月 10 日，收入《周瘦鹃研究资料》，王智毅编，天津人民出版社，1993 年。

② 郭沫若：《致郑西谛先生信》，《文学旬刊》第 6 号，1921 年 6 月 30 日，收入《周瘦鹃研究资料》。

③ 陈独秀所谓“旧文学，旧政治，旧伦理，本是一家眷属固不得去此而取彼。”陈独秀：《答易宗夔》，《陈独秀著作选》第 1 卷，上海人民出版社，1993 年，第 408 页。

④ 参见应星：《身体政治与现代性问题》，收入《新史学》，杨念群、黄兴涛、毛丹主编，中国人民大学出版社，2003 年。

⑤ 葛洛：《卫生组长》，《解放日报》1945 年 5 月 12 日，收入《中国新文学大系（1937—1949）·短篇小说卷三》，上海文艺出版社，1990 年。

落后的村子，卫生一点也不讲。村子里到处都是牲口粪，满年四季不打扫，人们天天都不洗手，不洗脸，吃着不干净的东西。婆姨养娃娃，就跑到牲口圈里去养。什么时候得了病，就请神官马脚来治。人人都是封建迷信脑袋，就像榆木圪瘩一样，三斧子五斧子劈不开”。小说前半部分描写卫生组长在“卫生一点也不讲”的环境中种种无奈与尴尬，突然一天“我婆姨”得病，昏迷，“说糊话”，母亲和丈母娘不顾“我”的反对将巫神请到家中，就在此时，“延安医院里的医生”从区里赶来，结果当然手到病除，“这样大家都信了医生”，巫神也接受了批评和改造。现代医学战胜了“封建迷信”，在叙事者讲述的这一医疗事件中，伴随着卫生进驻原先“落后的村子”，延安政权也渗透到民间世界，控制了乡村个体。由此我们也可以把这个故事理解为现代国家政权与种种前现代的方式争夺对农民身体的医疗 / 治理的权力，后者在竞争中不堪一击，延安政权则找到了有效方式将国家权力与广大民众的身体联结起来。在上述对卫生和身体的关注背后，是国家对个人的征用和驯服。

二 “弃医从文”故事的一种别解

整个 20 世纪，医疗与卫生成为中国精英想象现代的工具性话语。“卫生”在现代意义上被理解，内含了福柯所谓“生命权力”的意味，它是一系列技术，藉此，国家着手对身体和生命的管理、统制；卫生把中央政府、科学家、医生、警察、教育和人民健康联结成一个整体，共同努力去保护民族的身体。这种观念将个人卫生同民族卫生联系在一起，“个人接受国家的规驯体制而后使自己的行为符合国家的目标”。通过上述语言的想象，卫生变成了“卫生的现代性”。[①] 杨念群指出，

---

① 参见罗芙芸：《卫生的现代性：中国通商口岸卫生与疾病的含义》，向磊译，江苏人民出版社，2007 年，第 18、22、146、318 页。根据罗芙芸考证，1875 年，日本学者长与专斋借用《庄子》中“卫生”一词来翻译源于西方的意思：政府对其人民的健康提供广泛的

中国现代历史上若干“貌似纯医疗现象的改变”，都可“看做是现代国家政治日益规训个体生活节奏和生命体验的一个过程”。[1] 医疗卫生政策与制度安排成为国家加强社会控制的正当性借口。上引《卫生组长》正显现出个体的健康、死亡和日常生活已被编织进国家整体的现代化规划中。小说中“延安医院里的医生”迅速战胜乡间巫神迷信，似乎预示了这一编织过程的彻底。但实际情形可能并不完全如此。1932年，天津地方报端刊出一篇带有社会小说性质的短文[2]：夏季傍晚，两名警察敲开市民赵七爷的家，声称“为整理公共卫生起见，每一家发一把苍蝇拍，扑灭苍蝇，以免时疫的蔓延”。当赵七爷接过拍子后，警察向其索要大洋一角，前者表示为难，后者以“竟敢破坏公共卫生”为由，威胁赵七爷“到局子里坐坐”，终于迫使赵交出作为一天生活费的一角大洋。在这篇短文中，由国家权力主导的卫生运动和民间世界中的生活方式及观念不可避免发生了抵牾、冲突。

“卫生的现代性”指向这样一种现代化方案：社会组织是一个装备了优良引擎和零部件的机器，个人是其中的齿轮或螺丝钉，在技术和工程性的规划下，巨大的社会机器按照日益完善的逻辑自行运作起来……由此对照鲁迅的选择就显得复杂了，他当然也内在于以疗治为总体喻象的社会启蒙，但“弃医从文”又意味着在上述以“卫生的现代性”为代表的技术方案之外的可能性。鲁迅心意中的现代主体，既继承了启蒙思想中进步、公正、社会关怀等价值（“国人之自觉至”）；又

供给和监控。“这个词既结合了个人的行为，但又首要强调国家的角色”。尽管“卫生”是基于中国已有词汇的创造，但与原义已有很大差异，当它在20世纪被借鉴引入中国后，已是一个被明治时期的日本翻译和包装起来的新语汇。这一“卫生”的现代意义和导出的制度安排，“在1900年后的中国变得极为重要”。

① 杨念群：《如何从“医疗史”的视角理解现代政治？》，收入《清以来的疾病、医疗和卫生》，余新忠主编，生活·读书新知三联书店，2009年，第52页。

② 都智民：《苍蝇拍》，《大公报》1932年7月10日。转引自朱慧颖：《民国时期的卫生运动初探——以天津为例》，收入《清以来的疾病、医疗和卫生》，第370页。

汲取了西方浪漫传统的流风以克服理性主义的“偏至”，为审美情愫所滋养而“精神发扬”（“国民皆诗，亦具诗人之具”，用诗歌的“顾瞻百昌，审谛万物”来涵养“灵觉”，理性自觉的主体复又将审美感情作为自我发展的媒介）。这不是工具理性压服下的被动物（“精神窒塞”“躯壳虽存，灵觉且失”），而是能发挥内在潜能（“内曜”）、自觉自主的历史能动者。①

这是我对鲁迅弃医从文故事的一种别解，依据的并不是《呐喊·自序》提供的幻灯片事件，而主要着眼于医疗卫生话语和文学气质所生发的不同的现代想象，以及鲁迅对二者路径的选择（揆诸鲁迅的文字尤其是早年论文，这番别解或中其心意）。黄子平先生在《病的隐喻与文学生产》一文中讨论鲁迅弃医从文的故事和丁玲小说《在医院中》，同样依据了上述思路，“在这里，‘文学’和‘医学’的对立首先不是由于‘改变’国民的精神为第一要著，而是由于人物的性格和气质”。②鲁迅的故事是在技术性的现代化方案之外发现了文学自我，而丁玲笔下的陆萍则是文学自我在机械化、公式化的医院境遇——我们知道按照福柯的理解，医院与现代学校、监狱一样，是以集中、控制为主要特征的社会机构——中“被治愈”。

三 “内外有别”的病理学逻辑

这是1930年代刘呐鸥的小说《礼仪和卫生》③：主人公启明——他是以维护女权而闻名的律师，如名字所示，一个开启民智的知识精

---

① 参见鲁迅：《文化偏至论》《摩罗诗力说》《破恶声论》，分别收入《鲁迅全集》第1卷、第8卷，人民文学出版社，2005年。

② 黄子平：《病的隐喻与文学生产——丁玲的〈在医院中〉及其他》，收入《批评空间的开创》，王晓明主编，东方出版中心，1998年，第320页。

③ 刘呐鸥：《礼仪和卫生》，收入《都市风景线》，浙江文艺出版社，2004年。

英——正从外滩走入中国人城区。在“近黄浦滩的街上”布满了“柔软的阳光”,“一个 Blonde 满胸抱着郁金香从花店出来”；接着他转入华界,“只隔两三条的街路好像跨过了一个大洋一样风景都变换了”,弄堂里“含着奇臭”,“不曾受过日光的恩惠的店门内又吐出一种令人发冷抖得阴森森的气味。油脂，汗汁和尘埃的混合液由鼻腔直通人们的肺腑。健康是远逃了的”。这是一幅诡异的图景：刘呐鸥笔下的知识精英显然自觉认同积弱话语（即中国是不健康的，有缺陷的），但其自身却不在积弱者之中，至少,“我”是处于病人 / 积弱者与“卫生现代性”的中间地带，并且正在日渐脱离病弱的群体而朝向现代性移动。启明在华界和租界间的踱步显示出耐人寻味的象征性。这是一种分离逻辑[①],精英自恃拥有科学的卫生知识和健康的身体状况而将自己脱离于不卫生的大众和落后的中国的联系。而据罗芙芸对通商口岸的研究[②],刘呐鸥故事中的分离策略并非小说家虚构或特例。但讽刺的是，启明却离不开华界的妓女，刘呐鸥似乎在质疑将自身与不洁的中国区隔开来的可行性，兴许更可怕而启明自身不愿承认也并没意识到的是，他的卫生习惯是可疑的，他可能就是一个带菌者。

1940 年代，延安的文艺工作者们同样谨守着内外有别的分立逻辑：“我们”的躯体应该是健康和卫生的，细菌和疾病来自外部的侵入。黄子平先生精辟地论述道：丁玲、王实味等杂文作者其实“也和他们的论敌一样，严格区分着‘里面’和‘外面’，强调‘疾病’的‘外来性’，是因了跟‘旧中国’的连结而沾染的”。[③] 其实与启明们相比，延安的

① 这一分离战略使得中国知识分子努力把自己想象成卓越的全球世界主义中平等的参与者。至于这一战略的功效及其遮蔽的内容，参见史书美：《现代的诱惑：书写半殖民地中国的现代主义（1917—1937）》，何恬译，江苏人民出版社，2007 年。

② 参见罗芙芸：《卫生的现代性：中国通商口岸卫生与疾病的含义》第 8 章。

③ 王实味：“我们甚至尽一切力量拖曳着旧中国底代表者同我们一路走向光明。可是在拖曳的过程中，旧中国底肮脏污秽也就沾染了我们自己，散布细菌，传染疾病。”王实味：《野百合花》，《解放日报》1942 年 3 月 13、23 日。丁玲：“中国所有的几千年来的根深蒂固

杂文家们已经意识到自身也有可能被感染，但《讲话》决定了手术刀指向的方位，“《延安文艺座谈会上的讲话》立论的基本逻辑就建基于这‘内’与‘外’的二项分立之上。你是‘内人’，你就必然歌颂‘内面’的光明。你是‘外人’，你才会暴露我们‘内面’的黑暗。二者必居其一。暴露‘内面’的黑暗者其作品未必伟大，歌颂‘外面’的光明者其作品必定渺小。二者必居其一。”这些都显示出一种“社会卫生学”的逻辑：“疾病或身体的痛苦都视为外物的侵入所致，维护身体界限的和谐不使外物进入，就成为重要的价值所在”。[①]

内外有别的病理学逻辑还延续到了1949年后。1952年冬，美国人在朝鲜战争中使用细菌战的消息登上了全中国报纸头版，政府舆论随即号召掀起“爱国卫生运动”，这一运动是为了应对真实的卫生危机还是政府精心组织的对社会各阶层的动员，不是本文追究的任务；重要的是，“爱国卫生运动产生于这样一个时刻，此时，中国共产党将细菌描绘成外国敌人而不是中国人固有的积弱形象的一部分。在这一时刻，为了使中国实现主权和现代性而必须战胜的敌人，是来自外部而不是内部的”。[②]延安时期的“外”，主要指涉“旧中国”“旧社会”“根深蒂固的封建恶习”，而在此时，“外”聚焦于西方，先前刘呐鸥小说中卫生与秩序的象征，此刻却将肮脏的细菌刺入了中国边界。可见，“内”与“外”的具体所指会随着时代变迁而更换，但内外有别的二项分立依然不变。此运动在当时的文学界及文艺作品中均留下了印迹，比如全国文联曾发文严正抗议美国侵略军进行细菌战的罪行[③]，而《解放军

的封建恶习，是不容易铲除的，而所谓进步的地方，又非从天而降，它与中国的旧社会是相连结着的。”丁玲：《我们需要杂文》，《解放日报》1941年12月23日。

① 参见黄子平：《病的隐喻与文学生产——丁玲的〈在医院中〉及其他》，收入《批评空间的开创》，第327、328页。

② 罗芙芸：《卫生的现代性：中国通商口岸卫生与疾病的含义》，第315页。

③ 参见《文艺报》1952年3月10日相关报道。

文艺》也很快刊登出一组《战士快板诗》：“杜鲁门，发了疯，指挥苍蝇、老鼠来进攻，个个满身带细菌，想靠毒虫救他的命。”[①] 冯雪峰在一篇文章中严厉驳斥了西方媒体关于瘟疫来自中国“内部传染病”的言论，以此捍卫身体内部的“纯洁”。[②]

1930年代上海都会中知识精英的卫生意识，1940年代延安文艺中含藏的“社会卫生学”，以及1950年代爱国卫生运动中的全民动员，其实都共享着这一病理学逻辑。该逻辑最忌讳类似“物必自腐而后虫生之”“苍蝇不叮无缝之蛋”的说法。在1949年后的“三反”运动高潮中，《文艺报》上曾刊出一文《毒菌的话》，专门反驳上述说法：“盗魁是你们；贪污分子不过是你们的俘虏和爪牙，但已经和你们成一伙了……”[③] 贪污来自资产阶级投放的毒菌，被感染的“分子”已经不是“我们”的成员，而是“你们一伙”。我们/你们以及身体的界限受到极端重视，内部的混淆不清和困境都被怀疑或指证为来自外部，同时必须注意清除被感染的内奸以御外敌，即通过把被“毒菌”所腐化的不良部分（“已经和你们成一伙”）排挤出去以维护内部机体的纯洁、均质和卫生。

胡适曾痛惜国人“医药不讲究，公共卫生不讲究”，甚至将疾病视作中国今日必须铲除的“五大仇敌”之一。[④] 在他看来，“一个‘讳疾而忌医’的时代”里，“人人专会责人而不肯责己”，当此时刻，“反省的态度，责己的态度”显得弥足珍贵。比如，与上述内外有别的医案提供的乐观图景不同，鲁迅的逻辑充满了焦虑和绝望。他自然是一位诊断国民性的医者，但从不自认为通体清洁，反倒在“抉心自食”中自陈

---

① 邵康：《打老鼠也是消灭“侵略兵”》、戈春生：《杜鲁门搬“救兵”》，《解放军文艺》1952年7月号。

② 冯雪峰：《越涂抹越显明的罪证》，《文艺报》1952年3月25日。

③ 俞密：《毒菌的话》，《文艺报》1952年2月25日。

④ 胡适：《我们走哪条路？》，收入《胡适文存》第4集，黄山书社，1996年，第307、308页。

“中些庄周韩非的毒”。[1] 与此相伴随的，是对“疗效”的质疑，在“绝无窗户而万难破毁”的“铁屋子”里唤醒几个人，究竟何用……鲁迅的逻辑诚然不像内外有别的病理学那样泾渭分明、简捷乐观，但是至少，讳疾忌医决不能导向健康，“人必须自己承认有病，方才肯延医服药”。[2]

随着中国“和平崛起”及国人自信心的增强，五四新文化人的批判意识似乎越来越得不到今人理解。对民族和自我的诊断以及其中内含的反躬自省的思维，是否已经毫无意义？其实，如果一种文化传统禁不住人丝毫“触碰”，那大概已如同博物馆中的展品一般，逐渐退出现实生活；相反，对传统文化的批评，本身可能就是一种文化力量的显现，在“抉心自食”的自我诊断中未始不含茹着文化自主、创新的可能与生机。

四 “主动参与”的病人

鲁迅在承担医疗任务与对“疗效”的怀疑之间有着深刻矛盾，但即便被此矛盾所纠缠，依然隐忍着绝望而尝试种种沟通现实的践行。早年所确立的自觉自主的能动者，稳固地延续了其终身。这是作为医生而言。

如上一节所述，鲁迅在医生的角色认同中又有着一层“中毒”的自省，也就是说他深知自己也是一个“病人”，于是“时时解剖别人，然而更多的是更无情面地解剖我自己”。[3] 这未必不成全着鲁迅的文学。从作家主体这一方来说，用文学来疗治人心赋予了其在道德和知识上

---

① 鲁迅：《写在〈坟〉后面》，收入《鲁迅全集》第 1 卷，第 301 页。
② 胡适：《〈官场现形记〉序》，收入《胡适文存》第 3 集，第 393 页。
③ 鲁迅：《写在〈坟〉后面》，收入《鲁迅全集》第 1 卷，第 300 页。

的高人一等，作家拥有救治大众的能力与权力，鲁迅当然也内在于以疗治为总体喻象的社会启蒙，写了不少表达“哀其不幸，怒其不争”的小说，这样的小说背后有着一双敏感而深沉的医生的眼睛。鲁迅自然是一位诊断国民性的医者，但同时他又从不自视高洁，这使得鲁迅一方面“更无情面地解剖我自己”，另一方面，在消解医生意识的同时往往沉浸到原先被其他者化的民间世界中。无论是《社戏》《朝花夕拾》中的若干篇什，抑或早年论文中对“气禀未失之农人”及其情感寄托与精神想象（参见《破恶声论》）的辩护，无不见出鲁迅对民间世界中“小传统”及乡村伦理的精细观察与理解。他是疗治人心的医生，但从不自外于病人的疾痛凉热；甚至说，正因为他时时有同为病人的自觉，故而能体贴民众的隐痛疑难。

一体并置着医生 / 病人的双重身份，此时，他如何应对医患关系？

“西方医史的研究已说明现代医学的出现伴同着医生和病人之间权力关系的大逆转。根据朱森（N. D. Jewson）之经典研究，十九世纪以来现代医学的兴起完全改造了传统的医病关系（Doctor–patient Relationship）。十九世纪之前，病人对己身病情与治疗方式，有相当大的自主空间。为了使尊贵的病家满意，医生必须使用日常生活的语言来解释病情与预后”，而当“实验室医学”建立起来之后，“即便对一个充满爱心的医生而言，他 / 她的专业训练也将迫使他 / 她将注意力集中在人以外的病症、数据与检验报告上。……而医师日益专门化的术语更完全脱离了病人日常生活的世界。这些结构性的因素，使得现代医院中虽然病人摩肩擦踵，但自主的、完整的人却消失在这个医学宇宙之中”。医生在试管里，在显微镜下，在现代检测设备的形象里，关注的是血液、尿液、分子等形态性质的东西，作为整体的、活的人的形象几乎消失，“一个全新的、被动的现代‘病患’（patient）诞生了：

他／她对自己的病情完全无能为力，唯一能做的等待与忍耐”。[①] 在美国心理学家萨斯（Sasi）和荷伦德（Helonde）对医患关系（技术方面）基本模式的分类中，有一例“主动—被动型”，如昏迷、休克、严重损伤及精神病、接受催眠治疗的病人，他们已失去思维或表达意见的能力，在这种医患关系中，医生完全是主动的，其权威不会受到怀疑；病人则完全被动，不会提出任何异议，完全听命于医生的安排。但专家研究及临床实践证明，“此型医患关系往往不仅影响疗效，而且使许多差错难以避免”。现代医疗心理学主张“共同参与型医患关系”，即医患平等，相互尊重，彼此影响，双方的积极性都得到发挥，比较理想的是病人参与治疗活动，“不能只让病人唯医生之命是从。病人要主动参与，向医生说明自己的感知和体验”，“而且对诊断和治疗都有所了解”，“和医生一起商讨疾病的处理和预后”。[②]

这是1945年的延安，在赵文节的《肉体治疗和精神治疗——一个医生讲的故事》[③] 中，主人公二流子王四，“吃喝嫖赌，敲诈偷骗，样样都来”，被送进医院，通过医生肉体和精神的双重治疗之后，王四转变成健康的新式农民。这个故事处理的问题之一是在新的环境下如何理解阿Q，在启蒙叙事中，大众是等待疗救的病人；到了延安小说中，如何平衡“工农兵”先进的阶级觉悟和其精神危机之间可能存在的不平衡？赵文节的这个关于“治疗”的故事，依然挪用了内外有别的逻辑来解决问题：他将病因归结于外部环境（不但叙事者交代：“旧社会给他染下一身坏习气”，医生也判断说：“你做了二流子，这也不能完全怪你。这是旧社会的罪恶！”），即王四的内在本质（阶级本性）是健

① 参见雷祥麟：《负责任的医生与有信仰的病人》，收入《生命与医疗》（“台湾学者中国史研究论丛”），李建民主编，中国大百科全书出版社，2005年，第486、487页。

② 参见霍仲厚主编：《医生心理学》，上海医科大学出版社，1990年，第51—64页。

③ 赵文节：《肉体治疗和精神治疗——一个医生讲的故事》，《解放日报》1945年2月17日，收入《延安文艺丛书·小说卷》下册，湖南文艺出版社，1987年。

康的，病源来自外部环境（罪恶的旧社会）的侵蚀；只要进入了新社会，尘埃拂去，疾病自愈、本质自显。我们不禁有如下追问：何以旧社会有那么多同样受苦却本分为人的劳动者？难道新社会就完全杜绝了二流子？在延安的医院中，“新社会把鬼变成人”的故事经常上演，“王四们”转变前是无恶不作的二流子，转变后是前途光明的新农民，唯独这一转变过程是如此轻而易举地实现，因为这本就跟个人没有太大关系了。一个“服从、被动、无声”[①]的病人，遭遇到来自外部的救治，刹那间“脱胎换骨”，在这一幅治疗图景中——借伯林的话说——暗藏着历史决定论的阴影：“使人的行为实际上如此这般的那些原因，大多数是超出个体的控制范围的”，比如阶级、种族、文化、历史、理性、时代精神等，“把所发生的事情的最终责任，推到这些‘非人的’、‘超人的’、‘高于个人的’实体或‘力量’的行动或行为上了，而这些实体或力量，便等同于人的历史”。[②]这是决定论压服下的被动物，而非鲁迅“弃医从文”所选择的自觉自主的历史能动者。那位被人视作对《讲话》提供的医疗方案心存不敬的鲁迅弟子也曾直言：“人的力量是历史发展的一要素，客观的必然是通过人的努力而实现的。……只看到所谓客观的必然，轻视或忽视人的努力这一重要要素，那还是机械的看法，不能正确地把握到活生生的有血有肉的‘现实’的。”[③]

鲁迅对自身的“病”有深刻的自觉，由此通过“此时此地”的“挣扎”、一点一滴的“自做工夫”[④]，来重塑自我，同时，对于那种“得了

---

① 雷祥麟：《负责任的医生与有信仰的病人》，收入《生命与医疗》（“台湾学者中国史研究论丛”），第 500 页。

② 参见以赛亚·伯林：《历史的不可避免性》，收入《自由论》，胡传胜译，译林出版社，2003 年，第 108、109、128 页。

③ 胡风：《粉饰、歪曲，铁一般的事实》，收入《胡风全集》第 5 卷，湖北人民出版社，1999 年，第 128 页。

④ 鲁迅：《“立此存照”（三）》，收入《鲁迅全集》第 6 卷，第 649 页。

一种仙丹，忽然脱胎换骨”[①]式的“治愈”，鲁迅也时时表示怀疑；而“王四”们的病根被归咎于外部决定论，在他们身上反而看不到丝毫“自做工夫”的实践，从根本上说，这种“转变”仅仅来自外部的救济与给予。但伯林认为“所有形式的决定论”中都暗藏了对“个人责任观念”和“选择自由”的消除，“他／她对自己的病情完全无能为力”，病因来自外部感染，治疗来自外部施予。

五　反躬自省的医生与拒绝被动的病人

医生“挟医自重”，在病人面前权威、不平等关系的树立，正隐喻着知识分子在大众面前的启蒙角色。但鲁迅对启蒙的理解，拒绝了“挟医自重”的医生和“唯医生之命是从”的病人。他身为疗救“国民性”的“医生”又自我诊断为“中毒”的“病人”。当他作为医生时，可能并不满意于那些“服从、被动、无声”[②]的病人，我甚至想鲁迅心意中理想的治疗活动，应当试图唤起病人的自救能力与自我康复能力（参照上文所引“共同参与型医患关系”，病人主动参与治疗过程，发挥积极性，近似于“久病成良医”），其实近代史上张扬医学改良的先驱梁启超，早就判断过“凡一国之存亡，必由其国民之自存自亡，而非他国能存之能亡之也”。[③]而当鲁迅处于病人地位时，他不为医生的权威所压服而是“主动参与治疗活动”。对角色的这番理解，恰可沟通鲁迅之于东亚启蒙的意义。在破除自我健康的幻想后，病夫需要来自西方的药物和治疗，但这个治疗过程不是被动的，不是“他／她对自己的病情

---

① 鲁迅：《庆祝沪宁克复的那一边》，收入《鲁迅全集》第 8 卷，第 198 页。

② 雷祥麟：《负责任的医生与有信仰的病人》，收入《生命与医疗》（“台湾学者中国史研究论丛”），第 500 页。

③ 梁启超：《论中国人种之将来》，收入《梁启超文选》，王德峰编选，上海远东出版社，1995 年，第 11 页。

完全无能为力，唯一能做的等待与忍耐"。所谓"自做工夫"、对医生的权威有一种"抵抗"，绝非拒绝治疗，而是拒绝"唯医生之命是从"，拒绝被动的"等待与忍耐"，转而通过"抵抗"来提取出自我救治的能力；"面对自由、平等以及一切资产阶级道德的输入，鲁迅进行了抵抗。他的抵抗，是抵抗把它们作为权威从外部的强行塞入。他把问题看透了，那就是把新道德带进没有基础的前近代社会，只会导致新道德发生前近代的变形，不仅不会成为解放人的动力，相反只会转化为有利于压制者的手段。…… 总而言之，他并不相信从外部被赋予的救济。"[①] 这样的康复才是真正的康复，诚如杨念群所言："如何克服'东亚病夫'的自卑感，并同时达致最终的民族自觉？也许是中国近代以来最重要的主题。"[②]

延安的"社会卫生学"生产出许多直接涉及人身体的比喻和"驱邪清污"的治疗仪式："抢救运动"，"脱胎换骨"，"挖心"，"洗澡"，"脱了裤子割尾巴"，"武斗只触及皮肉，文斗才触及灵魂"……"在无数这样的'驱邪'场面中，'不干净'的人站在中间，'最干净'的人们被发动起来围在四周"[③]，先前在卫生意识上自命高人一筹的"启明"们困在中央接受治疗。这一倒转的图景的产生，自有知识分子无法左右的外部原因；但若自我检讨，就不得不感慨知识分子主观战斗精神的消歇。如果我们考虑一下反躬自省的"医生"与拒绝被动的"病人"的反题，可能会有这样的感悟：原先轻浮自得的医生在遭遇挫折之后，极易于转向唯命是从的病人，继而完全信服身外权威对自身疾病的诊断

---

① 竹内好：《作为思想家的鲁迅》，收入《近代的超克》，李冬木、赵京华、孙歌译，生活·读书·新知三联书店，2005 年，第 148 页。

② 杨念群：《如何从"医疗史"的视角理解现代政治？》，收入《清以来的疾病、医疗和卫生》，第 46 页。

③ 黄子平：《病的隐喻与文学生产——丁玲的〈在医院中〉及其他》，收入《批评空间的开创》，第 332 页。

分析，希望获得一揽子“根本解决”的治疗方案，最终虔诚地接受施予自己身上的种种治疗仪式。

“根本解决”中隐藏着一种神学般的信仰——对抽象的符号与理论原则的信仰以及试图用这一符号、原则来整体性地、一次性地涵盖、解决问题的信仰。“根本解决”意味着治疗活动的终结，接下来只是严格遵守医嘱按时吃药，无需任何个人的参与。《讲话》就好比一帖强力而不容置疑的医方，“根本解决”的出台为先前漫无涯际的荒原指明了方向，至此，知识分子的跋涉终于到了尽头，而精神磨难与艰苦卓绝的继续奋斗已然变得毫无意义。然而，主动参与的病人并不“唯医生之命是从”，这不是拒绝治疗，而是拒绝脱离具体诊断与医疗现场之外的“根本解决”方案；鲁迅不相信“得了一种仙丹，忽然脱胎换骨”式的“治愈”，也不相信“根本解决”所允诺的“黄金世界”和“止于至善”，这也不是轻率地消解终极实在，而是“反求诸身”，将生命的意义拉回当下之“行”，如“过客”一般。

鲁迅是这样一个现代主体：他不是将手术刀只指向他人的、自视高洁的疗救者，他朝向外部环境与内面自我作两线抗战；但是无情地自我解剖并未导致自我否定，他不肯轻易让渡、交付诊断权，不肯像“服从、被动、无声”的病人那样躺到手术台上，“唯一能做的等待与忍耐”；在不迷信任何“根本解决”的同时，坚持“自做工夫”。这是一个具有丰富维度和多种可能性的空间，似乎并置着种种悖论，但鲁迅断然拒绝停滞在任一极点，而尝试在极限间的流动状态中生成自我，一个经由双重主体意识——反躬自省的“医生”与拒绝被动的“病人”——所淬炼而成的自我。

原载《南方文坛》2010 年第 3 期

心态·身份·际遇

——小说中的阅读史分析

伴随着新文化史的崛起并成为西方史学主流，近年来，阅读史的研究路向在中文学界方兴未艾。简单而言，阅读史[①]汲取语言学、人类学、文学批评、文化研究等手段，较为综合与多元地研究过去人阅读实践的历史：如何阅读文本、文本之于读者的意义、人与阅读之间关系……相比于传统的书籍史、出版史等名目的研究，“阅读史更注重阅读和生活、社会、权力的关系，包括读者在阅读中所扮演的角色，读者的阅读方式、阅读心态、阅读习惯等的变化，读者对书籍（文本）的使用，以及印刷和出版的文化意义，诸阶层之间文化互动的关系等方面”。[②]

本文切入角度与新文化史中的阅读史研究略有不同，不是直接讨论历史上的阅读实践，而是通过20世纪的中国小说文本来解读文学中的阅读、文学对阅读的呈现。与一般史料文献相比，小说的“文学性”

---

① 本文对阅读史的理解，主要参考夏尔提埃：《文本、印刷术、解读》，收入《新文化史》，林·亨特编，江政宽译，麦田出版，2002年；罗伯特·达恩顿：《书籍史话》《阅读史初探》，收入《拉莫莱特之吻：有关文化史的思考》，萧知纬译，华东师范大学出版社，2011年；张仲民：《从书籍史到阅读史》，《史林》2007年第5期；李仁渊：《阅读史的课题与观点：实践、过程、效应》，收入《新文化史与中国近代史研究》，复旦大学历史系、中外现代化进程研究中心编，上海古籍出版社，2009年。

② 张仲民：《从书籍史到阅读史》，《史林》2007年第5期。

对阅读过程中的认知和情感活动关注更细密；但是本文并不是将文学派作史学研究的素材，文学的意义之一在于描述人对世界的想象，而小说中所呈现的阅读细节正是演绎上述想象的重要渠道，“弄明白人们是怎样阅读的，我们就能懂得他们是怎样理解世界的”，同时也“满足了自己对意义的追求”。[①] 已有学者作了初步尝试，将“阅读史”纳入到“文学史研究”中，“其作用不仅具有方法论的意义，更重要的是带来了一种更开放、更辩证、更具有历史性的视野”。[②] 此外，尽管依托于小说提供的材料，但本文并不准备封闭在文本内部，“读物—阅读—读者”这些阅读历程中的环节，本就镶嵌在特定时空的脉络中，而小说中所呈现的人与阅读的关系，自然关联着更为广阔的历史条件、社会现实和心理结构。

《虹》《家》《伤逝》

茅盾的《虹》中有一个细节，描述了主人公梅女士身上阅读的发生：“有一天从学校回家，梅女士瞥见什么书报流通处的窗橱里陈列了一些惹眼的杂志，都是‘新’字排行的弟兄。封面的要目上有什么‘吃人的礼教’等类的名词。梅女士惊喜地看着……她似乎看见汹涌的壮潮轰轰地卷去了一切古老的腐朽的；她断定外面的世界早已遍布着新奇的东西”……梅女士的阅读经历在五四时期无疑是有代表性的，值得从多方面加以检讨。

首先，通过阅读而促成“文学青年”的长成，这一过程正是启蒙。此处借用“文学青年”的称谓，并不是说梅女士们热爱创作，而是指一种气质，“浪漫、幻想、自由、表现自我、外向或扩张的、反世俗、求道

---

① 罗伯特·达恩顿：《阅读史初探》，收入《拉莫莱特之吻：有关文化史的思考》，第 161 页。

② 详见罗岗：《“读什么”与“怎么读”》，《文艺争鸣》2009 年第 8 期。

者，等等。这样一种气质或者形式，在中国的现代史上，一直是革命或者抗争性政治的有效的利用资源”。① 具体的阅读行为之所以对启蒙产生重要意义，是因为在五四时期，青年人的阅读经验和实际人生经验、理解文本和理解生活之间的关系远较今天紧密，阅读极大影响着当时人们的思想和行为，甚至经由阅读而促使生活模仿艺术的案例四处可见（此类事情在文学史上似乎可以追溯到《堂吉诃德》《包法利夫人》）。更大规模地将新读物演绎成鲜明的启蒙意象的，是巴金的《家》。《新青年》、易卜生《娜拉》、胡适《终身大事》、屠格涅夫《前夜》……在觉慧、觉民、琴等人手中不断传递着。《家》中列举的这些读物如空气一般影响和表达着新文化运动中“文学青年”们的心态、思维方式：如何阐明这个世界、赋予意义，如何投入感情、想象自我、理解自我和这个世界的关系……② 再到后来，《家》本身也成为新文化的阅读符号，引发“维特狂热”，激励年轻的读者冲出封建大家庭投入社会革命洪流。巴金一再宣称“日内瓦公民”卢梭是其第一位启蒙老师，确实他们的作品在技法上也血脉融通，“卢梭不是像伏尔泰那样躲在叙事的幕后牵线操纵笔下的人物，而是挺身跳进自己的书中，并且期望他的读者紧紧追随”，这种形态的小说其实引发了作家、文本、读者之间关系的变化。新文化史研究巨擘达恩顿曾以卢梭为例作过阅读史分析：“读者对于文本的反应方式确实在18世纪发生一些变化……在旧制度濒临尾声时，社会大众阅读的品质有了变化，范围广而且数量多。虽然这个变化是许多作家促成的，我认为卢梭风潮的兴起是主因。卢梭教导他的读者彻底‘消化’书本，务使文学融入人生。”③ 不管巴老有没有意识

---

① 蔡翔：《1960年代的文化政治或者政治的文化冲突》，收入《革命/叙述：中国社会主义文学—文化想象（1949—1996）》，北京大学出版社，2010年，第363页。

② 阅读史与心态史相结合，是目前文化史研究中的常见路数。参见罗伯特·达恩顿：《屠猫记：法国文化史钩沉》，吕健忠译，新星出版社，2006年。

③ 罗伯特·达恩顿：《读者对卢梭的反应》，收入《屠猫记：法国文化史钩沉》，第244、271页。

到，他为新文学史作出了如卢梭引发阅读革命一般巨大的贡献，经过以他为代表的一批作家努力，五四新文学才真正占领了文学读物市场，战胜传统的通俗文学，获得了一代包括学生、市民在内的新文学读者群，“范围广而且数量多”，甚至直接造就了他们的社会心态与行动选择…… 由此我们不难理解阅读、启蒙、“文学青年”、社会革命，这几者所建立的关联。

其次，阅读意味着发现一个“外面的世界”，这个世界代表着自由、平等、正义、美好…… 总之与庸俗、让人失望的当下生活立异，在直观、感性的意义上象征着理想的乌托邦。

再次，越是沉迷于阅读所通向的“外面的世界”，其个人的存在越是容易从他 / 她所置身的现实世界中，从其与周遭事物的交互关系中“抽离”出来。当梅女士“断定外面的世界早已遍布着新奇的东西”之后，她“向四下里张望，心里鄙夷那些昏沉麻木懒惰的同学”，而她现在终于从这样的国民群体中超脱了出来…… 当梅女士们通过阅读发现周围依然“昏沉麻木”的群众时，她使用了一种双重作用的“眼光”，这样的“眼光”不仅发现了周围“愚弱的国民”，也重塑了超然其上的“自我”，进而赋予这一“自我”假想的领导权。这样的“自我”往往陶醉于“独自觉醒”的优越感，因独握真理而对周围的“后进者”示以轻蔑…… 但我们可能记得鲁迅曾通过祥林嫂的追问深刻颠覆了启蒙者精神和道德上假想的领导权；我们更别忘了，在《家》当中，正是觉新带给弟弟妹妹们《新青年》等书刊，他似乎执拗地提醒着人们阅读的限度：在历史的门槛上真的都可以如梅女士、觉慧们一般轻快地转换身份？

最后，上述“抽离”还意味着，发现“外面的世界”的同时，日常生活的焦虑也随之发生了。在《伤逝》中，听着涓生“谈伊孛生，谈泰戈尔，谈雪莱……”时（听故事也是一种“阅读”），子君是如此可爱，“总是微笑点头，两眼里弥漫着稚气的好奇的光泽”；而当“管了家务”、忙于“喂阿随，饲油鸡”的子君，在涓生眼中却变得“无聊”“浅薄”……“五四”的典型话语尤其是青年人的话语表达中，日常世界以及与此相关的具体性事务往往遭到贬斥，比如1919年青年毛泽东在《恋爱问题——少年人与老年人》一文中就义正词严地宣告：“烧菜、煮饭等奴隶工作，是资本主义的结果。”[①] 这更是以阶级分析的方式设置了压抑形态。在涓生视野中，正是“吃饭”“家务”与“读书”“散步”的对立，在他看来，子君的悲剧就起于将生命消耗在“烧菜、煮饭”之中，“子君竟胖了起来……管了家务便连谈天的工夫也没有，何况读书和散步”。

由此可见，在巨大的唤醒、动员功能之外，阅读启蒙还可能暗藏着巨大危险，所以周作人感慨：“读书人捧牢书本，只知道说那一套正宗的空话，对于眼前的人情物理全不了解，误了多少大事……”[②] 我们在五四小说中处处可见浪漫的“文学青年”个体，先觉而勇敢，又很快坠入疲劳、颓废，其兴也勃，其亡也忽。一方面，他们在这个世界内部找不到自己的位置（涓生四处碰壁，“不知道怎样跨出那第一步”），越是沉迷于“外面的世界”，越是与生活现实格格不入。另一方面，他们对现实的批判往往会沦为“抽象的姿态”而“逃遁到空空荡荡的世界里去”[③]，其实践无法进入历史，甚至可谓无效，涓生自叹“过去一年中的时光全被消灭，全未有过”，“只有寂静和空虚依旧”。而凌驾于历史之上，无法与周围世界展开有效、平等对话的浪漫个体，对其自身主体的形成也缺乏反思力度。总之，实践与主体位置没有扎根在具体现实和历史中，危机四伏。

---

① 毛泽东：《恋爱问题——少年人与老年人》，收入《毛泽东早期文稿》，湖南出版社，1995年，第436页。

② 周作人：《关于测字》，收入《立春以前》，河北教育出版社，2002年，第18页。

③ 卢卡契：《现代主义的意识形态》，收入《现代主义文学研究》上册，袁可嘉主编，中国社会科学出版社，1989年，第148—151页。

鲁迅素来注重文学对日常生活的呈现[①]，更透彻理解日常生活的意义。垂危之际写下的《“这也是生活”……》中，分明抗议道：“然而人们以为这些平凡的都是生活的渣滓，一看也不看。……删夷枝叶的人，决定得不到花果。……其实，战士的日常生活，是并不全部可歌可泣的，然而又无不和可歌可泣之部相关联，这才是实际上的战士。”[②]从“独自觉醒”的骄傲、优越感中脱离出来，回到日常生活，回到这个世界的内部，通过完成切身的具体事业——哪怕它们是平庸、烦琐的（往往如此）——来担负起变革现实世界的责任。[③]——“这才是实际上的战士”。

《平凡的世界》

通过《家》《虹》这样的小说，我们可以了解到阅读与特殊时期文化政治的关系，以及读者趣味与心态的变化，当然，这种变化不仅关涉心态，还关涉身份。

当孙少平接触到《钢铁是怎样炼成的》之后：

> 他一下子就被这书迷住了。记得第二天是星期天，本来往常他都要出山给家里砍一捆柴；可是这天他哪里也没去，

---

① 鲁迅的文章中大量渗透着日常生活的体悟，陈述“较为切己的私事”（《记“发薪”》）的杂文自不待言，摄入水乡光影声色点点滴滴的《社戏》《女吊》也不必说，即便是制式谨严的《破恶声论》（尤其批判“破迷信”一节）亦是同然。

② 参见鲁迅：《“这也是生活”……》，收入《鲁迅全集》第6卷，人民文学出版社，2005年，第624—626页。

③ 关于这个问题的讨论，参见伊藤虎丸：《〈狂人日记〉》，收入《鲁迅、创造社与日本文学》，孙猛、徐江、李冬木译，北京大学出版社，2005年；张新颖：《主体的确立、主体位置的降落和主体内部的分裂——鲁迅现代思想意识的心灵线索》，收入《20世纪上半期中国文学的现代意识》，生活·读书·新知三联书店，2001年；拙作《在伪士与名教的围困中突围》，《当代作家评论》2009年第4期。

> 一个人躲在村子打麦场的麦秸垛后面，贪婪地赶天黑前看完了这书。……天黑严以后，他还没有回家。他一个人呆呆地坐在禾场边上，望着满天的星星，听着小河水朗朗的流水声，陷入了一种说不清楚的思绪之中。这思绪是散乱而飘浮的，又是幽深而莫测的。他突然感觉到，在他们这群山包围的双水村外面，有一个辽阔的大世界。

这也是一种“风景的发现”吧。只有阅读后的人才能看到“星星”和“流水”，与之相伴随的，是以无以名状的孤独体验——“这思绪是散乱而飘浮的，又是幽深而莫测的”——而表现出来的个人意识的觉醒和内在“主体性”的获得。“只有对周围外部的东西没有关心的‘内在的人’（inner man）那里，风景才能得以发现。风景乃是被无视‘外部’的人发现的。”① 也就是说，当“内在的人”发现“风景”的同时，他往往对“眼前的他者”“周围外部的东西”冷淡而无所关心（这也是上文提到的由阅读而“抽离”的一种表现）。我把它引申为一种对周围人、事的隔膜、格格不入感：“孙少平热爱自己家里的每一个亲人。但是，他现在开始对这个家庭充满了烦恼的情绪。一家人整天为一口吃食和基本生存条件而战，可是连如此可悲而渺小的愿望，也从来没有满足过！在这里谈不到诗情画意（“风景”——引者注），也不允许有想象的翅膀……毫无疑问，他将再没有读书的时间——白天劳动一天，晚上一倒下就会呼呼入睡。……他将不可避免地又一次和外面广大的世界隔绝。如果他当初不知道这世界如此之大也罢了，反正双水村和石圪节就是他的世界。但现在他通过书本，已经‘走’了那么多地方，他的思想怎么再会仅仅局限于原来的那个小天地呢？”诚如上一节所论及的，对“辽阔的大世界”的发现，与当下生活的焦虑感必然同时发

① 柄谷行人：《风景之发现》，收入《日本现代文学的起源》，赵京华译，生活·读书·新知三联书店，2003 年，第 15 页。

生。当下生活的不如意，在《家》中表现为封建大家庭的腐坏；在孙少平这里，则是先前高度集权的总体性社会对个人发展空间的压抑。

孙少平希望通过阅读重建自我的身份，他一次次去“县文化馆图书馆里千方百计搜寻书籍”，阅读量惊人，《马丁·伊登》《热爱生命》等小说中的主人公，一次次进入他的梦乡，“所有这些人都给孙少平精神上带来了从未有过的满足。他现在可以用比较广阔一些的目光来看待自己和周围的事物，因为对生活增加了一些自信和审视的能力，并且开始用各角度从不同的侧面来观察某种情况和某些现象了。当然，从表面上看，他目前和以前没有什么不同，但他实际在很大程度上已不再是原来的他了。他本质上仍然是农民的儿子，但他竭力想挣脱和超越他出身的阶层”。这种“超越”还以旁观者田晓霞的观感表达出来：“我发现你这个人气质不错！农村来的许多学生气质太差劲……”问题是，这只是内在“气质”的重组，而不是实际身份的转变。诚如杨庆祥的洞见所示：当小二黑开始读书的时候，“当小二黑变成了高加林”，他将必然意识到，“他的环境、他的阶级身份不是给他带来了精神上的愉悦和信心，而是苦闷和焦虑”。[①]

孙少平必然要投向“外面广大的世界”，不仅是借助阅读中“想象的翅膀”，更得是现实中行动的脚步。然而当1990年代市场经济大潮汹涌启动之后，孙少平们注定只能成为进城的农民工。哪怕孙少平是一个如此独异的个体，一个会在超强度劳动后在烛光下忘我夜读的打工仔：恋人田晓霞和哥哥孙少安来找在黄原市打工的孙少平——

少安和晓霞绊绊磕磕从一堆一摞的建筑材料中穿过，进了那座楼的门洞。

整个楼内象炸弹炸过一般零乱。到处是固定和拆卸下的

① 杨庆祥：《妥协的结局和解放的难度——重读〈人生〉》，《南方文坛》2011年第2期。

木模和钢模。楼道的水泥还没有干，勉强能下脚。里面没有电灯，两个人只能借助外面投进来的模糊灯光，摸索着爬上了二楼。

二楼的楼道也和下面一样乱。所有的房间只有四堵墙的框架，没门没窗，没水没电。

两个人在楼道里愣住了：这地方怎么可能住人呢？……

正在纳闷之时，两个人几乎同时发现楼道尽头的一间“房子”里，似乎透出一线光亮。

他们很快摸索着走了过去。

他们来到门口，不由自主地呆住了。

孙少平正背对着他们，趴在麦秸杆上的一堆破烂被褥里，在一粒豆大的烛光下聚精会神地看书。那件肮脏的红线衣一直卷到肩头，暴露出了令人触目惊心的脊背——青紫黑淀，伤痕累累！

《平凡的世界》的读者肯定会对上面这个场景过目难忘。孙少平“在一粒豆大的烛光下聚精会神地”阅读，想必依然憧憬着“远方的世界”“生活在他处”；让人动容之处在于，路遥以孙少平脊背上的“伤痕累累”，呈露出“现实”对“阅读”的强行锲入。像孙少平这样的青年农民在迈向城市的进程中要付出多少惨重的身心代价？这是一个接通“娜拉走后怎样”和潘晓讨论的追问。

“现实”对“阅读”的锲入，也正是“现实”对“文学”的打断。客观情势即将封闭向“地之子”孙少平们提供选择的可能性。是阅读唤醒了孙少平并且指示给他一个“辽阔的大世界”，路遥只得仍然通过阅读将所有的问题消解：“书把他从沉重生活中拉出来，使他的精神不致被劳动压得麻木不仁。通过不断地读书，少平认识到，只有一个人对世界了解得更广大，对人生看得更深刻，那么，他才有可能对自己所处的艰难和困苦有更高意义的理解；甚至也会心平气静地对待欢乐和幸福。”孙少平惯于将忍耐、韧性、吃苦耐劳、自我牺牲等“内化”为个人品质，将其自身遭受的“艰难和困苦”、不平等、脊背上的“伤痕累累”看作个体奋斗与自我完善所必须经历的严酷考验（恰似“天将降大任也，必先苦其心志，劳其筋骨……”），与此同时，转移开对“艰难和困苦”的历史性、制度性与结构性障碍的追究。由此，阅读赋予了孙少平一种关于忍辱负重的哲学（路遥所谓“更高意义的理解”），将苦难自我归因。[①]《平凡的世界》末尾，这个“对世界了解得更广大，对人生看得更深刻”的阅读者重回煤矿：

> 他在矿部前下了车，抬头望了望高耸的选煤楼、雄伟的矸石山和黑油油的煤堆，眼里忍不住涌满了泪水。温暖的季风吹过了黄绿相间的山野；蓝天上，是太阳永恒的微笑。
>
> 他依稀听见一支用口哨吹出的充满活力的歌在耳边回响。这是赞美青春和生命的歌。

这个画面看起来光明、美妙，其实脆弱、经不起追问。就像画面中的“山野”“蓝天”“太阳”，还是和孙少平最初憧憬的“外面广大的世界”一样朦胧、虚无缥缈，路遥 / 文学最终赋予了孙少平们“永恒的抽象”，而不再有“现实的具体”……

《塔铺》

当孙少平重回煤矿，他已经丧失了投入另一个世界的契机；他没有办法获得像高考这样的、对很多农家子弟而言唯一的转换社会身份的机遇。刘震云的《塔铺》描写的正是 1978 年一群农村复读生集中在

① 详见拙作《在时代冲突和困顿深处：回望孙少平》，《文学评论》2012 年第 5 期。

公社中学准备参加高考的故事。离高考还剩两个月，这时传来一个消息说还要考世界地理。塔铺中学一片慌乱，“同学们都变得自私起来，找到资料的，对没找到的保密，唯恐在高考中多一个竞争对手”。当“我”因无书参考而陷入惊慌时，“我”爹站了出来，他自告奋勇要到“一百八十里”外的汲县师范教书的亲戚家为儿子借《世界地理》。经过一天一夜的长途跋涉，爹终于赶了回来，“老头也很兴奋，一屁股坐在地上。……小心解开腰中蓝布，又解开夹袄扣，又解开布衫扣，从心口，掏出一本薄薄的卷毛脏书。我抢过书，书还发热，一看，上边写着‘世界地理’。……爹看着我们兴奋的样子，只‘嘿嘿’地笑。这时我发现，爹的鞋帮已开了裂，裂口处，洇出一片殷红殷红的东西。我忙把爹的鞋扒下来，发现那满是脏土和皱皮的脚上，密密麻麻排满了血泡，有的已经破了，那是一只血脚！”爹并不在乎，却郑重地说：“这本书不好找，是强从人家那里拿来的，最多只能看十天，还得给人家送回去。”程光炜先生在近期的文章中注意到上面这个情节：“1978年初夏，一头大汗地奔走在一百八十里乡间路上的‘我’爹，心里装着的只有让儿子赶快拿到《世界地理》这件事。……心里只有这么一本‘农村政治经济学’的账：一、通过《世界地理》这本书，儿子可能离‘高考成功’更近了一步；二、唯有儿子高考成功，他才能脱下农民的衣服，以‘城里人’的‘身份’享受城市各种制度资源；三、儿子的工资将成为全家人的‘经济来源’，用于父母‘养老’、兄弟姊妹家境变化和后代人的社会升迁。”程先生还评论道：“高考”在“城里人”的意义上被输入了“当代青年追求理想”的价值内涵，然而“乡下人”与“城里人”的“高考”，“实际本来就被编制在截然不同的‘社会等级秩序’里的”。[①]

① 程光炜：《〈塔铺〉的高考：1970年代末农村考生的政治经济学》，《上海文化》2011年第2期。

《世界地理》边上插入了“一只血脚”，让我们注意到不同世界里不同的阅读情形。岂独高考如此？史家罗志田曾据清代山西太原县举人刘大鹏（1857—1942）的《退想斋日记》提示：清季从改科考到废科举，取士的标准有一个变化过程，废科举前的十余年间，“新学”已大量进入科考试题与取士标准。像刘大鹏这样从中国腹地出来的读书人，就因买不到“新学”书籍或买到而熟悉程度不够而无法和久读“新学”书籍的口岸士子相竞争。刘氏于 1895 年到京应试后，大概才了解应读何种书，次年请人代买回书籍一箱，内中多是“经世”的新派文章。刘大鹏在赴京考试之前，“其日记中就全无洋务、新学、西学这样的词语，只是在读了买回的‘经世’文章后始出现关注这类事物的言论。可以想见，那些举人以下未曾出省应试的读书人，大概就只有等到考试内容正式改变的通告发出后才能认识及此，他们也就更加无法与口岸地区的时代发展同步”。[①] 边缘内地与中心口岸的读书人不在一条起跑线上，刘大鹏的时代如此，《塔铺》中的时代如此，1980 年代迄今的改变也依然缓慢。[②] 除此之外，就今人在研究与回忆中经常提到的“文革”时期的“黄皮书”“灰皮书”（它们与地下读书沙龙、民间思想群落等一起被视作新思潮的发动机）而言，也须注意到“中心”与“边缘”不同的阅读情形。史学家高华回忆自己的“文革”岁月：“我那时也是工人，也在读书和思考，但我是‘外省青年’，北京和外省在精神和文化方面存在着巨大的差别。……所以南京的知青，除了思念家乡，似乎没有留下什么高远的、让人内心为之跳动的文字记录。人们都在为最

---

① 罗志田：《科举制的废除与四民社会的解体》，收入《权势转移：近代中国的思想、社会与学术》，湖北人民出版社，1999 年，第 171、172 页，。

② 据说今天的中国首富李彦宏在高中时参加一次计算机竞赛惨败，“当时，在阳泉读书的李彦宏到省会太原比赛，一直成绩优秀的他最后很多题都没做出来，大受打击。在太原的书店，他发现了很多阳泉买不到的计算机书，这让他深深感到，信息的传播对一个人有多么重要”。参见《漩涡中的中国首富》，《南方周末》2011 年 4 月 14 日。

基本的生存而奋斗，没有书，没有真正意义上的诗，极少思想可交流的志同道合的朋友。在那种环境下，甚至每天都得严格规范自己说的每一句话，而北岛他们有一个多么宝贵的朋友圈……”[①] 诗人翟永明也说：“四川在历史上就是一个山高皇帝远的盆地，启蒙的星星之火，烧到成都来时，已经慢了半拍。成都也没有那么多的高干子弟，能够通过特殊的渠道，搞到那些内部出版的白皮书和政论书籍……”身居北京的李零则说：“‘反动’的东西，只供领导看，这是特权。我们是占老干部的光。北京老干部多，换外地，不可能。这种故事，没有普遍性，外地同龄人，听了就生气。”[②] 这是多么歧异的阅读情形：“中心”地区那些地下读书圈子里的年轻人兴奋地传阅着《麦田里的守望者》《等待戈多》，而几年后塔铺镇上的复读生为了短期借阅一册看似寻常不过的《世界地理》却得付出那么巨大的代价。

同样，我在上文提及《新青年》所象征的新文化运动如何被“阅读”，但有鉴于现代中国的“多个世界”及其所呈现的“多歧性”，就应该更仔细地考虑到不同地域、不同身份个体对《新青年》的阅读，对于身处“边缘”的人而言，其阅读图景与“中心”所展现的情形（梅、觉慧们的陶醉阅读已是“中心”的情形），肯定大有不同。比如生于1930年的余英时先生，在安徽潜山官庄乡这个“穷乡僻壤”度过8年岁月，自谓在其16岁以前，根本不知“五四”为何物。[③] 以上数则由阅读所表现出的中心/边缘的个例，恰好说明：现代中国各地社会变化速度及思想和心态发展的不同步所造成的从价值观念到生存竞争方式的差异。

---

① 高华：《〈革命年代〉后记》，收入《革命年代》，广东人民出版社，2010年。

② 翟永明：《青春无奈》，李零：《七十年代：我心中的碎片》，收入《七十年代》，北岛、李陀主编，生活·读书·新知三联书店，2009年，第507、249页。

③ 余英时：《我所承受的“五四”遗产》，收入《现代危机与思想人物》，生活·读书·新知三联书店，2005年，第71—74页。关于中心与边缘的异彩纷呈，详见章清：《五四思想界：中心与边缘——〈新青年〉及新文化运动的阅读个案》，《近代史研究》2010年第3期。

而在文学创作与研究中，对“多个世界”及“多种群体”的呈现，想来应是题中之意吧。

《青春万岁》《班主任》《平凡的世界》

王蒙的长篇《青春万岁》[①] 写新中国成立初期北京女七中高二班一群学生的故事。这天，杨蔷云来到同学苏宁家中（苏的父亲是资本家，“五反”时候被抓），她环顾苏家四周的布置（“墙上挂着郑板桥画的竹子和一张比月份牌高明不了多少的粗俗的画——画一个女人荡秋千”），以其“特有的灵敏嗅出一种奇怪的、不协调的气味”，说：“开开上边的窗子吧，空气不好。”随即她“看见窗台上的一本书，是徐訏写的《鬼恋》”。尽管苏宁“像做了错事似地低下头”辩解说“我，病了，看别的书太累”，蔷云依然气愤地表示：“‘鬼恋’，瞧这个名儿就是一本浑书。又鬼又恋，你瞧别的书累得慌，瞧这本书难道不气得慌么？”……于是第二天，蔷云动员了几位同学再一起来到苏宁家，“清扫了所有角落的尘垢，摆上了毛主席的石膏胸像。贴上一张《列宁和孩子在一起》的铅笔画和一张卓娅的画像。她们送给苏宁几本书：《把一切献给党》《刘胡兰小传》《青年团基本知识讲话》，苏宁把它们放在书架上最显著的地方”……

书籍的“置换”在蔷云看来是治病救人。由此，杨蔷云在《青春万岁》中就被赋予了特殊的象征意味，她以“家访”的形式扮演了老师/阅读范导者的角色；“书籍怎样到达读者手里……诸如政治领袖、教育家、牧师、批评家这样的文化宰制者，在何种程度上控制了民众获得书籍的途径——不直接地（如通过表扬与责罚）或直接地（如通过强制

---

① 《青春万岁》初稿于1953年，出版于1979年。见《王蒙文集》第1卷“说明”，华艺出版社，1993年。

赞助)?"[①] 这一由阅读的范导者所施展的书籍置换,针对的是学校之外的课余阅读,这是不是可以理解为,在特殊时期,国家克服公共时空和私人空间的界限而在公私之间建立起意义连续性,同时社会主义文化也藉此介入、收编个人日常生活,将塑造理想新人的政治追求编制进类似课余阅读的生活细节中。

我曾经在一篇文章中分析过以上细节与《班主任》对照后所呈现的吊诡:"如果借用'掀开新时期文学第一页'的《班主任》的视野,那么先前《青春万岁》中以'治病救人'面貌出现的杨蔷云,也可能染有'暗疾'。也就是说,《青春万岁》中的杨蔷云与《班主任》中的谢惠敏发生了角色的合一:从人物特征来说,她们都是班干部,具备'特有的灵敏',学习成绩并不出众,'主要是由于社会工作占去的精力和时间太多'(《青春万岁》借助杨蔷云与李春的冲突,以显示杨在'红'与'专'的人物图谱中代表着'红');从今天的眼光来看,当杨蔷云将《鬼恋》看成'又鬼又恋'的'浑书',当谢惠敏将《牛虻》当作黄书之时,她们已没有太大区别,都是丧失了阅读理解力、急待挽救的'病人'。"[②] 由这两部小说我们还发现,"文革"前和"文革"后初期分享着相同的逻辑:阅读都不被看作读者与文本直接沟通的私人行为,而需要理性化、规范化,恰如班主任张俊石老师的设想,必须"开展有指导的阅读活动"。

在《班主任》中,阅读的范导者/疗救者被设定为张老师,然而从今天研究者的眼光回望,张所安排的疗救行为似乎也非完美。不管有意还是无意,作家刘心武选择的《牛虻》这一文本有着丰富的意味——几年后在《平凡的世界》中,路遥翻版了《班主任》的中心情节,孙少

① 戴维森:《从书籍史走向书籍与读者关系史》,转引自张仲民:《从书籍史到阅读史》,《史林》2007年第5期。

② 参见收入本书的《20世纪以来中国文学史中的青年形象》一文。

平偷偷把书藏在课桌下面看，被同学揭发，而这本被揭发者指为“反动”的书籍是《红岩》，与《牛虻》相比，在一个历史的过渡口，前者的意味就稍显单薄了——《牛虻》既是一本“欧美”小说，也是“被‘俄苏’因素充分渗透了的‘欧美’小说”；既是一个革命故事，也是爱情/伦理故事。[①] 这多重因素的缠绕充分显示了过渡时期暧昧的丰富性。这一丰富性向着读者敞开，在这个时刻，张老师本应拿出自己精彩的“读法”而非语焉不详，或以“分析过于复杂的生活现象和精华糟粕并存的文艺作品，需要充裕的时间和适宜的场合”为理由而延宕。当然我们无法超历史地要求前人，只是可惜的是，这个饱含丰富意味的瞬间在历史罅隙里一闪而过，此后不久，“两种故事”日益分裂再也无法交融。

同样让人遗憾的是，上面这些阅读细节还表明：我们所置身的政治社会和生活世界，长期处于支绌失衡状态。《青春万岁》中“空间的改造”，代表着国家意识形态毫不犹豫地介入日常生活，然而苏宁内心世界的空白，以及迅速地“被治愈”，反倒显出这一介入、收编的粗暴、草率，完全无视生活世界确有其相对独立的维度。而完稿于1980年代末的《平凡的世界》，却预示了此后政治社会和生活世界的分裂：孙少平是在开班会或者政治学习——那天班上正在学习《人民日报》社论——的时候“偷偷把书藏在桌子下面看”，他忘我投入私人阅读而无视去获取政治的能量，这一姿态与上文提及的孙少平（路遥）总是将苦难自我归因而“不假外求”的哲学是因果贯通的，自此丧失了阿伦特意义上我们在此相遇并共同担负责任的“世界”。资本主义文化“在公与私之间、诗学与政治之间、性欲和潜意识领域与阶级、经济、世俗

① 详见罗岗先生的分析，罗岗：《“读什么”与“怎么读”》，《文艺争鸣》2009年第8期。

政治权力的公共世界之间产生了严重的分裂”[1]，故而社会主义文化以克服上述分裂为己任。我想，克服分裂的意义在于建立一种健康的关系：政治渗透着人的生活世界，完全摒弃他者的“绝对自足”是一种幻觉，人们需要在多样性和公开性中持续交流、互动；与此同时，生活世界以及与此相关的个人的趣味、欲望理应得到尊重，一个富有活力的政治社会应该鼓励人们的自由选择。当然，实践层面的操作远比论说复杂，正因为以上几者的关联没有得到稳妥处置，正因为一个从个人切身经验而“懂得与其切身有关系的大者、远者”[2]的社会形态无法构建，所以，丧失阅读能力的“病人”才会一再出场。

《棋王》《哦，香雪》

西方阅读史研究非常关注普通民众的阅读，而不再将目光聚焦于精英分子。阿城的《棋王》就暗示着我们从知识精英的“我”，转向普罗大众一员的王一生的“创造性阅读”。当然，王一生的“阅读”采取了特殊形式，“阅读不应只局限于眼睛，戏曲、大书、图画就是文盲的书籍，听读书、听戏等以耳朵为主的活动一样也是阅读的形式”。[3]在去插队的车厢里，王一生听“我”复述杰克·伦敦的《热爱生命》，当《伤逝》中子君听涓生“谈伊孛生，谈泰戈尔，谈雪莱”时只是默默不语、“微笑点头”，而王一生却随即发表“读后感”：“把一个特别清楚饥饿是怎么回事儿的人写成发了神经，我不喜欢。”于是作为讲述者的“我”有些不高兴：“那根本不是个吃的故事，那是一个讲生命的故

① 詹明信：《处于跨国资本主义时代中的第三世界文学》，收入《晚期资本主义的文化逻辑》，张旭东编，陈清侨等译，生活·读书·新知三联书店，1997年，第523页。

② 参见蔡翔《社会主义的危机以及克服危机的努力》，收入《革命/叙述：中国社会主义文学—文化想象（1949—1996）》，第372—374页。

③ 张仲民：《从书籍史到阅读史》，《史林》2007年第5期。

事”……“读”同样的书，站在倾听者的位置（这个位置容易被理解为接受启蒙的一方），但是王一生并没有被动接受“我”对文本内容的讲述；甚至相反，在“我”所代表的自“五四”以来强调知识启蒙、精神性成长的“阅读”旁边，出现了王一生执拗的、抗辩的声音，由此充分可见阅读的能动性：阅读是一种读者主体性充分发挥的创造性过程；与作者一样，读者实际上也是作品的创造者。王一生“设身处地”地把自身作为“真实”而“理想”的读者，通过移情作用，来神会作品的主旨。

王一生对“吃”的高度重视，暗示对生命价值的尊重，暗示精神超越的基点必须扎根于人类生活的血肉真实之中。“棋”与“吃”的并举，通向的是精神与物质的整全。罗岗曾分析过铁凝《哦，香雪》中“铅笔盒”的叙事功能：在1980年代“启蒙主义”主导的语境下，“铅笔盒”作为“现代文明”的象征，其存在“压抑”了“和铅笔盒同样是‘物’的‘发卡’、‘纱巾’的合理性。后者完全被视为‘物欲’的代表，而毫无‘铅笔盒’的‘光环’”；“本来在面对火车时，台儿沟的姑娘们对铅笔盒的渴望和对金圈圈的艳羡是同时存在的，但为了‘铅笔盒’‘现代光环’的完满，却必须‘压抑’凤娇们对发卡、纱巾和金圈圈的欲望”。[①]当《棋王》中的“我”纠正王一生对《热爱生命》的理解——“那根本不是个吃的故事，那是一个讲生命的故事”——之时，想必充满了优越感（我们不要忘记，当《伤逝》中涓生发现子君的庸俗时，也指责“子君的功业，仿佛就完全建立在这吃饭中……她似乎将先前所知道的全部忘掉了”），“生命”对“吃”的轻视（并将此种轻视视作理所当然），正同于前引知识精英以一种合理性“压抑”另一种合理性的逻辑。由此我们也发现，自新文化运动以来、以“自我塑造”为旨求的阅读工程其实暗中向传统取径，例如宋明理学讲究对人内心世界各种层次的分别，从物质、粗鄙的“我”，提升到超越、精神的“我”。然而文本必

① 罗岗、刘丽：《历史开裂处的个人叙述》，《文学评论》2008年第5期。

须经过读者阅读才能产生意义，通过对《热爱生命》意义的挪用/创造（关于饥饿、吃的故事），王一生及作家阿城，对上述偏至化的“压抑”逻辑表示了不满。

当然，阅读的能动性并非无限制的，王一生与“我”所彰显的不同“读后感”，显示了各自所受制的文化资本与经济资本的分野，同社会地位、教育背景、文化继承等多种因素紧密相关。而《棋王》最终显示的“我”向王一生及其所依凭的民间传统的尊重、归趋，敞亮了“文化寻根”、民间在当代文学中还原的意义：“由于传统文化的原初精神多已散失在民间，所以对民族文化之根的探询过程实际上也就是对民间的发现过程。寻根作家们在追求新的文学价值时，其实多半是把目光投向了未被意识形态内容遮蔽的民间文化，只有在这种非正统文化存在中才最大程度保留着民族自身的蓬勃生命力”[①]。由此再来理解小说中“棋”与“吃”的平衡，仿佛就像一个预言在昭示：知识者个人的精神探索只有紧紧地扎根于民间大地和人类生活的血肉真实与具体性之中，才能元气充沛而不致陷入心力交瘁的“高处不胜寒”。

曾经有一种倾向认为，文化低级或朴质的中下阶层接受上层阶级传递下来的文化，如复杂精致的精英文化的故事情节经过通俗化演绎（通过通俗小说、戏剧、唱本等媒介）之后成为普通大众的读物，而下层阶级在接受这些读物的同时，也接受了上层阶级赋予这些文化内容的意识形态。然而，《棋王》却告诉我们，“阅读一方面是一种控制，但另一方面也是一种发明与创造”[②]，通过王一生与“我”的阅读实践，展示了特定时期中权力、社会阶层与文化内容之间的分异与整合。“现在看来，我们不能再把文化方面的变化看成是线性的、自上而下的或‘余

① 陈思和主编：《中国当代文学史教程》，复旦大学出版社，1999年，第281页。

② 详见李仁渊：《阅读史的课题与观点：实践、过程、效应》，收入《新文化史与中国近代史研究》，第238页。

波所及'式的。流变可以是自上而下的，也可以是自下而上的；可以向周边扩散，也可以向中心凝聚。"①

《啼笑因缘》《哦，香雪》《记忆刘湾》

上一节引到《哦，香雪》中的铅笔盒、发卡、纱巾，让我想起《啼笑因缘》中的一个类似关于"物"的情节：沈凤喜接受樊家树的改造，拿起书本去女子职业学校上补习班。凤喜问家树要几样东西：自来水笔、玳瑁边眼镜、手表、高跟皮鞋、白纺绸围巾。张恨水对笔下人物复杂而微妙的态度于此凸显：他自然认同家树对底层唱大鼓的女孩子的启蒙，自来水笔担负了与书籍同样的表意功能，象征着被启蒙者接受新知；但当凤喜要模仿当时一般女学生的装扮时，作家又流露出掩饰不住的厌恶，似乎对于唱大鼓的出身阶层来说，玳瑁边眼镜、手表、高跟皮鞋、白纺绸围巾都是无意义的奢侈品，可以趋新，但不能逾矩失度。多么相似呵：半个世纪过去，到了铁凝笔下，世俗的物质性依然俯首于超越的精神性，她特意将香雪这一只爱铅笔盒的独特个体，从一大群热爱发卡、纱巾的女孩子——后者不正是1980年代的凤喜们么——中区隔、凸显出来……

如同"娜拉走后如何"的追问一般，我们应该关注这些女孩子日后的际遇。在张恨水看来，凤喜对"物"的"非分占有"中所流露出的贪慕虚荣的市民品性，已然注定了她日后的悲剧；而在1980年代铁凝为香雪设计的结尾中，陪伴着人物的是"不知名的小虫在草丛里鸣叫，松散、柔软的荒草抚弄着她的裤脚"、小溪欢腾着"歌唱""严峻而又温厚的大山"，恰似路遥最后给予孙少平的"山野""蓝天""太阳"，这些"永恒"的意象喻示着希望和乐观。真的如此美妙吗？铁凝在80

① 罗伯特·达恩顿：《书籍史话》，收入《拉莫莱特之吻：有关文化史的思考》，第110页。

年代无法给出香雪们后来“具体”的际遇，今天的评论家却终于发现：“个人意识的觉醒使得香雪在农村通向城市、现代文明的大门松动的那一历史时刻，表达出一种‘时代精神的美’，淳朴的同时也是坚毅的对现代化的渴望。然而，就像我们只能‘想象’香雪的未来一样，她的那种尚未‘实体化’的‘个人意识’必须在变动的‘现实’中经受考验。”进城后的香雪们很快有了共同的称呼：打工妹，等待她们的也许不是缤纷的城市生活，“而是直达她们的身体和内心的经济和超经济的剥削”，“我们看到了被唤起的‘个人意识’如何‘实体化’，又在‘实体化’的过程中走向了它的反面”。[①]

时光流转到了新世纪，青年作家薛舒的《记忆刘湾》，叙述起点比香雪的故事稍早几年，然后一直演绎到改革开放。书生气的张光明借几本书给玲宝看，这一刻，似乎家树与凤喜、涓生与子君的故事又将上演，香雪似的打开书页通向现代化的那种热望与想象又将强烈地向玲宝发出诗意召唤，然而意外发生了，“但是她连半本也没看完就还给他了，还说有这工夫不如打打毛衣，纳纳鞋底”……张光明搞错了，玲宝不是香雪，倒有几分像凤喜，“张光明认为，玲宝这种远郊小镇居民人家出生的女人总脱不了那种俗，浑身上下透着农民意识”。可薛舒写玲宝，已不像张恨水面对凤喜讨要手表、高跟皮鞋、白纺绸围巾时那么倨傲，也不像铁凝刻意塑造香雪“时代精神的美”，薛舒把玲宝的“俗气”写得神气活现：“倒水时，玲宝在厨房里忍不住咯咯笑出声儿来，她的眼睛早瞄到了那块印满了腊梅的花布了。”看来，女性和阅读的关系是多种多样的，玲宝可以理直气壮的拒绝张光明的书，而且日子依然过得有滋有味……玲宝的这份理直气壮，来自于民间这一“共同体”以及深植其中的生活理想、观念和选择。我们现在才明白，这一共同体和按照其自身逻辑发展、演绎的理想、观念和选择，可以为玲宝们提供

---

① 罗岗、刘丽：《历史开裂处的个人叙述》，《文学评论》2008年第5期。

温暖的庇护，避免个体孤零零地暴露在今天的城市、市场面前。

本文挂一漏万地选择几部小说，讨论其中呈现的人与阅读的关系。在人类对外界的各种沟通方式中，阅读是牵涉心智活动程度较高甚至处理信息最复杂的一种。阅读的形式与媒介日新月异，关于阅读的文学讲述也定将绵延不绝……

2011 年 4 月 13—22 日写

原载《南方文坛》2012 年第 3 期

文学史“事实”“事件”的缠绕、拆解

——以一封书信为例展开的话题

一　悖反与裂隙

本文的讨论对象是1989年作家余华写给编辑程永新的一封信，我想从书信中寻觅、释放若干文学史信息。[①] 毫无疑问，《收获》为1980年代中后期先锋小说思潮贡献了巨大的推波助澜的力量，其刊出的实验专刊后来被称为“中国先锋文学的号角”。这又与程永新先生的开阔视野与悉心经营紧密相关。余华这封信就产生于这一过程中。同时，程永新素来被作家们视作伯乐、知己，故而此信应该是余华心声的真实流露。此信内容简短，照录如下：

> 今年6期我还想参加，你居然还不打算开除我，可真使我吃了一惊。为了你，为了《收获》，争取9月底前交稿。
>
> 你想换一批人的设想挺棒。现在确有一批更新的作家。我担心刚刚出现的先锋小说（你是先锋小说的主要制造者，我是你的商品）会在一批庸俗的批评家和一些不成熟的先锋作家努力下走向一个莫名其妙的地方。新生代作家们似乎在语

---

① 我曾对该信作过初步释读，参见拙作《书信中的文学史信息》，《小说评论》2008年第1期。此后一直觉得意犹未尽，当日的释读还很粗糙，可供挖掘的话题还有不少，于是两年后续成此文。

> 言上越来越关心，但更多的却是沉浸在把汉语推向极致以后去获取某种快感。我不反对这样。但语言是面对世界存在的。现在有些作品的语言似乎缺乏可信的真实。语言的不真实导致先锋小说的鱼目混珠。另外结构才华的不足也是十分可惜。所以为何我如此喜欢格非，我觉得格非无论在语言还是结构上，不仅使汉语小说出现新姿态，也使他的个人思想得到了真实的表白。因此我觉得你编这一期可能更为沉重一些。现在用空洞无物这词去形容某些先锋小说不是没有道理。[①]

众所周知，对生活与文学的逻辑关系的否弃，是先锋作家创作的起点。小说的本质在于虚构，小说呈现的生活与事实是虚构的结晶，并非现实的简单映射，这里的生活与事实是独立的，与现实生活不相隶属，有自己的逻辑与法则。这一创作起点显然是对传统文学理论追求“真实性”的反叛。“真实性”的哲学基础源自形而上学的认识论，该认识论对文学提出的要求是：在人与语言的存在之外，有一个独立的实体性对象，文学的表现、认识如果正确反映了它，就具有真实性。而先锋作家要告诉人们的是：文学是虚构的，根本不可能通过文本之外的现实来征验文本的真实，语言就是生存的边际，语言之外一无所有。在传统小说里，语言的意义在于表达外在世界的内容与客观事件的自然行程；在先锋小说中，语言“叙述”自身的规则而不依照客观逻辑。在先锋批评中经常可见所谓能指与所指的“断裂”，唯有“断裂”才造就了一个“自足”的文学王国：叙事游戏在抛弃“写真实”“写本质”的要求，甩开外部世界之后，仍然可以按照自身的规则、话语内部复杂的自我指涉以及文本间性，向人们提供奇异缤纷的海市蜃楼。以上的陈述在今天看来已经毫无新鲜感可言，类乎“文学常识”。必须指

① 参见程永新：《一个人的文学史》，天津人民出版社，2007年，第45页。

出的是：先锋文学的经典化离不开作家余华的创作实绩及其创作自述，后者我指的是《虚伪的作品》。这篇在当时看来惊世骇俗而又言之凿凿的文章，在20年前被很多人视为“文学启蒙”；而在今天更可以估量出其巨大影响——这不仅是余华个人的创作谈，而且是整个先锋文学思潮的文学宣言与“施政纲领”。借用达恩顿对卢梭的阅读史分析，余华不仅在教导先锋文学作家“如何写作”，还“指引他的读者如何阅读，告诉他们如何接触他写的书。他引导他们进入文本，以他的修辞为他们指示方向……透过阅读尝试接触他们的内在生活。这个策略得要跟大家习以为常的文学一刀两断”。[①]

> 当我发现以往那种就事论事的写作态度只能导致表面的真实以后，我就必须去寻找新的表达方式。寻找的结果使我不再忠诚所描绘事物的形态，我开始使用一种虚伪的形式。这种形式背离了现状世界提供给我的秩序和逻辑，然而却使我自由地接近了真实。[②]

这是关于“断裂”的经典陈述，《虚伪的作品》中有一组壁垒森严的二元项对峙着：“现实世界”“事物的形态”“事件的外貌”“常识”“现状世界”“被日常生活围困的经验”，与“精神世界”“内在的广阔”“偶然的因素”“不曾被重复的世界”……后者被判定为“真实”（至少这些才具备文学意义）而前者相反。先锋小说几乎就建立在上述通过抬举、贬抑而进行的甄别、判定上。

现在我们来看上引两份材料。余华写这封信的时间是1989年6月9日，《虚伪的作品》发表于1989年9月，差不多就是同一个时候。

---

① 罗伯特·达恩顿：《读者对卢梭的反应：捏造浪漫情》，收入《屠猫记：法国文化史钩沉》，吕健忠译，新星出版社，2006年，第244页。

② 余华：《虚伪的作品》，《上海文论》1989年第5期。

没有必要草率地指认上述二者的表达以及这表达之后所负载的文学观的对立，但至少我们可以发现其中裂隙的存在，比如：信中主张语言所“面对”的“世界”，同《虚伪的作品》中被压抑的序列（“现实世界”“事物的形态”“事件的外貌”“现状世界”）多少有重合之处吧；信中追究的“可信的真实”多少传递出一种与读者的“常识”“日常经验”相沟通的意愿，这在《虚伪的作品》是不屑一顾的（《虚伪的作品》是要引导读者跟“习以为常的文学一刀两断”）；更何况，“语言是面对世界存在的”——这一表述本就与先锋文学企求的自足自律、语言在其中不假外求般自我运作的文学王国相背离，而且在这一王国中来讨论语言的真实与否根本没有意义；我们还能再引申一下：什么叫语言的“可信的真实”？古典现实主义作家莫泊桑告诫说：“不论一个作家所要描写的东西是什么，只有一个词可供他使用，用一个动词要使对象生动，一个形容词使对象的性质鲜明。因此就得去寻找，直到找到这个词，这个动词和形容词，而决不要满足‘差不多’，决不要利用蒙混的手法……”[①] 中国文学史上也有大量力求“一字不增，一字不减”的炼字故事，所谓语言的“真实”推到极致，就是为了“寻找”到莫泊桑说的这“一个词”（“吟安一个字”），语言“可信的真实”源于对语言与实在之间对应关系的充分信赖。但是《虚伪的作品》以退回“个人”与“精神”的方式将上述语言与其代表的对象之间的契约撕毁了，“生活是不真实的，只有人的精神才是真实”，“生活对于任何一个人都无法客观……因此，对于任何个体来说，真实存在的只能是他的精神”（可以对比联想到托尔斯泰在与高尔基谈话中的指责：“人们并不是在描写真实的生活，并不照生活的本来面目描写，却是照他自己心目中

① 莫泊桑：《谈“小说”》，收入《外国名作家创作经验谈》，石尔编，浙江人民出版社，1981 年，第 84 页。

的生活的面目来描写……这有什么趣味呢？这有什么用处呢？”[①]），当实在世界已经面目不清，语言对“可信的真实”的追求又何从谈起？还有，虽然信中表示“不反对”“新生代作家们似乎在语言上越来越关心”，但“沉浸在把汉语推向极致以后去获取某种快感”未见得被余华心以为然，而且信中多次对先锋小说的进展示以隐忧（“走向一个莫名其妙的地方”“鱼目混珠”），甚至以为用“空洞无物”（这个词往往是“另一派”对先锋小说发动攻击时使用频率最高的“武器”）“去形容某些先锋小说不是没有道理”——这些左右转折、前后挂搭的措辞同样值得深思。

在现成的文学史共识中，很难安插进此封书信。这一共识——先锋文学是反拨现实主义的等等——的形成大致来自两方面的建构：一是当时文学批评对先锋文学的塑造[②]，二是类似《虚伪的作品》这般文学宣言的证明。它们在组织起文学史叙述的同时，也过滤了若干信息。如果说信件是私下交流而未进入公共空间（在收信人程永新公布之前），那么同一时期余华《走向真实的语言》（写于1989年9月，刊发于1990年）尽管公开发表，但同样几乎没有引起过注意。文中在引述《虚伪的作品》之后，余华郑重提示：“现在我必须补充的是：不确定的语言并非为了制造华丽的表象。我在给朋友程永新去信时谈到了这一点（这应该就是本文讨论的那封书信——笔者注）。那种将汉语推向极左，然后观看它能够出现什么效果的努力，开始让我怀疑它们的真实性了。语言的存在是作为世界的象征……它并非自耕自作与世无争，

① 高尔基：《关于列夫·托尔斯泰》，收入《西方古典作家谈文艺创作》，段宝林编，春风文艺出版社，1980年，第555页。

② 王尧说：“80年代的文学批评当然很重要，没有80年代的文学批评，就没有后来的文学史论著；但是同时还存在另外一个问题，我们今天的文学史论著，建立在当年的文学批评的基础上，所以把很多批评之外的东西删除掉了。这是两面性。”参见杨晓帆、虞金星：《当代文学研究的“历史化”研讨会纪要》，《文艺争鸣》2010年第1期。

它是世界的表达方式。我们进入语言的目的是进入世界，而不是去进行一次午睡。那种脱离语言真正的价值，而去进行某种华丽的游戏显然是远离真实的。所谓语言的真实，是我们进入语言时能否进入世界的最基本的保障。似乎已经有这样一种语言出现，那种语言的制造者沉浸在没有个人感受的模仿里，缝制华而不实的外衣让我们拿钱去购买。他们似乎对造句遣词能够出现光怪陆离的效果而心醉神迷，于是一种空泄无物，不知所云的虚假的语言必然诞生。"[1] 该文观点与书信一致无二，在相关的研究著述中甚少露面，与《虚伪的作品》相比（重复进入各种选本，频繁被文学批评与文学史研究所征引），几乎就是"被湮没的文献"。史学家爱德华·卡尔曾区分"事件"与"历史事实"，尽管我们会承认一切事件，"其在历史中之位置，皆有平等之权利"，但无疑"事件"要转变为"历史事实"，需要史家的选择与提炼，选择哪些"事件"进格为"历史事实"，然后"由哪些事实说话、按照什么秩序说话或者在什么样的背景下说话，这一切都是由历史学家决定的"。[2] 文学史的剪裁取势不可免，但也不妨去注意那些未转变成文学史"事实"的"事件"中裹藏的丰富信息。本文讨论的书信（包括《走向真实的语言》）显然属于这样一则"事件"，因在共识中无法容纳或无法处理，而被惯常的先锋文学的知识学与叙述学所忽略或省略，依然徘徊在"经过挑选的历史事实俱乐部"之外。但也许它并非毫无意义。现在我们把余华同时期的两份材料并置，问题是：如何处理其中的悖反与裂隙？以下尝试（A）（B）两种理解，当然也许还仅止于揣测。

---

① 余华：《走向真实的语言》，《文艺争鸣》1990 年第 1 期。

② 爱德华·卡尔：《历史学家和历史学家的事实》，收入《史学理论读本》，刘北成、陈新编，北京大学出版社，2006 年，第 40、41 页；又可见王尔敏：《史学方法》，广西师范大学出版社，2005 年，第 145、146 页。

二 两种理解

理解（A）

现在我们知道，余华以《活着》《许三观卖血记》为代表发生了一个巨大而有意味的创作转变：

> 我过去的现实更倾向于想象中的，现在的现实则更接近于事实本身。
>
> 一个人的年龄慢慢增长以后，对时代的事物越来越有兴趣和越来越敏感了，而对虚幻的东西则慢慢丧失兴趣。换一个角度说，写的越来越实在，应该说是作为一名作家所必须具有的本领，因为你不能总是向你的读者们提供似是而非的东西，最起码的一点，你首先应该把自己明白的东西送给别人。①
>
> 这样的写作持续了很多年以后，有一天当我被某些活生生的事实所深深打动时，我发现自己所掌握的叙述很难接近到活生生之中。在过去，当我描写什么的时候，我的工作总是让叙述离开事物，只有这样我才感到被描写的事物可以真正的丰富起来，从而达到我愿望中的真实。现在问题出来了，出在我已经胸有成竹的叙述上面，我如何写出我越来越热爱的活生生来……②

不知道余华在自觉地总结创作转向时，是否会想到1989年那封信中兴许不自觉的表述。也可以说，那封信与同一时期《虚伪的作品》

① 余华、潘凯雄：《关于〈许三观卖血记〉的对话》，《作家》1996年第3期。

② 余华：《叙述中的理想》，《当代文坛报》1997年第5—6期。

这二者间所显现的模模糊糊的裂隙，在近十年之后被余华清晰地表达出来。而当时未及展开的语言所面对的“世界”，终于被深刻地显豁为“活生生的事实”“现实本身”；当时对“有些作品的语言似乎缺乏可信的真实”的质疑，终于被理直气壮地反思为“你不能总是向你的读者们提供似是而非的东西”。

先锋小说中精美绝伦的句式与一泄如注的语言气势着实给人美妙的体验，以语言为契机，中国文学的面貌也的确得到积极的改观；但是被推为极致的语言表演（尤其是当其被泛滥地加以复制后）往往也带有故弄玄虚的阴影，余华在信中指责的“语言的不真实”和普通读者的观感相吻合。更致命的是，语言自我游戏的泛滥其实同语言实验的初衷正相违背。“寻找新语言的企图，是为了向朋友和读者展示一个不曾被重复的世界”，但雷同句式的反复出现，反而制造的是“一种确定了的语言”[①]，其中正隐藏了思维的惰性，甚至艺术创造力的流失。现代派可以“把一种技术抽离出经验的混沌，通过它把时间强行悬置起来，以达到某种形式的自律性和强度。……它把文艺变成了一种技术制品，是可以通过某种程序习得的东西”，由此让人感觉到某种自我的力量、向传统宣战的信心以及由落后迅速进入先进状态的幻觉；而现实主义却往往难在技术上一蹴而就。[②] 写于先锋小说“刚刚出现”时候的那封信里，余华已经隐约表达了出于艺术规范（语言“面对世界存在”，应具备“可信的真实”）而对现代主义创作“跟风”的某种不满（“推向极致”的阅读疲劳等），当然这只是一位优秀作家的敏感；真正自觉到转变的必要与意义，得等到 1997 年：“叙述上的训练有素，可以让作家水到渠成般地写作，然而同时也常常掩盖了一个致命的困境。作家拥有了能够信赖的叙述方式，知道如何去应付写作过程中出现的

① 余华：《虚伪的作品》，《上海文论》1989 年第 5 期。

② 张旭东、朱羽：《从“现代主义”到“文化政治”》，《现代中文学刊》2010 年第 3 期。

一系列问题的时候，信赖会使作家越来越熟练，熟练则会慢慢地把作家造就成一个职业的写作者，而不再是艺术的创造者了。这样的写作会使作家丧失了理想，他每天面临的不再是追求什么，而是表达什么。所以说当作家越来越得心应手的同时，他也开始遭受到来自叙述的欺压了。”[①]“艺术的创造者”必须在对“叙述的欺压”的自觉反抗中艰难推进。十年前对经典“真实性”的怀疑以及同时期对由这一怀疑所引发的创作思潮泛滥的隐约不满，十年后对“信赖的叙述方式”的放弃，其实都来自同一意识：当“水到渠成般地写作”，当“作家越来越得心应手”之时，也就是他另辟新路的开端。

这样看来，《虚伪的作品》、信和创作转型，都是为了表达对复杂世界的不懈探索。《虚伪的作品》告诉世人：先锋小说要展现的，不仅仅是形式变革，在根本上，这是一种观察、理解世界的方式、视野的更新。在对生活的逻辑的、理性的、本质的认知模式之外，充满惊喜与热情地发现了偶然、神秘与不可知性，这是一种打破统一的世界图像与文学图像的努力。同一时期的书信中也暗藏了艺术形式不可能仅仅是“形式”的意味，他向友人坦陈的是：文学应该“面对世界”和“个人思想”的真实。“先锋”就是以前卫的姿态探索存在的可能性以及与之相关的艺术可能性，“使汉语小说出现新姿态”；相反，如果放任思维的惰性与语言的惯性而闭门造车，则恰恰与“先锋”的精神背道而驰。所以，余华以《活着》《许三观卖血记》为代表的转变，其实也可以理解为在同一路向上的推进，只是着力点不同，他分明说：“文学不是实验，应该是理解和探索，它在形式上的探索不是为了形式自身的创新或者其他的标榜之词，而是为了真正地深入人心，将人的内心表达出来。”[②]转型意味着对生存可能性与艺术可能性的继续探索。

---

① 余华：《叙述中的理想》。

② 余华：《我的写作经历》,《灵魂饭》，南海出版公司，2002 年，第 149 页。

以上理解（A）中，我们把余华先锋时期的这封书信，看作向《活着》《许三观卖血记》转型的预言与契机。

理解（B）

然而，以上理解（A）的说服力可能并不充分，问题在于，这是一种“倒放电影”式的解决。（A）推论成立的前提，是我们心目中已然有一条文学史前因后果的发展逻辑，但其因果或逻辑之所以清晰可解、信而有征，恰出于“后见之明”与目的论。我们正是依据全知、合理、透明的逻辑线索，来处理当时的“裂隙”与后来的“转变”，将事件的前因后果顺顺当当地“倒接”回去。在先锋小说的文学史叙述脉络中，先前“形式”的突破与后来余华的转型是两个重要支点，书信与先锋对语言、形式的张扬之间存在裂隙，于是就用后一支点来弥合，即以余华转型这一“事实”去笼罩前此发生的书信，将研究对象锁闭在了先前依托的逻辑与观念中。柯文先生曾以义和团运动为例，探究认识、塑造历史的三种不同途径：“事件”“经历”和“神话”。“事件”是历史学家笔下的史实，“他们知道事情的结果，对整个事件有全方位的了解，他们的目标不仅是要解释义和团运动本身，而且是要解释它与之前和之后的历史进程的联系”（此处的“事件”与上文所引卡尔笔下与“历史事实”相区分的“事件”，自然是两个概念——笔者注）；“经历”是义和团运动直接参与者当时的想法、感受和行为，他们对历史走向没有全方位的了解，对正在发生的事情的看法与事后重塑历史的史家看法自然有不同；“神话”的主旨在于从义和团运动中汲取服务于今的能量。[①]“事件”“经历”和“神话”之间会有明显矛盾，各自又都具备合理性，但更复杂的是三者往往纠缠在一起。比如对于回忆录这类材

① 参见柯文：《历史三调：作为事件、经历和神话的义和团》，杜继东译，江苏人民出版社，2000 年。

料，事后追忆与当日经历之间相隔了一段时间，此段时间内历史学家和“神话”制造者的观念肯定会渗透进回忆录作者的意识中，并根据社会环境的变化而改造当事人的亲身经历。按照这番理解，先锋余华经过《活着》《许三观卖血记》而实现创作转型并获得成功，这是“事件”，而书信是一则“经历”，以上（A）处理很可能是出于：我们携带了纠缠着“事件”的前理解去对待“经历”。

重塑历史的过程普遍是以已知的结果为起始点，历史学家、文学史家势不免事后认知和回推立论。但优秀的研究者理应对历史现场中众多互歧性、偶然性的因子，以及历史发展各种各样的可能性有所自觉。[①] 王汎森先生就曾提示说：“太过耽溺于‘后见之明’式的思考方式，则偏向于以结果推断过程，用来反推回去的支点都是后来产生重大历史结果的事件，然后照着与事件进程完全相反的时间顺序倒扣回去，成为一条因果的锁链。但是在历史的发展过程中，同时存在的是许许多多互相竞逐的因子，只是其中的少数因子与后来事件发生历史意义上的关联，而其他的因子的歧出性与复杂性，就常常被忽略以至似乎完全不曾存在过了。如何将它们各种互相竞逐的论述之间的竞争性及复杂性发掘出来，解放出来，是一件值得重视的工作。”[②]1980年代先锋文学的发生以语言创新和反拨现实主义作为突破口，以及此后以余华为代表的创作转型（一般被命名为重回朴素的叙事立场、发现民间等），是“后来产生重大历史结果的事件”，以它们作为“反推回

---

① 后现代历史著述反对一种历史叙事中的“发生学结构”，在此结构中，“现代历史思考在一条历史发展线索中把过去与现在的状态结合在一起”，“历史思考产生了这样一种印象即过去向现在的状态进发”。历史研究中的后现代主义坚决“反对把人类过去的生活形式整合到一个导致我们今天的形式的过程之中”。此处关于“恢复过去自己的尊严”的宣称与尝试，倒也并非浮浅的无稽之谈。参见吕森：《历史秩序的失落》，收入《历史的话语》，张文杰编，广西师范大学出版社，2002年，第80—83页。

② 王汎森：《中国近代思想文化史研究的若干思考》，收入《史学方法与历史解释》，康乐、彭明辉主编，中国大百科全书出版社，2005年，第80页。

去的支点”最终构成了文学史“因果的锁链”。《虚伪的作品》因与这条锁链发生着重要的“意义关联”，被遴选出来成为“文学史事实”，其实在“历史的发展过程中”，还有与此“事实”形成“歧出性与复杂性”的“其他因子”，比如本文讨论的书信及《走向真实的语言》，它们“被忽略以至似乎完全不曾存在过”，与此相伴随的是，本来“互相竞逐的论述之间”的丰富性及内在张力也湮没不闻。

我们今天的研究者与1989年前后的余华之间，正是一个知晓文学史发展的人与对文学史发展并无所知的“历史行动者”之间的区别。我们熟稔一整套关于先锋文学起源、转折的说法，此时需要“去熟悉化”，重新唤回对问题的新鲜感，设身处地地体贴作为“一个定点上历史行动者”的余华，他对后来文学史的“走向”还无所知[①]，展现在其面前的是何种情势、资源与可能性？

比如，今天我们视作当然的关于那一时代先锋小说的种种权威文学史叙述，在当时真的已经严丝合缝地笼罩一切？我们可以把书信、《走向真实的语言》中表露的质疑，视为“真理”形成过程中一个旁逸斜出的细节，它（微弱）地“动摇了先前认为是固定不变的东西；打碎了先前认为是统一的东西”。[②]尽管1989年已非先锋文学的全盛时期（早有批评家指出1989年先锋派在“形式方面的探索的势头明显减弱”[③]），但《虚伪的作品》依然在为先锋文学摇旗呐喊（余华同年发表的《此文献给少女杨柳》等中短篇依然先锋意味浓厚），而此时在同一阵营（余华信出于自我阵营纠偏的考虑，而“刚刚出现的先锋小说”云云，可见他还不会想到先锋文学的黄金时代很快就会过去）中，甚

---

① 比如，余华在信里有“刚刚出现的先锋小说”这样的说法，但今天文学史认知告诉我们，在写信的1989年，先锋小说的高潮期已过，甚至很快就要风流云散了。

② 福柯：《尼采·谱系学·历史学》，苏力译，收入《尼采的幽灵》，汪民安、陈永国编，社会科学文献出版社，2001年，第122页。

③ 陈晓明：《最后的仪式——“先锋派”的历史及其评估》，《文学评论》1991年第5期。

至在先锋意识最自觉的作家思想意识内部，似乎也存在“杂音”。“杂音”可以理解为现实主义文学成规的变异与延续，此处可呼应程光炜先生的论述：1980年代，“在现代派‘去现实’、‘去传统’的巨大声浪中，‘现实’暗中与现代派的文学叙述建立了某种对接。经过多样历史叙述‘改造’了的‘现实主义’，就以这一芜杂多样的形态‘重返’到现代派的历史生成过程之中。”面对1980年代延续和变异的文学传统，现代派与先锋作家的“拒绝”“吸收”和“改造”存在多样情形，不应看作一个整体性的反映和表现[①]，其间内部的矛盾和复杂的纠缠理应在今天的研究中作充分展开，相反，那种简单地用“现实主义”和“现代主义”的二分法来区分不同阶段作家的文学史写法可能越来越不具备说服力。[②]借助普实克的论述，我们甚至可以把现实主义和现代主义、先锋派放在一个“共时”层面探析：“正是这种直接地、不受阻碍地切近现实的要求迫使艺术家不断地解决如何表现现实，并在艺术上与这一新的现实达到一致的问题。……现代的现实主义小说的创作首先是创造一个新的、具有个性的艺术结构的问题。……艺术家越积极地接近现实，他越努力要把他的现实观表现得更清楚并以此来说服读者，他的作品形式也就越有创见……鲁迅的例子尤其能够证明这样一种观点，即所谓先锋派艺术的开端，首先表明了艺术家对他所描述的现实加以重新评价的努力，目的在于使人们对于艺术家认为是特别重要的特征加以重视，并对这一现实作出某种评判。这种情况自然会导致强调某一方面而忽视或排斥其他方面的倾向。与对现实的那种传统的、‘朴素现实主义’的理解相比较，文学的各个组成部分之间的关系经历了一种变化，甚至可能是被扭曲了，由此产生的是一幅畸形的但

---

① 程光炜：《80年代的现代派文学》，收入《文学讲稿：“八十年代”作为方法》，北京大学出版社，2009年，第230、243页。

② 参见罗岗：《“读什么”与“怎么读”》，《文艺争鸣》2009年第8期。

却具有新意义的画面。这种扭曲自有其艺术上的理由，因为这样一种现实的图画也许能比所谓忠实地再现现实——用一大堆琐碎的细节掩盖着真正的意义——更多地把所描写的现实的本质告诉我们。如果这种扭曲的画面仅仅是本身的目的，与前一种情况相反，画面中不重要的因素任意地占据了突出地位，牺牲了真正重要的部分，而且强调的只是起次要作用的关系，那么，这样的艺术品并不比其他智力玩具更有价值。”[①]先锋文学呈现出“畸形”“扭曲”的画面，正是为了“直接地、不受阻碍地切近现实”，表明“艺术家对他所描述的现实加以重新评价”，这恰是《虚伪的作品》所宣告的。但是，“如果这种扭曲的画面仅仅是本身的目的”，只是“某种华丽的游戏”而妨碍了我们“进入世界”，“不重要的因素任意地占据了突出地位，牺牲了真正重要的部分”，这样的作品就不足为据，这正是书信及《走向真实的语言》中“纠偏”的命意所在。

以上（A）与（B）这两种拆解看上去似乎意义不大，但还是有区别的：（A）不妨称作“追溯的看法”，“当某一特定的意识反应最占优势之时，历史学家可以轻快地提出一种简单的因果关系”；而（B）则是“透视的方法”，力图“把握住环境本身的真实面目”[②]，由此是否能重建“客观的历史”暂且不论，至少它不忽略特定环境中密布的细节，这些细节兴许不能被安排成前后自洽的因果逻辑，但提供给我们各种有争议的空间，并不试图在矛盾中发现共同的形式或主题，而是敞开“互相竞逐的论述之间的竞争性及复杂性”。具体到本文的讨论对象，（A）呈现的是两种创作思潮的转换，书信成为转换的契机。因为有占据“优势”的、种种关于先锋文学起源、转折的文学史叙述支点，即便重现书

① 普实克：《中国文学中的现实和艺术》，收入《普实克中国现代文学论文集》，李燕乔等译，湖南文艺出版社，1987年，第97、98页。

② “追溯的看法”与“透视的方法”，参见史华慈：《关于中国思想史的若干初步考察》，张永堂译，收入《中国思想史方法论文选集》，韦政通编，上海人民出版社，2009年。

信、《走向真实的语言》这般暂时显出差异性的材料，也能最终“轻快”地将其纳入“一种简单的因果关系”中。而（B）意味着先锋文学本来就不那么“纯粹”，它自身延续、改造着先前的文学成规，也随时开放着其它可能性；也许恰恰是后来形成的文学史共识忽略甚至锁闭了这一可能性，才把它打造成态度决绝、面目鲜明的“先锋”。

循此我们还可商讨：一些研究认为当年的先锋小说将“个体”从语言秩序中解脱出来，一方面呼应了“纯文学”的想象，另一方面也在八九十年代之交被市场主义和消费主义所构建的个人主义的主体想象所规训、接纳。但这一“个体”在“解放”之后可能已觉察到（尽管是朦胧的）某种隔离、悬空之苦——如同余华的抱怨：能否抛弃华而不实、空洞无物的造句遣词，由“进入语言”而“进入世界”？当先锋作家达成使文学隔绝于社会现实的自律效果之后，他是否干脆、果决地大踏步进入了这一形式乌托邦，抑或在眺望这一乌托邦时感受到了某种危机？而这一驻足、犹疑的刹那，这一拖泥带水的暧昧含混——先前主流形态的现实主义已不愿返回，而未来看上去“心醉神迷”的语言形式的乌托邦似乎也不那么完美——中可能包含着丰富性。我们或可将其理解为一种文学话语实践在产生出知识与真理的过程中一次反身自省的契机，尽管它在文学史的罅隙里闪烁而过没有展现深刻效果，但今人的研究却不妨去想象、珍重历史偶然的脉络中隐而未发的丰富性。

三 结语及延伸的话题

本文的讨论对象只是一封简短的书简，没有搜集更丰富的材料，没有联系余华写此信前后的具体创作、也没有开掘到更广阔的文学“周边”；似乎予人“麻雀”太小、阐释过度之感。本文的意旨，兴许在如下几个方面：

（一）书信尺牍是中国古代文学思想的重要资料来源，“经常包含对理论问题的详尽讨论”。[①] 现代文学研究界对书信的利用率也颇高，鲁迅早就讲过：“从作家的日记或尺牍上，往往能得到比看他的作品更其明晰的意见，也就是他自己的简洁的注释”，尺牍的销行“并非等于窥探门缝，意在发人的阴私，实在是因为要知道这人的全般，就是从不经意处，看出这人——社会的一份子的真实”。[②] 鲁迅是在为《当代文人尺牍钞》作序时发表这番意见的，而孔另境编就的这卷书信集（后改题为《现代作家书简》）也成为今日现代文学研究者案头常备之书。总之，在古代文学与现代文学研究领域，文人的信函尺牍，对于探索作者生平、重现文学活动的轨迹，勾勒人事交往与文学社团的聚散，等等，有莫大助益。而当代文学的“当代”，不仅意味着一个时间段落，而且形成了一个即时进行中的由政治制度、经济基础、意识形态、文化创造等汇成的结构，阅读当代文学即与此结构对话，与我们置身的现实、现时对话，这是毋庸置疑的。但此种须臾不可分的同步性又往往模糊了当代文学的学科意识。比如，在今天很少有作家、编辑、评论家等会有自觉来保存彼此的信笺、短信、存档电子邮件，更不会意识到这些或许能作为“史料”留存，从而为日后的研究备案、积累，来鸿去雁加速散佚，同时流逝的，还有其中潜藏的未必单薄的信息。本文讨论材料取自程永新先生《一个人的文学史》，书中贡献了一大批当代重要作家的书信、邮件甚至手机短信，弥足珍贵。本文由一封书简摸索若干文学史信息，也是为提请在研究中更多注意到作家、评论家、编辑、出版人等“文学从业人员”的私人信件与文学史的交汇点，尝试用多种史料来开展研究。

（二）文学史研究的特殊性与历史研究的一般性。我们对于前者已

---

① 宇文所安：《中国文论：英译与评论》，王柏华、陶庆梅译，上海社会科学院出版社，2003 年，第 8 页。

② 鲁迅：《孔另境编〈当代文人尺牍钞〉序》，收入《鲁迅全集》第 6 卷，人民文学出版社，2005 年，第 428、429 页。

有不少注意，比如文学史叙述和其他历史叙述的区别，其无法替代的具体性、形象性、现场感、情景感等文学性特征[①]；但对于后者——比如文学史研究在多大程度上应该遵循历史研究的"纪律"，如何吸收史学研究的相关成果尤其是方法论以开掘更丰富的空间——尽管已有有识之士倡议，但似乎还有待深入。

（三）由于巴赫金、福柯等著述的影响，当代读者更能理解每个时代及其文本中皆布满矛盾、冲突与纠缠，而这些矛盾、冲突与纠缠构成的诸种形态，正是文学史家殷殷考古的对象。我们已读到过不少关于先锋文学起源与发展的述说，本文通过一封信件的拆解而捡拾起一则盘旋、回复和争执的细节，由此暂且撇开利用"反推回去的支点"来寻找起源，将历史解释成一个目的明确的连续性过程的方法，转而呈现特定空间中"互相竞逐的论述"，进而连带出文学史情境本身的复杂性、多义性，以及研究者自身的限制与困惑。具体到先锋文学的研究，除上文议及之外，我想关涉的面向还包括：首先，诚如一位研究者在考察马原时的发现，1980年代代表性作家的先锋意识并非固定的，而是具有很强的"功能性"："进入文坛之前，处在唯新是崇的接受环境中，对前辈的突破迫在眉睫，马原的形式实验顺理成章。当先锋小说被集中推出，已经成名的马原自然要和新崛起的作家拉开距离，这也是为避免自我重复寻求突破的必然选择，所以他开始后撤，不惜抛弃已经成为个人身份标识的先锋实验"，比如证明自身具备坚实的写实功底、反感曾经热衷的"现代派花样"……余华的"纠偏"或也正出于这种先锋意识的功能性。其次，尽管先锋文学的读者层次较高，但并不仅限于大城市和高等学府却是一个事实，"从文学青年到普通民众，从青年学子到大学教授，构成了一幅'先锋读者'的动人风景，他们的阅读期

① 在这一方面我觉得较为突出和成功的尝试是钱理群先生的《1948：天地玄黄》一书。

待构筑了先锋小说的接受基础”。[1] 余华信中的意见，也是在尊重这一超越社会身份与地域区隔的普通“阅读大众”（reading public）的感受与理解。最后，余华书信及《走向真实的语言》所提供的辩证与复调，让我们领会到洪子诚先生所谓的“适度美感”：“在 80 年代，‘适度’美感也可以说是一种普遍的美感趣味。开放、变革、创新、崛起、超越、反叛……当然是那个文学‘新时期’的主要取向，墨守成规会为多数作家、读者所不屑。但是反过来，过于激烈的那种‘情人式’的言行，也难以被许多人接受，即使是具有先锋特征的思想、艺术群落。”[2] 借鉴“适度美感”的判断再来反观余华自先锋时期至《活着》《许三观卖血记》的创作流程，当可提示我们 1980 年代与 1990 年代的文学在断裂中暗含的某种辩证意味。

2010 年 10 月 12 日草，10 月 31 日改定

原载《东吴学术》2011 年第 2 期

---

① 以上对先锋意识的功能性及“先锋读者”的论述，参见李建周：《在文学机制与社会想象之间》，《南方文坛》2010 年第 2 期。

② 洪子诚先生借鉴了苏珊·桑塔格《加缪的〈日记〉》中关于伟大作家要么是“丈夫”要么是“情人”的说法，“可靠、讲理、大方、正派”是丈夫的品格，而情人虽然“喜怒无常、自私、不可靠、残忍”，却能“换取刺激以及强烈情感的充盈”；进而引申道：“在作家与文学‘传统’之间的关系上来看待这两类作家，那么，‘情人’式的作家在题材、主题、风格、方法上，将会更执意地和他的前辈较劲，更‘炫耀性格、顽念以及奇特之处’，而‘丈夫’式作家体现的较为‘传统’，循规蹈矩。”参见洪子诚：《“幸存者”的证言——“我的阅读史”之〈鼠疫〉》，《南方文坛》2008 年第 4 期。

第四辑

批评与想象

文学批评应该是创造的、个体的、直接的，在时间中开放、流动，目击本源，“语语都在目前”。

文学批评的意义并不寄生于创作，更非“食腐肉”，它与创作并肩，共同面对生机勃发的大千世界，“如共同追求一个理想的伴侣”。

身体与灵魂驳难中的“罪与罚”

——读《爱人有罪》

一 身体与灵魂的流变、驳难

8年前，当“这个城市还很朴素”[①]的时候，俞智丽穿着时髦的裙装走过西门街，小伙子们长时间地跟踪，她“则抬着高傲的头，一脸的厌恶，但内心无比兴奋”，“俞智丽感到身体里总是涌动着什么，有一种蓬勃的歌唱般的气息，好像身上正有一些像五线谱一样的蝌蚪在跳荡”……她曾经对身体的在场多么敏感而自豪呵。

这之后悲剧发生，身体开始被放逐，“自从被强暴后，她一直没感到自己身体的存在……她觉得自己的身体是丑陋的……她说：‘身体是多余的东西。’”。

再到5年前，当俞智丽意识到鲁建是被冤枉的时候，曾经去过一趟监狱想探望鲁建，但在即将完成心愿的那一刻本能地逃逸了。在回家火车上，不停哭泣，不吃东西，“好像在同自己赌气，她就是不想满足自己的食欲。她要惩罚自己”，她帮助别的乘客递行李、倒开水、照顾老人和孩子甚至打扫卫生，以至于乘客以为她是列车服务员。中途终于因为饥饿过度，眩晕了过去……从这个时候开始，在俞智丽身上，理性化的自我惩戒原则诞生了，它制造出一个不停忏悔的灵魂，进而

---

① 艾伟：《爱人有罪》，春风文艺出版社，2006年。

将这个灵魂与身体对立。对立的结果是多方面的，比如尽可能地控制人的原始情欲（王光福发现他的妻子是个“几乎没有什么性欲的人，俞智丽一直是那么平静地面对他的，他常常觉得她那样做纯粹出于自我牺牲，她自己根本没有快感可言”）；比如不断地和自己的身体斗争，这在上述5年前探监归家的火车路途上就开始呈现，并且变本加厉地膨胀，“从这一天起，不管什么人，只要她觉得需要她的帮助，她就会尽力而为，甚至愿意牺牲自己拥有的一切”，“她把所有的心思都放在帮助别人这件事上”。与其说这是“助人为乐”，不如说是在掏空自己的身体以便让那个忏悔的灵魂疯狂生长，小说中描述俞智丽的感觉是“就好像胃部没有了物质就会产生精神之气”，唯有这样，她的内心才能获得平静。这就是为什么读者在面对俞智丽时，在那纯粹、高尚的“助人”背后，总隐隐约约觉察到一种别扭。即便是爱慕者陈康，在往俞智丽身上投射“令他高不可攀的圣洁和仁慈”的想象时，也会在内心嘀咕，自己“行事有自己的原则，不像俞智丽，只知一味行善”，“一味”就不免盲目，其实是在“一味行善”之上有更内在的目的统摄着（正如俞智丽的自我表白：“他们都认为我思想好，其实我这样做只为了我自己。我发现这样做能让我平静。”）而这样一种行善，深深地掩藏着自我压抑与否定（通过自我否定来“让我平静”），排斥着人的自然性，这就是俞智丽这个人物让人产生别扭、僵硬感觉的原因所在。

这样一个强行将身体遗忘的人，在8年后与鲁建再度重逢之后，领受到一丝曙光的照耀：

> 自从跟上鲁建以来，这身体像是不属于她了。身体有自己的意志，她的意志很难左右。那一刻，她的灵魂像是出窍了，只感到身体的存在，就好像这天地之间只剩下她的身体。那就像一场梦，既虚无又实在，既缥缈又可感可触。瑰色的气息是从身体里长出来的，这种气息布满了整个房间，这种

> 气息令她感到温暖。她的身体就像地下的种子，即使被一块石头压着，还是想钻出去，受到阳光的照耀。

身体开始复活，那个理性化的自我惩戒意志变得很难左右身体“自己的意志”，而原先不停忏悔的灵魂“像是出窍了”，“就好像这天地之间只剩下她的身体”。俞智丽与鲁建发生关系，从最初的“有点慌乱”，到心里面生长出“温暖的感觉”，到“第一次感受到欲望……她的身体竟然敞开了”，“好像突然苏醒了”……这个曾经将身体放逐而奄奄一息的女子，依靠着身体复活过程中绽放出的生命本体的欢愉、灿烂和创造力，一步步走出生存的黑暗，“她的身体就像地下的种子，即使被一块石头压着，还是想钻出去，受到阳光的照耀”，这样一幅敞开、苏醒、复活的图景，无法不让人动容。

但问题是，这一幅图景并不是明晰的。那个忏悔的灵魂并没有因为身体的张扬而消失殆尽，相反，它总潜伏在内心隐秘角落里伺机反扑，当面对鲁建“某些时候的粗暴”时，俞智丽感觉“身体在受苦的时候，她的灵魂就会得到满足”，灵魂似乎又卷土重来成为背后的仲裁者，甚至“她的身体是麻木的，活跃的是她的想象”。即便在“身体竟然敞开”的时刻，她也会“喋喋不休、语无伦次地说了起来：‘……对不起，对不起，对不起……他们错抓了你……对不起，我对不起……’”语言洪流所泄漏的，正是被忏悔灵魂所深刻统治着的内疚、自赎。理性化的自我惩戒，如影随形地参与着俞智丽与鲁建的交往，哪怕是一个个身体敞开的瞬间。终于艾伟点出了“他们关系的全部秘密”：

> 听了她的话，他生气了：“我好好的，不是关了八年吗？”
>
> 她就流泪了。这句话是他们关系的全部秘密。这句话像一句咒语一样，让她顿时觉得自己成为了一只羔羊或神的祭品。她只能把自己交出去。

写到这里，可以和《爱人有罪》作一个对照阅读的，是王安忆的《岗上的世纪》。同样是复仇和身体交织的故事。发生在生产队长与女知青之间，先是他在占有她之后违背了让她回城的交换条件，再是她在与他重修旧好之后告发了他，当复仇、不甘、利益关系笼罩了整个小说时，当那个年代并不稀见的社会悲剧又将展开时，王安忆却将整个故事翻转了，她和他在岗上相逢，“开创了一个极乐的世纪”，男女相互交融创造、生命高度张扬……这座伴随着身体复活的“岗”，高高兀立在纠缠着灵魂、复仇与赎罪、伦理道德、现实利益的地表之上。而与本能、原始情欲紧密相连的创造力所点燃的，正是主体的新生与生命的再造：

> 她就像他的活命草似的，和她经历了那么些个夜晚以后，他的肋骨间竟然滋长了新肉，他的焦枯的皮肤有了润滑的光泽，他的坏血牙龈渐渐转成了健康的肉色，甚至他嘴里那股腐臭也逐渐地消失了。他觉得自己重新地活了一次人似的。
>
> 他也像她的活命水，自从暗底下往来，她的身子就好像睡醒了，又知疼，又知热；她的骨骼柔韧异常，能屈能伸，能弯能折；她的皮肉像是活的，能听话也能说话；她的血液流动，就好像在歌唱，一会高，一会低，一阵紧，一阵舒缓。

对比一下，在俞智丽这里，生命的一度欢畅根本无法抵达新生：

> 身体的愿望是多么强烈。但当她从沉溺中醒过来，羞愧无比。这种羞愧感一直都有，但没有像现在那么强烈。
>
> 他折磨她的时候，眼神里总是充满挑战，有一种把她拉下水的快感。他看穿了她。“他总是要检测我的低贱。”她想。
>
> “我确实是一个低贱的人。无论从哪个方面说，我的行为都是可耻的。没有人像我这样……”她感到绝望。

《岗上的世纪》末了，王安忆写道：“这是一个繁星满天的月夜。他经历了他那生死度外的七个昼夜，跨出这一座土坯茅顶的小屋。他不由地停下脚步抬头望了望天空，心想：天上的星星真亮啊！”岂止是小说中的人物呢，作家写的时候也有那种追寻“单纯”的力量，她褪尽种种现实利益的物质状态和复仇、赎罪的灵魂拷问，淬炼出蓬勃欢愉的生命活跃形式。相比较1980年代末这部明朗、单纯的小说，艾伟的书写就显得晦暗而复杂：当身体奄奄一息时，他让性爱的激情与创造力去拯救笔下麻木的女子，但终究没有朝向纯粹的生命飞扬极致，理性的自我惩戒隐隐绰绰的撕扯着那一个个身体敞开的瞬间。

艾伟塑造俞智丽这个人物，从身体在场，到悲剧发生后强行将身体遗忘、放逐，到一度的苏醒、复活，到惩戒机制如何将忏悔、自赎深刻地锲入生命体内部，成为强大而理性化的伦理律令，到欲望与伦理、身体与灵魂的交相驳难……这样一路写来，真是惊心动魄。

二　罪的解决与罚的正当

如何对待人的犯罪和罪孽，陀思妥耶夫斯基说有三种解决办法[①]：第一种办法是无条件的信任、恪守法律。善与恶、罪与罚，都已经由这部形诸文字、制定好了的法典所确定、规范，人类只需要遵守就行了。第二种办法是归咎于现成社会环境的恶劣、社会制度的不合理。为了消灭犯罪和人的罪孽，必须要消除社会制度的不合理。由此带来的推论是：在未来的黄金世界没有到来之前，哪怕暂时容忍以毁灭旧社会名义而制造的血流成河。

但问题是，社会制度并不是一个非人存在的怪物，它仍然由人来体现、由人来代表。这让人想起贡斯当对卢梭的反驳。后者真诚地认

---

① 参见何怀宏：《道德·上帝与人：陀思妥耶夫斯基的问题》第2章，新华出版社，1999年。

为：每一个社会成员都将自己的权利毫无保留地完全转让给共同体，则作为抽象实体的共同体，既是成员共同利益的代表，也是他们共同意志的代表。这种共同意志的外化就是主权。于是人们在服从主权时，实质上只是服从自己。贡斯当一针见血地指出卢梭忘记了一个基本道理：任何主权都必须由具体个人行使。一旦权威的实际组织开始操作时，抽象的主权者本身无法行使权力，它必须将权力交给自己的代理人。任何政治权力不论在抽象意义上如何代表人民，如何体现公意，在实际上它必然有少数人行使。[①] 如果这少数人中有小说里姚力这样的人存在，那么悲剧就发生了。

如果一切都是环境、制度之过，那么人到哪里去了？人本身算是什么？环境、制度不也是由一个个人构成的么？也许没有一种社会制度可以避免罪恶，不合理与罪恶就藏匿于人心中的阴暗之域。由此我们发现艾伟在小说安排上的一个特点：他几乎悬置了所有的外在力量，即使涉及也无意展开（比如执法部门的草率，个人在冰冷的国家机器面前的渺小与无能为力，还有小说里，王世乾老人失踪前曾经给俞智丽一份材料，这份材料对姚力这些人可能是很致命的武器，但是俞智丽即便寄给了相关部门仍然似乎不了了之……）；而回到人性、人心。我在读这部小说的时候，会想起托尔斯泰的《复活》，托尔斯泰在个人内心的忏悔、赎罪等等之外，笔触通向的是一个广袤的空间，当时的日记里曾经保留过他在创作时的一些思路、情形，他有的时候会犹豫，比如要不要在作品中分析土地问题，比如他自己也没有料到会写到法庭的刑罚和荒谬[②]，也就是说这部现实主义巨著涉及革命前夜俄罗斯的很多社会问题。但艾伟在创作《爱人有罪》时，我想是有所执着的，他几乎过滤

① 参见李强：《自由主义》，中国社会科学出版社，1998 年，第 66、67 页。

② 托尔斯泰谈《复活》的创作，可参见《西方古典作家谈文艺创作》，段宝林编，春风文艺出版社，1980 年，第 550、551 页。

掉了也并不借助于任何外在的、客观力量的解救之道，而执意地伦理化、内在化，将所有的挣扎、磨难都放到人的内心隐秘空间来展现。

更进一步的是，对自己内心罪恶的警醒。由此，在非反省的守法主义和归咎于社会环境恶劣、社会制度不合理之外，我们看到了第三种解决之道——陀思妥耶夫斯基认为前二者是西欧式的，而这最后的途径是“俄国作者对罪孽与犯罪的观点”——反省罪恶在每个人心中的存在，正如果戈理在其遗嘱中申明的：“需要思索的不是别人的黑暗，不是天下的黑暗，而是自己心中的黑暗。”人不能只作法官审判别人，更多的时候他应该审视自己心中的黑暗。所以《复活》的结尾尽管让很多人诟责，但我依然觉得它无比深邃，这之前托尔斯泰已经将批判的笔触伸向了革命前夜俄罗斯社会的各个阴暗角落，但是最后他还是从外在的社会变革回到了人的内心。满身疲惫的聂赫留朵夫在《福音书》中获得了“宁静和自由”，这时他真正领悟了“世界上没有一个无罪的人，可以惩罚或者纠正别人”。我以为，正是这句话，可以借来评价鲁建这个人物。

因此，小说对罪责担当、承受的拷问是惊心动魄的；但是更深刻的主题是，审判的正当性如何确立。鲁建对俞智丽的施虐，是因为他觉得八年冤狱的代价可以使得他在俞智丽面前，成为一个高高在上的审判者和判决的执行者；而俞智丽受虐式的甚至近乎自戕的意识、举动，也是根源于本能体验背后的补偿意愿、赎罪意愿。所以“爱人”这个名义其实是可以质疑的，因为它的成立，建立在双方对审判与判决无条件的自觉认同上。所以鲁建和俞智丽的恋爱和生活，即便是俞智丽一度觉得自己身体似乎复活了、觉醒了，但这一切的背后，都有着那个审判机制在作用。但是这样的审判是否正当？小说越是铺陈鲁建遭受的冤屈之重，越是让这一冤屈给予他出狱后对俞智丽的惩罚以足够的支撑，则小说主人公无可避免的趋向毁灭，就越能证明这一审判意识应该受到质疑。鲁建诚然是无辜的，值得人同情，但是他的灾难不仅仅来自8年冤狱；他同时“有罪”，因为他由于超越个人位格充当高高在上的审判者惩罚他人，而失去了自己作为社会成员的资格、割断了自己同社会联系的纽带。

我在读这部小说的时候有些困惑，比如俞智丽这个人物的精神意志力真是强悍，如此的锲而不舍，总让我觉得这个人物和俄罗斯文学的血缘承继；再比如，末尾几章反复引用《诗篇》，宗教的力量到底在多大程度上可以作用到一个普通中国人的精神生活中？这些问题很难解答，但我猜测它们很可能是艾伟用心所在，他兴许就是要搭建这样一个“与众不同的世界”，在这个世界里“恪守自己的视角法则”[①]，去探讨人性的复杂，以及他素所追求的——“深藏在我们内心的时刻规约我们的伦理关系”。[②]

原载《当代作家评论》2006年第5期

① 弗吉尼亚·伍尔夫：《怎样读小说》，收入《伍尔夫读书随笔》，刘文荣译，文汇出版社，2006年，第5、6页。

② 艾伟：《对当前长篇小说创作的反思》，《当代作家评论》2006年第2期。

历史细节与文学记忆

——《野葫芦引》的一种读法

一

下面这个细节来自《东藏记》第二章第二节[①]：

> 随着警报声响，明仑大学的师生都向郊外走去。他们都可谓训练有素了，不少人提着马扎，到城外好继续上课。一个小山头两边的坡上，很快成为两个课堂，一边是历史系孟樾讲授宋史，一边是数学系梁明时讲授数论……
>
> “现在说到无限下推法——费马在给友人的信中提到这一个定理：形如 4n + 1 的一个质数可能而且只能以一种方式表达为两个平方数之和——”这些玄妙的话传入历史系学生的耳鼓。数学系学生则听见“太极图说‘唯人也得其秀而最灵。形既生矣，神发知矣，五性感动而善恶分，万事出矣——’”。两位先生有力的声音碰撞着，大家听得都笑起来。
>
> 紧急警报响了，讲课依然进行，没有人移动。传来了飞机的隆隆声，仍然没有人移动。

① 《野葫芦引》第 1 卷《南渡记》写于 1985 年至 1987 年，第 2 卷写于 1993 年至 2000 年。本文依据人民文学出版社 2005 年重印本。

空袭是恐怖和残忍的，这是真实的经验，但却不是唯一的经验，想想警报声、飞机轰鸣声中，“没有人移动”的课堂吧。当“跑警报已经成为昆明人生活的一项重要内容，像吃饭睡觉一样占一定的时间”，那么“在生活与学术之间几乎没有什么空隙”[①]了。“非常”的时刻渐次化为“日常”的生活，这何尝不是一种让个体经验得到扩充、丰盈起来的过程呢，“一些忧患，都给我们指点了 / 面前的路。/ 因为它们生命的变幻 / 填平了多少崎岖和坎坷 / 领我们到了一个新的世界 /——自己的世界外的世界。”[②]

更进一步，用小说中吕碧初的话来讲：“无论怎样的艰难，逃难、轰炸、疾病……我们都会战胜，然后脱出一个新的自己。”将“非常”化为“日常”，以平静、安宁面对恐怖、残忍，于是孕育出一颗勇毅、博大、宏深的灵魂，这灵魂纠缠于个人、民族乃至人类的困境，但在挣扎中却每每沉潜于思想、文化创造的无涯渊海。它参以“无限下推法”的玄奥，它参以“唯人也得其秀而最灵”的深邃——生命与知识，个人与世界，现实困境与人类远景，就是这般交融、颤动、锻造、扩展……

我要强调的是，警报声中、小山坡上这“两个课堂”，这一教学“依然进行”和“两位先生有力的声音碰撞着”的细节，它来自于日常生活中一个偶发的瞬间，但却有力地从历史洪流中凸现出来，它所表述的经验增长与生命沉潜，以及“脱出一个新的自己”的过程，无不指向那个“贞元”时代的内核——这正是一个意味深长的细节。“在这‘瞬间永恒’里蕴涵着极其丰富的历史内容（多义的象征性），同时又具有极其鲜明、生动的历史具体性”。[③]去寻找这样一个个照亮时代的历史细

① 郑敏：《忆冯友兰先生的“人生哲学”课》，收入《冯友兰先生百年诞辰纪念文集》，冯钟璞、蔡仲德编，清华大学出版社，1995 年，第 336 页。

② 杭约赫：《启示》，收入《九叶集》，江苏人民出版社，1981 年，第 105 页。

③ 钱理群语，引自吴晓东：《探索文学史的叙述学》，《二十一世纪》（网络版）2003 年 11 月号总第 20 期。

节，一个时代的内在历史意蕴可以在其中瞬间显现的历史细节，我想，这是阅读《南渡记》与《东藏记》的门径之一。

此外还要说明，在下文的解读中，我将较多地引述1940年代的一些文学作品来和《野葫芦引》相参照。关于“文学”的历史记忆，必然影响着当下的写作与评论。更何况作者宗璞与那个时代是如此的血肉相连，在写作中深刻地“专注书中人物”和“沉浸在野葫芦”（参看“后记”）中。请允许我再饶舌地说一句：只有将《野葫芦引》同它所表现的那个时代以及那个时代中的文学相参照，“野葫芦”世界的内在意蕴以及这个世界中每一人物身内身外的处境，才能显豁。

二

冯至在20世纪三四十年代写散文集《山水》[①]，一个石匠“不受任何人的帮助，十多年如一日”，左手持凿、右手持锤，终于在巉岩峭壁间开凿出一条山路；一个垂死得救的渔民，靠到处请求布施，在荒岛上建起一座灯塔——“与岩石搏斗的故事”同“和海水有关系的人”让冯至感动不已：“人间实在有些无名的人，躲开一切的热闹，独自作出来一些足以与自然抗衡的事业。”（《人的高歌》）如果联系到当时那样一个非常的年代，“成群的士兵不死于战场，而死于官长的贪污，努力工作者日日与疾病和饥寒战斗，而荒淫无耻者却好像支配了一切”（《〈山水〉后记》），冯至似乎在强调：环境虽然日渐腐朽，但你个人不能与之沉沦，你应该建筑自己的灯塔，开凿自己的石路。“朋友们常常因为对于自己的民族期望过殷，专爱为憎，而怨恨这个民族太没有出息。但我每逢听到一个地方沦陷了，而那地方又曾经和我发生过一些关系，我便对那里的山水人物感到痛切的爱恋。”（《忆平乐》）——爱恋，是

① 以下《山水》集引文，出自冯至：《世纪的回响·作品卷·昨日之歌》，珠海出版社，1997年。

强调血脉相连的融通；而痛切呢，许是在反躬自省吧：“我”可曾做了什么？之所以提到冯至，是因为在《南渡记》《东藏记》所描写的那些现代中国最优秀的知识分子身上，经常可以看到这种爱恋，这种痛切。这里分开来其实可以谈两个问题。

首先是如何在每一个容纳自我安身立命的岗位上，服务于现代民族国家复兴与建设的伟业。征战沙场浴血杀敌是一条道路；警报声中讲课依然是一条道路；参加战地服务团到前线去是一条道路；在昆明简陋的校舍里，在昏暗的电灯或油灯下，读培根、莎士比亚、华兹华斯，也是一条道路；“深夜的会议，隐蔽地收听记录延安广播”，不顾艰难奔赴苏区（卫葑），这是一条道路；坚守实验室哪怕敌机轰鸣直逼头顶，甚至“半截身子埋在土中”仍紧紧抱着实验仪器（庄卣辰），这当然也是一条道路……“不有居者，谁守社稷？不有行者，谁捍牧圉？”《左传》中的这句话，描述的大概正是这幅图景。或在抗日热潮中轰轰烈烈投身战场，或安守校园将文化创造看作民族存亡绝续的根本，无不从容各尽生命之理……

其次，当生命个体和风雨如晦的现实之间构筑起一种内在呼应的时候，当自觉而默默地承载起生命的担当时，那些孤独的个体一下子会由单薄变得丰盈、充实。《东藏记》第四章，孟离已在人生道路上进退失据，萧子蔚教授劝慰她的道理是“你整个人的完成，还有你和众生万物的相通和理解”。这种“相通和理解”可以在阿垅诗中得到呼应：“迷惘的海雾黯澹地隔断了我们，想使你以为丧失了我而我以为丧失了你 / 然而在海流最深之处，我和你永远联结而属一体，连断层地震也无力使你我分离”。[①] 这种“相通和理解”可以在陈敬容笔下得到呼应：“当夜草悄悄透青的时候，/ 有个消息低声传遍了宇宙——/ 从一个点引伸出无数条线。/ 一个点，一个小小的圆点，它通向无数个更大的

---

① 阿垅：《孤岛》，收入《白色花》，绿原、牛汉编，人民文学出版社，2000 年，第 25 页。

圆。”[①] 越是在那样一个处境困厄、关山阻隔的年代里，我们越是可以在那个时代最优秀的文学，以及如宗璞小说那样表现那个时代的文学中，发现倾诉声息相通、呼唤彼此应和的声音。这种声音用冯至的话来说是“维系了向上”的心情与姿态；用沈从文的话来说，是“在共同的目的下”“挣扎向上的方式”，而在《南渡记》中，则被凝练成“精神的集结”（第一章）。《野葫芦引》前两卷中最让读者黯然神伤的莫过于雪妍之死，“漩涡推着她旋转，瀑布的声音淹没了她的呼救，她向下沉，向下沉”——生命脆弱如斯……但紧接着一节“卫凌难之歌”（卫凌难是小说中雪妍之子）却慷慨悲壮，开篇就说：“卫凌难的歌是接续生命存在的歌，是不死的歌。”读到这里，还记得这样的诗句么：“那消逝了的每一道光明，/ 已深深溶入生者的血液，/ 被载向人类期望的那一天。”[②] “挣扎向上”的“精神集结”，通过雪妍与卫凌难生命的更替与“接续”，“深深溶入生者的血液”——这是死亡与苦难的缠绕中一曲昂然向上的“不死的歌”。

上面这两层意思，个人的道路、岗位，如何应对时代，内心和现实的呼应，等等，对于我们的文学创作，甚至不光对于文学，就是对于每个普通人的立身处世，都有着积极意义。我们处于这样一个盛行虚无主义的时代，不要说和小说中那些知识分子，就是和嵋、小娃这样的孩子比比，都促人警醒。《南渡记》里有一段写孩子们在后园游戏：

> 玮玮铲土，堆成各种形状：方的是楼，长的是飞机制造厂，圆的是碉堡。嵋和小娃帮着搬鹅卵石，小手不断倒换着把石子堆在土丘边，然后受命装日本人。玮玮装中国军队，一阵机关枪把一以当千的日本兵打得落花流水。
>
> “躺下！躲下！你们都死了！”玮玮得意地大叫。两个孩

① 陈敬容：《出发》，收入《九叶集》，第68页。

② 郑敏：《时代与死》，收入《九叶集》，第145页。

> 子不愿躺在地上，愣愣地站着。
>
> “我要发一个战报！”玮玮大声说，“公公看了一定高兴。歼灭敌军两千人！”
>
> “我们来写战报吧。”嵋机灵地拉着小娃的手跳过小沟，跑到楼台下。这样他们就可以不用躺在大太阳下的泥地上了。“这儿有纸笔。”她敏捷地从抽屉中找出纸笔，坐下来写。又抽出几张纸给小娃，“你也来。”玮玮便不深究装死问题，一同来起草战报。经过三方讨论，拟出战报如下：“香粟集团军总司令澹台玮率将孟灵已孟合已击毙入侵日寇两千人。”嵋又说：“你也代表一千人。”遂将笔轻轻一提改为三千。小娃高兴地看着小姐姐有偌大本事，大声喊：“打赢了！打赢了！”

这段描写，许是有今天的读者觉得“矫揉造作”“未免太‘抗战化’”。于是作家不得不在一封致研究者的信中自我辩解：

> 那是全民族的灾难，也是全民族的觉醒和动员。那种巨大的力量，影响着不分年龄不分阶层的每一个人。原先只让想象和萤火虫一起飘舞的孩子们，受到现实的教育，热衷于打日本，甚至游戏中也忘不了打日本。这不是矫揉造作（有文章这样说），而是一种以儿童方式出之的至情。又据说这未免太“抗战化”。没有经过战争的人可能永远想不出战争怎样“化”进每个“凡俗”家庭，而影响着“凡俗”的一切一切！坦白地说，我自己便做过那样的游戏。[①]

辩解是到位的：时代已然发生了裂变。沈从文在1946年说的一段话可为佐证：“从后面轰炸饥饿中来的，虽尽管形容枯槁，衣裤褴褛，却于

---

① 宗璞：《致金梅书》，收入《风庐缀墨》，上海远东出版社，1998年，第115、116页。

神情中见出一种不惊、不惧，嘴抿得紧紧的也不声不响，感觉个人未来与国家未来，都可一身担当，都得一身担当。明白个人忧乐与国家荣枯分不开，脱不掉。”[①] 只有“从轰炸饥饿中来的”“一身担当”，只有死亡侵蚀下、以生命与血液相接续的“精神集结”，才能一点一滴渗透进“不分年龄不分阶层的每一个人”的内心觉悟中去。我们已渐渐远离《野葫芦引》中那个时代，个人与族群、国家、历史的那种生动、内在而健康的联系已被渐渐“分开”“脱掉”，所以我们越来越无法理解半个多世纪前嵋、小娃和玮玮的游戏了。而宗璞的创作，正是在一个中国社会正发生巨大转型的时期中，缅怀那个“一身担当”“精神集结”的时代。

三

卫葑于 1937 年 7 月逃出北平，入秋后和一批抗日学生一起到了延安。这段经历，宗璞在小说中只是点到即止。我想在下面提供一个历史细节，差不多正好补充这段内容——

1938 年深秋，从武汉出发的抗敌演剧三队，奔赴晋西南吕梁山抗日游击根据地，准备要从壶口下游东渡黄河。黄河古渡，向来水势汹涌，若无有经验的船夫掌舵是过不去的，舟覆人亡的悲剧时有发生，一船年轻的生命可能就此终结。这一行人中包括著名诗人光未然，大家都坐在船中间不敢动弹，把心提到嗓子眼上。在急流旋涡中蜿蜒起伏地前行，“行近大河中央的危险地带，浪花汹涌地扑进船来”，突然老舵手“喊出一阵悠长而高亢，嘹亮得像警报似的声音”，“喊声刚落，船夫号子立刻换成一种不同寻常的调子。声调越来越高，音量越来越强，盖过了浪涛的怒吼”，队员们一个个都听得喘不过气来，直至快到对岸

---

① 沈从文：《谈苦闷》，收入《沈从文全集》第 16 册，北岳文艺出版社，2002 年，第 350 页。

了才松了口气。船刚一停稳，光未然就拽住了音乐指挥邬析零，请教什么是“康塔塔”，邬析零告诉他：“康塔塔”是欧洲宗教音乐中篇幅最长的声乐曲之一，中译名是“大合唱”。[①] 不久他们到了延安，紧接着，《黄河大合唱》横空出世……

我要讨论的是哪些因子激发了诗人的创作灵感。这里面有黄河奔流的自然伟力，有船工喊号的人的抗争，还有惊涛骇浪中的生死体验，以及西方艺术形式的参与。也就是说，在全民族的灾难和个人的磨难之间（这种磨难包括渡黄河时的生死一线，也包括个人精神的磨难），在共同的压力和个人独特的生命感受之间（这里的独特感受就是黄河的惊涛骇浪所给予的生死体验），在异域的、西方的艺术形式和中国自身的现实境遇之间，诞生了伟大的《黄河大合唱》。放置在整个 20 世纪中国文学的大背景来看，由于类似光未然渡黄河般的一个个、无数个瞬间的出现，1940 年代的文学提供了很多崭新的、前所未有的东西。这同样是一个具有典型意义的历史瞬间，可以帮助我们理解《野葫芦引》的文学质地以及它所表现的那个时代的风貌、特征。

将我上文提到的两个历史细节放在一起，无论是警报声中坚守教学，还是惊涛骇浪中奔赴前线，其实二者都有共通的东西：个体生命与民族生命的双向挤压、滋养，社会现实与个人体验的相互砥砺、激荡——《南渡记》与《东藏记》，是在这样一种宽广、丰厚的文化创造的包容中，这样一种文学记忆的脉络延续中孕育、诞生的。

宗璞有着深厚的西方文学修养，以前的作品中对现代派技巧多有尝试，“通过人物心理活动，把过去和现在（有的还有未来）掺杂在一起。作品表现的不是单一旋律，而如两手弹琴，或多声部合奏，有和

---

① 这段描述可参见邬析零：《〈黄河大合唱〉的孕育、诞生及首演》，收入《〈黄河大合唱〉纵横谈》，黄叶绿编，新华出版社，1999 年。

声配合，有交响作用”[1]，这段对“西方战后文学”的评价，完全可以用《野葫芦引》两卷中那些个人独白的章节相印证。由于家学渊源，宗璞小说中也每每闪现着古典诗词的意境与辉光。但是，不管汲取西方文学，还是借鉴中国传统文学，《野葫芦引》中都有一个自我的根柢、文学的根柢存在着。体会一下这一鸿篇巨制的“序曲”吧：“斩不断，理不清，解不开，磨不平”，如此这般自我煎熬与挣扎的创作过程；“八年寒暑，夜夜归梦难成。蓦地里一声归去，心惊！怎忍见旧时园亭”，如此这般以身相受的切肤之痛的磨砺。所谓自我的根柢与文学的根柢，现在可以明白是在怎样的背景中孕育、诞生了吧。

四

《野葫芦引》创作期间，宗璞经历父丧与重病，再加上目力不济，其情艰苦，“就像一只小蚂蚁，奋力搬运沙粒，衔一粒再衔一粒，堆成小丘”。[2] 两卷小说的“后记”中也再三感慨“写得很苦”“挣扎中度日”。这样苦中挣扎的写作，又是要表现一个惨痛酷烈、生离死别的年代，但是令人称奇的是，小说里的世界清澈而明朗，节奏从容不迫。

《南渡记》开始不久写孩子与萤火虫，“水波上飞动着亮点儿，这些亮光和六只发亮的眸子点缀着夏夜”，着墨不多但这一段可能是全书中最柔美的文字，读了反而让人心中隐隐不安，绝景良时难常在，惟恐那战争的阴影将这份安谧撕去。接着吕碧初一行人离京，淅淅沥沥的阴雨，读者的心情正在无奈间，忽然嵋、玮玮等人在南渡的甲板上极目远眺，“天尽头处出现一片通红，从天上直映到海里。海上是一条笔直的灿烂的路，跳动着五彩霞光”……再往后，就是《东藏记》那段开篇了：

① 宗璞：《广收博采　推陈出新》，收入《风庐缀墨》，第 77 页。

② 宗璞：《新世纪感言》，收入《野葫芦须：宗璞散文全编》，北京出版社，2003 年，第 410 页。

昆明的天，非常非常的蓝。

这是一种不可名状的蓝，只要有一小块这样的颜色，就会令人赞叹不已了。而天空是无边无际的，好像九天之外，也是这样蓝着。蓝得丰富，蓝得慷慨，蓝得澄澈而光亮，蓝得让人每抬头看一眼，都要惊一下，哦！有这样蓝的天！……

阳光透过云朵，衬得天空格外的蓝，阳光格外灿烂。

萤火虫与蓝天是小说中较多出现的两处意象，一者柔美，一者旷远，尤其是那蓝天，似乎永远“澄澈而光亮”。其实怎么可能没有阴云密布呢，更何况正当一个黑云压城城欲摧的年代。但是有了那蓝天，就总会想到“阳光透过云朵”……这哪里只是写蓝天？写天，写云，最后都是写人，写心。敌机轰鸣而来，又飞去；有些人痛苦着，有些人成长了……但无论如何，那些人心中都有“这样蓝的天”！

2006年10月11、12日于复旦北区

原载《当代作家评论》2007年第6期

荒原跋涉中的自省：论《风雅颂》

1863年，陀思妥耶夫斯基去伦敦并参观在那里举办的国际博览会，在文章里表达了对“昼夜忙碌和像大海一样辽阔的城市”的印象，严重污染的泰晤士河、尖叫轰鸣的汽车、富丽堂皇的街心花园……陀思妥耶夫斯基更加关注的，是在这幅画面背后的“永恒意义”：“您会感觉到一种可怕的力量，在这里它把所有这些无数的，来自世界各个角落的人们都连接为一个统一的群体……他们带着一个思想来到这里，安静地，顽强地和沉默地聚集在这个庞大的宫殿里（指的是水晶宫博览馆），您会感觉到，在这里有一种东西已经彻底地实现了，实现了并结束了。”[①] 某种程度上说，陀思妥耶夫斯基的文学，就是对上述“彻底地实现了，实现了并结束了”的印象作“精神上的反击和否定”，“不至屈服和顺从”。他笔下“地下室”里的人物，永远在反抗、质疑那座外表巍峨的“水晶宫”：生活的完善形式已经形成并获得稳定性了么？人的精神世界真的已经穷尽而看不到尚未定型的因子了么？

毫无疑问，阎连科是近十年来中国文坛的重要作家之一，几乎每部长篇都引来热议，最近的《风雅颂》尤其成为集矢之的。但不管怎样，阎连科不是乐于坐享其成的作家，在已有的成就与声誉上惯性滑行；相反，他不安分，不断通过创作实践来丰富“现实主义”的内涵以呼应变化中的现实与文化情境，“在骇人的卑污的状态上，表示出人们

① 参见罗赞诺夫：《陀思妥耶夫斯基的“大法官”》第4、5节，张百春译，华夏出版社，2002年。

的心来”[①]……这些尝试，即便布满焦虑，即便都有可商榷之处，但确实表现出作家“不至屈服和顺从”的个性。

自然，此处对《风雅颂》的理解，只是一种读法。

一　无地自由与“内心生活”的丧失

杨科在遭遇高校体制腐败之后，能够选择的道路有几条？

可以设想的第一条路是正面迎击，作出有效反抗，这就是萨义德意义上“真正的知识分子”的“本色”：“叱责腐败、保卫弱者、反抗不完美的或压迫的权威。”[②]显然杨科做不到，如果他有这样的尝试，即便被反面的力量碾为齑粉，那也是一个古典式的悲剧，小说的基调不会是现在这样。第二条路是夹缝中苟且偷生，不挑战潜规则，似乎又不完全放弃知识分子的做派，希望在两者之间走钢丝。可以说，正是这样一种战战兢兢而又危机四伏的选择导致了杨科的人格分裂。

比如说他回到家乡后的情形。在很多中西传统思辨中，“回家”往往被视作“归根复本”“反求诸己”“发明本心”的比喻，“回是历程，家是对象。历程是回复以求安息；对象是在一个不陌生的、识旧的、原有的地方从容安息”。[③]从精神病医院出逃，“一夜之后火车把我扔到了耙耧山脉下”，“初秋绿野的清新，泛滥成灾地朝我扑过来”，“我臆想，玲珍一定会在山坡上的那棵柿树下面等着我，翘首以待，望眼欲穿”，很显然，杨科有着强烈的、类似“回复以求安息”的期待。但事实上他回乡后的所作所为是：编织出一个个谎言来试图填补自己在城市与学校的现实中被撕扯得千疮百孔的形象。乡村、家园，根本无法使他“从

---

① 鲁迅：《〈穷人〉小引》，收入《鲁迅全集》第7卷，人民文学出版社，2005年，第105页。

② 萨义德：《知识分子论》，单德兴译，生活·读书·新知三联书店，2002年，第13页。

③ 钱锺书：《说“回家”》，收入《钱锺书集·人生边上的边上》，生活·读书·新知三联书店，2007年，第83页。

容安息”。

接下来是与天堂街上小姐们相处的一幕，在乡土故园之后，小说又提供了一个与性有关的暧昧空间。我们都还记得1980年代王安忆的《岗上的世纪》。一座伴随着身体复活的“岗”，高高兀立在纠缠着伦理道德与现实利益的地表之上；而与本能、原始情欲紧密相连的创造力所点燃的，正是主体的新生与生命的再造。在一般的文学想象中，乡土与性，大概都可以提供一个袒露人性之纯粹与本真的空间吧。[①] 然而杨科在天堂街上的作为，无论是一本正经的劝解抑或奢侈糜烂，都像在演戏一般，戴着面具，端着架子。

我们已经认识到了以杨科为代表的“正统知识分子”（借用《风雅颂》勒口上人物介绍语）在现实围困中的处境：无地自由，节节败退……更可怕的是，杨科还日益丧失了应有的“内心生活”（李振声老师的说法是《风雅颂》写了“一个没有‘内心’的人的故事”[②]）。早在20世纪初，鲁迅就严正宣告：“内部之生活强，则人生之意义亦愈邃，个人尊严之旨趣亦愈明。”[③] 我想鲁迅当时不仅出于国民性批判而作此言，也是在警告士人、新党与知识分子。可惜后来在惯常的理解中，

① 《岗上的世纪》末了，王安忆写道：“这是一个繁星满天的月夜。他经历了他那生死度外的七个昼夜，跨出这一座土坯茅顶的小屋。他不由地停下脚步抬头望了望天空，心想：天上的星星真亮啊！”，岂止是小说中的人物，作家写的时候也有那种追寻“单纯”的意愿，褪尽种种现实利益的物质状态和复仇、赎罪的灵魂拷问，淬炼出蓬勃欢愉的生命活跃形式。今天，越来越多的理论告诉我们，在与性相关的想象与活动中，仍然无法避免地会藏匿着一系列复杂的身份建构。即便我们认可了这种“复杂”，似乎也丧失了《岗上的世纪》“单纯”中生气淋漓的力量。

② 2008年11月19日，在复旦大学《风雅颂》的研讨会上，李振声老师沉痛地向与会者指出这一点，并引了王家新的诗：“终于能按照自己的内心写作了/却不能按一个人的内心生活”（《帕斯捷尔纳克》）。我非常认同李老师的说法，杨科正是知识分子历史性困境与精神危机爆发的一个缩影。李老师的发言后来整理成文：《内心阙如的时代，人，何以自处？》，《当代作家评论》2009年第1期。

③ 鲁迅：《文化偏至论》，收入《鲁迅全集》第1卷，第57页。

内心生活的贫乏经常只被作为阿Q们的特征，而知识分子则置身事外。随便举个例子吧，比如茅盾的《虹》，“有一天从学校回家，梅女士瞥见什么书报流通处的窗橱里陈列了一些惹眼的杂志，都是‘新’字排行的弟兄。封面的要目上有什么‘吃人的礼教’等类的名词。梅女士惊喜地看着……她似乎看见汹涌的壮潮轰轰地卷去了一切古老的腐朽的；她断定外面的世界早已遍布着新奇的东西”，有了这层“自觉”之后，她“向四下里张望，心里鄙夷那些昏沉麻木懒惰的同学”，而她现在从这样的国民群体中超脱了出来……[①] 近现代以降的启蒙大潮中，梅女士的经历恐怕是有代表性的：当梅女士们发现周围内心生活空白，依然“昏沉麻木”的群众时，她使用了一种双重作用的“眼光”，这样的“眼光”不仅发现了周围“愚弱的国民”，也在“得到的幻想”[②] 中重塑了超然其上的“自我”。

现在阎连科将双重的“眼光”合一，聚焦在知识分子自身：当杨科在自己家中堵住了妻子和校长，接下来的举动竟然是“猛烈而有力”地跪下，“像倒下的一棵树要征服一座山”；更让人费解的是此后杨科一跪再跪。这莫非正是从反面印证鲁迅的话，因为“内部之生活”贫瘠，“个人尊严之旨趣”也日趋淡漠。至于梅女士对周遭内心生活空白的同学的评语——“昏沉麻木”，毫不客气地可以掷还给作为知识分子的杨科。如果我们再对杨科稍作一番“精神分析”甚至可以发现，他未必比阿Q高明。

比如，乡亲们都希望杨科摸一下自家孩子的头，以提高学习成绩，

① 参见茅盾：《虹》，收入《茅盾全集》第8集，人民文学出版社，1984年，第29、30页。

② “得到的幻想”这个说法借自竹内好：“（鲁迅）不是把解放的社会性条件作为‘被给予’的东西来追求。这是过去不曾，现在、将来也不会被给予的环境中所形成的自觉。因为抵抗，所以不能得到，因为不能得到，故拒绝得到的幻想。如果放弃抵抗便可以得到，可是为此，对于得到的幻想加以拒绝的能力也将同时失去。”参见竹内好：《何谓近代》，收入《近代的超克》，李冬木、赵京华、孙歌译，生活·读书·新知三联书店，2005年，第204—208页。

“我一个接着一个地摸，心里一遍一遍地说，你茹萍不爱我，清燕大学不爱我，京城不爱我，甚至连京郊的精神病院也不爱我杨科杨教授，可玲珍爱我呀，耙耧山脉爱我呀，县城和城里的天堂街那儿的每一个人都在爱我呀”。对于这个情节，我们可以说，乡村对以“知识”为象征的权力的渴望，更多出于对贫穷的畏惧和翻身的设想，而不是出自真正尊重知识。但杨科一样功利（至于他对乡亲空许那些永远无法兑现的承诺就更不必论）：当他准备发展事业时，毫不犹豫地告别家乡、抛弃玲珍；当他被赵茹萍、大学和京城刺得伤痕累累甚至被强制送进精神病院后，又希望隐匿乡村以消释痛苦。在天堂街上，杨科慷慨解囊施舍那些年轻的女孩子，又苦苦劝解，“然后我就听她用当地口音或者外地口音，说她的生平和窘境，艰难或曲折，让我亲手翻开她人生最灰暗的那一章，读着品味着，如同揭着疮疤（却只露出一个红斑儿）由大夫鉴赏那样”。杨科在皇城被扫地出门，转身到天堂街上却如救世菩萨一般；但与其说这是“救人”，毋宁说是“为我所用”般的自我安慰，甚至以赏鉴他人痛苦的方式自我安慰。颇具讽刺意味的是，小杏子们以屡教不改回应了杨科救济的无效，恰如85年前鲁迅通过祥林嫂的追问深刻颠覆了启蒙者精神和道德上假想的领导权。杨科自己都无法理解的还有这样一个细节：当他把妻子和副校长“堵在屋里逮在了床头上”之后，心平气和，而在听说玲珍“和那姓吴的睡在床上”之后，“内心里却有些隆隆轰轰，房倒屋塌般地震动和不安”。这里正透露出杨科的诡秘心迹：他从来就没有平等对待过玲珍，后者只是他曾经占有过的一面镜子，通过这面镜子映衬出自身的完整与美好，他在现实中被撕扯得千疮百孔之后，试图用这面镜子加以复原，未曾料到镜子被吴胖子损毁了，所以杨科对吴切齿痛恨，不惜跑到吴的坟前作践亡者。杨科又以同样态度对待玲珍的女儿小敏，当发现小敏和母亲如此相像之后欣喜若狂，因为他又找到了一面可以提供慰藉、修复其摇摇欲坠的卑微形象的镜子，然后又出于同样的仇恨他掐死了小敏的丈夫。此时的施虐与坟前羞辱亡者那一幕如出一辙，其残酷冷厉恰与天堂街上救世菩萨的形象判若两人。在上述情节里，杨科时而受害者，时而施暴者，甚至随机应变般转嫁痛苦，他是“秩序”的牺牲品，但同时未尝不是积极的参与者，体现出社会压迫的专断与自我分裂。这与那个以戏耍比自己更弱小的对象（比如小尼姑）为乐、善于以“精神胜利法”转败为胜的阿Q，真的没有多少区别。

从1940年代开始，知识分子在内外交困（当然最高领袖与主流意识形态的导向是关键）中不停地自我悔过，上面的论述并不是要我们再度回到这样的年代里。我只是说，阎连科通过杨科而作的自省，不全出于消极，如有的媒体与批评者所谓响亮地扇了知识分子一记耳光就了事；当这样的自省意识一点一滴的生成，可能正是“内心生活”再度丰盈的开始。

二　荒原中与虚无相遇

我们初步分析了杨科的形象：节节败退、无地自由，丧失了“内心生活”。但上述貌似客观的分析未必不会像梅女士的遭遇那样在幻想中将“自我”置身事外，我的意思是：我们何能自外于杨科？

意识到这样的问题之后，首先应该考虑一下作家阎连科是如何对待他的主人公杨科的？对于杨科的同流合污，作家毫无避讳：他早就帮助过妻子拿来别人的论文取长补短以凑成专著，他也在茹萍和李广智面前示以既往不咎以讨价还价索要出版资金。小说中涉及杨科职称时，作家往往开玩笑一般用“（副）”的缀加来标示，比如：“我以我的长篇大论，有意有趣，有识有知，有方法，具深度，完全是一个教授（副）在向他的学生喂奶喂汤，递香送甜。”教授后面的“（副）”当然不是杨科的心理而出于作家的意识，阎连科用客观现实来锲入杨科的主观叙述，一种不顾情面的提醒，一种讽刺。小说大部分篇幅都是杨科的第一人称叙述，但是当写到他被妻子抛弃之后，“两层两扇的屋门先软后硬地各自响一下子，屋子里就剩下孤孤独独的那个杨科了。杨科像不受欢迎的客人样，被孤零零地留在主人家豪华阔大的客厅里。听着门外电梯润滑的响动声，他无力地坐下去……”这里兀然转换了一种叙事视角，但并非置身事外的超然，而仿佛揽镜自照一般，更清晰地见出自身的落寞与颓唐，这份落寞、颓唐，不仅是杨科的，也是“我”的，在本质上，镜子内外的人物原为一体（作家与笔下人物的姓名还重复了同一个字）。其实阎连科在“后记”中已经表示“我只是写我。我只是描写了我自己漂浮的内心”[①]（“漂浮的内心”与我们对杨科的形象分析是一致的）。讽刺，不认同，但绝无置身事外的风凉意，相反倒时常作自我照面式的自我批判，这是阎连科在写作《风雅颂》时的态度，我想也应该成为我们理解时的基本态度。

《风雅颂》的末章写：“拔着膝深的雪，我吱吱喳喳、孤孤独独地走。……我就走。走得人单影只，白雪皑皑，古诗城像过眼云烟样消失在了我的身后边。”这是一部“未完成”的小说，杨科往何处去？“我”往何处去？没有其他选择，只能投诸其中，与杨科一起置身荒原。荒原上跋涉的人，首先成为“绝缘”状态中的生命存在，没有家，没有归宿，丧失方向，与历史隔断。也就是说，这个时候，与虚无相遇了。

对于“虚无”，鲁迅有过一段著名的论述：

> 中国人先前听到俄国的“虚无党”三个字，便吓得屁滚尿流，不下于现在之所谓“赤化”。其实是何尝有这么一个“党”；只是“虚无主义者”或“虚无思想者”却是有的，是都介涅夫

---

① 杨科在权力的夹缝间苟且偷生，也镌刻着阎连科的人生体验：“我从小就有特别明显的感觉，中原农村的人们都生活在权力的阴影之下……每一个人都在权力夹缝里讨生活的。”参见阎连科、姚晓雷：《“写作是因为对生活的厌恶与恐惧”》，《当代作家评论》2004年第2期。

> （I. Turgeniev）给创立出来的名目，指不信神，不信宗教，否定一切传统和权威，要复归那出于自由意志的生活的人物而言。但是，这样的人物，从中国人看来也就已经可恶了。然而看看中国的一些人，至少是上等人，他们的对于神，宗教，传统的权威，是“信”和“从”呢，还是“怕”和“利用”？只要看他们的善于变化，毫无特操，是什么也不信从的，但总要摆出和内心两样的架子来。要寻虚无党，在中国实在很不少；和俄国的不同的处所，只在他们这么想，便这么说，这么做，我们的却虽然这么想，却是那么说，在后台这么做，到前台又那么做……将这种特别人物，另称为“做戏的虚无党”或“体面的虚无党”以示区别罢，虽然这个形容词和下面的名词万万联不起来。[①]

鲁迅说“虚无主义者”是屠格涅夫“创立出来的名目”（并因此成为俄国以及世界现代思想史上的专有名词），即指《父与子》中的巴札罗夫，这是“一个不服从任何权威的人，他不跟着旁人信仰任何原则，不管这个原则是怎样认为神圣不可侵犯的”。[②]俄国的“虚无主义者”“不跟着旁人信仰任何原则”，而中国“做戏的虚无党”“善于变化，毫无特操”；俄国的“虚无主义者”通过“否定”来“复归那出于自由意志的生活”，导出真正精神性的生命价值坚守与意义创造[③]，“他们这么想，便这么说，这么做”，而“做戏的虚无党”“虽然这么想，却是那么说，在后台这么做，到前台又那么做”。或唯利是图而不讲任何原则，或任

---

① 鲁迅：《马上支日记》，收入《鲁迅全集》第 3 卷，第 346 页。

② 屠格涅夫：《父与子》，巴金译，人民文学出版社，1979 年，第 288 页。

③ 林毓生先生认为，鲁迅的“虚无主义”与俄国的“虚无主义者”有着不同的形态与逻辑，参见林毓生：《鲁迅思想的特质》，收入《热烈与冷静》，朱学勤编，上海文艺出版社，1998 年。但即便如此，带着鲁迅思想烙印、他所理解的俄国的“虚无主义”仍然有着巨大的借鉴意义，下文中对“虚无主义”积极面向的论述主要依据鲁迅的思想。

性而为没有丝毫信守，或自以为看破了价值的相对性转而堕入及时行乐的醉生梦死之中。鲁迅这里揭露的"做戏的虚无党"，恰似《风雅颂》中的李广智，这位手握重权的校长，在演讲或大会上，"洪亮如钟，振聋发聩"，但实则"什么也不信从"，只是"怕"和"利用"。

李广智出场时，小说有这样的介绍：在剑桥大学主攻西方哲学和美学，读博期间翻译了西方哲学最难译的几本书。可见并非不学无术之辈，尤其在他学术生涯的早期完全如杨科一般是崭露头角的学术新星（甚至更为优秀、突出）。但越是这般有潜质的人才越容易受到"虚无党"们名利游戏的网罗，于是他很可能在一两次妥协、尝得甜头之后，迅速适应了游戏规则而放弃内心的价值坚守。我想作这样的推测：杨科式的虚无遭遇也许同样困扰过李广智，而李广智志得意满而欺世盗名的今天有可能就是杨科未来的一种人生图景。现在的追问是：在遭遇虚无之后，有没有其他的可能性？避免转向李广智甚至通向鲁迅所赞许的俄国的"虚无主义者"？我们注意到小说有这样的细节：在莽莽荒荒的雪地里，杨科用自己的衣物陪葬玲珍，埋葬旧我，伴随着那些翩然而至的蝴蝶，这是期许着未来不久精神重生的希望么？

"虚无"在积极意义上，可以指向一种正面质疑、主动否定现有环境秩序及其价值信条的状态，不愿置身于自己所不愿停留的"天堂"与"黄金世界"中，而宁求虚无。"'上帝死去'之后，人反而获得了拯救'上帝'意义的真正自由；只有在人重生的那一刻，上帝才同时拥有了复活的可能性。"[①] 也就是说，人经由虚无化而带来的自由境遇可以成为人走向真正生命意义自由创造之途的必备前提。当然，穿越虚无必须付出艰险的精神承担，鲁迅早已描绘过"无物之阵"：

> 他走进无物之阵，所遇见的都对他一式点头。他知道这点头就是敌人的武器，是杀人不见血的武器，许多战士都在

① 彭小燕：《存在主义视野下的鲁迅》，北京大学出版社，2007年，第30页。

> 此灭亡，正如炮弹一般，使猛士无所用其力。
>
> 那些头上有各种旗帜，绣出各样好名称：慈善家，学者，文士，长者，青年，雅人，君子……头下有各样外套，绣出各式好花样：学问，道德，国粹，民意，逻辑，公义，东方文明……①

“无物之阵”呈现为空有美丽名号而无实际意义的境况，看似花团锦簇实则一无所有，这是一种宁愿在虚假的价值表象与虚假的意义圆满中逃避真正价值诉求与意义创造的状态，这就是李广智与赵茹萍们的生存状态，他们早已身陷“无物之阵”中，还一度祭出“各种旗帜，各样好名称”来招降杨科。而杨科落荒而逃，“走得人单影只，白雪皑皑”……经由荒原跋涉，他最终是成为又一个李广智，或者通过穿越虚无的搏击之途而实现自我解放？我不知道。

我在上文中说过，对于《风雅颂》的读法，我的选择是与杨科一起置身荒原，从小说来看，显然杨科无法做到如“真正的战士”一般“举起了投枪”，但杨科的遭遇启示我们荒原上与虚无的劈面相逢并不就是虚空一场：《风雅颂》没有提供正面的、积极的力量，没有告诉我们什么是“内心生活”——本来这就无法由他人或外在的力量派定（下文还要讨论这个问题），但它呈现了“各种旗帜，各样好名称”的虚伪与麻木；更加重要的是，否定了种种价值假象之后有可能导向生命的自由创造，我们必须在荒原跋涉的虚无体验中唤回这种可能性。

三　失根与寻根的反省

自由创造还意味着对失根与寻根的反省。

《风雅之颂——关于〈诗经〉精神的本根探究》显然被杨科视为自

① 鲁迅：《这样的战士》，收入《鲁迅全集》第2卷，第219页。

己的“根”与依归所在，但极具讽刺意味的是，这部“伟大的专著”完成之时，正是其作者失根而流离无依的起始，这部号称“为一个没有信仰的民族重塑了精神的家园与靠山”的著作，恰恰无法滋养、成全杨科本人安身立命。“我把所有与《诗经》有关的论著全部找来堆在我的办公室，把相关资料的片片段段、剪剪贴贴，挂满了办公室的墙壁和书柜”——在看到《风雅之颂》的诞生过程之后，我们更是疑惑：这部洋洋五十万言的巨著，在多大程度上关联着杨科的生命实感？

接下来所谓的诗经古城（似乎已经更换了一种“知识生产方式”，它是杨科在“田野”上的“发现”），庄严灿烂，但实际上更不足为据。阎连科别有用心地描述了杨科“发现”古城的经过，简单地说：他被李广智从学校与家庭中驱逐出来，然后在家乡耙耧山脉中发现了一千年前的诗经古城。李广智的学术专长是西学（西方哲学和美学），在学术体制中手握重权（而我们一般将体制与制度理解为现代化的产物），这样一个西化、现代化的象征人物，入侵了作为中国古典文学研究者杨科的日常生活（夺了妻子、占了杨的家），然后杨科在黄河边发现了辉煌的古城遗址……这里充满了太多浪漫与抽象的符号——民族、家庭、土地、传统——并置构造出种种“现代神话”与“起源崇拜”。在荒原上跋涉的人饱受依归无所之苦，太需要这种“根”的“神话”，因为它提供了关于完满、自足与持续性的慰藉。而杨科渴望的正是这样的慰藉，恰如上文分析的他对玲珍的需要。

然而这种慰藉是脆弱的甚至充满危险。首先它背叛了现代中国人的真实经验。20世纪的中国与中国人，全面而深刻地经受着民族肌体内部的裂变、再造与世界潮流的击打、裹挟，这就是我们的真实境遇与“传统”。

更危险的是，对于“根”的执迷还会促成对于作为永久归宿的强于自我的“异己”力量的依附。其实荒原跋涉早就成为现代中国知识分子的基本体验，1938年，何其芳在“走了一条太长、太寂寞的道路”

之后最终在延安找到了归宿，就像是“突然回到了久别的家中一样”，“象一个小齿轮在一个巨大的机械里和其它无数的齿轮一样快活地规律地旋转着，旋转着。我已经消失在它们里面”[①]……将精神皈依之地象征化、神圣化，同时导致了心灵的简单与粗糙：终于找到了终极真理，知识分子的荒原跋涉终于到了尽头，而精神磨难与自我挣扎至此也变得毫无意义。勃兰兑斯指出“流亡者”由浪漫的幻想所引发的“精神昂扬”是“危险”的，“这种精神的昂扬的致命伤在于性格的软弱”。[②]杨科在完成专著与发现古城后“精神的昂扬”正一体裹藏着他“性格的软弱”，无论是不关其心的知识生产（《风雅之颂》），抑或幻想着“原封不动”的古城遗迹，只要是背叛了自身真实的生存境遇，那么这些身外的事物统统不足为据。

鲁迅早在100年前就说过“本根剥丧”的话，同样为失根而焦虑，他又是如何寻根的？

> 有我所不乐意的在天堂里，我不愿去；有我所不乐意的在地狱里，我不愿去；有我所不乐意的在你们将来的黄金世界里，我不愿去。（《野草·影的告别》）
>
> 从我还能记得的时候起，我就在这么走……我只得走。我还是走好罢……（《野草·过客》）

对于自现代以来持续着失根的焦虑与寻根的冲动的知识分子而言，鲁迅的上述经验堪称瑰宝。寻根者首先应该放弃任何在幻想中得到的慰藉与“止于至善”、安于“普遍、永久、完全”的浅薄空想，即便它们以“根”、家园或“黄金世界”等面貌出现。这就意味着勇敢地置身荒原，如同“过客”一般执着于行走。但这并不代表将无限终极判定为一个

---

① 参见何其芳：《一个平常的故事》，收入《何其芳文集》第2卷，人民文学出版社，1982年。

② 勃兰兑斯：《十九世纪波兰浪漫主义文学》，转引自钱理群：《“流亡者文学”的心理指归》，收入《二十世纪中国文学史论》，王晓明主编，东方出版中心，2003年，第69页。

个无意义的空洞，而是不相信独立于此岸之外的、独立于现世时间场地之外的“普遍、永久、完全”。竹内好评价鲁迅“不以任何东西来支撑自己，因此也就不得不把一切归于自己一身”[①]，“归于自己一身”就是拒绝身外强力派定的价值，这并不是排斥价值依据，而是在充分享有自由、自觉的同时将责任落实到生命本身，落实到“过客”般的“当下之行”中。上述两方面结合起来正是穿越虚无与荒原跋涉的意义所在：“于一切眼中看见无所有；于无所希望中得救”，以“无所有”而将“有”消解——否定“好名称”“好花样”所虚造的冠冕堂皇的秩序与信条，否定独立于此岸之外的“普遍、永久、完全”；但同时，这又不是让“空空如也”来勾销“有”，而是将生命的意义从形形色色的慰藉与幻想中拉回，回到现实世界，回到自己真实的存在。

四 “从我们自己做起，要做出一个开端”

“吾行太远，孑然失其侣……吾见放于父母之邦矣！”（鲁迅：《文化偏至论》引述尼采《查拉图斯特拉如是说》，1907年）

“浓厚的雾在这片旷野上漂浮着。……人们走在平原上，就有一种深沉的梦境。那样的广漠，那样的忧郁，使人类底生命显得渺小，使孤独的人们处在一种恍惚的状态中，而接触到虚无的梦境……”[②]（路翎：《财主底儿女们》，1944年）

“过去长期养成被我信奉为美好神圣的东西，转瞬之间轰毁了。我感到恐惧，整个心灵为之震颤不已。我好像被抛弃在无际的荒野中，感到惶惶无主。”[③]（王元化：《莎剧解读·序》，

① 竹内好：《鲁迅》，收入《近代的超克》，第107页。

② 路翎：《财主底儿女们》，人民文学出版社，1985年，第652、653页。

③ 王元化：《莎剧解读·序》，收入歌德等著：《莎剧解读》，张可、元化译，上海教育出版社，1998年，第14页。

1997年)

“拔着膝深的雪，我吱吱喳喳、孤孤独独地走。……我就走。走得人单影只，白雪皑皑，古诗城像过眼云烟样消失在了我的身后边。”(阎连科:《风雅颂》，2008年)

荒原跋涉已然成为中国知识分子的恒常处境……

根据林毓生先生的研究，“缺乏内在自我”的具体表现即“缺乏自我觉醒，也无改变他自己的能力”[①]，《风雅颂》的末尾，杨科形单影只地出发，“古诗城像过眼云烟样消失在了我的身后边”……这可以视作一次自我觉醒与改变的契机么？这也是我在上文中称这部小说为“未完成”的理由，自然，接下来已经不是杨科或阎连科一个人的事。

再也不需要一个实体化的古城，毋宁置身荒原、直面虚无；在无所依归时，毋宁“把一切归于自己一身”，行走在当下。古人说“吾心安处是吾家”，我们甚至应该期许这样一种高贵的力量：“我”走到哪里，哪里就是“我”的“根”，就是意义生发的源泉……此诚至难之事，但唯其高贵，才值得勉力以求，哪怕纠缠着痛楚的挣扎。杨科慨叹“不知道这个国家和世界发生了什么变化”，这些“变化”当然左右着知识分子的选择，本文无力对这些“变化”作出回应，但我想，不妨从现在做起，从每一个“我”开始：“知识分子真正的文化传统应该从我们自己做起，要做出一个开端。只要意识到了，开始做了，即便是以我们的失败来证明一代无家可归的精神浪子的悲剧，也实属亡羊补牢之举。”[②]

原载《当代作家评论》2009年第6期

① 林毓生:《中国意识的危机》，穆善培译，贵州人民出版社，1986年，第200页。

② 陈思和:《犬耕集》，上海远东出版社，1996年。

从夏济安的《香港——一九五〇》到白先勇的《香港——一九六〇》

——一首诗与一篇小说的关联阅读[①]

一

《香港——一九五〇》写于1950年，题下有注：仿T.S.Eliot的*Waste land*，在“后记”中，夏济安自述“存心效学艾略忒”的，大致有这么几处：

> 照我的迟钝的耳朵听来，艾略忒在《荒原》和另外几首早期的诗里，至少应用了两种不同的节律：一种是英文诗传统的节律，一种是几乎毫不带诗意的近代人口语的节律。这两种节律的对比，也加强了艾略忒诗里的主题。《荒原》诗里含义很丰富，我不敢说对它有什么新发现；不过它有这么一个主题：古代生活的文采风流（现在可都没有了）和近代生活的空虚无聊成一对比，这种对比因两种节律之杂用，而更得强调。这是我所了解的艾略忒：我的那首《香港》所以自称是模仿《荒原》，也因为在节律的运用上是得到了启示。
>
> 我有时也有诗的灵感，但是这种灵感不知如何表现；所

① 本文构思主要得益于复旦大学中文系张新颖教授的点拨，特此致谢。

> 谓灵感也者，只好让它胎死腹中。好容易找到艾略忒《荒原》这么一首诗，可以模仿它来表现一般上海人在香港的苦闷心理，这已经是巧遇。[①]

稍作总结，艾略特《荒原》给予夏济安的“启示”是：除了“荒岛”和“荒原”有点关系之外，运用节律的参差（在《香港——一九五〇》中表现为：“整齐稳妥”的“中国旧式”五言、七言句和“几乎毫不带诗意”的现代人口语）来表现过渡时期的“苦闷心理”。

这当然不会是孤例，更著名的比如穆旦的《五月》，戏拟的五首古代七言绝句把四首现代诗包围起来，节律的参差不齐与生活场景的古今并置，古典的悠远宁静、浪漫忧伤与现代的骚动混乱、苦闷绝望之间产生的张力获得了惊人的讽喻效果。穆旦的“许多作品明显有艾略特的影响”[②]，根据唐湜的判断，“《防空洞里的抒情诗》与《五月》，两种风格的对比，现实的与中世纪的，悲剧的与喜剧的，沉重的与轻松的（民谣风的）对比，不正像《荒原》吗？”[③]

白先勇的《香港——一九六〇》写于1964年，创作手法上以“意识流”谋篇布局，表现内容上已初现后来在《台北人》中蔚为大观的“旧时王谢堂前燕”的主题。从这部小说给人的直接观感来说，可与

---

① 夏济安：《〈香港——一九五〇〉后记》，收入陈世骧：《陈世骧文存》，辽宁教育出版社，1998年，第97—99页。夏济安这一诗作可参见《夏济安选集》，辽宁教育出版社，2001年；诗作及其“后记”也曾作为附文收入《陈世骧文存》，陈先生《关于传统·创作·模仿——从〈香港——一九五〇〉一诗说起》较早对夏诗作出了精当评价。

② 参见周珏良：《〈英国现代诗选〉序言》，收入《英国现代诗选》，查良铮译，湖南人民出版社，1985年。1985年，穆旦的遗作《英国现代诗选》出版，其中选入艾略特包括《荒原》在内的11首诗歌。穆旦在西南联大通过授业于燕卜荪而开始接受艾略特，“他特别对艾略特著名文章《传统与个人才能》有兴趣，很推崇里面表现的思想”。参见周珏良：《穆旦的诗和译诗》，收入《一个民族已经起来》，杜运燮等编，江苏人民出版社，1987年，第20页。

③ 唐湜：《穆旦论》，收入《“九叶诗人”评论资料选》，王圣思选编，华东师范大学出版社，1995年，第339页。

《荒原》沟通的地方并不少。比如文字所呈现的混淆杂乱的感觉，“快干掉了”“慢慢地枯萎下去”的小岛、“烂得发鱼臭”的身体、“蓬头垢面的难民却像大水来临前奔命的黑蚁”……无不绘出如《荒原》一般“可怕的混乱与堕落”。[①] 从作品的主要意象来看，小说反复写到缺水：“大旱”“水荒”“用水时间又缩短了”“香港快干掉了”“三个月没有半滴雨水”“四百万居民面临缺水危机”……《荒原》第一节就点出“焦石间没有流水的声音”，至第五节“雷霆的话”得到集中呈现：“这里没有水只有岩石 / 岩石而没有水而有一条沙路 / 那路在上面山里绕行 / 是岩石堆成的山没有水 / 若还有水我们就会停下来喝了 / 在岩石中间人不能停止或思想 / 汗是干的脚埋在沙土里 / 只要岩石中间有水 / 死了的山满口都是龋齿吐不出一滴水 / 这里的人既不能站也不能躺也不能坐 / 山上甚至连静默也不存在 / 只有枯干的雷没有雨 / 山上甚至连寂寞也不存在”。[②] 这里让人不寒而栗的干旱景象与《圣经》及圣杯、渔王的典故密切相关，人悖逆上帝的意志必须遭受惩罚。《香港——一九六〇》的对话中以“罪人”称呼对方：“认了吧，我们都是罪人。”“我们都是罪孽深重。还想不认你有罪？”甚至直接与伊甸园中的原罪相比附。

以上只是就“形似”“意似”（借陈世骧先生的说法）求解，如果暂且将“新批评”式的聚焦目光从文本中捕捉到的蛛丝马迹上移开，将文学的“内外因素”相联系，兴许会有更多发现。1964 年 1 月，白先勇出国后创作的第一篇小说《芝加哥之死》刊于《现代文学》第 19 期，此时距他出国前发表最后一篇小说已整整两年。将这一作品的主人公与作者的行迹、心迹相印证，则神合之处着实不少：由台赴美的留

---

① 欧阳子：《寂寞的十七岁·序》，收入白先勇：《寂寞的十七岁》，上海文艺出版社，1999 年，第 2 页。

② 本文引用《荒原》依据赵萝蕤译文，参见《中国翻译名家自选集·赵萝蕤卷》，中国工人出版社，1995 年。

学生、攻读文学、不幸适逢母亲去世，处于文化撞击与身份认同的尴尬与危机中（小说中写吴汉魂“失去了定心力”“茫然不知何去何从”，多年后白先勇回忆“头一年在美国”，“环境遽变，方寸大乱”，“只感到心慌意乱，四顾茫然”[①]）……并非是要将《芝加哥之死》一定理解为“自叙传”，但它确实真切记录了白先勇甫到异地时执笔创作的特殊心境，《香港——一九六〇》应该是他在美国写的第三篇小说，二者写作时间相隔不长，也就是说，我们可以通过《芝加哥之死》所描述的故事来推测《香港——一九六〇》的创作动机与精神资源。比如，后者对香港颓败景象的文字呈现在前者那里已经初露端倪（芝加哥在吴汉魂眼中是“无赖汉”“迷宫”和“古墓”）。顺着这样的思路，我们赫然发现了《荒原》：

> 他书桌上正摊着艾略特全集，他坐下来，翻到《荒原》，低头默诵下去：“四月是最残酷的季节……”

是否可以说，《荒原》作为一种影响性因素参与了《香港——一九六〇》的创作？[②]

白先勇曾回忆留美期间的一次经历：

> 暑假，有一天在纽约，我在 Little Carnegie Hall 看到一个外国人摄辑的中国历史片，从慈禧驾崩、辛亥革命、北伐、抗日，到战乱，大半个世纪的中国，一时呈现眼前。南京屠杀、重庆轰炸，不再是历史名词，而是一具具中国人被蹂躏、被凌辱、被分割、被焚烧的肉体，横陈在那片给苦难的血泪灌溉得

---

① 白先勇：《蓦然回首》，收入《第六只手指》，文汇出版社，2004 年，第 58、59 页。

② 白先勇曾开列“我们能够感受、了解、认同，并且受到相当大的启示”的“现代主义的经典之作”，当然《荒原》位列其中。参见白先勇：《〈现代文学〉创立的时代背景及其精神风貌》，收入《第六只手指》，第 155、156 页。

> 发了黑的中国土地上。我坐在电影院内黑暗的一角，一阵阵毛骨悚然，激动不能自已。走出外面，时报广场仍然车水马龙，红尘万丈，霓虹灯刺得人的眼睛直发疼，我蹭蹬纽约街头，一时不知身在何方。那是我到美国后，第一次深深感到国破家亡的彷徨。[①]

这番描述让人想起大半个世纪前鲁迅的"幻灯片事件"；而从情节来看，《芝加哥之死》绝类郁达夫的《沉沦》。将白先勇赴美后的生活经历、创作经验与中国现代文学的"起源"与"经典"相联系，耐人寻味的话题不少。流贯于其间的，不仅是"国破家亡的彷徨"，而且直接昭示出个人命运与一种传统、一种文化兴衰荣辱的息息相关，当一种文化在其他文化面前显现出羸弱之姿时，隶属于该文化的个人在优势文化的生存环境中必然遭遇到重负与压力，恍惚间"不知身在何方"。这种重负与压力在《芝加哥之死》中导致吴汉魂蹈水自杀，在《香港——一九六〇》中演成无可救药的世纪末颓废感："我可没有为明天打算，我没有将来，我甚至于没有去想下一分钟。……我只有眼前这一刻，我只有这一刻。""莫挣扎了。""来吧，罪人，让我握住你的手，一同沉入地狱门内。"但问题是，我总感觉这不是名副其实的颓废文化心理，白先勇是以颓废的态度在叙写颓废的生活场景么？我们往往会把绝望、战栗等想象成抽象而普遍的存在，将自己抛进这样一个想象性的世纪末潮流中，进而身上所有的苦闷都被解释为世纪末、现代文明轰塌的共同表象，但这样一来，"自我"以及"自我"所处身的"此时此地"的特殊性也就一并隐遁了。白先勇自陈"西方现代主义作品中叛逆的声音、哀伤的调子，是十分能够打动我们那一群成长于战后而正在求新望变彷徨摸索的青年学生的"[②]，但同时他又明确将台湾现代派与西

---

① 白先勇：《蓦然回首》，收入《第六只手指》，第60页。

② 白先勇：《〈现代文学〉创立的时代背景及其精神风貌》，收入《第六只手指》，第155页。

方现代主义区分开来："对于西方的伟大作家如卡夫卡、乔伊斯、托马斯·曼等人来说，探索自我即是要透过比喻来表现普遍的人生问题；但台湾新一代的作者却把个人的遭遇，比喻国家整体的命运。由此看来，他们那种'忧时伤国'的精神，确是继承了'五四'时代作家的传统。"[①]白先勇由"个人的遭遇"摸索，深入到"国家整体的命运"的思考：身处异乡在电影上看到中国自近代以来"苦难的血泪"，下笔写到今日故国（香港）子民的沉沦，那么，为什么不可以把这理解为"我们往何处去"的紧张追问，甚至是"中间物""与之偕亡"般的生存勇气（"地火在地下运行，奔突；熔岩一旦喷出，将烧尽一切野草，以及乔木，于是并且无可朽腐。"）？这样来解读《香港——一九六〇》似乎调子显得过于"激越"，余丽卿在故事中并不就是负面形象（以白先勇的身世而言，他当能体贴此类人物生存的艰辛无奈），她对自己的沉沦有着自觉而非全然麻木不仁，按照欧阳子的说法，"在这篇里，真正的主角不是余丽卿，不是她吸鸦片烟的情夫，而是香港这一个小岛"。[②]在"人"与"城"彼此投射的演绎中，总给人一种如《荒原》般的紧迫感（《荒原》中"请快些，时间到了"复沓出现），紧迫感指向一个浴火重生的时刻的到来。这其中见出白先勇深沉的担负，即"对于社会以及社会中的个人有一种严肃的关切"。[③]

我们大致梳理了《香港——一九六〇》的创作动机与精神资源，从标题来看也许是对老师诗作的唱和（是否可以视为《香港——一九五〇》延宕的回声？或者，小说以自身的声音，唤起文学史对一首诗的记忆和重新发现？），其中也有白先勇个人的担负，可能还受到《荒原》的影响。这里并非是搜求影响性的证据，只是说：在《香港——

① 白先勇：《流浪的中国人——台湾小说的放逐主题》，收入《白先勇散文集（下册）：第六只手指》，萧关鸿主编，文汇出版社，1999年，第81页。

② 欧阳子：《〈寂寞的十七岁〉序》，收入《寂寞的十七岁》，第3页。

③ 白先勇：《〈现代文学〉的回顾与前瞻》，收入《第六只手指》，第143页。

一九五〇》与《香港——一九六〇》的沟通中,《荒原》可以搭建起一座桥梁。《荒原》所反映的西方人面对信仰失落后混乱不堪的社会现实而表现出的迷惘、绝望，被身处困境的中国作家引为知音；艾略特在危机中对秩序重建的诉求与中国人自 19 世纪末以来在绵延不绝的社会、文化动荡中对稳定的渴望，二者同样形成了内在呼应。这大概是徐志摩、卞之琳、何其芳等构建中国化“荒原”意象的寄托所在。具体到夏济安师徒，他们在《荒原》中寻找到了自己对当下境遇的印证，也就是说，经由《荒原》的启发，他们在“过渡”与“夹缝”中的苦闷、担负，得到了确定的赋形。

二

既有苦闷，又说担负，那肯定不会是一片晦暗，其中含藏着挣扎的身姿。挣扎自然不会是轻松的，一身担当，兴许还伴随着艰辛、痛苦，但惟其如此，才有可能通向积极的建设。在《香港——一九五〇》中，它通向形式的创造，具体地说：以白话文写诗如何可能，白话文能否“担负重大的责任”，成为“‘美’的文字”“文学的文字”。[①] 当然，这样的担负落实在人的实践上。以下主要通过夏济安《白话文与新诗》《对于新诗的一点意见》来解读其诗作《香港——一九五〇》。

根据英国诗的变迁，夏济安提出一个标准：“诗是跟着时代走的”，写诗应该用“活人的口语”来表现“现实生活”，传递“复杂新奇的情感”。[②] 为了强调这一点，他甚至“不妨矫枉过正的说一句：诗的题材是次要的”，当然,“题材的选择并非不重要”，而是，所谓“诗意的题

① 夏济安:《白话文与新诗》，收入《夏济安选集》，辽宁教育出版社，2001 年，第 73 页。

② 参见夏济安:《对于新诗的一点意见》，收入《夏济安选集》。以下对夏济安意见的引用，除注出外，均出自这一文章。

材”“美的题材”并不能担保“一首诗之必然成为好诗”。一方面，“诗人的题材应该是他自己所最关心最感兴趣的事物，那些事物可不一定就是美的”；另一方面，所谓“诗意的题材”，比如“美丽的乡村和秋天的月亮”，早已集中了前人的想象与辞藻，“我们既然写白话诗，何必再挤在旧诗的那条老路上呢？”甚至陷入“旧式字句和旧式情感的束缚”。只要是在现代人急剧变化的生活中产生的事物，比如“都市的陋巷和闷热的黄梅天气”，如果它们引发了人心里“复杂新奇”的情感，那就“没有理由不可以入诗”。

这并不是一个琐细、可有可无的问题，它关涉着“现代感”“现代意识”的创获。“现代艺术是这样一种艺术，通过它，艺术家在形式和语言上反映了对一种前所未有的现代处境的意识。”[①] 用穆旦的话说：

> 没有“风花雪月”不用陈旧的形象或浪漫而模糊的意境来写它，而是用了“非诗意的”辞句写成诗。
>
> 诗应该写出“发现底惊异”。你对生活有特别的发现，这发现使你大吃一惊，(因为不同于一般流行的看法，或出乎自己过去的意料之外)，于是你把这种惊异之处写出来，其中或痛苦或喜悦，但写出之后，你心中如释重负，摆脱了生活给你的重压之感，这样，你就写成了一首有血肉的诗，而不是一首不关痛痒的人云亦云的诗。所以，在搜求诗的内容时，必须追究自己的生活，看其中有什么特别尖锐的感觉，一吐为快的。[②]

这样的认识显然受到西方现代派的影响（比如奥登，还有我们再三提到的艾略特，他早说过：“一向被人视为枯燥难堪，毫无诗意的平凡事

① 彼得·福克纳：《现代主义》，傅礼军译，昆仑出版社，1989年，第116页。

② 穆旦：《致郭保卫的信》，收入《蛇的诱惑》，曹元勇编，珠海出版社，1997年，第223、229页。

件，也可以入诗”[①]；“那些至今还被视为枯燥无味、不可能有诗意的事物中，都有可能发现诗意的源泉”)。[②]“非诗意的”辞句入诗，关涉到作家的“现代感”“现代意识”，这么说似乎很学究，其实就是守着一道朴素而诚实的底线：忠实于此时此地的生活，“追究自己的生活”(这可以佐证我在上文的判断吗？——白先勇的小说也未必是迎合抽象而普泛的“世纪末”，可能只是“追究自己的生活”)，而不是“风花雪月”“陈旧的形象或浪漫而模糊的意境”。缺乏“诗意的美”的诗，本就源于自身经验的“非诗意性”与“近代生活的空虚无聊”。[③]

穆旦所谓“追究自己的生活”，用“非诗意的”辞句写成诗，表现“不同于一般流行的看法”与“特别尖锐的感觉”，用夏济安的话说，即“放开眼界，对于在他周围所发生的事物有深切的体会”，“发现诗的题材是无穷尽的”。诗人应该“不受固定的题材”和“固定的反应”所束缚，“不妨写些有变成‘散文’危险的诗”，将“往昔的人所未有”的事物与“复杂新奇”的情感表达出来，比如“都市的陋巷和闷热的黄梅天气”。对于《香港——一九五〇》的理解，完全可作如是观，也就是说，夏济安用创作尝试来实践自己的诗学观。诗中运用“几乎毫不带诗意”的节律(夹杂口语、俗语)与“混乱的形式”，选择古人不取或很少取的、“比较新的题材”(陈世骧先生认为《香港——一九五〇》的题材“合乎《诗经》、杜甫和白居易‘社会诗’的传统”，这当然不错，一个茫然的时代在读书人心境上投射的“苦闷”，多少会有“伤时忧国”的意味吧。但夏济安似乎并不完全认同，内有苦心经营处，故在《后记》中特为辨证：“商人的心理是比较新的题材，假如没有这点新的成分，单是‘故国之思’、‘身世飘零之感’、‘家国之忧’，那么

---

① 转引自李俊清：《艾略特与〈荒原〉》，人民文学出版社，2007年，第8页。

② 艾略特：《但丁对我意味着什么》，转引自克林斯·布鲁克斯、罗伯特·潘·沃伦：《恢复无成见感觉生活的路途》，郭君臣译，《上海文化》2010年第3期。

③ 夏济安：《〈香港——一九五〇〉后记》，收入《陈世骧文存》，第98页。

旧诗里有的是好诗，我也用不着再写这么一首‘新诗’来同它们竞争了。”）。这样的诗，确实“太难写”，“题材本身没有多少‘诗意’”，“过去的诗人是不大写这种题目的，现在人写起来就没有什么可以凭借”，所以“费力”，须“特别加以‘磨炼’”，是“战战兢兢的苦事”“苦功”，但惟其如此，才是创造。诚如陈世骧所谓，这才是“传统意识之应用与活用”：“在形式上，成就一种新的语言；在内容上，表出唯有现代所有的情感与眼界”。[①] 陈先生以为，这才是夏济安模仿艾略特《荒原》的精义所在。艾略特在《传统与个人才能》中，拒绝将传统理解为“盲目地或胆怯地遵循”上一代传下来的办法和观念，而必须通过“艰苦劳动”来获得“历史意识”，“这种历史意识包括一种感觉，即不仅感觉到过去的过去性，而且也感觉到它的现在性”。[②] 发表《香港——一九五〇》的同一期《文学杂志》也刊载了艾略特这篇著名的论文，应该不是巧合。

三

夏济安写诗，态度实在低调，“宁可锁在箱子里”，“非但没有发表，而且没有给别人看过”，即便发表了，“后记”中还自陈“拙劣”“诗才不够”。陈世骧却以为这是“相当重要的诗”，是“一位研究文艺批评的人有特别意识的一首创作”。

在《白话文与新诗》的一开头，夏济安说：“今天来检讨五四以来白话文学的‘成果’，也许还太早一点。”半个世纪过去了，现在仍然未到盖棺论定时。我们可以说鲁迅的《狂人日记》为白话文学提供了范

---

① 陈世骧：《关于传统·创作·模仿》，收入《陈世骧文存》，第 92 页。

② 艾略特：《传统与个人才能》，收入《艾略特文学论文集》，李赋宁译，百花洲文艺出版社，1994 年，第 2 页。

本，但这样说的意思是鲁迅的创作为白话文学的生成、生长提供了有益的滋养，而生成、生长是须臾无法凝固、永远朝向远方的。今天仍然还不到检讨白话文学"成果"的时候，因为白话文学有经验意味与生成性质。"经验"即指写作过程中的"得失寸心知"，不经历"战战兢兢的苦事"，实无从了解"延伸，紧缩，平铺，扭曲"[①]到底是何意谓。我们无法要求每个人都像夏济安那样尝试创作，但其实每个人每一天都在与白话文和现代汉语照面、打交道，毫不夸张地说，白话文能否"担负重大的责任"，既显现于每个人的每时每刻中，也需要每个人的每时每刻来落实。什么是"生成"呢，20世纪的中国与中国人，全面而深刻地经受着民族肌体内部的裂变、再造与世界潮流的击打、裹挟，现代以来中国人的语言与文学时刻不能脱离他们的现实境遇和精神活动，也就是说，白话文和我们一起在变化、生长，截断横流来取样或提炼"固定公认的形式和相当共同标准"[②]，"也许还太早一点"。这层意思，就好像说我们应该做置身在长流里的石头，只在岸边指手画脚，那就永远无法像水里的石头那样感受到河水的流动、砥砺、温度，它奔腾时的冲击力，或涓涓细流时亲密的爱抚。更重要的是，只有做水里的石头，才能将自身的生命信息与能量传递给河流，当它奔向远方时，点点滴滴地捎带上……

2008年10月5日草，2010年7月5日改定

原载《上海文化》2010年第6期

---

① 参见夏济安为《现代文学创刊》写的《祝辞》，转引自张新颖：《读夏济安私记》，收入《文学的现代记忆》，三民书局，2003年，第45、46页。

② 陈世骧：《关于传统·创作·模仿》，收入《陈世骧文存》，第91页。

《白口罩》的写作难度

文章千古事，得失寸心知。其间的甘苦原是难以言传意会之事，由我这样的旁观者来谈写作难度，不免越俎代庖之讥。我要借陈世骧先生的话来为自己开脱，他曾这样描述理想的文学批评："他真是同感的走入作者的境界以内，深爱着作者的主题和用意，如共同追求一个理想的伴侣，为他计划如何是更好的途程，如何更丰足完美的达到目的。"这是创作与评论的理想关系，并肩迎击文学难题，互相指点脚下歧路陷阱，也分享途中的风光旖旎。

一

难度之一，《白口罩》（刊于《收获》长篇专号 2013 年春夏卷）这部小说写了一群好人。他们扶危济困、舍生取义，"内心有神明"，"在任何情况下，都尽可能正派、公平、体面地行事"。作家艾伟的一段话让我过目难忘："我在《天涯》杂志上看了关于徐本禹的资料，我很感动，像他这样的人，真是近乎圣人。我们的小说里没有这样的人，如果把这个人物写到小说里，我猜大概也没有人会相信。我们似乎没有能力对这类人物有令人信服的叙述。"这是件奇怪、糟糕而又让人黯然神伤的事：在现实生活中，我们不时被感动得"泪流满面"，与此同时却也禁不住揣测光亮的"奉献"背后是不是藏有不可告人的动机，总之似乎很难理解好人，就像小说中游吉丽对精卫救援队的观感——"他们跟这个社会很不协调"。而同时在我们的小说里，要写出人性的温暖，并且有深度，也变得日渐困难，叶芝在诗中的预言如此灵验，“优秀的人们信心尽失”。文学在好人面前无能为力，恰恰证明了文学话语的精神贫血、表现无力以及这个时代内在的精神病症——这显然是一体两面的。

尼采在《权力意志》中说：“没有什么美，就像没有什么善和真。”我想尼采的意思是说，真善美并非孤立存在，世界万物都在相互联系中生成变化：“我们通常的不精确的观察方式是把一组现象当作一种现象并把它称为事实：在此一事实和彼一事实之间，它还设想了一个真空，把一切事实分离开来。然而实际上，我们的所为和所知，都不是事实和真空的一种连续体，而是一种连续的流动。”须一瓜当然不会去对道德标本作抽样检查，她描绘一种日常生活突然断裂的极限情境，纷繁的事件如漩涡般加速延展，叙述浸没在这一“连续的流动”中，渐次抵达人性伟岸的高地。而且这一高地并不孤峰突起。在谣言包裹着的末日危城中，在死亡面前，人们或惊恐，或逃避如鼠，或困坐愁城……须一瓜以具体的笔触，精微展现各色人等携带着鲜活多样的性情、气质、利益算计，如何各自扑腾，又如何相互交错。也诚如小说中所言，正是在这样的扑腾与交错中，“灯才有了光，光才有了意义”。泰纳曾宣称历史学家以样品为材料，处理的是类型，而非个体：“18 世纪的法国是什么？两千万人……两千万根交织构成了一张网的经纬线。这张有无数结节的大网，不是任何人靠记忆或想象能就其整体清楚地掌握得住的。说实话，我们能有的只是碎块断片……而史学家的唯一任务，就是把整张网恢复原状……幸好，古今无二致，社会包括了团体，各个团体由彼此相像的人组成。他们生在同样的状况中，由同样的教育所塑造，关切同样的利益，有同样的需要，同样的口味，同样的习俗，同样的文化，同样的生活基础。见到了其中一个人，无异于见到了他们每一个人。在每一种科学中，我们都是借选取来的样品而研究一类事物的。”历史学家心无旁骛地编织这张“大网”的整体，而文学恰需要仔细打量“大网”罅隙里每一处盘根错节的脉络，执着关注特定时空中的“每一个人”。也因此，在一组好人群像的周围，须一瓜并未孤悬起人性的抽象标杆，她注意到各种声音的诉求与正当性，尤其正视、敞开了中国社会因急剧分化与转型而多年累积的重重矛盾、冲突，我以为这表现出作家特有的“正义感”。

二

难度之二，这是一部好看的小说。故事情节紧张、引人入胜。须一瓜对侦探、悬疑这类手法自来熟稔，《白口罩》又在叙述节奏上设置了加速度，从危险迹象的初露、叠加，到谣言漫天，到封城，一路朝着末日景观狂奔……尤其末尾几章，在“真凶”现形的高潮到来之前，仿佛伴随着一连串愈趋紧凑、密集的鼓点，读者被这样的加速叙述所裹挟，欲罢不能。而且这部小说“亲和力”很强，几乎与我们身处的环境“无缝对接”（雾霾遮天蔽日、剧毒气体泄漏、土方车肇事、群体性心理恐慌……今天谁不身历亲见），特别容易引发读者共鸣……德国作家本哈德·施林克的小说《朗读者》以及由此改编的电影都非常成功，它有一个“好看小说”的故事外壳：一个少年和大他二十岁的妇人之间的畸形恋情，这是一个很通俗的题材；但外壳的内部，严肃探讨的是近似于阿伦特所谓“平庸恶”的主题；更核心的内容关乎人的尊严。很多好看的小说往往只能停留在第一个层次，而没有步步深入、提一口气再往上走的能力。从“现实感”与“可读性”的层面，跨入超越性问题——比如普遍意义上人类的罪、爱、自由与救赎等——的深刻思辨，好看的小说与杰作之间差的就是这“一口气”。当然，这“一口气”并非从天而降自外部硬塞，而是从小说的内在血肉中自然生长出来的。

读者肯定注意到了“口罩”这一看似寻常的物件（据说中国是世界上最早使用口罩的国家，今天它已成为大众生活必备品）。小说中，在传染疫情根本没有得到确认的情况下，人们已纷纷使用口罩自保；越是信息不透明、人际关系脆弱的社会里，口罩的作用越是容易得到夸张（哪怕只是象征作用）。“多年过去之后”，小麦依然会自问，“当时，如果她和康朝之间没有口罩，他们是不是会拥有更自然的交往，是不是可以更真实地游弋于彼此的生命之海？”显然，口罩背后凸显的是诚信缺失，这一当代社会严重的精神危机。危城中的人们脚步凌乱、眼神绝望，在相互推诿与内外交困中撕扯基本的人际信任。这倒有点近似我们今天的文学创作，你看那么多的小说往往从“疑虑”开始，对在具体的经验中求证美与善不抱希望。既然社会生活的心态与今天文学的基本面貌互为映象，那么我们可不可以通过改变文学处理生活的方式，来重树我们对生活的信仰？再退一步，即便生活的混浊真的已经让我们艰于呼吸，文学就一定要屈从于这样的“现实”么，难道文学就不能在困窘与逼仄中选择打开新的空间，鼓舞我们的勇气不在生活面前垂头丧气，滋润我们的精神不在暗夜中就此枯竭？《白口罩》中的危机，终结于康朝找到了那“一枝笔套似的小物件”，而康朝不惜“众叛亲离”（惹来小麦、红菇等人的不满、不理解）地搜寻，并不只是出于利益交换，而是来自于对向京的信任。最终关上“潘多拉盒子”的，是对人性坚定的扶持。须一瓜要通过康朝的举动，昭示一个最基本的意念：从“信”开始，这是可能的……

口罩是为了人们的健康而设计的用具，阻止一些有害人体的、可见或不可见的物质，对进入肺部的空气有一定过滤作用。口罩在自我/他者之间划定健康/不健康的区域，即便已是亲密爱人，在康朝的咳嗽声中，小麦犹不免惊惧，终于引发前者的愤懑：“你们怀疑每一件事！其实你从头到尾，都在为自己担心，你认为我浑身都潜伏着传染病毒！”越是在传染病流言四起、群体性心理恐慌蔓延的时刻，越容易促生那种分离感——“我”之外的环境充满着病毒与细菌，而“我”是纯洁与健康的；纯洁源于自外于他者的污泥浊水，而维护健康的关键在于防卫身体界限，不使异物进入……这样一种念头，可以从医学、社会卫生学的逻辑，过渡到人类普遍性的心态，正如弗兰克所言："我之外的世界是充满邪恶和诱惑的，而人本身，我自己，是无罪孽的和善良的……"这样一个一尘不染的"自我"，易于无端怀疑，无法体贴他人心底的款曲委婉，与周遭人、事形成紧张对峙的"不信任感"，在极端情形下助长社会蔓延的戾气……这在《白口罩》中都有真切演示。小麦在情急之下就曾这样攻击向京："她反对封区、反对封城，反对上报疫情、反对送血样、反对外援，说起来是为了招商会，其实是为了她的个人目的！"巧妙的是，须一瓜小说中经常冷不丁地就会出现一个"逼问者"，对人的伦理与精神困境穷根究底。小麦那个一尘不染、无辜受害者的自我形象，被苗博的反问击穿："你作为一名记者，一纸传媒，你们有责任披露疫情。如果你能在第一时间，把这个可疑事态报道出来，城里也可能少死人，少病人，那个救援队长也不可能白白送死。那么，在舆论的督促引导下，专业的人员、专业的设备会更安全有效地运作。我的记者，你们在干什么，如果有人不让你报道，你至少可以写内参。往上送、往外送，不是吗？"说实话，我们都很习惯这种自动免责的姿态，危机刹那间灰飞烟灭，理所当然地在当时被动卷入成为无辜受害者；理所当然地在事后以局外人的身份高谈批判。须一瓜正是通过极限情境来击穿那种自怜、自傲的幻想，转而淬炼出人类的整体感，"没有人能自全，没有人是孤岛"。上文中引了俄罗斯宗教哲学家弗兰克那段话的前半句，且让我把它引完："……然而实际上，这个恶的世界就包含在我自身之中，所以我无处可逃……谁还生活在世界中和世界还生活在他之中，谁就应当承担世界所赋予的重担，就应当在不完善的、罪孽的、世俗的形式中活动……"（弗兰克：《精神事业与世俗事业》）在那群精卫救援队员的身上，你能见证这一人性的活动轨迹。

"白口罩"是一绝妙象征，通向信任与反省这两重精神处境，前者是对他者的庄重承诺，后者是严厉的自我解剖。

三

须一瓜做过律师、记者（据说专跑公检法线），这两类职业自有共性：见多识广、目光如炬，善于推断、架构因果逻辑，有追踪、辨析事件来龙去脉的理性，而且对这种理性、对自身穿透真相的能力有强大的自信。本雅明早就论断过新闻报道给小说艺术带来的危机，小说的生命力久远，且先不必悲观；不过记者与作家确实需要具备分属不同畛域的才华，也就是说，当忙完一天的日常工作，铺纸提笔写小说之际，须一瓜必须和自己的职业惯性相对抗，一个人的战争，双手互搏。这是难度之三。

理性不知节制的延伸，甚至不肯在人的精神世界里留下不能认识的疆域，——这可以视作现代性、现代性的文学的扩张性表现之一，内心世界恰恰是到了现代以后才被作为文学的主题和描述对象而被“发明”出来的。人们往往要求小说去揭秘、去勘测真相的方方面面、去“穿透”“把握”人物的心灵角落……与此同时，“但见泪痕湿，不知心恨谁”这般在吞吐留白中掩藏的诗意荡然无存。我们夸奖须一瓜有一把“不动声色的手术刀”，解开喧嚣的大众传媒遮蔽下现实的皮肉筋骨（尤其考虑到记者的职业素养对此的支持）；但在我看来，作为作家的须一瓜更了不起的地方，不仅是她“以无厚入有间”的纵横捭阖，更在于这把手术刀“止于所当止”的谦卑。看完小说的结局，你如何理解向京，以及向京和康朝之间没有爱情却彼此尊重、信任的奇妙关联？这个问题小麦想不明白，读者也想不明白；关键在于作者实在无意于“和盘托出”，每个人心灵深处总有不被发现的角落，沉默、幽晦而复杂，无法被表面化、无法被语言穿透、也没有必要在他者的注视下被意义赋予。再比如，这是一部有悬念的小说，随着最后谜底揭开、丢失的放射源被寻回，一度被裂解开的日常生活重新复原，似乎让人松了一口气。但是且慢，小说依然留下了很多无法被叙述所穿透的“神秘”：痴傻的少年活在色彩声音的世界中，凭颜色认人，惊人的预言能力，诡异的阳台壁画，还有小麦梦中夜鸟的鸣叫……正是这一切，使小说惝恍迷离的氛围经久不息。

很多人都在焦虑今天的文学写作如何逼近现实，于是越来越朝着实、满、沉重的方向落笔。念及须一瓜的记者身份，我不免忧虑（如果与记者朋友有过交往的话肯定会产生类似感受：和记者交谈就是经受一轮又一轮信息轰炸，他/她永远是那个比你“知道的更多”的人）：她尽览人间万象，耳闻目睹太多太多，在写小说的时候会不会急于将这些“太多”一股脑儿地倾吐在纸上？封城的谣言四起之际，小麦去赶公交车，“颠簸向前。一路上还有乘客上下，下去的是白口罩，上来的还是白口罩”，就在这拥堵如闷罐的车厢里，小麦突然发现一个背双肩帆布包的年轻人，“没有戴口罩。他的耳朵里塞着耳机线……小麦听到他耳机里欢乐奔腾的旋律。那低微的沙沙声，就像黑暗的岩洞前方，依稀透过了轻微的晨光”……这个细节出现在小说后半部分，黑云压城，照上文的话说，正是鼓点愈趋紧凑、密集之际，须一瓜却有心思写这一笔，在密实中探出头来，让“黑暗岩洞”依稀透过“轻微的晨光”。你读过曹禺的《雷雨》，肯定记得周冲这个人物，他年轻，“眼睛欣喜地闪动着，脸色通红，冒着汗”，在情节脉络中，他并无大作为，就好像上面提到的、须一瓜笔下那个来去无踪的年轻人，但因为周冲的存在，那群鬼般的世界中就透出一口气、一道纯净的光，那是爱、欢乐和人性向上的力量……

小说是一门关于显与隐、穷尽与止步、密不通风与疏可走马的艺术。用海明威耳熟能详的理论讲，海上漂浮的冰山只占八分之一。海明威曾经是记者，当然他留给后人印象更深刻的身份是杰出小说家。

须一瓜正在朝向杰出小说家的途中……

2013年3月10日草，3月14日改定

原载《收获》长篇专号，2013年春夏卷

写小说的手艺人：哲贵论

从“这一天”开始

这一天，从朋友的追悼会回来，黄徒手“决定把事情做个了结”（《责任人》）；这一天，“唐小河觉得董娜丽把他身体里的某种东西叫醒了”（《雕塑》）；这一天，麻妮娅“想出去走一走”，这个念头突如其来，似乎是向未婚夫赌气，同时也想透透气，因为“她觉得好像被一个无形的铁圈箍住”（《迷路》）……

哲贵的小说，大多会从“这一天”——一个日常生活的“断裂”时刻——开始叙述。一般的故事，在结尾都会走向“圆满”，或者说，用“闭合”的期待来克服“断裂”：尽管习以为常的生活图景突然暴露出不和谐，但最终危机得到化解。这样的“闭合”依然维护甚至固化了原先的结构。但是哲贵的设计不是这样的，“这一天”之后，再也不是回到原先的轨道，而是裂解出新的可能性，另外一种生活的意义出现了……比如《迷路》中的麻妮娅，在白云尖整整待了35天，搜寻失踪的雷蒙，其实更重要的是“搜寻自己”，完成自我心灵的洗涤；当麻妮娅下山之后，不再会是原来的那个“我”了，这就不像夏孝阳，还会回到原先的“程序”里，“过他的程序生活”。

哲贵小说中的“断裂”时刻，对于主人公来说，往往意味着不适、不满足，在习以为常中感觉到了格格不入，甚至萦绕着一种关于过往生活的失败感。不过，正是产生了对于失败的自觉，人才能够意识到转变、意识到生活的“未完成”与“再次生长”，才能在大多数人“向钱跑，也一直向前跑的时代”里，停下脚步，自我审视，这当然得付出勇气和代价，但也是必须的，必须给自己“这一天”的时刻，停顿、内省、重新开始……

成功人士的“另外半张脸”

哲贵几乎所有小说都在描述信河街和这条街周边的人。信河街是一个民营企业特别发达的地方，据工商部门统计，有10万家中小型企业，个体户有35万家，主要从事皮鞋、服装、眼镜、打火机等行业。信河街百分之九十以上的人都在做生意。哲贵专心描绘的就是这一特殊人群，在飞速的经济发展中积聚起财富，他们被称作“成功人士”。经济发展在今天已然成为整个社会的中心，成功人士正是时代的英雄，就像最近的电影《中国合伙人》所表达的主题：向成功人士致敬。但正如王晓明先生的洞识所见[①]，在一般的广告、传媒与文学书写中，我们看到的只是由饮食生活、休闲方式、商务应酬等所构成的“半张脸的肖像”，这成功人士迷人的“半张脸”，成为公众艳羡和追慕的符号。与此同时，另外的“半张脸”则被悄然隐去了。

哲贵小说的新意正在于此，他带领我们去勘察成功人士那“另外半张脸”，当我们掀起神秘的面纱时，赫然发现种种病象。《责任人》几乎就是一篇病象报告：黄徒手每天晚上加班制作镍片，“身上的各个口袋都塞满了钞票”，在事业开始发达之际，身心却出现“异变”，外部症状是失眠、头痛、消化不良、情绪低落，更要命的是总被一股酸酸的镍片气味所围绕，挥之不去。镍片本是黄徒手发家致富的杠杆，现在却成了一击致命的“病源”。刘可特的症状更诡异，他必须听厂里女工讲述一个个故事才能心安。刘可特曾经因为拉拢大客户而导致一家

---

① 王晓明：《半张脸的肖像》，收入《半张脸的神话》，广西师范大学出版社，2003年。

公司被收购，“随着他的生意越做越好，脑子里总是浮现出原来那个公司的模样，公司里每个人的脸都会从他的脑子里跳出来。这个时候才发现，是自己害了那个公司，自己对不起那个公司里的所有人。这种内疚的心理一直困扰着他，让他吃不好，更是睡不好，只要一闭上眼睛就做噩梦，梦见原来公司里的那些人，一个接一个地从公司的顶楼跳下来”……原来“心结”在这里。在经济加速发展、利益重新分配过程中，总会出现种种关乎公正、道义的问题，不仅引发人际间的冲突，也会在人的心灵空间中激起震荡，刘可特的“病”，正象征着成功人士在掘得“第一桶金”的过程中埋下的原罪。

《金属心》中，霍科的心脏病虽然是天生的，但正是在楼盘炒得蒸蒸日上的过程中，“心脏出事的频率越来越快”。他去英国做昂贵手术换了一颗“金属心脏”，但却一点也没有“活回来了”的感觉。霍科热爱乒乓球，但是出汗会造成金属心中的电池短路。身体意象起源于古希腊人在体育竞技过程中对于展示健康肉体的热爱，延伸出人对自身信念和力量的确证。而被剥夺了参与体育运动机会的霍科，首先在身体上日渐颓败。渐渐地，“他发现自己的内心正在变得冷漠和坚硬”，周围的人无非尔虞我诈，“所有的事情背后都存在交易”，他对这个世界无动于衷。心、身体与欲望都趋向寂灭，正当他要成为一具行尸走肉的时候，遇上了善良而真诚的盖丽丽。你记得萨福的著名情诗吧——“听见你笑声，我心儿就会跳”（萨福《给所爱》），最终给予救赎的，并非那颗钛金属的心脏，而是爱情，一个还能产生真正动情的爱的生命，毕竟是有希望的。哲贵为“心”的再次“起搏”提供了生动细节：在与盖丽丽交往的过程中，霍科从“心被‘揪’了一下”的波澜初起，到“觉得自己左边的心室动了一下，好像被东西电了一下”，到最终成立救助心脏病患者的基金会，很清楚地听到心的跳动，伸手去摸，“似乎有了一丝温度”……《金属心》无疑是哲贵最优秀的中篇之一，描绘出一幅从欲望死灭到人性恢复，到生命再度开花的景象。

欲望的辩证法

在马斯洛的心理学中，人的需求区分为多种层次，生理等需要之外，人还有自我实现的需求。其实，欲望也有多个面向，在欲望叙述中我们往往忽视的是人的生命欲望的表达，而实际上，外在刺激下的欲望（如物欲、财欲）往往会与人生命内在自我发展、自我实现的欲望交互唤醒、激荡。黄徒手辞职出来单干，凭着“在电泵厂里施展不出来”的一身手艺，他打出了气阀、跳板、点火装置等各种各样的配件，此时，“黄徒手眼睛红起来了，跃跃欲试”……这不仅是追求更优越的物质生活条件，同时萌动的，还有他对个人生命价值与意义的满足，显然，生命欲望与活力、创造力紧密相连。哲贵笔下以黄徒手为代表的这批人物，大多是改革开放初期的“试水者”，他们凭借着手艺、胆识与勤奋，开创出自己的事业，这个时候欲望因素的浮现往往伴随着个人独立、自觉与解放的主题。但是自1990年代以来，市场经济大潮席卷社会每一个角落，资本、商品、股市、房地产、投机事业等自由经济因素迅速改变了社会和人的面貌。在一个人欲横流的年代里，欲望的追寻也会走向自己的反面。还是黄徒手，事业开始蒸蒸日上，闻着每日赚进的钞票里那股特有的、甜甜滑滑的味道时，“他还闻到了手中镍片发出的一股刺鼻的酸味”。

人生活在社会之中、生活在与他者构成的复杂关系之中；人的欲望当然不可能孤立存在，自我欲望的满足往往就会与他人欲望的满足发生摩擦、碰撞与冲突，“从人之性、顺人之情，必出于争夺，合于犯分乱理而归于暴”（《荀子》）。所以孔子才会提出仁者“爱人”的哲学，辜鸿铭的解释是：“人类社会的所有关系之中，除了利害这种基本动机外，还有一种更为高尚的动机影响着人们的行为与选择，这就是责任。”[1] 哲

① 辜鸿铭：《中国人的精神》，黄兴涛、宋小庆译，海南出版社，1996年，第49页。

贵把自己的一篇小说取名为《责任人》，主人公黄徒手在治愈自己心病的过程中反复思考过这个问题，他所有的付出，就是不想成为一个“不负责任的人”。而王文龙九死一生返回信河街还清贷款，为的也是担当起“责任”(《信河街》)。“责任”是对物欲、生命欲望等等内外欲望的升华与调节，这不完全是外在的规范，毋宁是出于主体的自觉与内心意愿，不妨说，这是一种“精神欲望”。在《迷路》的最后，大草坪上搭起二十多个帐篷，“每个帐篷里射出一团团的柔光”。人们抱着同样的目的上山，“谁不知道白云尖的险峻？谁不知道白云尖危险？现在大家都来了，都已经把个人安危放在一边，谁能出面阻止大家这种发自内心的行为呢？”那“一团团的柔光”正象征着“精神欲望”的觉醒与集结。

天工开物，技近乎道

在打火机限流片上如何打出六微米的小孔(《责任人》)；山林里迷路时如何辨别方向，往泥土多的地方还是石头多的地方走，而例外情况是什么(《迷路》)；工厂要造抽水马桶，唐小河在设计过程中考虑了从内壁坡度到冲洗孔大小等整个构造(《雕塑》)；黄伏特开餐馆，悉心掌握各种选料知识：“东海的黄鱼在每年的七八月份最好，因为过了这个季节，它们就要过冬了，在过冬前，要把身体养肥”，“鸽子要选落地鸽，刚出生八到十五天的鸽子，肋骨和头盖骨都是软的”(《牛腩面》)……穷形尽相地写技艺、写各行各业的知识，这是哲贵小说非常突出的特征。他乐此不疲，也许正是为了追究王安忆每常强调的“经验的真实性和逻辑的严密性”[①]，小说是由经验、材料、细节构成的，物质外壳如果失真，整个小说大厦的逻辑性与可靠度就摇摇欲坠。

---

① 王安忆：《我的小说观》，收入《漂泊的语言》，作家出版社，1996年，第332页。

我猜测哲贵的用心不止于此。《跑路》中曾经描写过胡卫东的手："那是一双粗壮厚实的手，也是一双布满老茧的手，那是他长期做皮鞋的结果。"你能够想象：曾经在刺鼻的作坊里，通过无数道量脚、批皮、打胶、合针等工序，在这双手上所诞生的皮鞋肯定如海量般难以计数。这是哲贵笔下这群成功人士的特殊性：他们的父辈都是兢兢业业的工匠、手艺人，他们自身亲历了从传统作坊转向现代工厂的打拼，不是今天坐享其成的"富二代"，也不完全是依靠雇佣劳动的"资本家"，他们一直不脱离甚至热爱着具体的劳动过程。《牛腩面》中的黄伏特，每天辛苦出入于菜场、庖厨间，他觉得在自己的行业里"他就是一个艺术家"。这多少有点"技近乎道"的意思了，往前追溯恐怕就是《庄子》里那些手工匠人，潜心于物，通过具体的劳作而上窥那潜隐于万象中的"道"。手艺是切身的，天天上手，内在于日常生活，是一个人与世界最基本的打交道方式。同时，也藉此方式得到自身应对命运的、不息流转的力量；也就是说，那"道"也会通过具体的劳作而回返、护持匠人的生命。黄徒手克服身心危机的关键之一，正在于回复手艺人的本色，用镍片亲手配制出一副眼镜，"拿出全身的本事，也倾注了自己的感情，就像当年设计限流片的小冲床一样，一点一点地把这副眼镜做出来了"，如其所言，这个制作眼镜的过程，"也就是给我自己治病"。这大概就是胡兰成说的"一器亦有人世之思"[①]；也就是沈从文说的：小木匠作手艺，"除劳动外还有个更多方面的相互依存关系"。[②]

随哲贵游过一次寺庙，看他合掌顶礼的姿势，想来就不是俗人。后来才知道，好多年前他曾在玉苍山下一座草庵里有过出世修行的经历。大概就是一个"这一天"的"断裂"时刻吧（借本文开头的话），

① 胡兰成：《中国的礼乐风景》，中国长安出版社，2013 年，第 87 页。

② 沈从文：《关于西南漆器及其他》，收入《沈从文全集》第 27 册，北岳文艺出版社，2002 年，第 22 页。

此后人生态度的方方面面，也许皆能见出悟识。比如写作，这么多年的坚持与热爱，但也不算他的“正业”；在工作之余下笔，产量不高，质量却稳定，发而皆中节。我特别信服这种态度：慢工出细活，也像他笔下的手艺人，及物而不执于物。

2013 年 6 月 12 日端午节

原载《文艺报》2013 年 7 月 12 日

招魂幡，与无尽的谜

——《成为和平饭店》印象记

一

在 2003 年《外滩：影像与传奇》的素材筹备过程中，陈丹燕开始大量收集与和平饭店有关的资料，她遍寻无人问津的档案，记录飘散的故人记忆，调动“长达二十年的丰厚储备”，终于在 2012 年捧出了长篇“非虚构体小说”——《成为和平饭店》。[①] 拘囿在书斋里的写作（与知识生产）无法回应历史，也无法建立与日新月异的世界的关联，这似乎越来越成为人们的共识。不过，陈丹燕并非凑近来文坛蔚为大观的“非虚构”的热闹，熟悉其创作的读者都知道，这部新作是其“上海故事”谱系中水到渠成的收束，而这一谱系的开端已经可以上溯到 1992 年。此外，一般我们对“非虚构文学”的理解是：作家通过故事的技巧和小说家的直觉洞察力去“对当代事件发表自己即刻的见解”[②]；而陈丹燕架设的则是长时段的历史视角，或者说，她对“当代事件”的“见解”是通过对历史的招魂而叠映出来的。说起“招魂”，你可记得书中历史学家孟建新的特殊禀赋，穿越时光隧道的他站在绿色长幔帘

① 以《和平饭店》为题初刊于《收获》2012 年第 4 期，单行本《成为和平饭店》由上海文艺出版社 2012 年推出。

② 霍洛韦尔：《非虚构小说的写作》，仲大军、周友皋译，春风文艺出版社，1988 年，第 19 页。

的阴影里，仔细打量过往浮华世界的狂欢者，自由出入他们的内心感受……陈丹燕这样来解释孟建新自小“对特定空间的特殊感应”：“他的创造力总是因为这种感应而被突然唤醒。他其实是依靠自己的感性，而不是知性来做历史学家的。他要写作以前，总是多次去将要写到的地方游荡。写作的过程更像作家的创作。……写作时，浮现在眼前的，都是具体的形象，带着被历史造就的感情。他必须与一段可以触摸的历史一起工作，必须与它有活生生的感情。”毫无疑问，这是陈丹燕写作姿态的自画像。

我想起钱锺书先生的一段话：“遥体人情，悬想事势，设身局中，潜心腔内，忖之度之，以揣以摩，庶几入情合理。”[①] 这是“史家追叙真人实事”的方法，但钱先生特为指出：“盖与小说、院本之臆造人物、虚构境地，不尽同而可相通。”陈丹燕实证式的书写姿态悉数提供关于器物、环境的细节，比如饭店套房内的床，有着深褐色的木床套，席梦思架子嵌在床套里，下面还装小轮，两边床头柜的抽屉刻有菱形图案……仿佛纪录片镜头的展示。但是，所有这些细节都不只是作为外来的“素材”或“点缀”，直接进入小说以强化所谓“非虚构”的真实感。陈丹燕是通过“与一段可以触摸的历史一起工作”，与之发生“活生生的感情”，来获致一种历史想象力，将外在的材料“揉碎”，内在地为写作建立起历史情境。“非虚构小说写作并非在于记录事件，亦非在于塑造人物，而是企图在尽量真实的历史事件中表现人物内心世界与外界的联系……它呈现出的现实、历史与虚构的关系，是富有象征和隐喻的。”[②]——这是陈丹燕独特的历史想象力及其追求所在。

小说人物丛出，时代各异。犹太商人维克多·沙逊家族、资本家后代夏工之一家、历史学者孟建新夫妇、当年的左翼青年学生西蒙、酒店

① 钱锺书：《管锥编》第1册，生活·读书·新知三联书店，2001年，第317、318页。

② 曹元勇：《历史、现实与非虚构》，《新闻晚报》2012年8月16日。

服务生阿四与年轻员工季晓晓，还串联起荣毅仁、王洪文等各色历史人物。而叙述时间时而聚焦于上海飞速发展的今天，时而回溯到 1930 年代和新中国成立后 17 年时期。行文中还掺杂由四组新闻纪实性文字和图片构成的纪念碑章节，与小说情节虚实相间，形成相得益彰的互文。陈丹燕处理的是繁复的大工程，其间又细心布下草蛇灰线：比如第二章中夏先生与前一章出场的夏工之一家有亲属关系；夏工之保留爹爹留下的银勺子与最后“小孩偷饭店的勺子”首尾呼应；孟建新夫妇尴尬的情事，与 1929 年英国剧作家在和平饭店创作的剧本《私人生活》中男女主人公的故事，形成内外映照……全篇故事不是按照线性推动，而是如一张精心结撰的网络，由这些交叉点演绎开来。《成为和平饭店》历时八年，四易其稿，陈丹燕首要的贡献在于书写与形式上的探索。

二

1935 年的化装舞会上，一位鸦片富商的后代牵去一头活驴，在“挤满人的明亮舞厅里”，“它终于大叫一声，‘噗’地拉下一大坨屎”；沙逊转过脸来，指着大吼：“快把它弄出去！”……这一刻，陈丹燕穷形尽相地描画出上海这座城市文化渊源的一斑。一方面，半殖民地的统治者以胡闹、撒野来放纵在自己国土里被循规蹈矩所禁止的情欲，“有什么比这更能说明远东殖民地生活的无法无天呢？这对在家乡不得不过着循规蹈矩生活的基督徒们，不就是另一版本的《丛林传奇》吗”？另一方面，沙逊的喝止，又体现出在殖民地维持宗主国文明与尊严象征的努力。不过话说回来，沙逊在和平饭店维多利亚式的金色天棚下，举办一场以马戏团为主题、“奇形怪状”的化装舞会，本就是“无法无天”的举动吧。同一个维克多·沙逊，会以“非常上海”的方式回击日军高官，在被迫决定离开上海时无比痛苦，其中无疑有着一份直把他乡认故乡的珍重（书中还提供了不少“上海走失多年的儿子”们）……陈丹燕带着读者走向历史峡谷错综复杂的幽径，她既借助孟建新来追问“建造华懋饭店的维克多·沙逊如何看待他们家族经商的道德问题”，这个家族的财富“与殖民时代东方的灾难联系在一起”；同时也喟叹正是沙逊这代人、“这一代上海人”，培育成熟了这座城市“中西合璧的精神”。

我在上海生活多年，无数次擦身而过，但从来没有进去过和平饭店。1999年的时候我读那本哄传一时的《上海宝贝》，记住了这个细节：“我们照例慢慢步行到外滩。每逢夜深，这儿就成了一个安静的天堂。我们爬到和平饭店的顶楼，我们知道一条翻过女厕所的矮窗，再从防火楼梯爬上去的秘密通道”；“在这积满历史尘埃的顶楼上”，“在饭店老年爵士乐队奏出的若有若无的一丝靡靡之音里”，“我”开始宽衣解带……请容许我唐突设想：如果把卫慧笔下的这个倪可安插到《成为和平饭店》中去，会是哪个人物？也许就是夏先生话里的那类小姑娘吧——“现在上海年轻小姑娘的脸相很有兵气”。夏先生对“现在上海年轻小姑娘”的这声叹息，仿佛就如纪念碑般屹立的和平饭店，傲然（或许漠然）注视着隔江对岸那千奇百怪、不断攀爬的摩天建筑群。这只是一个很无厘头的设想，没法当真。陈丹燕对和平饭店熟稔无比，但可能她并不知道卫慧寻获（虚构？）的那条“秘密通道”。不过，卫慧的这条“秘密通道”其实正是1935年那场化装舞会的延续（所以倪可这样的新新人类无法抵御和平饭店的神秘“召唤”）：冲破传统压抑而追求生命享受的欲望，本就离不开外来异质文化的召唤与发酵，尤其是经济上的冒险、繁荣，与情欲肆无忌惮的畸形膨胀之间的互为激发。这条“秘密通道”所联系的前世今生，恰构成了东方殖民地的文化奇观，或所谓“繁华与糜烂同体”的海派传统。[1]

① 参见陈思和：《海派文学的传统》，收入《草心集》，广东教育出版社，2004年。

似乎没有人能抵御它的魔力，纷纷以各种各样的方式去接近。早在1998年出版的《上海的风花雪月》中，陈丹燕已描述过和平饭店散发的这种召唤力量："好像什么东西都又回来了，饭店里的英式房间里生着壁炉，美式房间里有银烛台，西班牙式房间里放着老式的高柱子木床，侍者的黑发上擦着亮晶晶的发蜡，笑容矜持而殷勤。一句'到和平饭店喝咖啡去'，说出了上海年轻人一个怀旧的夜晚。坐在那里，他们想要是自己早生五十年，会有什么样的生活能有什么样的故事。那是比坐在他们邻桌的欧洲老人更梦幻的心情吧，也是只有上海孩子才能有的心情：对欧化的、富裕的生活的深深的迷恋。对自己生活的城市曾经有过的历史的深深的自珍。到那里去的上海年轻人，希望自己有更好的英文，更懂得怎样用刀叉吃饭，更喜欢西洋音乐，有一天，可以拿出来一张美国护照，指甲里没有一点点脏东西。这也是这个城市年轻人潜在的传统，从来没有被大声说出来过，也从来没有停止过。"[①] 想来，陈丹燕附着于和平饭店之上的历史意识其实有着悖论性的两面：一方面，这种"潜在的传统"在中国现代启蒙与救亡的宏大叙事结构中被压制于边缘，"从来没有被大声说出来过"；另一方面，正像《成为和平饭店》所记，"在外滩这样始终富有象征意义的地方"，周围大楼历经砸毁、各类人物塑像推倒又矗立、纪念碑随着时代变迁此起彼伏，唯有和平饭店"保留了完整的历史印记"，甚至其"张扬炫耀渐渐圆润沉着"，当真是"从来没有停止过"……压抑，与亘古长流——这是和平饭店的历史，是这座城市的传统，也是城市中人们心底的欲望。

和平饭店之于这座城市，就仿佛是招魂的幡。1991年，威廉姆森在和平饭店举办贝拉·维斯塔舞会是小说中一场重头戏。这个时候，"饭店外面看上去很好，可里面都已败坏"；年轻人对华懋饭店的"旧闻"一无所知。望着改造过的客房和家具，众人一度陷入绝望，威廉

① 陈丹燕：《水边的老酒店》，收入《上海的风花雪月》，作家出版社，1998年，第37、38页。

姆森要求的是“原样恢复”，时光倒流回到“地道的旧时代”。重建的大幕由此拉开，引导者显然是威廉姆森：他帮助饭店里年轻的员工辨识“难以表达的神秘与高雅”，纠正董经理“厚玻璃”的说法（那叫“拉力克”），替季晓晓解释顶楼上“两条狗的图案”正是“华懋饭店的LOGO”。很快，套房里的“老家具”从一度处理去的郊县招待所拉回，退休的老员工出山回来坐镇……豪华盛宴上演，和平饭店终于恢复“一个真正的大饭店”。仿佛一吻惊醒沉睡多年的美丽公主，仿佛念起了阿里巴巴的咒语，一座紧闭许久的宝藏刹那间打开了门，也许空气中晦暗的余味还未散去，也许地上还有前代的废墟碎片——就如同带有流苏的旧家具已散落到郊县的招待所，但是在威廉姆森的一声指令之下，遍地的“无序”迅速被整合起来。这是1980年代的“重建”，它意味着速度、技术、科学、管理、制度、热情、信心……这个召唤指令发出的背后站着威廉姆森先生，换个称谓吧，今天我们习惯于叫他“现代性”。这哪里只是和平饭店的重建？这就是我们刚刚走过的历史吧。陈丹燕曾特意解释为什么在书名上添加“成为”二字：“对于一座城市来说，从华懋饭店到和平饭店有着很长的一段路要走，这个过程跟上海这座城市的演变史一样的——我们所看到的城市并不是上海人自己建造起来的，而经历了由外来者所强加，在慢慢的社会发展过程中被逐渐吸收、转化为自己的东西的过程，这其中有一个身份认同的问题。对于一个饭店、对于一座城市，都是这样。”[①] 和平饭店经历1990年代初的这场舞会而焕然一新（“焕然如旧”？），这一情节很能体现“被逐渐吸收、转化为自己”的“身份认同”问题。我们自然会心于这一幕，却又在其间无数历史意识的关节点上犹豫而无语：是何种力量在引领我们再续辉煌？这份辉煌源自何方（或者，能有辨识得清的单一来源）？历史的遗忘归咎于谁？再写历史的主体又是谁？

---

① 张滢莹：《陈丹燕：书写“非虚构”的上海》，《文学报》2012年7月19日。

这是我们引以为豪的“家底”，其中又深藏着被侮辱、受损害的伤痕，如此缠夹，其实我们今天也无法理清。孟建新的身份是历史学家，他小心翼翼的求解，也终究无法给出拨云见日的答案。这位历史学家在阅尽海上繁华沧桑梦之后，回复到“私人生活”，然而那是多么勉强的一段“私人生活”，小说的这个终章似乎流露出微妙的反讽。就像陈丹燕所说，“故事和故事，人物和人物之间有空白”，这些“空白”，是作家抛给读者的无尽的谜……

2013 年 1 月 2 日一稿，8 月 1 日改定

原载《上海文学发展报告（2013）》，社会科学文献出版社，2013 年

致张新颖老师：谈余华

2006年余华长篇小说《兄弟》出版，引发争议。当时张新颖老师出示他与刘志荣老师的一篇对话稿，我读完之后产生一些自己的想法，于是就有了下面的第一封信。该信中的《对话》即指张新颖、刘志荣的对谈：《“内在于”时代的实感经验及其“冒犯”性——谈〈兄弟〉，并谈〈兄弟〉触及的一些基本问题》，初刊于《文艺争鸣》2007年第2期，现已收入《实感经验与文学形式》（复旦大学出版社，2013年）一书；“立民师兄讨论《兄弟》”的文章指周立民：《跨过时间的“窄门”——谈余华的长篇小说〈兄弟〉》，刊于《上海文学》2006年第6期。**该信中楷体字部分是从以上两篇文章中引来的文字**。我的这封信也曾收入《实感经验与文学形式》一书。

2013年余华推出长篇小说《第七天》，又成为众矢之的。此时我正协助陈思和师处理《文学》丛刊的编务，张新颖老师赐稿一篇关于《第七天》的评论，题为《时代，亡灵，“无力”的叙述——读余华〈第七天〉的感受》；我以编者的身份回信，作为刊物与作者的一种互动。这就是收录在下面的第二封信，该信连同张老师的评论俱发表在《文学》2013年秋冬卷（上海文艺出版社，2014年）。

一 谈《兄弟》

张老师：

立民师兄讨论《兄弟》的时候把它和果戈理的小说放在一起，我觉得这个说法很有意思。二者在出版后所遭受的围攻以及这些围攻中主要的否定意见，都有类似的地方。别林斯基这样评价果戈理："作者在这里不插入任何箴言，任何教训；他只是像实际那样描写事物，它们究竟怎样，他管不着，他不抱任何目的地去描写他们，只为了享受描写时的愉快"，"他不宽恕猥亵，不隐藏、也不粉饰它的丑恶，因为一方面迷醉于描写猥亵，同时也激发人们对它的厌恶"。别林斯基的辩护其实有含混、犹疑的地方。我是一直读到这里就无法理解，要激发读者"对它的厌恶"，那么作者不可能是认同的态度吧，但怎么又能"一方面迷醉于描写猥亵"呢。"像实际那样描写事物"，"不抱任何目的地去描写"，同"激发人们对它的厌恶""对世道人心发生强烈而有益的影响"这其间有没有距离？我有一种很机械的设想：一种是"迷醉于描写猥亵"的文学，一种是"描写猥亵"不隐恶的文学，一种是不隐恶的"同时激发人们对它的厌恶"的文学。这三种文学越往后越能贴近我理想中的文学。当然别林斯基的意思可能是果戈理的小说就能同时具备上述三者（我甚至猜测别林斯基可能更加接近上面第二种文学，为了有所针对性地为果戈理辩护，他不得不加上"激发人们对它的厌恶"的尾巴）。

在《对话》中，提到下面这几种文学：

（一）自以为他是医生，他可以对这个时代做出诊断，或者说自以为他可以跟这个时代拉开距离的态度；

（二）承认你就是这个时代的一部分，然后把这个时代各种各样的东西，当然包括这个时代本身不好的东西，一块儿呈现出来；——这是不是类似于上面讲的"不隐恶的文学"？

（三）"内在于"时代并不是完全认同这个时代，或者完全混同于时代，他对这个时代也有感知、认识，也有不认同、不妥协，也有反省、批判，也有欢乐和痛苦，但是这些都是在时代里面做出的，他的感知、认识、不认同、不妥协、反省、批判、欢乐、痛苦也把自身包括在内的；

（四）写无聊本身并不无聊，可能由此而透视时代精神的一面。

一和二、三、四显然是对立的不在一个阵营，而且二、三、四在您的理解里应该是合一的一种文学。我又做的是僵硬的划分，那么还是我用自己的话说，简单点：一种是不隐恶的文学，一种是在不隐恶的同时对“时代精神”有自己的看法。我感觉《对话》中对《兄弟》的理解，越往后越接近于后一种文学。我不知道余华能不能意识到这个问题，他是只端出无聊给大家看，还是端出来的背后有他自己对时代的理解。或者是他写的时候就是写无聊，但是我们可以理解出“时代精神的一面”。或者是我们太长时间陷入第一种文学里，所以在提倡另外一种文学时要考虑到这种提倡所能发挥的实际效果，就像别林斯基为果戈理辩护时必得加上“激发人们对它的厌恶”一句。以我自己为例，写无聊的同时强调也有不认同、不妥协，也有反省、批判、由此而透视时代精神的一面，这样的文学肯定比只端出无聊来的文学更能说服我。

我对《兄弟》的一个不满，就是觉得余华有点“迷醉于描写”无聊。在《许三观卖血记》里面不是这样的，可能就是刘志荣老师说的一种温暖的力量没有了。他批评上部里面余华有时候他几乎是在有意识调动这个东西，有迎合读者或者说煽情、滥情的成分在里面，我的不满就在这里。但是我也在想文学可能不是这样纯净的，如果要具备刺穿无聊的力量，可能也无法避免煽情、滥情的成分在里面。

谐谑的语调和我们这个时代中人的精神分裂的状态，我以为是《对话》中最精彩的地方，我在上面讲到自己不理解别林斯基的辩护，现在觉得可能跟这个问题是有关的。不知您以后能否就这个问题再写个文章，肯定精彩。

我不知道您是否觉得《对话》里最难讲清楚的问题是“直接”的能

力和“文学化”的阻隔。可能从关于《妇女闲聊录》的对话到这个《对话》，最招致人们误解的就是这个地方。假设一种简单的区分是否能够再深入一点具体一点，文学不强求现实服从于既定的文学观念和处理方式，这个“不强求”和正当的“求”之间的限度在哪里。从效果来推出两种不同的文学处理（不仅是现实本身得以呈现，而且可能因此构建出一种不同于既定文学观念和处理方式的文学，这样也就使现实真正成为文学的资源，反而成就了文学），这个意思能说清楚，但是从文学处理的过程本身来区别其实很难。

余华来复旦，下午是研讨会，晚上面向全校演讲。演讲的时候要说清楚什么是文学，举了一个例子，这个例子是几年前他来复旦讲过的。有这样两则新闻报道：（一）两辆汽车在公路上相撞，这本来是一个客观的陈述，但是在这个陈述之后，余华说那个记者添了一句话（为形容两车相撞的冲击力）：公路上落满了从树上掉下来的麻雀。（二）一个人跳楼身亡，这也是个客观的陈述，但是记者在陈述之后也加了一句：在那个人下坠过程中他的牛仔裤都爆裂了。余华说，这两则报道之前的陈述都是普通的新闻报道，但是加了那两句话以后就是文学了；新闻报道并不必需这两句话，但是文学需要。显然文学的处理、择取过程是不可避免的，在两车相撞、人下坠的过程中伴随着产生很多的细节、事实，文学是要进行选择的，在余华看来，选择其中的一些构成的是新闻报道，选择另外一些（当然这里面有交集，但更重要的是不同的材料）才是文学。我知道您的意思并不是要取消这个过程，但是到底什么属于既定的文学观念和处理方式。

既定这个词提示的信息是关键的，志荣老师的补充更加清楚也是必要的：不断打开我们可能自觉不自觉凝滞、固定、僵化的概念和模式。以前我们对“形式”的理解可能太过狭隘了，如果把形式理解为观察历史和生活的独特视角，那么没有一个作家、评论家是没有“形式”的，我想我们要做的不是否弃形式，而是不断打开，不断对这个形式的固定化进行质疑、反思和对形式进行创新。我们在面对生活时，每个人其实都带着属于自己的形式，余华在写《兄弟》的时候也有。

余华在复旦的演讲是由一连串的例子组成的。讲自己的一个清华大学的教授朋友，他的学生都是来读 MBA 的老板，余华从他那里听到很多故事，这些故事后来编织进了李光头的发家史中。余华还讲了一个故事，有个离了婚的中国女人到外国（好像是瑞典还是瑞士），几年之后她取得了所在国的绿卡，然后她想把自己的儿子弄过去，但是他儿子已超过当地法律规定可以办理相关手续的年龄。余华说，如果是其他国家的人肯定就算了，知道办不成；但是中国人“创造能力太强了”，她想了一个办法终于解决了问题：她和自己的儿子结婚，儿子以丈夫的名义到了国外居住。余华举的都是这样的故事，由此不难想见他在创作《兄弟》时心里潜在的“形式”是怎样的。我毫不怀疑小说里的故事都是 1990 年代以来中国发生的事情，我指向的不是这些故事的真实性，而是为什么这些故事如此集中地在小说里出现，刘镇上几乎没有人能够摆脱这样的故事，几乎无一例外。所以我总感觉这部小说是“集成”式的，它背后其实有余华很精心的设计，设计的意思不是凭空想象，他所择取的材料都来自现实，但这些材料都是一个样态、性质的，趋向同一个方向；它里面有乱七八糟的东西，但这样的乱七八糟是在同一种“形式”照亮的同一个光圈范围内的乱七八糟。它不是苍莽的、天成的，混乱中生机勃发；而是有很深的机心在里面，他很清楚自己要写什么。他写那么快还有一个原因就是，他太想把这样一个方向上的故事告诉读者了，这么多的故事积蓄在他的脑海里，他急于倾吐出来，他“沉醉其中”“享受描写时的愉快”，这也有问题。

志荣老师用“象”和“时代本质”“时代精神”等拉开距离，这是一个很好的意思。文章天成，妙手偶得，用志荣老师的话说要随物赋形才能领悟这个时代的象。但我总感觉余华是用了很大的力气在表达对时代的整体理解。每个人的生活都是片段的、零碎的，他只能在这样的立场上表达文学，是不是只有自以为凌驾于时代之上的文学才有表达整体理解的野心。但是余华有一种整体的信心，他的自信在于他觉得能够用《兄弟》中的故事来表达这个社会、这个时代的总体图景，我觉得办不到。上部出来的时候余华接受那么多的媒体采访，信心爆棚，他显然已经觉得自己找到了一种绝佳的形式，并且对这种形式深信不疑；但是他组织这种形式的途径（他所听到的那些故事），以及对通过这种形式可以整体把握世界的雄心、信心，都有一些问题。今天的生活中诚然有很多混乱、荒唐、不搭调、夸张……但是也有“人生安稳的一面”，生活应该是这样一种参差形态（这个在《活着》及《许三观卖血记》里面是有的，在《兄弟》里面反而没有），我所理解的“象”贴近的应该是这样一种参差形态，是一种在其中可以贯通片段和整体的东西，目前余华似乎还达不到这样的境界。

当然，小说不能面面俱到，就像1980年代的先锋小说虽然很多人指责它荒诞、夸张，但只要它打开了一种形式，它就是有好的地方。而且我知道您对《兄弟》的理解中，藏着对上面第一种文学进行反拨的苦心，这样一种文学确实大行其道很久了。我的意思只是，《兄弟》也有它的形式，而且这种形式也有值得反思的地方。我更担心的是余华沉迷于这种形式中。如果他能自觉到《对话》中所表达的不断打开的意思，那就好。

2006年12月11日

二 “无力”与“有力”的辩证，黑暗中的光：谈《第七天》

张老师：

谢谢您赐稿，一口气读完，很受启发。《第七天》引发的硝烟渐次散去，现在倒是平心静气谈论作品的时机。我还有些个感受，和您闲聊，也算编者和作者的一种互动吧。

您提到了鲁迅，我想从这里说起。鲁迅也是在一个绝望、无力的时代里写作，但是他的文学所呈现的并不只是“无力”的感受。或者说，在绝望和希望之间，他对“力”有一种辩证的自觉：舍身到深渊，拒绝任何外在的救济，但是在深渊里又有一股阴极阳复的力量；读鲁迅之所以让人不敢、不甘自弃，总因为有这股力量在，当然这股“力量”未必能实体化。这样一种“力”，我在《第七天》中是能感受到的。尤其是小说结尾——

> 他问：“那是什么地方？”
>
> 我说：“死无葬身之地。”

一部无力的小说写到这里并不是无力的延宕，或者“此恨绵绵无绝期”式的无奈……我觉得这个收束实在是果决啊，果决中有拔地而起的力量。在创世神话中，上帝在“第七天”“停止一切工作安息了”，不妨说，神/统治者安息了，接下来，“人”（原先被操控、被压抑）的群体开始获得“自由意志”、开始行动的时刻来到了。这并不是说杨飞们这一群“被现实‘非正常’地轰炸出现实空间的”人要开始造反，但确实在这个亡灵们组成的“异”的空间里有非比寻常的生机在聚合。比如说张刚和李姓男子，在生前他们是仇恨对立的双方，就好像今天的城管和小贩，所有的媒体渠道都只能给出“一面之词”，这里几乎没有和解的契机。今天现实的情形，就好像余华多年前写过的《黄昏里的男孩》，我们只注目于那个残忍惩罚男孩的孙福，而不会去想到孙福曾经的遭遇；而其实对抗的双方都是弱者。只有在文学、在“异”的世界里，我们才体贴到了对方的内心生活。正如昆德拉所言，在小说的“领地”里，“所有人都有被理解的权利”。能够在“我”的立场之外，保持充分的耐心去倾听他人内心的声音；能够把现实世界中如此坚硬对立的戾气化解掉，让张刚和李姓男子坐在一起下棋，这种力量尽管柔弱，但不应该只是单面的“无力”。这种化解对立、聚集生机的力量（这在人们排着“长长的队列”为鼠妹净身的那段里得到最充分的体现），就好像鲁迅的《故乡》中，“我”希望宏儿和水生不要“隔膜”。所以我特别同意您所谓的“翻转的力量来自爱”“没有力量才具有伟大力量的爱”。我觉得《第七天》好，一方面是诚实地写出“无力”，另一方面是我从中感受到“翻转的力量”，也许是引而不发的吧。但之所以是“引”，固然并不是说有力量已经整装待发，但总能感受到某种潜在的势能吧，——有没有这种“引”的感受、“翻转”的感受，我想是不一样的。还是联系起《故乡》，尽管“希望”是微茫的，“本无所谓有”，但终究是，“地上本没有路，走的人多了，也便成了路”。杨飞的寻父，让我想起目连救母之旅（此外，孝子寻找离散的父亲在明清小说戏曲中也是反复出现的主题）——这又是鲁迅钟爱的题材，这一期《文学》的“鲁迅论”中正好有一篇谈鲁迅和绍兴戏（陈琍敏：《生死绍兴：鲁迅与戏剧的复活力量》），我觉得这个研究者谈得很好，目连一路上见证了很多现实中无法出现的事情，“不可见之物现于眼前（即便只是片刻），而参与和感知所具有的变革力量也得以呈现与示范”，这种力量点点滴滴聚合起来，真的是一无所用吗？

德国学者莫宜佳曾有考证，“妖魔鬼怪的故事”在中国“能够自由而又极具艺术水平地发展、成熟”，其形象“远远多于西方文学中同类的叙事作品”（《中国中短篇叙事文学史》）。幽明两界的营造确乎是中国古典叙事的拿手好戏。比如蒲松龄的《促织》，一部分用现实主义的手法，写皇帝和官僚乐于“促织之戏”，村民在县令的刑罚和威胁下不得不进贡，小孩子无意间将一只上好的促织弄死，因害怕惩罚而投井；另一部分则写小孩的灵魂奇迹般变成了一只善斗的促织……这里有两个相反的世界：现实的惨剧，死后的奇迹，奇迹本身成为对现实的抗议，“比‘真实’的怨愤更加深刻”（《中国中短篇叙事文学史》）。余华显然也延续了营造上述“相反世界”的文学批判传统。在死后的世界里，没有毒大米毒奶粉；没有“只有给他们送钱送礼了，他们才允许你开业”的公安、消防、卫生、工商、税务部门；“仇恨被阻挡在了那个离去的世界里”；这里没有亲疏之分，“那边入殓时要由亲人净身，这里我们都是她的亲人”……尽管火葬场的贵宾区里还有富人和官员，但是余华着力书写的“死无葬身之地”，完全由一群生前被摒弃在利益集团之外，也无力与坚固的社会结构正面抗衡的亡灵所组成，在这里，杨飞“感到自己像是一颗回到森林的树，一滴回到河流的水，一粒回到泥土的尘埃”，这是一个由“被侮辱与被损害者”组成的乌托邦共同体。我们尤其要注意小说中反复出现的“这里四处游荡着没有墓地的身影”。在中国传统民间社会，“人”死后进入阴间的“鬼”，一般分为两类：一类得到子孙祭祀和优厚的供养，同时作为对其供养的回报，保佑阳间子孙的生活平安，其实已具备与“神”相近的品格——这是小说中火葬场贵宾区里“轻描淡写地说着自己寿衣价格”的富人们的去处；另一类则因为没有后嗣——如生前为未婚姑娘或被夫家休弃的女子——而不能获得祭祀，在阴间得不到安定的生活，徘徊游荡于阴阳两界的边缘，即“孤魂野鬼”，他们被种种血缘的、宗法的、父制的力量所排斥、所压迫——也就是小说中今天那群“被侮辱与被损害者”。由此想来，这些个“四处游荡”的身影正表现出作家的激越和批判。再进一步，《第七天》不只是安排了“两个相反的世界”，而是“三个世界”——一个现实世界，一个“死无葬身之地”，一个“安息之地”。我们不要忘了杨飞有过一段追问，在这个时刻，先前那个看似无力、软弱的人突然变得执拗起来：

我说：“为什么死后要去安息之地？”

他似乎笑了，他说：“不知道。”

我说：“我不明白为什么要把自己烧成一小盒灰？”

他说：“这个是规矩。”

> 我问他："有墓地的得到安息，没墓地的得到永生，你说哪个更好？"
>
> ……
>
> 他……对我点点头后起身，离去时对我说："小子，别想那么多。"

请允许我再"活学活用"一番，本卷《文学》的"鲁迅论"中还有一篇论及"过渡仪式"（应磊：《进化论与佛教的相遇：鲁迅手植（制）的一粒"双生种"》），"并不是所有的'过渡仪式'都会按部就班地根据三个步骤来进行。我们有理由相信，鲁迅更可能是个例外，而不属于常规"。在《第七天》里，"死无葬身之地"并不是现实世界与"安息之地"之间的"过渡"，如果一定要把这个特殊空间命名为"过渡"，那么，"'过渡'未必指向目的；'过渡'本身就是目的"。请注意这里与杨飞对话的那个"他"，"他"在"死无葬身之地"待得"太久了"，似乎充当着"魔鬼辩护士"的角色，其自斟自饮的孤独身影以及那一身"宽大的黑色的衣服"，也让人想起鲁迅，正是在与他的对话中，杨飞表达了一番类似"有我所不乐意的在天堂里，我不愿去；有我所不乐意的在地狱里，我不愿去"的态度。"死无葬身之地"绝非顺畅地、按部就班地通往"安息之地"的中介，否则，那就"坐稳"了，历史也许真的终结了。这个特殊空间顽固地存在，既批判现实世界的不义；同时，它不被"终点"所化约的意义，也分明表达出某种不认同、不"安息"、不驯服，或者借上引杨飞的话来说，"不守规矩"。在传说中，徘徊于阴阳间的"孤魂野鬼"往往回到人间肆虐复仇，杨飞们不像鲁迅笔下凌厉的女吊，但这种"不守规矩"里多少暗含着还未泯灭的可能性吧。前面我提到小说结尾，那收束真是果决、拔地而起，可能与此有关。

至于许多质疑声说是"新闻串烧"，我想实在也是不值一辩。很早就读过余华的成名作《十八岁出门远行》，后来才发现余华有过自述，原来这个情节也是来自晚报上的新闻。当时我们只注意虚构而荒诞的形式，没在意一个现实的“引子”。其实在当时普遍的道德环境中，一辆货车抛锚，所载水果被哄抢一空，也是十足的“新闻”了。只不过当时不像现在这样媒介发达。因为我们现在每天都经受着段子、微博、新闻轰炸（就好像小说中微讽的，今天还在谈论“火车生下的孩子”，“电视和报纸热闹起来”，没多久热闹就转到警方扫黄的“惊雷行动”上……在这样热点的快速而持续转移中，我们只记得事件，不可能再留下任何感受），一看小说中再出现这么多“现实”（其实在一些读者心目中也不过就是“现实的符号”罢了），就不买账了。我倒是想起您以前文章里写过，当代社会传播媒介日益膨胀，在潮来潮往的信息过剩中，应该保持“必要的无知”。否则，文学的感受力可能会钝化。不过说到底，作家采用什么样的素材其实不是问题，关键是文学是如何呈现的，在这方面，《第七天》其实做得非常好。比如李月珍这一段，医院弃婴当然也有现实的“引子”，但“引子”最多也就是事件或数字的冲击吧，但余华写道：“我看见一片片宽大摇曳的树叶上躺着只剩下骨骼的婴儿，他们在树叶的摇篮里晃晃悠悠，唱着动人魂魄的歌声。我伸出手指，一个个数过去……”还有后面的细节：“有一个婴儿不小心从树叶上滚落下来，他吱吱哭泣着爬到李月珍前，李月珍把他抱到怀里轻轻摇晃了一会儿，再把他放回到宽大的树叶上，这个婴儿立刻快乐地加入到其他婴儿夜莺般的歌唱里去了。”有位专栏作家批评《第七天》的写作如“牛仔裤崩裂”，这位批评者借用了余华自己的说法，显然她也听过余华在讲座中提起的这个说法，但她没有明白余华在什么意义上使用这个说法。余华的意思是：有个人跳楼，新闻记者作报道，在“跳楼”这句之后，又多写了一句话，“巨大的冲力使他的牛仔裤都崩裂了”，这多写的一句话，让新闻变成了文学。这样一段描写把自杀过程中的惨烈表现出来，有这样的描写，这个自杀的场景“在读者心中持续下去”，“现实产生以后，后面又发生了什么，这就是文学要表达的现实”。与新闻不同，文学需要具体的记忆，要不断把人带回原初情境。类似李月珍与弃婴的经历,《第七天》中所在多有。有了“树叶上躺着只剩下骨骼的婴儿”，有了“一个个数过去”，有了“一个婴儿不小心从树叶上滚落下来”而李月珍把他“抱到怀里轻轻摇晃”再放回去……医院弃婴就不再是冰冷抽象、短期刺激的新闻事件。

这么多年来，我们一直在批评当代文学远离读者大众。可是难得有一个像余华这样赢得读者市场的作家，我们又急急忙忙地“下判决书”，不认真去总结其创作经验，比如他的文学形式和作品情感基调（残酷和温情,忧伤和不绝望）。我想这里面肯定还包括他的语言。《世说新语》中这则故事耳熟能详：大雪天，谢安召集晚辈“讲论文义”，即兴出题：“白雪纷纷何所似？”侄子抢先道：“撒盐空中差可拟。”而谢道韫则回到：“未若柳絮因风起。”一句话使得谢道韫成为名垂千古的才女。与轻柔、优美的“柳絮”相比,“盐”显得粗粝、鄙俗，也许实在不适合作喻体。后来我读到《活着》中一个细节：福贵将儿子埋在小路边，必须要从福贵的眼里对这条路有一个描写。这条小路正是他儿子经常跑步的那条路，可想而知福贵此时的心情……余华最后写道：“月光照在路上，好像洒满了盐。”中国文学史上对月光的表现有着悠久传统，其中积聚了繁复的意象，肯定不乏“柳絮”这般轻柔、优美的比喻；但是余华最终选择了“盐”，他费尽心力地为福贵找一条只属于他的路，一条“洒满了盐”的路，多么准确地贴近了人物此刻的心理现实。《第七天》的语言依然是准确而诗意的，如您所说，很多句子值得停下来“玩味”。比如“我的身体像是一棵安静的树”，我知道您特别喜欢树，不管是实物还是文学中的意象。树根深深扎入土壤之中汲取营养，树干吸取汁液。树的外表静穆，但内里的生命活动是往复不息的。就好像杨飞这个人，外在形态是“无力”的，但内心的感受百转千回（就包括上面提到的那个突然表现出执拗与冒犯的瞬间）。也像这部小说和现实的关系，它不是剑拔弩张的，但“锥处囊中”，你能感觉到那锋刃的锐利与凛凛的寒光；读这部小说似乎被无涯际的“悲凉之雾”所笼罩，如您所说，这种“无力感”是“这个时代很多个人普遍的状况”，但整个阅读的过程并不导向——还是借鲁迅的话说——“总觉得就沉静下去，与实人生离开”。

这是我阅读《第七天》的总体感受，浸没在无边的哀伤中，但哀伤的路途上时不时洒下些许月光，迸出几点火花，于是也总想着探出头来，不敢松懈。这大概是一种“创造中的信心”，是好的文学的独到贡献，有能力保持对时代黑暗的凝视，也有能力感知黑暗中的光。我很佩服胡兰成“信心的摇曳生姿”这个说法，“创造中的信心”并不是稳如磐石，反倒随时会被外界风雨所摧折，故而经常需要抵抗住黑暗与虚无而自我扶持。但也正是这份颠扑、摇曳中不绝的信心，让读者不松懈、振奋自拔。

2013年9月16日

跋

本书中最早的一篇谈《三年记忆，四年忘却》的文字，写于近十年之前。文章所发表的意见自然是浮浅的，甚至小说本身今天想来也未必值得重读。选入这篇文字，“不悔少作”、敝帚自珍，原因恐怕是我喜欢这个题目——青春梦与文学记忆，甚至取来做了书名。还有一个原因则是，当时顺手拟下的篇名、文中表露的一二关怀，现在倒和我近年来的研究课题——文学史上青年形象的流变——若合符节。

庄子是最潇洒的做梦人吧，他一半醒着，另一半在梦里；甚至是，“方其梦也，不知其梦也。梦之中又占其梦焉，觉而后知其梦也。且有大觉而后知此其大梦也”……我辈凡夫俗子，上面的几层意思一知半解；按照通常的看法，但凡说起“青春梦”，类乎都市中人的“乡愁”，那应该是青春将逝，甚或已逝吧。

不过，隔开了距离（术语所谓“对象化”）之后，大约更能体会青春的美好，也约略窥见曾经的虚浮。不知收入此书中体例不一的文字，是否能印证一二？

一度想把这个书名换掉，它太浪漫，又不乏感伤，就像上面唠唠叨叨写下的话；但它确实又表达我这一年来的心迹。鲁迅先生把人类历史的发展比作煤的形成——“当时用大量的木材，结果却只是一小块”。个人的求学历程何尝不是如此。这些幼稚的文章收入本书时基本未作修订，它们就像煤的形成过程中“用去”的大量木材，虽然被耗费了，但终究起着转化的效用，于个人而言并非无足轻重。想要表达同样的意思，但鲁迅的说法显然比我拟的书名朴实得多，尽管耗费了无数的木材，但只要炼成了煤，无论是多么一小块，总是万幸的。这是艰难而漫长的过程，没有那么多浪漫，也无需感伤，也许一切尚早……

2014 年 2 月 7 日